KB108008

당의통략

黨議通略

당의통략

黨議通略

조선의 정치와 당쟁을
다시 읽는다

이건창 저 | 김용흠 역해

규장각
새로 읽는 022
우리 고전

아카넷

'규장각 고전 총서' 발간에 부쳐

　고전은 과거의 텍스트이지만 현재에도 의미 있게 읽힐 수 있는 것을 이른다. 고전이라 하면 사서삼경과 같은 경서, 사기나 한서와 같은 역사서, 노자나 장자, 한비자와 같은 제자서를 떠올린다. 이들은 중국의 고전인 동시에 동아시아의 고전으로 군림하여 수백 수천 년 동안 그 지위를 잃지 않았지만, 때로는 자신을 수양하는 바탕으로, 때로는 입신양명을 위한 과거 공부의 교재로, 때로는 동아시아를 관통하는 글쓰기의 전범으로, 시대와 사람에 따라 그 의미는 동일하지 않았다. 지금은 이들 고전이 주로 세상을 보는 눈을 밝게 하고 마음을 다스리는 방편으로서 읽히니 그 의미가 다시 달라졌다.

　그러면 동아시아 공동의 고전이 아닌 우리의 고전은 어떤 것이고 그 가치는 무엇인가? 여기에 대한 답은 쉽지 않다. 중국 중심의 보편적 가치를 지향하던 전통 시대, 동아시아 공동의 고전이 아닌 조선의 고전이 따로 필요하지 않았기에 고전의 권위를 누릴 수 있었던 우리의 책은 많지 않았다. 이 점에서 우리나라에서 고전은 절로 존재하였던 과거형이 아니라 새롭게 찾아 현재적 가치를 부여하면서 그 권위가 형성되는 진행형이라 하겠다.

　서울대학교 규장각한국학연구원은 법고창신의 정신으로 고전을 연구하는 기관이다. 수많은 고서 더미에서 법고창신의 정신을 살릴 수 있는 텍스트를 찾아 현재적 가치를 부여함으로써 새로운 고전을 만들어 가는 일을 하여야 한다. 그간 이러한 사명을 잊은 것은 아니지만, 기초적인 연구를 우선할 수밖에 없는 현실로 인하여 우리 고전의 가치를 찾아 새롭게 읽어주는 일을 그다지 많이 하지 못하였다. 이제 이 일을 더미룰 수 없어 규장각한국학연구원에서는 그간 한국학술사 발전에 큰기여를 한 대우재단의 도움을 받아 '규장각 새로 읽는 우리 고전 총서'를 기획하였다. 그 핵심은 이러하다.

　현재적 의미가 있다 하더라도 고전은 여전히 과거의 글이다. 현재는그 글이 만들어진 때와는 완전히 다른 세상이다. 더구나 대부분의 고전은 글 자체도 한문으로 되어 있다. 과거의 글을 현재에 읽힐 수 있도록하자면 현대어로 번역하는 일은 기본이고, 더 나아가 그 글이 어떠한의미가 있는지를 꼼꼼하고 친절하게 풀어주어야 한다. 우리 시대 지성인의 우리 고전에 대한 갈구를 이렇게 접근하고자 한다.

'규장각 새로 읽는 우리 고전 총서'는 단순한 텍스트의 번역을 넘어 깊이 있는 학술 번역으로 나아가고자 한다. 필자의 개인적 역량에다 학계의 연구 성과를 더하여, 텍스트의 번역과 동시에 해당 주제를 통관하는 하나의 학술사, 혹은 문화사를 지향할 것이다. 이를 통하여 우리의 고전이 동아시아의 고전, 혹은 세계의 고전으로 발돋움할 수 있기를 기대한다.

기획위원을 대표하여 이종묵이 쓰다.

차례

해제 『당의통략』을 통해서 본 당쟁과 정치 11

6. 영조조: 지배층의 탐욕과 탕평책의 굴절

일러두기

1. 이 책은 『당의통략』 가운데 일부를 뽑아서 번역하고 해설을 붙인 것이다. 이건창 본인이 직접 서술한 내용 가운데 선별하여 번역하였으며, 상소문이나 편지 등 1차 자료는 해설에서 그 내용을 요약하여 제시하였다.

2. 이건창이 설정한 각 왕대별로 《개관》을 두고, 문단 단위로 뽑아서 번역한 후 해설을 붙여서 번역-원문-해설의 체제를 갖추었으며, 이것을 몇 개 모아서 소제목을 붙였다.

3. 번역문에 나오는 왕에 대한 호칭은 '주상(主上)'으로 통일하고, 해설에서는 오늘날의 묘호를 사용하였다.

4. 번역자의 능력이 닿는 한 한글 사용을 원칙으로 하였으며, 불가피하게 한자를 사용할 때는 괄호 안에 병기하였다. 그렇지만 당시의 역사적 용어는 한자 사용을 피하지 않고 괄호 안에 병기하는 방식을 취하거나 앞에서 풀어서 설명하고 뒤에서는 한글 용어로 사용하였다. 인명에 대해서는 원문을 첨부하였으므로 특별한 경우를 제외하고 번역문에서 한자를 생략하였다.

5. 번역에 대한 주석은 각주를 붙이지 않고 해설 가운데 포함하는 것을 원칙으로 하였으며, 각주는 불가피한 주석이나 논거가 꼭 필요한 부분으로 제한하였다.

『당의통략』을 통해서 본 당쟁과 정치

이건창 가문과 『당의통략』

『당의통략』을 지은 이건창(李建昌, 1852~1898)의 본관은 전주이고, 자(字)는 봉조(鳳朝) 또는 봉조(鳳藻)이며, 호는 영재(寧齋)이고, 명미당(明美堂)은 그의 당호이다. 조선의 2대왕 정종(定宗)의 아들 덕천군(德泉君) 이후생(李厚生)의 후손으로서, 이 가문에서는 인조대에 이르러 이경직(李景稷)은 호조판서, 이경석(李景奭)은 영의정으로 현달하였으며, 이후 지속적으로 문과 합격자가 나왔고, 18세기에는 육진(六眞) 팔광(八匡)으로 칭해질 정도로 많은 인재를 배출하였다. 육진이란 이경직 증손 진순(眞淳)·진수(眞洙)·진유(眞儒)·진검(眞儉)·진급(眞伋)과 이경석의 증손 진망(眞望) 등 6인을, 팔광이란 이경직 현손 광세(匡世)·광보(匡輔)·광려(匡呂)·광사(匡師)·광찬(匡贊)과 이경석 현손 광덕(匡德)·광의(匡誼)·광도(匡度) 등 8인을 가리키는데, 이들의 문장과 서화(書畵) 또는 청렴한 행적을 세상 사람들이 칭찬하여 나온 말이었다.[1]

그런데 이들 가문은 영조대 들어서 당쟁이 격화된 와중에 역적으로 몰려 몰락하였다. 그러다가 순조대 이르러 이건창의 조부인 이시원(李是遠, 1790~1866)이 문과에 급제하여 벼슬이 이조판서까지 이르렀지만 1866년 병인양요 당시 그 형제가 자결하는 비극을 겪었다. 이건창은 어려서부터 조부의 각별한 애정을 받고 성장하였으며, 조부가 운명하는 모습을 지켜보았고, 그의 유훈을 받았다. 그는 15세에 조부의 순절을 기리기 위해 시행된 문과에 최연소의 나이로 급제하여 조정에 진출하였다. 그 벼슬이 공조참판에까지 이르렀지만 현실 정치와 불화하여 1878년, 1893년, 1896년에 거듭 유배되는 곤경을 당하였다.[2] 이건창은 1876년 개항 이후 개화와 척사가 갈등하는 소용돌이 속에서 개화파와 척사파를 모두 비판하고 자주적 부국책을 모색하였지만[3] 당시 전국적으로 만연되어 있던 민란과 동학농민운동에 대해서는 즉각적인 토벌을 주장하여 민을 신뢰하지도 못하였다.[4]

---

1 민병수, 1972, 「이건창과 그 일문의 문학」, 『동아문화』 11, 서울대 동아문화연구소, 331~332쪽.
2 백승철, 2018, 「『명미당집』 해제」, 『명미당집』 1, 대한정보인쇄(주), 23~24쪽.
3 김기승, 1998, 「이건창의 생애에 나타난 척사와 개화의 갈등」, 『인문과학논총』 6, 순천향대 인문학연구소.

이건창 가문을 이해하는 핵심은 정치적으로 소론(少論)이라는 것과 학문적으로 강화학파(江華學派)에 속하였다는 것이다. 6진 가운데 이경직 후손 이진유·이진검과 이경석 후손 이진망은 모두 숙종대 문과에 합격하여 청현직에 진출한 뒤 소론을 대표하여 활동하다가 이진검과 이진유가 영조대 노론의 공격을 받고 유배지에서 죽었다. 8광 가운데 이광덕과 이광사 역시 유배되어 이광사는 결국 유배지에서 죽었다.

이건창의 5대조 이광명(李匡明)은 이러한 당화를 피해 강화도로 이주하여 조선양명학의 태두였던 정제두(鄭齊斗)의 손자사위가 되어 양명학을 연마하였다.[5] 이후 이광사와 이광신(李匡臣), 이건창의 4대조 이충익(李忠翊), 조부 이시원을 거쳐 이건창·이건방(李建芳)·이건승(李建昇)으로 이어지는 강화학파의 계보를 형성하였다.[6] 이건창이 양명학을 가학(家學)으로 전승하였다는 것은 주자학(朱子學)의 굴레에 빠져 있던 주류 양반 지식인들과는 그 학문적 입장을 달리하였다는 것을 의미한다.

이건창이 『당의통략』을 저술한 것은 30대 중반 이후인 1890년경으로 추정되는데, 이것은 가문의 전통을 이은 것이었다. 이광사의 아들 이긍익(李肯翊)은 『연려실기술(燃藜室記述)』을 편찬하였으며, 이건창의 고조 이충익은 「군자지과설(君子之過說)」이라는 소논문을 쓰고, 증조 이면백

4 조휘각, 2000, 「영재 이건창의 생애와 경세관」, 『국민윤리연구』 43, 한국국민윤리학회, 50쪽.

5 민병수, 1972, 앞 논문, 339쪽.

6 강화 양명학 연구팀, 2008, 『강화학파의 양명학』, 한국학술정보(주), 314~319쪽.

(李勉伯)은 『감서(憨書)』라는 저술을 통해서 당화(黨禍)의 원인을 탐구하였다.[7] 이건창은 서문에서 조부 이시원이 작은 글씨로 필사하여 편찬한 '국조문헌(國朝文獻)' 100여 권이 있었으며, 어렸을 때부터 그 내용을 조부로부터 들었다고 하였다. 따라서 이건창의 『당의통략』은 당쟁에 대해 전주 이씨 집안에 내려오는 저술을 총결산하였다는 의미가 있다.

이건창은 그 서문에서 시기적으로 1575년(선조 8)부터 1755년(영조 31)까지 180년을 대상으로 하여 '당의(黨議)', 즉 당론(黨論)을 정리하였다고 밝혔다. 그 이유는 조부가 정리한 이 시기의 자료를 보면 그 시비(是非)·득실(得失)이나 정사(正邪)·충역(忠逆)이 당론을 벗어나지 않았기 때문이라고 하였다. 그가 이러한 당론에 대해 객관적으로 공정한 이해를 도모하기 위해 이 책을 저술한 것은 분명한 것 같다.

그런데 그 가문이 소론이라는 분명한 당색을 갖고 있는데, 과연 공정한 저술이 가능한가라는 의문이 들지 않을 수 없다. 이에 대해 이건창의 종제 이건방은 그 발문(跋文)에서 이건창이 당론에 빠지지 않은 것이 오히려 이 책의 약점이 되었다고 지적하였다. 스스로 소론이라는 당색이 있기 때문에 다른 사람들이 자신의 주장을 당론으로 의심할 것을 의식하다 보니 오히려 공평함을 잃었다는 것이다. 이것은 뒤집어 말하면 소론의 입장에서 볼 때 억울한 측면이 있을 정도로 『당의통략』의 서술이 공평을 기하였다는 말로 해석할 수도 있을 것이다.

---

7 민병수, 1972, 앞 논문, 37쪽; 이상식, 2001, 「이건창과 『당의통략』」, 『내일을 여는 역사』 4, 내일을여는역사재단, 211쪽.

그렇다고 해서 오늘날의 시각에서 볼 때『당의통략』이 당론서(黨論書)의 범주를 벗어나는 것은 아니다. 조선후기 당쟁 관계 자료가 모두 당론서인 것은 아니다. 일반 당쟁 관계 자료는『조선왕조실록』등과 같은 관찬 연대기나 개인 문집, 야사류 등을 포함하여 정치인 또는 정치적 사건과 관련된 자료를 포괄적으로 지칭하지만, 당론서란 그 가운데 '당론', 즉 각 붕당의 주장을 내세우고 그 정당성을 입증하기 위한 저술을 가리킨다.[8]

이러한 당론서가 본격적으로 편찬되기 시작한 것은 서인과 남인의 대립이 격화되고, 서인이 노론과 소론으로 분열된 17세기 후반 이후의 일이었다. 선조대 동·서 분당 이래 17세기 들어서는 붕당정치가 파국을 맞아서 숙종·경종 연간의 거듭되는 환국(換局)과 처분(處分)으로 격렬한 정치적 소용돌이를 거치면서 주요 붕당이었던 노론·소론·남인의 당론이 발생한 이후에 당론서 편찬이 본격화되어 오늘날까지 방대한 규모의 당론서가 남아 있다.

이들 당론서는 내용상으로 통사형(通史型)과 단대형(單代型)으로 구분할 수 있고, 형태상으로는 편년형, 자료나열형, 서술형, 문답형, 변론형 등으로 구분할 수 있다. 노론 측 당론서는 통사형, 서술형이 많고, 문답형 당론서가 다수 존재하는 특징이 있는 것에 비해 소론 측 당론서는 단대형, 자료나열형이 압도적으로 많다.[9]『당의통략』은 소론 당론서 가

---

8 김용흠, 2012, 「당론서(黨論書)'를 통해서 본 회니시비(懷尼是非)—『갑을록(甲乙錄)』 과『사백록(俟百錄)』비교」,『역사와 현실』85, 한국역사연구회, 112~113쪽.

9 김용흠, 2012, 앞 논문, 118쪽.

운데는 보기 드물게 통사형이자 서술형의 형태를 취하고 있다.

『당의통략』의 구성과 내용

필사본 『당의통략』은 서문이나 발문이 없이 바로 선조(광해군 부록),
인조 · 효종, 현종, 숙종, 경종, 영조 등 조선후기 왕대별로 제목을 붙였
다. 그 서술 비중을 글자수를 통해서 비교해 보면 아래 표와 같다.

구분	선조 · 광해군	인조 · 효종	현종	숙종	경종	영조	합계
글자수(자)	7,433	3,211	1,511	23,607	8,231	13,102	57,095
비율(%)	13	6	3	41	14	30	100

이 표에 따르면 숙종에서 영조까지의 분량이 85%를 차지하고 있어서
이 시기에 대한 서술이 저술의 주요 내용임을 알 수 있다. 특히 경종 재
위 기간(1720~1724)은 4년밖에 안 되는데 인조~현종 연간은 물론이고
선조 · 광해군대보다도 더 많은 비중을 차지하고 있어서 이 저술이 특
정한 의도 아래 이루어진 것임을 짐작게 한다. 이건창은 서문에서 자신
의 조부가 편찬한 '국조문헌'에 대해서는 언급하였지만, 같은 이경직 후
손인 이긍익이 편찬한 『연려실기술』에 대해서는 언급하지 않았는데, 그
이유에 대해서는 밝혀진 것이 없다.

잘 알려진 것처럼 『연려실기술』은 원집(原集), 속집(續集), 별집(別集)

으로 구성되어 있는데, 원집에는 태조부터 현종대까지의 정치적 사건들이 기사본말체(紀事本末體)로 수록되어 있다.[10] 즉 조선의 전기와 후기를 포함한 통사형의 자료나열형에 속하였다. 그리고 속집에서 숙종대를 다루고 있는데, 이 시기 정치적 갈등의 주요 당사자였던 노·소론 사이에 일어난 회니시비(懷尼是非)를 빠트렸으며, 1704년(숙종 30년) 이후의 기록이 소략하다는 지적을 받았다.[11]

『연려실기술』의 내용은 아마도 이시원이 편찬한 '국조문헌'과 상당히 중복되었을 가능성이 크다. 그런데 1704년 이후 숙종 말년의 내용은 소략하였으며, 경종·영조대에 대한 언급은 아예 누락되었으므로 이건창은 이를 보완하기 위해 『당의통략』을 구상하였던 것 같다. 『당의통략』은 또한 『연려실기술』이 취한 자료나열형을 벗어나 본인이 직접 서술하는 형태를 취하고 있다. 이것은 『연려실기술』을 내용상으로 보완하려고 했을 뿐만 아니라 당쟁을 보는 자신의 시각을 전달하려는 의도를 분명히 한 것이었다. 따라서 『연려실기술』은 당론서가 아니지만[12] 『당의통략』은 당론서로서의 정체성을 분명히 갖고 있는 저술이었다.[13]

---

10 이존희, 1986, 「이긍익과 『연려실기술』 편찬」, 『진단학보』 61, 진단학회.

11 정만조, 1986, 「『연려실기술』 속집의 검토—정치사적 이해를 중심으로」, 『진단학보』 61, 진단학회, 219~220쪽.

12 정만조, 1986, 앞 논문, 220쪽.

13 최근에 『당의통략』이 소론 준론의 의리를 대표하는 당론서라는 연구가 나와서 참고된다. 최성환, 2018, 「이건창 가문의 당론과 『당의통략』 서술」, 『대동문화연구』 104, 성균관대 대동문화연구원.

이건창이 서문에서 밝힌 바와 같이 이 책은 1575년부터 1755년까지의 당의, 즉 당론을 정리한 저술이었으므로 주요 당파의 이합집산에 대해서는 빠트리지 않고 기록하였다. 1575년 동인·서인의 등장부터 1579년 정여립 옥사 이후 동인이 남인과 북인으로, 그리고 북인이 대북과 중북·소북, 골북과 육북 등으로 분화되는 과정은 물론 인조대 서인 가운데 청서·훈서, 노서·소서, 원당·낙당, 산당·한당 등의 명목이 등장하는 경위, 나아가서 숙종대 남인이 청남과 탁남으로 분열되고, 서인이 노론과 소론으로 분열되어 갈등하는 과정도 남김없이 기록하였으며, 영조대에 노·소론 탕평파가 완론과 준론으로 분열되어 대립하는 양상도 빠트리지 않았다.

그리고 이들 당파 사이에 일어난 사건을 간지(干支)를 가지고 이름 붙여서 오늘날까지도 활용되기에 이르렀다. 선조대의 1575년 을해당론, 1583년 계미삼찬, 1589년 기축역옥, 숙종대의 1680년 경신환국, 1689년 기사환국, 1694년 갑술환국, 1716년 병신처분, 1717년 정유독대, 영조대의 1727년 정미환국, 1729년 기유처분, 1740년 경신처분, 1755년 을해옥사 등이 그것이었다. 영조대에는 1733년 십구하교(十九下教), 1735년 반야하교(半夜下教), 1737년 혼돈개벽(混沌開闢) 등 영조가 하교하면서 붙인 이름도 제시하였다.

여기서는 이러한 용어를 받아들여 경종대 일어난 정치적 사건 역시 1721년 신축환국, 1722년 임인옥사와 같이 이름 붙였으며, 기축'역옥'은 서인의 관점이 반영된 것으로 보고 기축'옥사'로 고쳐서 사용하였다. 아울러서 경종대에 대해 흔히 사용되는 신임사화(辛壬士禍)라는 용어는 노론의 당론이 반영된 것으로 보아서 '신임옥사'로 고쳐 사용하였다. 그렇지만 경종대 노론 4대신의 영조에 대한 충성을 표현하는 '신임의리'는 노론의 의리를 지칭하는 객관적 용어로 간주하여 그대로 사용하였다.

이처럼 『당의통략』은 당론의 추이를 정리한 것일 뿐, 해당 시기의 정치적 사건 모두를 다룬 것은 아니라는 점이 주의를 요한다. 예를 들면 인조대 서술에서 인조의 생부인 정원군을 원종으로 추존하는 과정에서 일어난 논쟁이나 청나라의 위협을 받으며 진행된 주화·척화 논쟁 등에 대해서는 다루지 않았다고 이건창이 스스로 밝혀두었다. 즉 『당의통략』만으로는 조선후기 정치사를 전체적으로 파악할 수 없다는 것을 스스로 인정하였던 것이다.

또한 영조대 서술에서 사도세자에 관련된 기록이 필요한 최소한도로 제한되어 있다는 점도 지적해둘 필요가 있다. 사도세자가 대리청정을 시작한 것은 1749년인데, 이 책에서 그 이후인 1755년까지 다루었지만 사도세자에 대한 구체적인 언급은 거의 보이지 않는다. 사실 1762년에 발생한 임오화변, 즉 사도세자의 비극적 죽음은 이미 대리청정을 전후한 시기로부터 싹트기 시작하였으므로 그에 대한 언급이 나올 만도 한데 이건창은 이를 생략하였다. 이것은 아마도 일차적으로 사도세자 관련 문제는 방대한 분량이 필요한 또 다른 저술 주제이기 때문일 것이다. 또한 자신의 선조가 을해옥사 전후 모두 처벌받아서 사도세자와는 직접 관련되지 않았기 때문일 수도 있다. 그렇다면 이 또한 『당의통략』이 이건창 가문의 성쇠와 밀접한 관련이 있는 저술이라는 점을 보여주는 측면이 아닐 수 없다.

당쟁의 원인에 대한 진단과 한계

이건창은 『당의통략』의 맨 마지막에 「원론(原論)」이라는 제목으로 조선의 당쟁을 논하였다. 여기서 그는 조선의 당쟁에 대해 거국적으로 모든 사람이 그 와중에 휩쓸려 들어갔으며 200년이라는 장구한 기간에 걸쳐서 전개되었다는 점에서 이전 역사에서 볼 수 없었던 매우 특이한 현상으로 간주하였다. 그는 그 원인을 여덟 가지로 정리하였는데, 도학(道學)이 너무 무거웠다[太重], 명의(名義)가 너무 엄격했다[太嚴], 문사(文詞)가 너무 번거로웠다[太繁], 형옥(刑獄)이 너무 촘촘했다[太密], 대각(臺閣)이 너무 준엄했다[太峻], 관직(官職)이 너무 맑았다[太淸], 벌열(閥閱)이 너무 극성했다[太盛], 평화가 너무 오래 지속되었다[太久]는 것 등이 바로 그것이었다.

첫째, 도학태중에 대해 이건창은 다음과 같이 말하였다. 인간이 본래부터 자신의 이익을 도모하여[自私自利] 경쟁하고 이기려는 것은 '형세상 당연'한 일이므로 그로 인해 발생하는 폐단을 극복하기 위해 도학이 생겨난 것으로 보았다. 그런데 조선에서는 '도학의 당'이 생겨서 당대를 호령하면서, 자신의 사리사욕을 채우는 수단으로 전락하였음에도 불구하고 그 잘못을 고치지 못하게 하니 서로 쟁탈하는 형세가 조성되어 화란이 일어났다는 것이다. 즉 도학을 앞세운 세력이나 주장이 모두 올바른 것이 아닌데도 그 무리들이 무조건 무겁게 숭상한 결과 당쟁이 격화되었다는 것이다.

둘째, 명의태엄에 대해서는 다음과 같이 말하였다. 명의, 즉 명분과 의리란 천하의 공물(公物)이므로 특정한 사람이나 가문에서 사사로이 독점할 수 없는 것이라고 전제하고, 또한 늘 변화하는 것이므로 때에 따라서[隨時] 그 실체를 구현하려고 노력해야 한다[務實]고 주장하였다. 그런데 한때의 한 가지 일을 가지고 억지로 명의를 만들어서 다른 사람에게 강요하는 것이 필승의 술수가 되어서, 명의를 가탁한[假名義] 주장으로 상대방을 난적(亂賊)으로 만드는 일이 비일비재하여 당쟁이 격화되었다고 비판하였다.

셋째, 문사태엄에 대해서는 다음과 같이 말하였다. 조선의 당화(黨禍)는 거의 대부분 문장의 표현을 들추어내서 죄를 주는 것이었다고 하면서, 갈수록 그러한 일이 교묘해져서 다른 사람을 공격하고 죽이는 자료를 만들기 위해 고증하고 주석을 붙이며 핵심을 요약하고 그 남은 뜻을 부연하여 끝내 목적을 이루고야 만다는 것이다. 또한 문장의 품격이 시대가 갈수록 떨어져서 만연되고 자질구레해진 것을 문사(文詞)가 지나치게 번거로워진 증거로서 거론하였다. 만연되면 시비를 가리기 어렵고, 자질구레해지면 갈수록 감정이 치우치고 격해져서 갈등을 격화시키게 된다는 것이다.

넷째, 형옥태밀에 대해서는 다음과 같이 말하였다. 조선에서는 당쟁으로 인해 사람을 마구 죽였으며 옥사가 일어나면 국문하는 것이 지나치게 엄하였다고 한다. 당인들이 서로 다투는 것을 가지고 명의를 빌려서 난역으로 몰아서 절차를 무시하고 고문하고 형신하며, 자백해도 반드시 죽여서 억울해도 감히 말하지 못하게 만드니, 스스로 난역의 당에 빠지고 만다는 것이다. 정권이 바뀌면 서로 보복하는 것이 반복되어 나라가 거의 텅 빌 지경인데도 조금도 반성하지 않는다고 비판하였다.

다섯째, 대각태준에 대해서는 다음과 같이 말하였다. 대각이란 언론을 담당한 간관(諫官)이 소속된 기관인데, 임금과 시비를 다투어서 들어주지 않으면 끝까지 간쟁하여 멈추지 않는 것을 조선의 대표적 폐단으로 거론하였고, 대간들 사이에서 간쟁하는 내용을 두고 다투는 것을 두 번째 폐단이라고 하였다. 나아가서 대각이 언론을 독점하고 과격한 준론이 대각을 지배하여 당동벌이(黨同伐異)의 선봉이 되는 폐단을 가장 심각한 문제라고 보았다.

여섯째, 관직태청에 대해서는 다음과 같이 말하였다. 맑음이 있으면 탁함이 있어서 누구나 맑은 것을 부러워하니 맑음이란 형세상 다툴 수밖에 없다고 전제하고, 사화(士禍)와 당론(黨論)이 모두 맑은 관직에서 나왔다고 하였다. 선비들이 다투는 것은 도학과 관직 때문인데, 관직 때문에 다투는 것이 도학의 열 배는 된다고 하였다. 그런데 도학의 무게 없이는 관직의 종주(宗主)가 될 수 없었으므로, 맑은 관직이 아니고는 도학의 성원을 받을 수 없어서 다툼의 원인이 되었다는 것이다.

일곱째, 벌열태성에 대해서는 다음과 같이 말하였다. 조선에서는 대대손손으로 당론이 이어졌다고 하면서 벌열이 번성해서 나라에 무슨 이로움이 있었느냐고 반문하였다. 당론이 분열된 이후 벌열이 더욱 번성하여 조종(祖宗)의 명기(名器)가 모두 당인의 사물(私物)이 되었다고 개탄하고, 결혼과 교유조차도 오로지 당에 따라서 이루어지는 현실이 그것을 조장하였다고 보았다.

여덟째, 승평태구에 대해서는 다음과 같이 말하였다. 문치(文治)가 지나쳐서 왜란과 호란을 당했는데, 그 이후에는 평화가 계속되자 사대부들이 당론을 일삼은 것이 오래되어서 지극히 상세하게 강론하고, 지극히 온전하게 지킨 것이 국가가 나온 이래 있어 본 일이 없을 정도였다고 하였다. 만약 이 마음으로 왕정(王政)을 행하여 군신(君臣)이 휴척(休戚)을 같이했다면 무슨 일을 못했겠으며, 무슨 근심할 일이 있었겠느냐고 반문하였다.

이건창이 맨 먼저 문제 삼은 도학은 주자학을 지칭하는 것이었다. 인간에게 자사자리(自私自利)의 마음이 있다고 전제하고 그것의 폐단을 없애기 위해 도학이 나왔다고 본 것은 양명학의 인간론에 입각한 이해였다. 그런데 이러한 도학의 본령을 이해하지도 못하는 자들을 거느리고 '도학의 당'을 만들어 세상을 지배하면서 사리사욕을 채우려는 사람들 때문에 무궁한 화란(禍亂)이 일어났다는 것이다.

이것은 사실상 송시열(宋時烈)과 노론을 지칭한 것이 분명하였다.[14] 송시열은 주자만이 공자와 맹자의 도통을 계승하였다고 주자 도통주의(道統主義)를 내세우고, 조선에서는 율곡(栗谷) 이이(李珥)와 김장생(金長生)을 거쳐서 자신이 그것을 계승하였다고 주장하였다. 그는 주자가 한 말은 한 글자 한 문장도 고칠 수 없다고 하면서 주자에 대해 이의를 제기하는 사람을 '사문난적(斯文亂賊)'으로 몰아갔다. 노론 당인들은 이러한 송시열의 주장을 숭상하면서 그를 공격하는 사람은 모두 역적으로

---

14 최성환, 2018, 앞 논문, 156쪽.

몰아서 조정에서 배제하는 것은 물론 학계에서도 매장하려고 하였다.[15] 이건창은 이러한 사상적 풍토가 당쟁을 격화시킨 첫 번째 원인이라고 보았던 것이다.

다음으로 이건창이 거론한 명의태엄은 조선의 관인(官人) · 유자(儒者)들이 방대한 주자학의 체계 가운데 특히 명분론과 의리론에 치중하여 수용한 것이 당쟁을 격화시켰다고 지적한 것이었다.[16] 명분과 의리라는 것은 천하의 공물이므로 개인이 독점할 수 없는 것인데, 노론 당인들은 명의를 빙자하거나[假名義] 억지로 명의를 만들어서[强爲之名而曲爲之義] 상대방을 역적으로 모는 일이 비일비재하였다.[17] 특히 기사환국 이후에는 남인을, 갑술환국 이후에는 소론을 '명의죄인(名義罪人)'으로 몰아서 공격하더니, 급기야 경종대 신임옥사가 일어나서 영조대 내내 충역(忠逆)의 의리 시비가 정치적 갈등의 중심에 놓이기에 이르렀던 것이다.

문사태번과 형옥태밀, 벌열태성은 당쟁의 원인이라기보다 그 과정에서 빚어진 문제로 보는 것이 합당할 것 같다. 이에 비해 대각태준과 관직태엄은 조선후기의 현실에 대한 이건창의 탁견이 돋보이는 부분이

---

15 김준석, 2003, 『조선후기 정치사상사 연구—국가재조론의 대두와 전개』, 지식산업사.

16 김용흠, 2006, 『조선후기 정치사 연구 1—인조대 정치론의 분화와 변통론』, 혜안.

17 김용흠, 2000, 「조선후기 숙종대 노 · 소론 대립의 논리」, 『하현강교수정년기념논총』, 혜안; 2001, 「숙종대 후반의 정치 쟁점과 소론의 내분」, 『동방학지』 111, 연세대 국학연구원; 2016①, 「조선후기 노론 당론서와 당론의 특징—『형감(衡鑑)』을 중심으로」, 『한국사상사학』 53, 한국사상사학회.

다. 대각태준에서는 조선의 언론 관행이 당쟁을 촉발하고 격화시키는 계기가 되었다는 것을 날카롭게 지적하였다. 특히 언관의 주장이 모든 사람의 의견이 아닌데도 그것을 강요하는 풍토가 문제라고 비판한 것이나 결국은 과격한 주장, 즉 준론이 언론을 압도하여 갈등을 격화시키게 된다는 지적은 언관 제도의 허점을 폭로한 주장이었다.

관직태청에서는 청직(淸職) 내지 청현직(淸顯職)을 선호하고 숭배하는 조선의 사회적 풍토가 오히려 당쟁의 원인이 되었다고 주장한 것이었다. 여기서 도학과 관직 사이에 밀접한 상관관계가 있다고 지적한 것도 경청할 만하며, 도학보다 맑은 관직에 대한 집착이 훨씬 크게 당쟁을 격화시켰다는 지적은 당쟁의 원인에 대한 객관적 인식에 접근하고 있었다. 승평태구에서는 문치가 지나쳐서 왜란과 호란을 당하였다는 인식이 주목된다.

그렇지만 이건창의 당쟁 인식에는 몇 가지 중요한 한계가 있었다. 첫째로 대각태준이나 관직태청을 제도의 문제로 접근하지 못한 것이다. 조선전기에 사화를 거치면서 확립된 홍문관, 사헌부, 사간원, 즉 삼사의 언론 제도는 선조대 이후 당쟁이 발생하는 원인이자 이것을 격화시킨 결정적 요인이었는데, 이건창에게서는 이에 대한 제도적 인식이 보이지 않는다. 특히 이이(李珥) 이래 서인 내부에서 이러한 언관 제도와 청현직의 인선 문제를 인식하고 이것을 개혁하려는 흐름이 존재하였는데,[18] 이건창은 거론하지 않았다. 이것은 『당의통략』이 아무리 당론만을

---

18 김용흠, 2006, 앞 책 참조.

그 서술 대상으로 삼았다고 하더라도 놓쳐서는 안 되는 측면이었다.

둘째로 탕평론에 대한 인식이 매우 불완전하였다는 점이다. 숙종대 등장한 탕평론은 다른 무엇보다도 당쟁으로 인한 국가의 위기를 타개할 목적으로 등장한 정치론이었다. 즉 왜란과 호란 이후 뜻 있는 관인(官人)·유자(儒者)들 사이에서 당시의 국가의 위기를 극복하려면 대동(大同)과 균역(均役)을 지향하는 제도 개혁이 긴요하다고 보고, 이것을 정치의 중심 문제로 끌어들이려고 노력하는 가운데 등장한 것이었다.[19] 숙종대 조정에서 탕평론을 처음 제기한 박세채(朴世采)는 소론이었고, 이건창 가문과도 혈연으로 연결되어 있음에도 불구하고, 이건창은 정치론으로서 탕평론이 가진 의의를 충분히 파악하지 못하고, 당론의 차원에서 인식하는 것에 머물렀다. 이로 인해 윤선거(尹宣擧)의 「기유의서(己酉擬書)」가 17세기 북벌론(北伐論)과 18세기 탕평론의 연속성을 보여주는 중요한 자료라는 점을 인식하지 못하였다.

셋째로 당쟁에 대한 사상사적 이해가 충분하지 못하였다는 점이다. 이것은 이건창이 속해 있던 강화학파 양명학의 한계이기도 하였다. 즉 양명학은 주자학의 인식론을 비판하면서 등장하였지만 이학(理學)이라

---

19 김용흠, 2008, 「남계 박세채의 변통론과 황극탕평론」, 『동방학지』 143, 연세대 국학연구원; 2009①, 「숙종대 소론 변통론의 계통과 탕평론—명곡 최석정을 중심으로」, 『한국사상사학』 32, 한국사상사학회; 2009②, 「조선후기 정치와 실학」, 『다산과 현대』 2, 강진다산실학연구원; 2016②, 「조선의 정치에서 무엇을 볼 것인가—탕평론·탕평책·탕평정치」, 『한국민족문화』 58, 부산대.

는 점에서는 동일하였다. 이학은 중국에서 당·송 교체기 이후 송대 사대부들에 의해 제창된 유학이었는데, 당시까지 지배적이었던 불교·도교와의 대항 관계 속에서 유학이 지향하는 수기치인(修己治人) 가운데 수기(修己)에 치중하는 특징을 드러냈다.[20] 조선후기에는 이미 17세기부터 이건창이 속한 당색인 서인 내부에서도 최명길(崔鳴吉)·조익(趙翼)·박세당(朴世堂) 등에 의해 이학의 이러한 문제점을 극복하려는 노력이 전개되었으며, 이러한 사상적 지향이 당쟁에도 반영되었는데,[21] 이건창은 주목하지 못하였다.

이러한 한계로 인해 이건창은 영조대에 자신의 선조인 이광덕(李匡德)이 제시한 소론 준론 탕평론을 치인(治人), 즉 경세(經世)의 측면에서 그 정당성을 천명하지 못하고 이학에 기초한 의리론 차원에서 그 공정성을 강변하는 것에 그쳤다. 또한 19세기에 자신이 조정에 진출하고서도 개화와 척사가 갈등하는 소용돌이 속에서 그 대안을 제시하지 못한 것도 그의 이러한 한계와 무관하지 않다.

---

20 김용흠, 2019, 「정암 조광조의 주자학 수용과 경세론의 변용」, 정암조광조선생 서거 500주년 기념문집, 『정암 조광조와 화순』, 심미안, 182~188쪽.

21 김용흠, 2001, 「포저 조익의 학문관과 경세론의 성격」, 한국사연구회 편, 『한국 실학의 새로운 모색』, 경인문화사; 2018, 「지천 최명길의 정치 활동과 유자의 책임의식」, 『백산학보』 111, 백산학회; 2018, 「서계 박세당의 『대학사변록』에 보이는 '경세' 지향 학문관」, 『한국사연구』 182, 한국사연구회.

당쟁에 대한 객관적 인식은 가능한가?

앞서 살펴본 바와 같이 이건창은 조선의 당쟁이 200여 년의 장구한 세월 동안 대대손손 내려오면서 전개된 것을 비판적으로 인식하였다. 그는 분명히 붕당을 부정적으로 보았으며, 이것을 극복하지 못하여 조선이 망국의 지경에까지 이르렀다고 본 것이 틀림없다. 이러한 당쟁부정론은 이건창이 살던 시기에 유행한 당쟁망국론의 일종으로 볼 수 있다.

대한제국이 멸망한 뒤 일본 제국주의자들은 조선에 대한 식민지 지배를 정당화하기 위해 식민사관을 날조하여 정체성론, 타율성론, 당파성론 등을 제창하였다. 이들이 당쟁망국론을 과장하고, 확대·부연하여 조선인들에게 당파를 짓는 본성이 있어서 그처럼 치열한 당쟁이 전개되었다고 주장한 것이 당파성론이다.[22] 이에 따르면 당쟁은 민족성에서 유래한 것이므로 민족을 개조하지 않는 한 조선인은 영원히 당쟁을 극복할 수 없다는 결론에 이르게 된다. 식민지 시기 조선인 가운데 이러한 일제의 주장에 깊이 공감하여 나온 것이 바로 이광수(李光洙)의 '민족개조론'이었다. 일제 말기에 이광수가 친일파가 된 것은 그가 식민사관에 깊이 침윤된 필연적인 결과였다.

해방 이후 역사학계에서는 식민사관을 극복하기 위한 노력을 다각도로 전개하였다. 그 결과 한국 역사가 단계적으로 발전하였으며, 이것은

---

22 이성무, 1992, 「조선후기 당쟁 연구의 방향」, 『조선후기 당쟁의 종합적 검토』, 한국정신문화연구원.

한국인 스스로의 노력을 통해서 성취한 것이라는 사실이 입증되어 식민 사관의 정체성론이나 타율성론은 상당 부분 극복된 것이 사실이었다.

이러한 흐름 속에서 당파성론을 극복하기 위해 붕당정치론이 나왔다.[23] 이 주장에 의하면 당쟁은 나쁘지만 붕당정치는 긍정적인 측면이 있다고 하여 당쟁과 구별하였다. 인조반정 이후 현종대까지는 서인과 남인이 상호비판을 통해 경쟁하면서 공존하는 붕당정치가 발달하였는데, 숙종대 이후 거듭되는 환국으로 파탄되었다가 영조·정조대에 탕평책을 통해서 붕당정치를 회복하려고 노력했다는 것이다.

이러한 붕당정치론에 의해 조선후기 정치를 붕당정치-탕평정치-세도정치로 유형화하여 인식하는 성과를 거두었다. 이것은 붕당 긍정론의 일종으로서, 일제가 식민사관을 통해서 부정 일변도로 묘사했던 조선후기 정치에서 붕당정치라는 긍정적 측면을 추출하여 강조한 것이다. 이 붕당정치론자들은 일제 강점기 안확(安廓)의 붕당 긍정론을 수용하여 근대 정당정치의 원형으로까지 간주하였다.[24]

이러한 붕당정치론에는 당쟁과 붕당정치를 구별할 수 있느냐는 문제가 있으며, 붕당정치가 왜 파탄되었는지를 설명하지 못하는 치명적인 약점을 안고 있다.[25] 당쟁과 붕당정치를 구별한 것에는 정치적 갈등

---

23 이태진 외, 1985, 『조선시대 정치사의 재조명』, 범조사.

24 신복룡, 2006, 「조선조 당쟁의 거울—이건창(李建昌)의 『당의통략(黨議通略)』」, 『한국의 고전을 읽는다』 4, 휴머니스트; 최성환, 2018, 앞 논문.

25 김용흠, 2006, 앞 책, 18~19쪽.

에 대한 부정적 인식이 전제되어 있다. 어느 시대, 어떤 사회든 정치적 갈등을 피할 수는 없다. 문제는 무엇을 가지고 갈등하였느냐에 있는데, 붕당정치론에서는 이것을 간과하는 경향이 있다.

이른바 붕당정치가 전개된 인조·효종·현종 연간에 서인과 남인이 상호비판을 통해서 공존하였다고 해서 정치적 갈등이 없었던 것이 아니며, 오히려 그 갈등의 연장선상에서 숙종대 환국이 거듭 일어났던 것이다. 그리고 숙종대 환국이 거듭되어 붕당정치가 파탄되었다고 해서 이 시기의 정치만 붕당정치와 구별하여 당쟁이라고 부정적으로 평가할 수 있는지 의문이다. 결국 붕당정치론은 당쟁 그 자체에 대한 과학적인 규명을 회피하여 식민사관의 당파성론을 충분히 극복하지 못하고 말았다.

정치의 본령은 정책(政策)을 다루는 것이다. 조선후기 당쟁에서도 정책 대립은 존재하였다. 그런데 문제는 정책에 대한 대립이 표면적으로는 늘 붕당간 대립과 같은 외피를 쓰고 나타난다는 것이다. 붕당은 대대로 내려오는 붕당의 의리(義理)가 있기 마련이다. 조선의 붕당은 특히 학파에서 연원하였으므로 자신의 정당성을 학문을 통해서 정당화하는 경향이 있다. 즉 붕당의 의리가 학문과 긴밀하게 결부되었다는 것이다. 예를 들면 이황(李滉)의 제자들이 동인이 되고 이이(李珥)의 제자들이 서인이 되었으며, 이것이 대대로 계승되어 동인 가운데 남인의 후손은 이황의 학설만 옳다고 하고, 서인의 후손은 이이의 학설만을 옳다고 하는 기현상이 발생하였다. 즉 붕당의 의리가 학문과 결부되어 고착되면서 서로 타협하는 것을 더욱 어렵게 만들었던 것이다. 이로 인해 학문적 입장에 기초한 붕당간 의리 다툼에서 정책 대립을 추출하는 것은 더욱 곤란한 일이 되었다.

그런데 왜란과 호란, 즉 양란(兩亂)으로 인한 국가의 위기를 겪으면서 뜻 있는 지식인들 사이에서 당색과 관계없이 이것을 극복하는 방안을 진지하게 모색하는 경향이 등장하였다. 그 결과 당시의 기득권층이었던 양반과 지주의 양보 없이는 국가의 위기를 해소할 수 없다는 결론에 이르게 되었다. 이 시기에 대동(大同)과 균역(均役)이 시대적 화두가 된 것은 그 때문이었다. 즉 양반과 지주의 부담을 늘리는 제도 개혁이 불가피하다는 인식이 등장하여 확대되었던 것이다. 조선후기 실학(實學)은 바로 이러한 경향을 학문적으로 체계화하여 등장한 것이었으며, 그것을 정책으로 구현하려는 정치론이 바로 탕평론(蕩平論)이었다.[26]

탕평론은 조선의 현실에 입각하여 주자학 정치론을 극복하고 개발한 정치론이었다. 그것은 주자학 의리론의 편향으로부터 유학 본래의 경세(經世) 지향을 회복하여, 제도 개혁을 정치의 중심 문제로 끌어들이기 위해 등장한 정치론이었고, 양반 지주 계급이 국가의 유지·보존을 위해서 스스로의 계급적 이익을 포기하는 제도 개혁을 추진하려는 정치론이기도 하였다. 탕평론을 통해서 유학은 양반 지주 계급의 이익만을 배타적으로 비호하던 학문으로부터 대다수 국민 대중의 이익을 뒷받침하는 정치경제학(政治經濟學)으로 거듭날 수 있는 가능성을 보여주었다.[27]

---

26 김용흠, 2009①②, 앞 논문.
27 김용흠, 2016②, 앞 논문, 566쪽.

탕평론은 붕당의 의리를 넘어서 국가의 위기 극복을 목적으로 하는 정치론이었으므로 붕당 타파, 즉 파붕당(破朋黨)을 전제하고 있었다. 선조대 사림이 붕당으로 분열되었을 때부터 이미 붕당의 존재가 국가의 존립을 위협할 것이라는 인식이 존재하였는데, 붕당정치론에서는 이것을 간과하였다. 이이(李珥)의 파붕당론(破朋黨論)이 바로 그것이었다.[28] 그렇지만 문제는 붕당이 학파와 결합되고, 대대손손 계승되었으므로 붕당 그 자체를 부정할 수 없다는 현실에 있었다. 즉 송대 구양수(歐陽脩)가 제출한 군자소인론(君子小人論)이나 남송의 주자가 제시한 군자일붕당론(一朋黨論)은 조선의 현실과 맞지 않았던 것이다.

그리하여 이이가 제시한 것이 조제론(調劑論)이었다.[29] 이미 동인과 서인이라는 붕당으로 분열된 현실 속에서 붕당을 지었다고 이들을 모두 처벌하는 것은 불가능하다는 현실을 인정하면서도 파붕당을 실현하는 방안으로서 국가의 위기를 해소하는 일에 능력이 있는 사람이라면 붕당을 따지지 말고 등용하자는 것이었다. 즉 조제론은 국가의 위기 해소라는 목표를 전제한 붕당 타파론이었다. 이것은 유학의 수기치인 가운데 치인, 즉 경세에 대한 식견(識見)을 인물 등용의 기준으로 삼자는 것이므로 수기에 치중한 주자학 의리론과는 구별되는 주장이기도 하였다.

그런데 현실 정치에서 조제론을 시행하는 것은 지극히 어려운 일이

---

28 김용흠, 2006, 앞 책, 45~63쪽.
29 김용흠, 2016②, 앞 논문, 554~555쪽.

었다. 그래서 나온 것이 조정론(調停論)이었다. 붕당정치론자들이 상호 비판을 통해서 공존하였다고 추켜세운 인조대에 현실화된 것이 바로 조정론이었다. 인조반정은 서인이 주도하였지만 남인의 도움을 받으면서 성공하였으므로 인조대에는 서인과 남인이 모두 같이 조정에 진출하였다. 당시 정국을 주도했던 반정공신들은 광해군 정권이 살제폐모(殺弟廢母)하여 강상윤리를 저버렸다고 공격하였지만, 실상은 대북이 권력을 독점하고 독단적으로 정국을 운영하였기 때문에 반정이 가능했다는 것을 잘 알고 있었다. 그래서 남인은 물론 북인 가운데서도 폐모와 관련이 없는 사람을 등용하기 위해 노력하였다. 그리하여 각 붕당의 존재를 인정하고 등용하여 당색간 세력 균형을 통해서 붕당간 갈등을 완화시켜보자는 것이 조정론의 취지였다. 즉 조정론은 붕당으로 분열된 당시의 현실을 인정하는 붕당 긍정론의 한 형태였다.

그렇지만 조정론으로는 격화되는 당색간 갈등을 해소하지 못하였다. 인조대 이후 서인의 정국 주도에 대해서 남인은 사사건건 제동을 걸면서 갈수록 갈등이 격화되어 현종대 예송에서 그 정점에 달하였다. 예송은 서인과 남인의 당색간 다툼의 연장선상에서 일어난 일이었다. 두 차례의 예송에서 처음에는 서인이 승리하였지만 두 번째인 갑인예송에서 남인이 승리하여 집권하자 서인들을 처벌하였다. 그렇지만 서인 예론을 주도했던 송시열을 죽이지는 않았는데, 경신환국으로 서인이 집권하자 남인을 내치고 남인 예론의 주론자인 윤휴를 사약을 내려서 죽게 만들었다.

이처럼 서인과 남인의 갈등이 서로를 부정하는 극단으로 치달은 것은 국왕을 포함한 양반 지배층 전체의 위기라는 것이 누구의 눈에도 분명하였다. 이러한 위기의식을 배경으로 하여 제출된 것이 박세채의 황극탕평론(皇極蕩平論)이었다. 박세채는 주자학 의리론에 입각하여 각 붕당의 의리를 내세우는 것이 당쟁의 원인이라는 것을 직시하고, 『서경(書經)』 홍범(洪範)편의 황극(皇極)을 주자와 달리 새롭게 해석하여 치인(治人), 즉 경세가 유학의 본령임을 환기시켰다. 그리하여 당시의 국가적 위기를 타개하기 위해서는 대대적인 제도 개혁이 반드시 필요하다는 현실 인식 아래 이것을 추진할 수 있는 인재를 붕당을 넘어서 등용해야 한다고 주장하였다. 박세채는 결국 조제론에 바탕을 둔 붕당 타파론을 제창한 것이었는데, 이것은 이이(李珥) 이래 서인 변통론 계열의 지론이기도 하였다.[30]

경신환국 이후의 정국에서 박세채의 황극탕평론이 확산되자 이것을 저지하기 위해 송시열과 그 제자들이 제기한 것이 회니시비(懷尼是非)였다. 회니시비는 송시열과 그 제자인 윤증(尹拯) 사이의 다툼에서 시작되었으므로 송시열이 살고 있던 회덕(懷德)과 윤증이 살고 있던 니산(尼山)의 지명을 빌려서 붙인 이름이었다. 여기에는 송시열의 친구이자 윤증의 부친이었던 윤선거의 병자호란 당시 행적을 비롯하여 윤휴와의 관계 등 복잡한 논점이 포함되어 있었는데, 그 타당성 여부를 떠나서 근거를 이루는 입론이 모두 의리론이라는 점에서 동일하였다. 즉 송시열과 노론이 탕평론을 저지하기 위해 동원한 것이 바로 주자학에 입각

---

30 김용흠, 2008, 앞 논문, 234~237쪽.

한 의리론이었던 것이다.[31]

사실 효종·현종 연간 송시열은 서인 내에서 거의 절대적이라고 할 정도로 정치적·학문적 영향력을 행사하고 있었으므로, 여기에 이의를 제기한다는 것은 상당한 정치적 위험을 각오하지 않으면 불가능한 일이었다. 그럼에도 불구하고 숙종대에 서인 가운데 송시열에 맞서서 소론으로 좌정한 사람들이 다수였던 것은 주자학 의리론보다 탕평론이 국가의 유지·보존에 더욱 긴요하다는 인식이 설득력을 갖고 있었기 때문이었다. 탕평론이 국가의 위기를 타개하기 위한 제도 개혁을 목적으로 삼고 있었는데, 노론이 주자학 의리론을 통해서 이것을 저지하려 하였다는 점에서 탕평론과 의리론의 대립은 진보와 보수를 가름하는 신구(新舊) 사상의 갈등이기도 하였다.[32]

황극탕평론은 주자학의 상위 범주인 원시(原始) 유학에 의거하여 유학의 본령이 경세에 있다는 것을 확인한 정치론이었지만 송시열과 노론 당인들이 주자학 의리론에 근거하여 회니시비를 일으키자 소론 당

---

31 김용흠, 2010, 「숙종대 전반 회니시비와 탕평론」, 『한국사연구』 148, 한국사연구회; 2011, 「조선후기 사상사에서 명재 윤증의 위상」, 『民族文化』 37, 한국고전번역원; 2014, 「전쟁의 기억과 정치―병자호란과 회니시비」, 『한국사상사학』 47, 한국사상사학회; 2015, 「삼전도의 치욕, 복수는 어떻게?―미촌 윤선거의 북벌론과 붕당 타파론」, 『내일을 여는 역사』 61, 도서출판 선인; 2016①, 앞 논문; 2016③, 「스승을 비판한 백의정승―명재 윤증의 탕평론과 회니시비」, 『내일을 여는 역사』 62, 도서출판 선인.

32 김용흠, 2001, 앞 논문, 132쪽.

인들 역시 의리론에 입각하여 맞대응하지 않을 수 없었다. 회니시비는 주로 노론이 소론을 공격하는 형태로 전개되었으므로 소론 역시 이에 대응하는 과정에서 의리론의 프레임에 빠져들어서 탕평론의 정당성을 제대로 천명하지 못하였다. 이로 인해 회니시비는 숙종대 이후 100년이 넘는 기간 동안 탕평론의 성쇠를 보여주는 바로미터가 되었다.

노론 당인들은 회니시비뿐만 아니라 갑술환국 이후 인현왕후 민비에 대한 의리론을 제기하여 소론 탕평론을 저지하려 하였으며, 영조대 신임의리 역시 주자학에 기초한 충역 의리론을 통해서 탕평책을 무력화시키려는 논리였다. 이들의 정치 공세에 대응하는 과정에서 소론 탕평파가 온건파인 완론과 강경파인 준론으로 분열되면서 탕평책은 굴절되는 것을 면치 못하였다. 그렇지만 파붕당은 완론과 준론을 떠나서 소론 탕평론의 변함없는 원칙이었다.

이건창의 『당의통략』을 관통하는 원칙은 바로 이러한 소론 탕평론의 파붕당론이었다. 그런데 영조와 정조의 탕평책은 노론으로 대표되는 양반 지배층의 반발로 좌절되었다. 그와 함께 소론 탕평론 역시 좌절을 면치 못하였다. 이것은 결국 조선왕조 국가의 멸망으로 이어졌다. 따라서 당쟁망국론은 분명히 실체가 있다고 할 수 있다.

조선후기에 당쟁이 격렬하게 전개되었던 것은 사실이었다. 당시의 정치가 특정 붕당의 당리당략에 의해 좌우되고 권력자의 사리사욕에 의해 오염되었으며, 이들이 권력을 장악하고 유지하기 위해 온갖 정치적 음모와 모략도 다반사로 행해졌다. 그렇지만 이것만 있었던 것은 아니었다. 조선후기에도 이러한 정치적 갈등을 넘어서 국가의 위기를 극복하기 위한 정책을 마련하는 것이 정치의 본령임을 자각한 관인·유자들이 광범위하게 존재하였다. 이들이 주장한 것이 바로 탕평론이었다. 이들의 시도가 성공하지 못했다고 해서 그 존재 자체를 부정할 수는 없을 것이다. 따라서 당쟁망국론은 이들의 존재와 노력을 도외시하는 결정적 문제를 안고 있었다.

이건창이 『당의통략』을 통해서 말하려고 했던 것 역시 이것이었는데, 그것을 의식적으로 분명하게 말하지 못하였다. 그리고 이것은 당의, 즉 당론만으로는 분명하게 드러낼 수 없는 것이기도 하였다. 당론과 정책과의 관련성을 과학적으로 규명해야만 가능한 일이었는데, 이 책에서는 이것을 간과하거나 생략하였으므로 특정 당파의 당론처럼 보일 수밖에 없었다. 여기에 이 책이 가진 궁극적 한계가 있었다.

이 책의 기획 방향과 내용 구성

이 책은 『당의통략』 전체를 번역한 것은 아니다. 그 가운데 일부를 번역자가 임의로 추출하여 번역하고 해설을 붙였다. 따라서 이 책은 번역－원문－해설의 체제를 갖추었다. 다른 당론서에 비해 『당의통략』은 분량이 매우 소략한 편인데, 그렇다고 해서 쉽게 읽을 수 있는 책은 아니다. 이건창이 자신의 가문에서 내려오던 방대한 자료를 압축하여 저술하였기 때문이다.

그 내용은 이건창 본인이 직접 요약 서술한 부분과 상소문이나 반교문 또는 청나라에 보내는 주문(奏聞) 등과 같은 1차 자료를 제시한 부분으로 구분할 수 있는데, 여기서는 번역 대상에서 1차 자료를 제외하였다. 그것은 특별한 이유가 있었던 것이 아니라 출판사의 기획 방향에 맞추어 분량을 조정하다 보니 자연스럽게 그렇게 된 것이다. 그렇다고 이건창이 서술한 부분도 모두 번역한 것은 아니다. 기획 단계에서 설정한 전체 분량을 원래의 왕대별 서술 비율에 맞추어 골라서 번역한 것임을 밝혀둔다.

그렇지만 원서의 내용을 완전히 빼버린 것은 아니다. 번역자가 '해설'을 통해서 번역 대상에서 누락된 부분의 내용이 무엇인지를 요약하여 제시하였다. 따라서 독자들은 이 책을 통해서 『당의통략』의 내용을 전체적으로 파악하는 것이 가능하리라고 생각한다. 즉 이 책은 『당의통략』 자체를 전체적으로 번역한 것은 아니지만 그에 대한 보다 충실한 해설서는 될 수 있다고 말할 수 있다.

각 왕대별로 맨 앞에 《개관》을 두고, 정치적 흐름을 전체적으로 요약하여 제시하였다. 원문은 가능하면 문단 단위로 뽑아서 번역하고 해설을 붙였는데, 때로는 여러 개의 문단을 모아서 해설하였으며, 이들을 모아서 소제목을 붙였다. 각 왕대별로 모두 몇 개의 소제목이 있어서, 이를 통해 당시의 정치적 흐름을 파악할 수 있게 하였다. 해설은 최근까지의 정치사 연구성과를 원용하여 알기 쉽게 전달하려고 노력하였다.

조선후기 당쟁은 관련된 사건 자체가 방대하고 복잡하기 때문에 전공자조차도 파악하기 어려운 것이 현실이다. 이건창은 『당의통략』에서 이러한 방대한 내용을 자신의 가문에서 내려오는 지론을 토대로 하여 자신의 문장력을 통해서 아주 요령 있게 압축하여 제시하였다. 따라서 분량이 상대적으로 소략하다고 해서 손쉽게 읽을 수 있는 책은 아니다. 만약 당쟁사에 익숙하지 않은 독자라면 먼저 해설을 읽고 번역문을 보는 것도 이 책에 보다 쉽게 접근하는 방법이 될 것이다. 번역자는 비전공자가 당쟁을 체계적으로 이해할 수 있게 하기 위해서라면 자신의 주관이 노출되는 것도 꺼리지 않았다는 점을 밝혀둔다.

이 책에서 번역 대본으로 삼은 것은 이민수(李民樹)가 번역한 『당의통략』(을유문화사, 1972)에 부록된 조선광문회(朝鮮廣文會) 본이며, 이이화(李離和) 편, 『조선당쟁관계자료집(朝鮮黨爭關係資料集)』 2(여강출판사, 1983)에 영인된 필사본과 대조하여 원문을 교감하였다. 번역 내용에서는 이민수 번역본과 함께 이덕일·이준영 번역본(『모략과 음모의 당쟁사 당의통략』, 자유문고, 1998)을 참고하였다.

1. 선조~광해군:
붕당의 분열과 갈등

선조대는 거의 반세기에 걸친 훈구(勳舊)의 정치적 탄압과 박해에도 불구하고 사림(士林)이 집권한 시기였다. 1498년 무오사화(戊午士禍) 이후 1545년 을사사화(乙巳士禍)에 이르기까지 네 차례에 걸친 사화(士禍)로 사림의 정계 진출은 좌절되었다. 그렇지만 을사사화를 일으킨 문정왕후(文定王后)와 그 동생 윤원형(尹元衡)이 죽은 뒤, 명종(明宗)이 후사 없이 죽자 조정 대신들이 중종의 손자인 하성군(河城君)을 옹립하여 선조(宣祖, 1567~1608)가 즉위하였을 때 조정에는 사림이 득세하였다. 그런데 사림은 집권한 뒤, 훈구에 맞서 추구했던 정치적 이상을 저버리고 붕당(朋黨)으로 분열되어 대립하였다. 『당의통략』은 바로 이 붕당이 이후의 정치에서 중요한 변수였다는 것에 주목하고, 각 붕당의 이합집산이 어떤 경로를 통해서 이루어지고 있었는지를 설명하려는 의도에서 저술되었다.

선조대 서술은 광해군대를 부록으로 붙여서 1575년 동서 분당으로부터 시작하여 1623년 인조반정 직전까지의 시기를 다루고 있는데, 크게 다섯 부분으로 나누어 볼 수 있다. 첫째는 사림이 동인과 서인으로 분열된 일과 이를 극복하기 위해 이이(李珥)가 양시양비론(兩是兩非論)을 제출한 일, 둘째는 이이의 조제론(調劑論)이 좌절되고 동인과 서인의 갈등이 격화된 과정, 셋째는 1589년 정여립(鄭汝立) 옥사와 그로 인한 정국 변동, 넷째는 동인이 남인과 북인으로 분열된 사정, 다섯째는 북인이 대북과 소북, 대북이 골북과 육북으로 끝없이 분열되기에 이른 경위 등이 그것이다. 그 과정에서 이건창이 사용한 을해당론(乙亥黨論, 1575), 계미삼찬(癸未

三竄, 1583), 기축옥사(己丑獄事, 1589) 등은 연구자들이 역사적 용어처럼 사용할 정도로 정착되었다.

선조대에는 후대 사람들이 '목릉성제(穆陵盛際)'라고 칭할 정도로 기라성 같은 훌륭한 학자들이 즐비하였지만 두 차례에 걸친 왜란(倭亂)으로 백성이 어육(魚肉)이 되고 임금이 법궁을 버리고 파천하는 국가의 위기를 막지 못하였다. 선조가 스스로 시를 지어서 비판하였음에도 불구하고 전쟁의 와중에서도 동인과 서인 사이의 당쟁은 멈추지 않았으며, 심지어 이순신 같은 유능한 장군을 모함하고 김덕령 같은 의병을 죽게 만들 정도였다.

사림이 동인과 서인이라는 붕당으로 분열될 당시 이미 그 문제점을 지적하는 사람이 없지 않았지만 거센 역사의 조류를 막기에는 역부족이었다. 그렇다면 당시의 정치인과 학자들을 지배했던 사상인 주자학(朱子學)이 문제가 있었다고 보는 것이 옳지 않겠는가?

예언과 현실

○ 선조 초에 영의정 이준경(李浚慶)이 죽었다(1572). 그가 남긴 차자(箚子)에서 말하기를, "오늘날 신하들이 고담(高談) 대언(大言)하면서 붕비(朋比)를 만들고 있으니, 끝내는 반드시 국가에 뿌리 뽑기 어려운 근심이 될 것입니다." 하였다.

이때 유신(儒臣) 이이(李珥)가 도학(道學)과 재주[才藝]로 산림(山林)의 영수가 되어 주상이 매우 존경하고 총애하였는데, 이준경의 뜻은 이이 등을 가리키는 것이었다.

이이가 상소하여 말하기를, "조정이 청명한데, 어찌 붕당이 있겠습니까? 사람이 죽을 때가 되면 그 말이 착한 법인데, 이준경이 죽으면서 한 말은 사악하기 짝이 없습니다." 하였다. …그런데 몇 년이 지나지 않아서 이준경의 말이 증명되었다.

○ 宣祖初, 領相李浚慶卒。遺箚曰: "今日高談大言, 結爲朋比, 終必爲國家難拔之患。"時儒臣李珥以道學、才猷, 領袖山林, 上甚尊寵之, 浚慶意指珥等也。珥疏辨曰: "朝廷淸明, 安有朋黨? 人之將死, 其言善; 浚慶之死, 其言惡。"。。。後數年, 浚慶之言驗。

✸

『당의통략』의 선조대 서술은 이준경의 예언에서 시작하여 남사고의 예언으로 끝난다. 이건창은 이준경이 죽은 뒤, 사림(士林)이 동인(東人)과 서인(西人)으로 분열된 것을 두고 그의 유언이 증명된 것으로 보았다. 이이의 이준경 비판은 좀 각박해 보이는 것이 사실인데, 아래에서 다시 언급하겠지만, 훈구에 대한 사림의 진보성을 견지하려는 그의 노력이 좌절되었다는 점에 당쟁의 비극이 있었다.

'유신(儒臣)'이란, 언론 삼사(三司) 가운데 특히 홍문관(弘文館)에 재직하고 있는 사람을 지칭하는 용어이다. 임금과 고위 관료들이 함께 모여 유교 경전을 강독하는 모임인 경연(經筵)을 실무적으로 책임지고 있기 때문에 나온 말이다. 이 상소문을 제출할 때 이이의 공식 직함은 홍문관의 정4품관인 응교(應敎)였다.

'산림(山林)'이란 말은 조정에 관직을 갖지 않고 재야(在野)에 있으면서도 정치적 영향력을 행사하는 정치 세력을 지칭하는 조선후기의 독특한 용어이다. 이이는 당시 이미 과거를 9번이나 장원(壯元)한 이른바 '구도 장원공(九度壯元公)'으로서 조정에서는 물론이고 재야 유림계에서도 명성 이 자자하였다.

어쨌든 당시 당하관이었던 이이가 일인지하(一人之下) 만인지상(萬人之 上)의 존재였던 영의정을 정면으로 비판할 수 있었던 것은 훈구의 정치 적 박해에도 불구하고 이에 맞서 사림이 확립한 중요한 정치적 관행 가 운데 하나였다. 그렇지만 맨 끝의 「원론(原論)」에서 이건창이 지적한 것 처럼 위계질서를 무시하고 자행되는 이러한 정치 언론이 지나쳐서 당쟁 의 폐단 가운데 하나가 되었다는 점이 역사의 아이러니였다.

○ 이전에 술사 남사고가 어떤 사람에게 말하기를, "서울 동쪽에는 낙봉(駱峯)이 있고, 서쪽에는 안현(鞍峴)이 있는데, 이 두 산은 서로 다 투는 모습이다. 그러니 반드시 동인과 서인의 다툼이 있을 것이다. 낙 (駱)이란 각마(各馬)이니, 동인은 반드시 분열하여 각각 독립할 것이고, 안(鞍)은 고쳐서[革] 편안하게[安] 하는 것이니, 서인은 반드시 한 시대 의 병폐를 제거하여 편안하게 할 것이다."고 하였다. 뒤에 그 말이 모두 증명되었다.

○ 初術士南師古謂人曰: "國都東有駱峯, 西有鞍峴, 兩山相爭之象也。必 有東西人之爭; 駱者各馬, 東人必分裂各立; 鞍者革而安也, 西人必得革除之 時而安云。" 後其言悉驗。

선조대 맨 끝에서는 동인과 서인의 행적을 술사(術士)인 남사고(南師古)의 말을 인용하여 요약하였다. 이것을 두고 이건창이 서인의 후손이었으므로, 동인에 대해 폄하하였다고 말할 수도 있고, 술사의 말이니 믿기 어렵다고도 할 수 있지만 이 말에는 일정한 역사적 사실이 반영되어 있다. 1575년에 사림이 동인과 서인으로 분열된 뒤, 선조대 이미 동인은 남인과 북인으로, 그리고 북인은 대북과 소북, 중북, 골북·육북 등으로 끝없이 분열된 것에 비해 서인이 노론과 소론으로 분열된 것은 그 뒤 100여 년이 지난 뒤의 일이었다.

서인이 '고쳐서[革] 편안하게[安]' 했다는 것은 제도 개혁을 말한다기보다는 1623년 인조반정(仁祖反正)으로 광해군대의 혼란을 수습한 것을 말한 것으로 보는 것이 합당할 것이다. 인조대 이후 서인에게도 분열의 계기가 될 만한 일들이 끊임없이 일어나고 있었지만 서인이 동인에 비해 이처럼 분열이 늦어진 것은 선조대 동인이 분열된 것을 반면교사로 삼았기 때문이었다고 볼 수 있다. 이건창은 이러한 당쟁의 흐름을 남사고의 예언을 빌려서 말하려 한 것 같다.

동인과 서인의 등장과 이이의 양시양비론

○ 박순이 우의정이 되자, 대사간 허엽이 경미한 일로 박순을 추고(推考)하라고 청하였는데, 박순이 이것을 핑계로 스스로 조정을 떠나면서부터 마침내 당론이 분열되었다.

이때 김효원을 지지하는 김우옹, 유성룡, 허엽, 이산해, 이발, 정유길, 정지연 등을 동인이라고 불렀는데, 김효원이 서울 동쪽 건천동에 살고 있었기 때문이었다.

심의겸을 지지하는 박순, 김계휘, 정철, 윤두수, 구사맹, 홍성민, 신응시 등을 서인이라고 불렀는데, 심의겸이 서울 서쪽 정릉방에 살고 있었기 때문이었다.

동인은 명분과 절의를 내세우기 좋아하고, 서인은 노성(老成)하여 무

겁게 처신하는 사람들이 많았는데, 처신이나 능력이 부족[不肖]하면서
도 그들에게 붙은 자들 역시 많았고, 혹은 양쪽을 왔다갔다 하면서 서
로 공격하기도 하였다. 이것을 '을해당론'이라고 한다.

○ 朴淳爲右相, 大諫許曄因微事請推考, 淳自引去, 自是黨議遂分。時主金
孝元者, 金宇顒‧柳成龍‧許曄‧李山海‧李潑‧鄭惟吉‧鄭芝衍, 號東人,
以孝元居京東乾川也。主義謙者, 朴淳‧金繼輝‧鄭澈‧尹斗壽‧具思孟‧洪
聖民‧辛應時, 號西人, 以義謙居京西貞陵坊也。東人喜尙名節, 西人多老成
持重, 其不肖者, 亦多附麗, 或出入兩間, 相攻擊, 是謂乙亥黨論。

잘 알려진 것처럼 사림이 동인과 서인으로 분열된 것은 심의겸(沈義謙)
과 김효원(金孝元)의 다툼에서 시작되었고, 그 도화선이 된 것은 이조전
랑(吏曹銓郎)이라는 관직이었다. 이조전랑은 정5품 당하관에 불과한 하
급직이지만, 이른바 청현직(淸顯職)으로 칭해지는 언론 삼사(三司), 즉 홍
문관(弘文館), 사헌부(司憲府), 사간원(司諫院)에 진출할 사람을 결정하는 중
요한 역할이 부여되었다. 조선후기에는 문과에 합격하더라도 이러한 청
현직을 거치지 않고는 정승‧판서가 될 수 없었다.

이것은 사화기 당시 하위직에 포진하고 있던 사림이 삼정승은 물론
이고 이조의 판서나 참판 등 고위직을 독점하고 있던 훈구의 입김으로
부터 벗어나서 인사권을 장악하는 것을 가능하게 한 중요한 관행이었

다. 또한 16세기 전반 거듭되는 사화에도 불구하고 사림이 훈구와 대항하는 과정에서 쟁취한 것이기도 하였다. 사림은 여기서 나아가서 이조 전랑은 전임 전랑이 후임을 추천하는 이른바 자천제(自薦制)까지도 시행하고 있었다. 선조대 사림의 분열이 사화기 사림이 훈구와 투쟁하여 획득한 관행에서 시작된 것은 역사의 아이러니라고 해야 할 것이다.

심의겸은 명종의 왕비인 인순왕후(仁順王后)의 동생이었으므로, 왕의 외척이었다. 사화기에 훈구의 핵심을 차지하고 있었던 것이 공신(功臣)과 외척 세력이었으므로 사림은 본능적으로 외척을 배척하였으며, 그것을 청론(淸論)으로 간주하였다. 따라서 심의겸은 사림으로 인정받기 어려운 배경을 갖고 있었는데, 오히려 자신의 외삼촌이었던 이량(李樑)을 탄핵하여 외척 세력을 조정에서 배제하는 공을 세웠다. 그리하여 사림 가운데 이른바 전배(前輩)인 나이 많은 고관들의 지지를 받았다.

김효원이 전랑으로 추천받았을 때 심의겸은, 김효원이 명종대 훈구를 대표하는 윤원형의 문객이었다는 점을 이유로 그것을 저지하였다. 그렇지만 김효원은 결국 전랑이 되어 이른바 후배(後輩)인 '명사(名士)'들을 많이 등용하여 사림 사이에서 명성이 자자하였다고 한다. 그 뒤에 심의겸의 동생인 심충겸(沈忠謙)이 전랑에 추천되었을 때 이번에는 김효원이 외척이라는 이유로 이것을 저지하였다. 이로 인해 심의겸과 김효원의 다툼이 격화되어 결국 서인과 동인이라는 붕당이 등장하게 된다. 이건창은 이것을 '을해(1575)당론'이라고 하였다.

선조대 사림이 동인과 서인으로 처음 분열되었을 때 이이는 어디에도 속하지 않았다는 사실이 주의를 요한다. 앞서 맨 먼저 인용한 부분에서 이이가 붕당의 등장을 경고한 이준경의 유소를 비판했다는 것을 상기할 필요가 있다. 당시 이이는 사림은 분열된 것이 아니며, 분열될 수도 없고, 분열되어서도 안 된다는 생각을 갖고 있었다.

그렇지만 이이는 동인과 서인의 등장이라는 현실을 인정하고, 그 주론자인 김효원과 심의겸을 동시에 처벌함으로써 이러한 추세가 확대되는 것을 저지하려 하였다. 여기서 이이가 제출한 것이 바로 양시양비론(兩是兩非論)이었다. 심의겸은 외척이지만 사림을 보호한 공이 있고, 김효원은 명분과 의리를 중시하는 신진 사류이기는 하지만 외척이자 권간인 윤원형의 문객이었던 적이 있으니, 둘 모두에게 장점과 단점이 있으므로, 한편만을 옳다고 할 수 없다는 것이다. 그런데도 이들이 동인과 서인이라는 붕당을 만들어 한쪽 편을 조정에서 쫓아내려고 하여 갈등이 격화하고 있으니, 이들을 지방 수령으로 내보내서 붕당을 용납하지 않겠다는 의지를 보여야 한다는 것이 이이의 주장이었다.

○ 이때 이발 등이 청의를 힘써 주장하면서 비분강개하는 것이 나날이 심해지자, 비록 임금에게는 배척받았지만 사류에서 추종하는 자들이 갈수록 늘어났다. 이에 이이가 이발과 정철에게 누차 편지를 보내서 마음을 모아서 나랏일에 힘쓰라고 권하였으나, 두 사람은 듣지 않고, 오히려 이이가 "우물쭈물한다"고 말하면서 모두 불쾌하게 여겼다.

처음 동인과 서인이 분열되었을 때 이이는 중립을 지키며 어느 쪽에도 가담하지 않으니, 어떤 사람이 이이를 비판하여 말하기를, "천하에 어떻게 양시양비(兩是兩非)가 있는가?"라고 하자, 이이가 말하기를, "무왕과 백이(伯夷)·숙제(叔齊)는 '양시(兩是)'이고, 춘추시대의 싸움은 '양비(兩非)'이다."고 하였다.

○ 時澄等力主淸議, 慷慨日甚, 雖爲上所紅, 而士類趍附益衆。李珥屢移書李澄·鄭澈間, 勉以同心國事, 兩人皆不聽, 反謂珥"含糊", 共不快之。初東西始潰, 珥中立無所偏倚, 或譏珥"天下安有兩是兩非?" 珥曰: "武王、夷·齊兩是也; 春秋之戰, 兩非也。"

❋

그렇지만 이러한 이이의 주장은 동인과 서인 양쪽으로부터 배척받았는데, 이건창은 이런 분위기를 이처럼 묘사하였다. 주(周)나라 무왕이 은나라의 마지막 왕인 주왕(紂王)을 죽이려 하자 백이와 숙제는 신하가 임금을 죽여서는 안 된다고 말고삐를 잡고 말렸지만 무왕이 이를 듣지 않고 주왕을 죽여서 은을 멸망시키고, 주나라 시대를 열었는데, 이이는 주왕을 죽이려는 무왕이나 그것을 막으려 했던 백이·숙제는 비록 입장을 달리했지만 모두 옳다는 것이고, 춘추시대 열국이 분열되어 서로 싸운 것은 명분이 어떻든 모두 잘못이라고 중국의 역사를 예로 들어서 자신의 양시양비론을 합리화하였다.

동인의 정치 공세와 이이의 좌절

○ 종실(宗室)에 경안령 이요(李瑤)라는 사람이 있었는데, 임금에게 당시의 폐단을 소리 높여 아뢰면서 말하기를, "유성룡·이발·김효원·김응남 등이 권력을 쥐고 나라를 망치고 있습니다."고 하였다. 임금이 매우 그렇다고 받아들이고, 전랑을 자천하는 법을 폐지하라고 명하였다.

이전의 관례에 따르면 전랑은 반드시 젊은 유신(儒臣) 가운데서 엄밀하게 선발하였는데, 서로 밀어주고 끌어주면서 격탁양청(激濁揚淸)을 구실 삼아 상대방을 차별하고 배제하는 근거가 되었다. 심의겸과 김효원의 갈등도 바로 여기서 시작된 일이었다.

이때 이르러 갑자기 혁파하였는데, 동인들이 모두 두려워 한숨을 쉬었으며, 유성룡 등은 불안하여 조정을 떠났다. 당시 사람들이 모두 말

하기를 "이것은 이요가 이이의 사주를 받아서 한 일이다."라고 말했다
고 한다.

○ 有宗室慶安令瑤者請對, 盛言時弊, 謂"由<u>柳成龍</u>·<u>李潑</u>·<u>金孝元</u>·<u>金應</u>
<u>南</u>, 專權誤國." 上頗納之, **命革銓郎薦代之法**。
故例銓郎必以年少儒臣極選, 相推引爲激揚, 甄別之資, <u>沈</u>·<u>金</u>之釁亦自此始。
至是遽革之, 東人皆惕息, 而<u>成龍</u>等不安去, 時人皆謂"<u>瑤</u>受<u>李珥</u>指"云。

⁂

　당시 이이에 대한 공격에 적극 나선 것은 동인이었다. 우선 동인은
서인을 공격하여 제거하는 일에 골몰하고 있었는데, 이들이 내세운 것
은 서인이 "탐욕스럽고, 제멋대로 행동한다."는 것이었다. 이를 입증하
기 위해 윤두수 일가가 진도군수에게 뇌물로 쌀을 받았다고 폭로하였
는데, 이 사건은 수사에 들어가서 관련자들을 잔인하게 고문하였지만
모두 사실이 아닌 것으로 밝혀졌다. 이건창은 이이가 이것을 보고 동인
이 정직하지 못하다고 생각하여 서인 쪽으로 기울어졌다고 기록하였다.

　이이는 정인홍의 말을 듣고 동인들을 위로하기 위해 심의겸을 탄핵
하기도 했는데, 정인홍은 오히려 이이와의 약속을 저버리고 윤두수·윤
근수 형제와 정철은 모두 심의겸의 당이라고 선조 앞에서 폭로하였다.
심지어는 동인들끼리 서로 싸운 일조차도 이이가 시킨 일이라고 의심하
였다. 그러니 동인을 공격하는 서인의 상소는 모두 이이가 시킨 일이라

는 말이 떠돈 것도 이상한 일이 아니었다.

이이가 이조전랑 자천제를 폐지하라고 주장한 것은 사실이었다.[1] 그렇지만 선조가 이것을 폐지한 것은 이것이 당쟁을 격화시키는 핵심 요인이라는 공감대가 있었기 때문에 나온 것으로 보는 것이 합당할 것이다. 그런데 이러한 선조의 명령은 신료들이 무시하여 거의 유야무야되었으며, 낭관 자천제는 관행으로서 17세기 내내 유지되었다. 그와 함께 당쟁이 격화되었음은 물론이었다. 그럼에도 불구하고 동인이 자신들의 잘못까지도 모두 이이의 책임으로 몰고 간 것이 바로 당쟁의 폐단이라고 이건창은 생각하였던 것이다.

○ 박근원과 송응개, 허봉 등은 모두 일찍이 이이에게 탄핵을 당한 적이 있는 사람들이었는데, 이때 이르러 이이를 꾸짖어 욕한 것이 매우 심하였다. 이전에 일찍이 이이는 서모(庶母)와 불화하여 집을 버리고 입산(入山)한 적이 있었는데, 후회하고 돌아와서 대유(大儒)가 되었다. 그리고 과거에 급제하자 상소하여 스스로 그 일을 고백하였다.

그런데 송응개는 이이를 욕하면서 심지어 다음과 같이 말하였다.

"이이는 본래 머리 깎은 중이었는데, 몸을 바꾸고 환속하여 권세가의 문하에서 자라서 산림에 출몰하면서 스스로 당세에 특출한 인물이라고 생각하고, 시비의 밖에서 초연한 척 처신하였습니다. 그리하여 혹은 심

---

1 김용흠, 2006, 『조선후기 정치사 연구 1—인조대 정치론의 분화와 변통론』, 혜안, 51~54쪽 참조.

의겸의 단점을 말하기도 하고 혹은 김효원의 장점을 말하기도 하면서 지극히 공정하다는 명예를 추구하면서 아래로는 세상을 속이고 위로는 전하를 기만하였습니다. 처음에는 양비론(兩非論)을 주장하다가 끝내는 그 주장을 세 번이나 바꾸면서 안으로는 기울여 모함하려고 온갖 꾀를 써서 조정을 혼란하게 만들었으니, 이 사람은 나라를 팔아먹을 간사한 자입니다."

○ 謹元 · 應漑 · 篈皆珥所嘗論劾, 至是詬辱珥益甚。初珥嘗不得於庶母, 棄家入山, 後悔, 歸爲大儒。及登第, 上疏自列其事。應漑詆珥, 至言:"珥本緇髡, 化身還俗, 夤養權門, 出沒山林, 自以爲特立當世, 超然於是非之外。或稱義謙之短, 或擧孝元之長, 以求至公之名, 下誣當世, 上欺殿下。始爲兩非之說, 終乃三變其論, 內售傾陷, 逞智自用, 以亂朝廷, 此賣國之奸也。"

❀

동인의 이이 공격은 그가 병조판서로 있을 때 극에 달하였다. 동인 삼사의 이러한 공격은 이이에 대한 인신공격의 결정판을 보여주었다. 이에 대해 성균관 유생을 비롯하여 전라도, 황해도 등지의 유생들이 집단으로 상소하여 이이와 성혼을 구원하자 선조는 박근원과 송응개 및 허봉 등 세 사람을 유배 보냈는데, 이건창은 이것을 계미삼찬(癸未三竄, 1583)이라고 이름 붙였다. 이어서 선조는 심지어 다음과 같이 말하였다.

○ 임금이 누누이 하교하여 이이와 성혼을 숭장(崇獎)하면서 말하기를, "이이는 진실로 군자이다. 그 당이 있는 것이 걱정이 아니라 그 당이 적은 것이 걱정이다. 나 또한 주희의 말을 따라서 이이와 성혼의 당에 들어가고 싶다." 하였다.

○ 上屢下敎, 崇獎李珥 · 成渾曰: "珥苟君子也, 不患有黨, 惟患黨之少。予亦用朱熹之說, 願入珥 · 渾之黨。"

✿

이것은 선조가 주자(朱子)의 '인군위당(引君爲黨)'설을 인용하여 이이와 성혼에 대하여 내린 최대의 찬사였지만, 후대에도 군신간 논란의 대상이 될 수밖에 없었던 위험한 말이었다. 주자의 인군위당설이란, 송대 구양수(歐陽脩)의 붕당 긍정론을 계승하여 주희가 그것을 강조하면서 나온 말로서, 군자들만이 붕당을 만들 수 있고[君子一朋黨論] 군자들이 만든 붕당이라면 임금까지도 붕당에 끌어들여야 한다는 주장이었다. 이것은 말 자체만 보면 지극히 타당한 것 같지만 사실상 상대 당파를 소인으로 몰아서 탄압할 빌미를 줄 수 있는 지극히 위험한 발상이었다.

이건창은 이 대목에서 동인인 김우옹의 상소문을 인용하였는데, 이 책의 선조대 기록에서 가장 길게 인용된 상소문이다. 선조대 이이와 성혼의 상소문이 수도 없이 많은데도 인용하지 않고, 김우옹의 그것을 인용한 것은 이건창이 당색을 넘어서 당쟁을 극복하는 현실적 방안이 여기에 담겨 있다고 보았기 때문일 것이다.

　김우옹은 이이와 성혼을 비판하였지만 그 나라를 생각하는 본심은 인정해야 한다면서 동인 삼사가 "추악하게 제멋대로 욕하였으니 어떻게 인심을 복종시킬 수 있겠느냐?"고 개탄하였다. 김우옹이 동인이면서 동인 언관의 상소를 비판했다는 점이 주목을 요한다. 그렇지만 그들의 본심은 이이·성혼이나 마찬가지이니 이들을 용서해줄 것을 청한 것이 이 상소문의 진짜 목적이었다. 김우옹의 이 상소는 선조가 "이이·성혼의 당에 들어가고 싶다."는 말이 나온 뒤에 있었으므로, 선조를 설득하여 유배된 동인 언관 세 사람을 구원하기 위해서라도 이이와 성혼을 일정하게 변론할 수밖에 없었을 것이다.

　당시 이이는 붕당을 타파하는 방안으로서 조제론(調劑論)을 내놓았는데, 이건창은 여기에 대해서는 언급하지 않고, 김우옹의 상소문이 조정론(調停論)임을 알면서도 인용한 것이었다.[2] 조제론은 정치의 목적이 제도 개혁과 같은 경세(經世)에 있다고 보고 당시 국가의 위기를 타개하기 위해서는 당색을 따지지 말고 경세에 유능한 인재를 등용하자는 것이었고, 조정론은 각 당의 사람들을 적절하게 안배하여 세력 균형을 도모하여 당쟁을 완화해보자는 것이었다. 따라서 조정론은 붕당의 존재를 인정하고 있으므로 진정한 붕당 타파론이 될 수 없었지만, 조제론이 실

---

2 이이의 조제론은 후대 탕평론을 뒷받침하는 붕당론이 되었다는 점에 그 의의가 있었다. 선조대 이후 붕당극복론을 크게 조제론과 조정론으로 구분하고, 조제론만이 진정한 붕당타파론이 될 수 있다는 주장에 대해서는 김용흠, 2006, 앞 책 참조.

현되기 위해서라도 붕당의 극한 대립을 우선 완화시키려는 현실적 방안이기도 하였다. 이 책의 주제가 정치 그 자체를 다루는 것이 아니라 당론에 초점을 맞추어 정리하였기 때문에 이이의 조제론 관련 상소는 수록하지 않고 김우옹의 조정론 관련 상소문만을 수록한 것으로 이해할수 있겠다.

동인 삼사를 용서해달라는 김우옹의 청을 선조는 받아들이지 않고 이이를 이조판서에 임명하였는데, 그 뒤에는 이이조차도 이 세 사람이 "부조(浮躁)하여 등용할 수 없다."고 말하면서, 백유함(白惟咸)을 전랑으로 끌어들여서 오로지 서인만을 등용하게 하였다고 지적하였다. 즉 이이가 자신의 소신인 조제론은 물론, 조제론 실현을 위한 전제인 조정론마저 내팽개칠 수밖에 없었던 현실을 이건창은 안타까워하고 있었던 것이다. 그 뒤에 이이의 문객인 송익필(宋翼弼)이 지방 유생들을 모아서 날마다 상소하여 동인들을 공격하였는데 이이가 이것을 막지 못하여 동인들의 원한이 뼈에 사무쳤다고 기록하였다.

그러다가 이이가 갑자기 죽자 선조는 영의정 노수신의 건의를 받아들여 동인 언관 세 사람을 풀어주었는데, 이때부터 동인은 이이와 성혼을 비롯한 서인 전체에 대한 총공세에 나섰다. 이에 맞서 이이·성혼 문인들이 이 두 사람을 옹호하는 상소문 역시 쇄도하였는데, 선조는 이전의 입장에서 표변하여 동인 상소는 믿으면서, 서인 상소에는 비답을 내리지 않았으며, 이에 대해 계속 상소한 조헌(趙憲)에 대해서는 그 상소문을 불태우고 유배 보내라고 명하였다. 다시 동인이 주도하는 정국으로 변화됨으로써 조제론은 더 이상 설 땅을 잃게 되고 말았다.

정여립 옥사와 정국 변동

○ 정여립은 전주 사람인데, 총명하고 토론을 좋아하여 이이가 기특하게 여기고 끌어다가 수찬(修撰)이 되게 하였다. 그래서 정여립은 늘 이이를 공자에 비유하였는데, 이이가 죽자 이발에게 붙어서 아첨하면서 이이를 해치는 일에는 반드시 기꺼이 참여하였다. 일찍이 경연에서 이이를 지극히 꾸짖으니, 임금이 말하기를, "정여립은 오늘의 형서(邢恕)이다."라고 하였다.

이때 동인들이 조정에 가득 차 있었는데, 정여립이 그 가운데 제일류가 되었으므로 이발이 힘써 추천하였지만 임금이 등용하지 않았다. 이에 정여립이 관직을 버리고 고향으로 돌아가서 사방의 무뢰배를 모아서 향사례(鄕射禮)를 핑계로 암암리에 불궤(不軌)한 일을 도모하였다. 조

헌의 상소문에 "정여립이 반드시 반역할 것입니다."라는 말이 있자 당
시 사람들이 모두 비웃었다.

○ **鄭汝立**, 全州人, 聰明善議論, 李珥奇之, 引爲修撰. 鄭汝立每以李珥比
孔子, 及珥卒, 諂附李潑, 凡所以害珥者, 必甘心焉. 嘗於經筵極詆珥, 上曰:
"汝立今之邢恕也."
時東人滿朝, 以汝立爲第一流, 潑尤力薦之, **上終不用**. 汝立乃棄官歸鄕, 召
聚四方無賴, 托爲鄕射禮, 陰謀不軌. 趙憲疏有"汝立必反"語, 時人皆笑之.

❋

　1589년에 일어난 정여립 옥사는 선조대 정국에서 분수령이 될 만한
사건이었다. 정여립은 전제군주제를 부정하는 사상을 가지고 있었던 것
은 분명하지만 반역을 모의하였는지는 불분명하다. 이 사건은 기본적
으로 주자학(朱子學) 진영에서 선조대 등장한 진보적인 사상을 이단(異端)
으로 몰아서 탄압한 과정으로 볼 수 있는데, 이것이 당쟁과 결부되면서
서인이 동인을 대대적으로 살육하는 결과를 낳고, 동인이 남인과 북인
으로 분열되는 계기가 되었다는 점에 문제의 심각성이 있었다.
　이건창은 정여립이 이이의 추천으로 청현직인 홍문관에 진출하였는
데, 이이가 죽은 뒤 동인이 되어서 이이를 심하게 욕하자 선조가 그것을
싫어하여 등용하지 않아서 정여립이 낙향하였다고 하였다. 형서(邢恕)는
송대 정호(程顥)의 문인이었는데, 나중에 정호의 정적이었던 채경(蔡京)의

심복이 된 사람이었다. 즉 이이를 배반하였기 때문에 선조가 정여립을 미워하였다는 것이다. 정여립이 전주에서 세력을 형성한 것은 사실이지만 그가 반역을 모의하였다는 분명한 증거는 나오지 않았다. 그래서 이건창 역시 '불궤(不軌)'를 도모하였다고 애매하게 표현한 것이다.

이 사건에 대한 서술에서 드러난 특징은 다음과 같다. 첫째는 이이와 정철의 친구였지만 출신이 천인이었던 송익필(宋翼弼)의 고변과 사주가 있었다고 밝힌 점, 둘째는 정개청(鄭介淸)과 최영경(崔永慶)을 끌어들여서 죽게 만든 것은 동인인 홍여순(洪汝諄)이 주도하였다는 점, 셋째는 정철과 성혼은 동인에 대한 처벌을 완화하기 위해 노력하였는데, 동인들은 오히려 이들이 동인들을 죽였다고 간주하였다는 것 등이다.

○ 송익필은 낮은 천민 출신이었지만 재기(才氣)가 있어서 이이·성혼 등과 더불어 친구가 되었는데, 세상에서 서인의 모주(謀主)라고 불렀다. 이때 다른 사람과 방죽을 두고 다투다가 형관의 수색을 받기에 이르러 입장이 난처해지자 이것을 뒤집어서 스스로 모면할 계책을 궁리하게 되었다. 그리하여 호남 지방에 있는 성혼과 정철의 문인·빈객(賓客)들과 더불어 왕래하면서 모의하여 정여립이 반란을 일으키려는 정황을 모두 수집해서 지방 사람을 시켜서 고변하게 하였다. 정여립은 호남 지방에 살았지만 처음 고변서가 황해도에서 나온 것은 송익필이 배천에 있었기 때문이었다.

○ 宋翼弼生於下賤, 有才氣, 李珥·成渾與之友, 世號爲西人謀主。至是以

與人爭堰, 爲刑官所索, 窘甚, 思翻覆以自脫。乃與成渾·鄭澈門人, 賓客之在
湖南者, 往來謀議, 盡得汝立反狀, 使鄕人告變。汝立居湖南, 而變書初從黃
海監司以聞者, 翼弼在白川故也。

○ 정철은 성품이 지나치게 강직하고 술 마시기를 좋아하였으며, 술
에 취하면 기세를 부리고 말을 함부로 하면서 스스로 유쾌하게 여겼다.
노수신이 정승에서 쫓겨나서 대죄(待罪)하고 있을 때 정철이 사람을 보
내 묻기를, "상공(相公)께서 전에 정여립을 천거하여 끌어들였는데, 지
금은 어떻게 생각하십니까?" 하니, 노수신이 답하기를, "사람의 견해가
처음부터 끝까지 같을 수는 없는 법입니다." 하였다.

정개청이 공초하면서 주자의 말을 인용하니, 정철이 큰소리로 말하
기를, "네가 어떻게 감히 주자를 말하느냐? 주자가 스승을 배반하였느
냐?"라고 하였는데, 정개청이 스승인 박순을 배반한 것을 두고 말한 것
이었다.

최영경을 국문할 때 정철이 멀리서 바라보고 웃으며 말하기를, "저
런 모습으로 대나무 숲 가운데 거만하게 누워서 세상을 조롱하고 풍자
하였으니, 사람들이 현자(賢者)라고 칭할 만하구나!" 하였다. 또 손으로
자신의 목을 그으며 말하기를, "저자가 나를 이렇게 하려 했다."고 하
였는데, 최영경이 일찍이 "정철은 효수해야 한다."고 말한 적이 있어서
이렇게 말한 것이었다.

○ 鄭澈性剛亢, 好飮酒, 使氣放言, 自愉快。盧守愼罷相待罪, 澈使人問曰:

"相公前薦引汝立, 今何如矣?" 守愼答曰"人見自不同耳".

鄭介淸供引朱子語, 澈厲聲曰: "汝何敢言朱子, 朱子背師乎?" 謂介淸背朴
淳也.

崔永慶之鞫, 澈望見而笑曰: "以彼之貌, 僂臥竹林叢中, 嘲諷當世, 宜人之稱
賢者也!" 又以手自畫其頸曰"彼乃欲加此於我". 蓋永慶嘗云"鄭澈可梟"也.

○ 그렇지만 정철이 정언신·이발·최영경 등의 죽음을 힘써 구원했
는데, 동인들은 알지 못하였다. 어떤 사람이 전하기를, 정집(鄭緝)과 선
홍복(宣弘福)이 형을 받게 되자 부르짖으며 말하기를, "나를 속여서 많
은 동인들을 끌어들이게 하고서 어찌 나를 죽이느냐?"라고 하였다 한
다. 이것은 정철의 문객인 호남의 여러 선비들이 저지른 일이었고, 정철
은 또한 알지 못하였다.

성혼은 도학(道學)으로 유종(儒宗)이 되었는데, 이이가 죽은 뒤로부터
는 정철 등이 일이 있을 때마다 늘 편지를 보내 의논하여 결정하였다.
정여립 옥사가 일어나자 성혼은 고향에 머물러 있으면서 조정에 나오
지 않았으므로, 그가 동인들을 많이 구원하였지만 끝내 이루지 못하였
다. 그런데 동인들은 도리어 성혼이 정철을 시켜서 동인을 모두 죽였다
고 말하였다.

○ 然澈於彦信·潑·永慶之死, 皆力救之, 東人不知也。 或傳鄭緝·宣弘
福臨刑呼曰: "唘我以多引東人, 何爲殺我?" 蓋澈客湖南諸士所爲, 而澈亦不
知也。

成渾以道學爲儒宗, 自李珥卒, 鄭澈等每有事, 輒書議以決之。獄起, 渾居鄕
不來, 其於東人多所救解, 而卒不得。東人反謂渾使澈盡殺東人云。

✳

　정여립 옥사가 송익필의 사주에 의해 발생한 경위를 말하고 나서 이
건창은 정여립 옥사를 담당한 정철에게도 문제가 있었다는 점을 인정
하면서도 그것이 결국 당쟁의 소산이라고 지적하였다. 또한 정철과 성
혼이 의도적으로 동인들을 죽인 것이 아니라 그들을 구원하려고 노력
했다고 반복하여 주장하였다.

　기축옥사에 대해서는 동인 측 당론서가 수도 없이 많은데, 모두 정철
과 성혼을 공격하는 내용으로 가득 차 있다. 이건창 역시 이러한 자료
들을 모두 보았을 것이므로, 이것은 일단 서인 측 당론으로 보는 것이
안전할 것 같다. 어쨌든 정여립 옥사에 대한 이 부분의 기록은 길지 않
은 분량이지만 사건의 개요를 파악하기 쉽도록 탁월하게 정리되어 있는
것은 사실이다.

동인이 남인과 북인으로 분열하다

○ 이전에 정인홍이 우성전을 탄핵한 일이 있었는데, 이발이 주도하였지만, 유성룡·김성일·이경중·이덕형 등은 모두 우성전을 편들었다. 정여립이 이발에게 붙어서 전랑이 되려고 했는데, 이경중이 저지하니, 정인홍은 이경중이 시기하고 질투한다고 지목하였다.

정여립이 죽고 난 뒤, 유성룡이 임금에게 말하기를, "이경중이 선견이 있었습니다."라고 하였다. 이때 이경중은 이미 죽은 뒤였으므로, 임금이 관작을 추증하라고 명하니, 정인홍이 이 때문에 죄를 받았다.

이발이 죽을 때 유성룡이 또 구원하지 않았으므로, 정인홍의 무리가 드디어 유성룡과 원수가 되었다. 그래서 남인과 북인으로 나뉘었는데, 우성전이 남산에 살았고, 이발이 북악에 살았기 때문이었다.

○ 初鄭仁弘劾禹性傳, 李潑主之, 柳成龍 · 金誠一 · 李敬中 · 李德馨皆右性傳。汝立附潑求銓郎, 敬中沮之, 仁弘指敬中爲媚嫉。

及汝立誅, 成龍白上言"敬中有先見"。時敬中已死, 上命贈官, 而仁弘以此被罪。

潑之死, 成龍又不救, 故仁弘之黨遂與成龍爲仇。故有南人 · 北人之分, 以性傳居南山, 潑居北岳也。

※

이건창은 정여립 옥사 때문에 동인이 남인과 북인으로 분열된 경위를 이처럼 간명하게 정리하였다. 정여립 옥사를 처리한 서인에 대해서 동인 내에서 이에 반발하는 정도에 차이가 나서, 강경파가 북인이 되고, 온건파가 남인이 되었다는 것을 알 수 있다. 이때 선조의 후계자를 정하는 문제로 정철이 선조의 노여움을 사서 정승에서 쫓겨나자, 이에 편승하여 동인이 정철을 탄핵하는 과정에서 오히려 남인과 북인의 갈등이 격화된 사정을 다음과 같이 말하였다.

○ 동인의 조정 관료와 유생들이 번갈아가며 상소하여 정철이 권력을 제멋대로 휘두르고, 최영경을 죽였으며, 기타 여러 가지 죄가 있다고 공격하였다. 삼사에서 이산해의 지휘를 받아서 장차 합계하려고 했는데, 김수가 우성전과 서로 친했으므로 가서 상의하였다. 그런데 우성전은 평소에 이산해를 미워하였으므로 김수를 만류하여 관여하지 못하게

했다. 대사헌 홍여순이 상소하여 우성전과 김수를 탄핵하여 그들의 관직을 삭탈하였다. 이로 인해 남인과 북인의 당론이 갈수록 격해져서 동인이라는 이름이 마침내 끊어져버렸다.

○ 於是東人朝士儒生迭疏攻瀓, 專擅自恣, 殺崔永慶, 及他諸罪。三司承<u>山海</u>指, 將合啓, <u>金睟</u>與<u>禹性傳善</u>, 往議之。<u>性傳</u>素嫉<u>山海</u>, 乃止<u>睟</u>勿預。大憲<u>洪汝諄</u>疏劾<u>性傳</u> · <u>睟</u>削其職。於是南 · 北之論愈激, 而東人之名遂絕。

○ 의주에 이르러서 윤근수가 홍여순과 이원익을 탄핵하려 하자 성혼이 말하기를, "이원익을 어찌 탄핵할 수 있겠는가?" 하였다. 양사가 홍여순과 송언신 · 이홍로 · 임몽정 · 유영길을 유배 보내라고 청하고, 이홍로는 또 상소하여 윤두수를 꾸짖고 이산해를 변론하여 서로 다투는 것이 어지럽기 짝이 없었다. 이에 임금이 시를 지어서 여러 신하들에게 보여주며 말하기를, "여러 신하들은 오늘 이후에도 차마 다시 서인이니 동인이니 따지겠는가?"라고 하였지만, 여러 신하들은 끝내 고치지 못하였다.

○ 至<u>義州</u>, <u>尹根壽</u>欲劾<u>汝諄</u> · <u>李元翼</u>, 成渾曰"<u>元翼</u>何可劾?"兩司乃請竄<u>汝諄</u>及<u>宋言愼</u> · <u>李弘老</u> · <u>任蒙正</u> · <u>柳永吉</u>, <u>弘老</u>又疏詆<u>尹斗壽</u>, 訟<u>李山海</u>, 相與紛紛不已。上御製詩, 示群臣曰: "諸臣今日後, 忍復各西東?"然諸臣終不悛也。

○ 유성룡은 비록 강직한 절개는 부족하지만 그 재주와 식견으로 나라를 다시 일으킨 공신의 우두머리가 되었고, 이원익과 이덕형 모두 국가의 재조(再造)에 공로가 있었다. 유성룡은 이순신을 추천하였고, 끝까지 힘써 보호하였는데, 서인과 북인은 유성룡을 미워하였기 때문에 이순신까지도 같이 의심하면서 비난하려는 모의가 이르지 못하는 곳이 없어서, 이순신이 갑자기 처벌받자 그 모친은 근심으로 죽고 말았다. 김덕령은 서인에 의해 죽임을 당했고, 곽재우는 여러 차례 위기에 처하였다가 겨우 모면하였는데, 이것은 모두 당론이 빚어낸 일이었다. 서인은 조헌, 양산숙, 고경명 등이 죽어서 절의로는 우세하였지만 공업(功業)은 사실 동인에게 미치지 못하였다.

○ 柳成龍雖乏骨鯁之節, 其才識爲中興功臣之冠, 李元翼 · 李德馨皆有勞於再造。成龍薦李舜臣, 終始力保, 而西人及北人, 以嫉成龍故并疑舜臣, 詆謀無所不至, 舜臣被急徵, 其母以憂卒。金德齡亦爲西人所殺, 郭再祐幾危而僅免, 皆黨論之所敺也。西人自趙憲 · 梁山璹 · 高敬命之死, 以節義勝, 而功業實遜於東人。

❋

1592년 마침내 임진왜란이 일어나 선조는 서울을 버리고 멀리 의주까지 달아나지 않을 수 없었다. 그런데 이런 상황에서도 당쟁은 그칠 줄 몰랐다. 그래서 선조가 이것을 비판하는 내용의 시를 직접 지어서 신료들에게 보여주었음에도 불구하고 그것을 멈추게 하지 못하였으며, 심지어는 당쟁의 와중에 의병들마저 희생되는 일도 비일비재하였다.

왜란이 끝나고 선조가 책봉한 공신에 유성룡은 들어 있지 않았는데 이건창은 '중흥공신'의 우두머리라고 하였다. 왜란으로 임금이 궁궐을 버리고 의주까지 피난 갔다가 서울로 돌아와서 국가 기능이 회복된 것을 당시 '재조(再造)'라는 말로 표현하였다. 이원익은 호성공신(扈聖功臣)이 되었지만 이덕형은 본인이 사양하여 공신이 되지 않았다. 그리고 왜란 당시 서인의 활동이 절의 측면에서는 우세하였지만 공업(功業)은 동인에 미치지 못하였다고 평가한 것 등에서 이건창이 당색을 넘어서 냉정하게 객관적 입장에서 평가하려는 의지를 읽을 수 있다.

북인의 분열과 광해군대 동향

○ 이덕형(李德馨)은 본래 남인이었는데, 이산해의 사위가 되었으므로 남인과 북인 사이에 모두 출입하였다. 그런데 이때 이르러 북인의 당세가 점점 왕성해지자 다시 남인이 되었다. 북인으로서 지조가 있는 자[自好者]들은 점점 홍여순과 같이 일하는 것을 부끄럽게 생각하였다.

이기가 이조판서가 되어 홍여순을 대사헌에 의망하려 하자 전랑인 남이공이 붓을 잡고 쓰지 않았다. 김신국이 상소하여 홍여순은 화를 좋아하고 염치가 없다고 탄핵하자, 홍여순이 유희서를 사주하여 남이공과 김신국 및 송일·박이서·이덕형(李德泂)·경섬·이필영 등을 부박하다고 탄핵하게 하여 혹은 파직하고 혹은 쫓아냈는데, 유희분만 척리였으므로 겨우 면하였다.

남이공과 김신국 등은 항상 요직에 있었고, 당시 명망이 있었으며, 명기(名器)를 소중하게 여기고 아꼈으므로, 이들에 의해 벼슬을 잃어버렸다가 다시 조정에 진출하려고 다투는 자들은 모두 이산해와 홍여순에게 달려가서 하소연하였다. 그리하여 이산해와 홍여순을 지지하는 자들이 대북이 되고, 남이공과 김신국을 지지하는 자들이 소북이 되었다. 그런데 소북이 처벌을 받고 물러나자 이산해와 홍여순이 또 서로 권력을 다투어 이산해의 무리를 육북, 홍여순의 무리를 골북이라고 불렀다.

　○ 李德馨本南人, 以李山海婿, 故出入南 · 北間, 至是見北黨漸盛, 還投南人。北人之自好者, 稍稍恥與汝諄等同事。

李塈爲吏判, 欲擬汝諄大憲, 銓郎南以恭握筆不書。金藎國疏劾汝諄樂禍無厭, 汝諄嗾柳希緖, 劾以恭 · 藎國及宋馹 · 朴彝敍 · 李德泂 · 慶暹 · 李必榮等, 因爲浮薄, 或罷或出, 惟柳希奮以戚里得免。

以恭 · 藎國等常居要地, 有時望, 重惜名器, 失志爭進者皆赴愬於山海 · 汝諄。於是主山海 · 汝諄者爲大北, 主以恭 · 藎國者爲小北。及小北被譴, 而山海 · 汝諄又相與爭權, 山海黨謂之肉北, 汝諄黨謂之骨北。

　○ 이이첨이 상소하여 홍여순을 탄핵하자 임금이 둘을 모두 쫓아내고 다시 서인을 등용하였다. 얼마 안 있어 체찰사(體察使) 이귀(李貴)가 영남 지방에서 돌아와 정인홍이 고향에서 불법을 저지르고 있다고 논하였다. 정인홍이 상소하여 변명하여 말하기를, "신은 성혼 · 정철과 잘

지낼 수 없었습니다. 또 유성룡을 불쾌하게 여겼습니다. 그래서 오늘
그 무리들이 신을 미워하는 것이 이와 같습니다." 하였다. 이어서 성혼
을 매우 꾸짖었는데, 최영경을 죄를 얽어서 죽이고, 국난에 임금을 보
러 달려오지 않았으며, 일본과의 화의를 주장한 일 등 여러 가지 일을
그의 죄목으로 들었다. 그리고 정경세가 상중에 술을 마셨다고 같이 탄
핵하였다. 대사헌 황신이 상소하여 성혼에 대한 모함을 변론하였는데,
임금이 황신을 체차시키고 조정에 있는 서인을 모두 몰아내면서 "성혼
은 간악하고 정철은 악독하다."는 하교가 있었다. 유영경이 이조판서가
되고 정인홍이 대사헌이 되었다.

○ 李爾瞻疏劾洪汝諄, 上兩黜之, 復參進西人。未幾體察李貴自嶺南還, 論
鄭仁弘居鄕不法事。仁弘疏辨曰: "臣與成渾·鄭澈不相能, 又不快於柳成龍。
今其徒嫉臣如此。"因極詆渾構殺崔永慶, 不赴國難, 主和議諸事, 幷劾鄭經世
居喪飮酒。大憲黃愼疏辨渾誣, 上遞愼, 悉逐西人在朝者, 有"奸渾毒澈"之敎,
以柳永慶爲吏判, 鄭仁弘爲大憲。

○ 이항복은 평생 당이 없었는데, 이때 이르러 유영경이 이조판서가
되는 것을 저지하려 하였다. 그래서 유영경의 무리에게 탄핵당했는데,
그들이 정철의 복심으로 지목하여 이 때문에 정승에서 쫓겨났다. 정인
홍이 부름을 받고 달려와 최영경을 재차 국문하자고 한 대간 구성의 죄
를 맨 먼저 논하여 유배 보냈다. 그렇지만 얼마 안 있어 유영경이 정승
이 되어 권력을 오로지하자 정인홍 등이 파직 또는 체차되고 소북만이

등용되었다.

○ 李恒福平生無黨, 至是欲沮永慶吏判。故爲其黨所劾, 指爲鄭澈腹心, 以此免相。仁弘赴召, 首論崔永慶再鞫時臺諫具宬之罪, 竄之, 未幾柳永慶爲相專政, 仁弘等多罷遞, 專用小北。

※

왜란 이후에는 성혼과 정철이 죽은 뒤, 남인과 북인 간의 갈등이 격화되었으며, 북인이 대북과 소북, 골북과 육북 등으로 끝없이 분화되었다. 북인들 사이의 갈등이 격화되자 선조는 다시 서인을 불러들였다가 다시 내치면서 성혼과 정철을 극단적으로 공격하는 하교가 나왔다. 대북과 소북은 서인을 쫓아낼 때 공동보조를 취했으나, 평소 당파에 가담하지 않았던 이항복까지도 정철의 심복으로 몰아서 쫓아내고 나서부터는 둘 사이의 주도권 다툼이 더욱 격화되었다. 선조가 인목왕후를 맞이하여 영창대군이 태어나자 후계자를 두고 대북은 광해군을 지지하였는데, 소북은 영창대군을 지지하여 갈등이 더해졌다. 선조는 광해군을 세자로 인정하지 않으려 했으므로, 선조 말년에는 소북이 우세하였는데, 이후 소북은 다시 유영경을 지지하는 유당과 남이공을 지지하는 남당으로 분열되었다.

○ 선조가 죽자 광해군이 그날로 즉위하여 이산해를 원상(院相)으로

삼고 정인홍과 이이첨을 석방하여 등용하였으며, 유영경과 김대래를 죽였다. 이때 유당이 모두 처벌을 받았지만, 소북이 모두 쫓겨나지 않은 것은 유희분이 힘을 썼기 때문이었다. 이로부터 역적들이 권력을 쥐고 첫째로 임해군을 죽이고, 둘째로 진릉군(晉陵君)을 죽이고, 셋째로 영창대군을 죽이고, 넷째로 능창군(綾昌君)을 죽이고, 다섯째로 연흥부원군 김제남(金悌男)을 부관참시한 뒤 폐모론이 이루어졌다.

○ 上昇遐, 光海卽日卽位, 以李山海爲院相, 釋仁弘·爾瞻擢用之, 戮柳永慶·金大來. 柳黨皆坐罪, 然小北尙不盡斥, 以柳希奮用事故也. 自是賊臣當國, 一擧而殺臨海, 再擧而殺晉陵, 三擧而殺永昌, 四擧而殺綾昌, 五擧而戮延興之尸, 而廢母之論成.

❀

그런데 선조가 세자를 교체하지 못하고 죽자 광해군이 즉위하여 대북이 권력을 쥐었다. 이에 대북은 반대파를 숙청하고 폐모론을 주도하여 인목대비를 폐위하였다. 임해군은 광해군과 같은 공빈(恭嬪) 김씨의 아들이자 광해군의 친형이었다. 진릉군 이태경(李泰慶)은 선조의 여섯째 아들 순화군(順和君)에 입양되어 선조의 손자가 된 사람인데, 김직재 옥사에 연루되어 처형당하였다. 영창대군은 인목대비의 아들이었으므로 적자였지만 당시 나이가 어렸는데, 이른바 '칠서(七庶)의 옥'에 연루되어 강화도에 위리안치되었다가 대북에 의해 살해되었다. '칠서의 옥'이란 1613

년 소양강을 무대로 시주(詩酒)를 즐기던 서양갑(徐羊甲)·박응서(朴應犀) 등 일곱 명의 서얼 출신들이 역모를 꾸몄다고 몰아서 일어난 옥사를 말한다. 능창군은 인빈(仁嬪) 김씨 소생인 정원군(定遠君)의 아들이자 인조(仁祖)의 동생이었는데, 왕이 되려 한다는 무고를 받고 사사되었다. 김제남은 인목왕후의 부친으로서 연흥부원군에 봉해졌다가 1613년 '칠서의 옥'에 연루되어 사사되었는데, 1616년 폐모론이 일어나자 부관참시되었다.

○ 유희분·박승종·이이첨은 모두 작위를 받아서 삼창(三昌)이라고 불렀다. 그렇지만 유희분과 박승종은 이이첨과 약간 다른 주장을 내놓았으며, 박승종은 또 서궁(西宮)을 보호한 공이 있었는데, 죽을 때는 광해군을 위해 자살하였다. 이 두 사람은 소북이었다. 남이공의 무리는 폐모론에 참여하지 않은 사람이 많았다. 이산해는 광해군 초에 죽었는데, 그 아들 이경전은 이이첨과 틈이 생기자 고쳐서 소북이 되었다가 뒤에 또 남인이 되었다고 한다.

당시 바른 것을 지키며 절개를 세운 자로서 이원익·이덕형·정구 등은 모두 남인이었고, 이항복·정홍익·김덕함·오윤겸 등은 모두 서인이었다. 대북은 기자헌을 추대하여 영의정으로 삼았는데, 기자헌은 올바른 주장을 하였다가 이항복과 함께 유배되었다. 정온은 처음에는 정인홍을 스승으로 모셨는데, 정인홍이 끝까지 함께할 수 없다는 것을 알고 이에 스스로 제자의 인연을 끊어버리고 상소하여 극언하였다. 정창연·이명·유몽인 등이 정온을 편들어 자립하자 사람들이 이들을 중북이라고 하였다 한다.

○柳希奮·朴承宗·李爾瞻并封勳, 號爲三昌。然希奮·承宗稍立異, 承宗
又有救護西宮之功, 卒以身殉光海, 此二人小北也。南以恭黨亦多不入廢論。
李山海卒於光海之初, 其子慶全與爾瞻有郄, 改爲小北, 後又爲南人云。
當時守正立節者, 如李元翼·李德馨·鄭述, 皆南人也; 如李恒福·鄭弘翼·
金德諴·吳允謙, 皆西人也。大北推奇自獻以領相, 獻正議, 與李恒福同竄。鄭
蘊初師仁弘, 及見仁弘不終, 乃自割弟子籍, 上疏極言。鄭昌衍·李溟·柳夢
寅, 以右蘊自立, 人謂之中北云。

＊

광해군대 서인과 남인은 대체로 대북 정권에 저항하였으며, 북인 가
운데서도 소북은 폐모론에 참여하지 않은 사람이 많았다. 이이첨은 광
해군이 즉위하자마자 예조판서가 되어 대제학을 겸임하고 광창부원군
(廣昌府院君)에 봉해졌다. 광해군의 처남이었던 유희분은 임해군 등을 죽
인 공로로 익사공신(翼社功臣) 1등에 책봉되어 문창부원군(文昌府院君)이
되었다. 박승종은 그 손녀가 광해군의 세자빈으로 들어가자 밀창부원
군(密昌府院君)이 되었다. 이들은 광해군대 대표적인 권신으로 일컬어졌
는데, 광창, 문창, 밀창 등으로 봉호에 창자가 들어가서 '삼창'으로 칭하
였다.

유희분은 이이첨과 함께 폐모론을 주도하였지만 한때 권력을 다투면
서 서로 반목한 적이 있었다. 그는 인조반정 후 이이첨보다 한 등급 아
래의 죄목으로 처형되었다. 그런데 박승종은 1612년 이이첨 일당이 서

궁인 경운궁에 난입하여 인목대비를 죽이려 했을 때 이를 저지한 일이 있으며, 1617년 폐모론이 제기되자 극력 반대하였다. 인조반정이 일어난 뒤 광해군대 세자빈 집안임을 내세우며 권세를 누린 일을 자책하여 목매어 자결하였다고 한다. 인조반정은 서인이 주도하였으며, 남인과 소북 등이 가세하여 성공할 수 있었다.

2. 인조~효종:
서인과 남인의 갈등과
서인의 분열

인조반정은 서인 일부 세력이 주도한 무력 쿠데타였으므로, 이를 통해서 왕위에 오른 인조는 상당 기간 정통성의 위기에 시달리지 않을 수 없었다.[1] 반정 직후 10여 년간 역모 사건이 빈발한 것은 그 필연적 귀결이었다. 이들 역모 사건은 주로 북인 주변에서 일어났으므로, 인조 정권은 남인은 물론이고, 북인 가운데서도 적극적으로 폐모론에 가담한 자들 이외에는 체제 내로 포섭하여 등용하지 않을 수 없었다. 이로 인해 인조대 정국에서 붕당 사이의 갈등은 다른 시기에 비해 부차적인 의미를 갖게 되었다. 이러한 배경 속에서 인조는 자신의 생부인 정원군(定遠君)을 원종(元宗)으로 추존(追尊)하는 사업에 왕권의 사활을 걸지 않을 수 없었다.

인조대 정국에서는 붕당간 갈등보다는 오히려 반정의 명분과 정치 현실 사이의 모순이 보다 중요한 변수가 되었다. 광해군이 살제폐모(殺弟廢母)를 통해서 유교 윤리를 저버렸다고 비판하고 반정의 명분으로서 주자학(朱子學) 명분론(名分論)과 의리론(義理論)을 선양하면서 집권한 인조 정권은 현실 정치에서 그것이 정통성 확립이라는 정권의 과제와 양립하기 어렵다는 것을 점차 실감하지 않을 수 없었다. 대표적으로 인조의 숙부인 인성군(仁城君) 이공(李珙)에 대한 처리부터가 문제였다. 인성군이 각종 역모 사건에서 국왕으로 추대되었음에도 불구하고, 반정의 명분을 의식한

---

1 인조대 서술은 주로 다음을 참고하였다. 김용흠, 2006, 『조선후기 정치사 연구 1 ─인조대 정치론의 분화와 변통론』, 혜안.

인조 정권으로서는 선뜻 그를 제거하지 못하여 논란이 지속되었다. 특히 원종을 추숭하는 사업에서는 붕당을 물론하고 주자학 명분론과 의리론을 내세운 신료들과 힘겨운 논쟁을 거치지 않을 수 없었다.

무엇보다도 당시 만주 벌판을 주름잡고 있던 만주족 후금(後金)에 대해서 광해군이 취한 등거리 외교를 주자학의 의리명분론에 입각하여 비판하고 집권하였으므로 인조 정권이 친명(親明) 정책을 취한 것은 당연한 귀결이었지만, 그로 인해 예상되는 후금의 침략에는 제대로 대비하지 못하였다. 당시 국방력을 강화시키려는 방안으로서 양전(量田)과 대동(大同), 호패(號牌)와 균역(均役) 등이 논의되었지만 모두 양반 지주의 반발로 인해 실효를 거두지 못하였다. 따라서 후금=청과 정면으로 맞서는 것은 전혀 현실성이 없는 정책이었음에도 불구하고 대다수 지배층이 척화(斥和) 주전론(主戰論)을 고집하였으므로, 삼전도(三田渡)의 치욕은 피할 수 없는 일이 되고 말았다.

인조대에 서인 내부에서 다양한 분열의 계기가 있었지만 현실화되지는 못하였다. 서인과 남인 사이에도 이이·성혼을 문묘에 종사하는 문제 이외에는 갈등이 크게 부각되지는 않았다. 그렇지만 『당의통략』의 이 부분 서술에서는 붕당의 분열과 갈등에 초점이 맞추어져 있었으므로, 이건창 스스로 주화·척화 논쟁이나 원종 추숭 논쟁에 대해서는 기록하지 않았다고 밝히고 있다.

삼전도의 치욕 이후 다수의 유자(儒者)·관인(官人)들이 청나라

에 굴복할 수밖에 없었던 현실을 회피하고 출사를 거부하여 산림
(山林)이 본격적으로 형성되었다. 효종대에는 북벌(北伐)이 정치의
중심 문제가 될 수밖에 없었는데, 김집(金集) 등 산림 세력이 조정
에 진출하여, 대동법 시행에 적극적이었던 김육(金堉) 등 한당(漢
黨)과 대립하였다. 이것은 후일 서인이 노론과 소론으로 분열되는
선구가 되었다.

인조반정 직후 각 당파의 동향

○ 인조반정으로 인륜이 다시 펼쳐졌다. 문무 훈신인 김류, 이귀, 신경진, 구굉, 장유, 홍서봉, 최명길, 심명세 등은 모두 고(故) 이이·성혼의 문인 및 이항복이 일찍이 끌어다가 추천한 사람들로서 폐고(廢錮) 상태에서 일어나 의로운 거사를 협찬하였다. 대북은 정인홍·이이첨 이하 모두 죽임을 당하였으며, 그 뒤로는 감히 대북이라는 이름을 쓰지 못하였으므로, 국론은 모두 서인이 주도하였다.

○ 仁祖反正, 彝倫再敍。文武勳臣金瑬·李貴·申景禛·具宏·張維·洪瑞鳳·崔鳴吉·沈命世等, 皆故李珥·成渾門人及李恒福所嘗引薦者, 從錮廢中起, 協贊擧義。大北自鄭仁弘·李爾瞻以下悉誅死, 後無敢以大北名者, 國論遂歸西人。

○ 서인이 동인에게 원한이 쌓여서 처음에는 남인과 북인을 모두 폐고하려고 하였는데, 김상헌이 이것을 주장하였다. 그리하여 당시 선조(先朝) 때의 나이 들고 덕 있는 신하들은 모두 사라졌는데, 오직 이원익만 홀로 남아서, 반정 다음날 한강 가에서 가마를 타고 조정에 나오니 인심이 비로소 크게 안정되었다. 드디어 영의정에 임명되자 이로 인해 남인들이 폐고되지 않고 등용될 수 있었다. 소북은 자립할 수 없어서 서인·남인에 투항하여 붙은 자들이 많았다. 여러 신하들은 맨 먼저 성혼과 정철의 복관과 사제(賜祭)를 청하였으며, 이원익은 기축옥사에서 처벌받은 이발 등의 복관을 청하였는데, 모두 허락하였다.

○ 西人積憾東人, 始欲幷錮南·北, 金尙憲主其說。然當時舊德凋喪, 惟李元翼獨存, 反正翌日, 自江上肩輿赴朝, 人心始大定。遂立爲首相, 以此南人得不廢。小北不能自立, 多投附西·南矣。諸臣首請成渾·鄭澈復官賜祭, 李元翼因請己丑罪人李潑等復官, 幷許之。

❋

이건창은 인조반정으로 인륜이 다시 펼쳐졌다고 긍정적으로 묘사하였다. 그리고 이것을 주도한 김류·이귀 등이 모두 이이·성혼의 문인들이며 이항복이 추천한 사람들이었다고 강조하였다. 폐고(廢錮)란 문과에 급제하여 자격이 있음에도 불구하고 벼슬길이 막혀 있는 상태를 가리키는 용어이다. 정인홍과 이이첨 이하 대북은 모두 죽어서 대북이라는 명칭 자체가 사라졌다고 한다. 반정 초에는 서인의 동인에 대한 원한이 깊어서 남인과 북인을 모두 등용하지 않으려 했으며, 김상헌이 특히 이것을 주장하였다고 꼬집어 말하였다. 그런데 이원익이 수상이 되어 비로소 남인이 등용될 수 있어서 인심이 안정되었으며 소북은 남인과 서인으로 변신하였다고 하였다.

이괄의 반란이 일어나 인조가 한양을 버리고 달아나지 않을 수 없었는데, 김류가 같은 훈신 이귀의 반대에도 불구하고 고변서(告變書)에 이름이 오른 기자헌(奇自獻) 등 북인들을 모두 죽였으며, 심지어는 영의정이었던 이원익조차도 이것을 알지 못하여 자신의 늙음을 한탄하였다고 전하였다. 유몽인(柳夢寅)은 중북(中北)으로서 폐모론에 참여하지 않았지만 붙들려 와서 자신이 「노과부(老寡婦)」라는 시를 지었다고 자백하였는데, 옥사를 담당한 자가 이것을 역모를 자백한 것으로 간주하여 참형에 처해졌으며, 그 조카인 홍서봉이 훈신임에도 불구하고 구하지 못하였다고 애석해 하였다.

이괄의 반란에 이어서 북인이 참여한 역모가 계속 이어지자 인조 정권은 통유문(通諭文)을 지어서 전국에 반포하였는데, 기자헌과 유몽인이 광해군을 위해 복수하려고 한 역적의 근본이라고 하였으며, 대북의 죄를 과장하여 "광해군이 선조를 독살하였다."는 근거 없는 말까지 하였다고 이건창은 비판하였다.

인성군이 북인의 역모에서 국왕으로 추대되었지만 인조가 차마 죽이지 못하자 백관(百官)이 정청(庭請)하여 그를 죽이라고 주장하였다. 그런데 대사간 정온(鄭蘊)이 상소하여, 광해군이 아무리 정치를 잘못했더라도 동기를 죽이지 않고, 모후를 폐하지 않았다면 인조는 임금이 될 수 없었을 것이라고 극언하면서, 인조가 훈신 때문에 나라를 얻었지만, "끝내는 이들 때문에 나라를 잃게 될 것"이라고 반정 공신을 비난하였다.

이건창은 인조가 인성군을 죽이려 하지 않았는데, 훈신들의 주장으로 어쩔 수 없이 죽였다고 말하여, 정온의 주장에 동조하는 인상을 주는데, 반정 직후의 정세에서는 이것이 얼마나 무책임한 주장인지에 대해서는 말하지 않았다.[2] 여기서 19세기에 이르기까지 주자학 명분론과 의리론이 여전히 위력을 떨치고 있었던 현실을 볼 수 있다.

---

2 이에 대한 자세한 분석은 김용흠, 2006, 앞 책 참조.

서인과 남인의 갈등

○ 이때 바야흐로 국혼(國婚)을 의논하여 동인 윤의립의 딸을 뽑자 훈
신 이귀·김자점 등이 힘써 저지하였다. 검열(檢閱) 목성선, 정자(正字)
유석 등이 응지상소(應旨上疏)에서, 인성군을 죽이고 윤씨와의 혼사를
깨트린 일 등을 들어서 조정 신하들을 비판하고 배척하였다. 부제학 정
경세, 전한(典翰) 이준 등이 조정에 있는 남인들과 더불어 청의(淸議)를
제창하였는데, 심지어 이귀 등이 "골육을 참혹하게 죽였다."고 하면서
이이첨에게 비교하기까지 하였다. 서인이 격분하여 원망하면서 말하기
를, "남인이 이 일을 가지고 조정의 판도를 바꾸려 한다."고 말하였다.
그러나 정온과 정경세는 절의가 있고 경서에 밝았으며 행실이 바른 것
으로 소문이 나 있었고, 그들이 주장하는 것에 대해 조야가 모두 올바르

다고 인정하고 있었으므로, 드러나게 배척하지 못하고, 오직 목성선과
유석만이 지위가 낮고 나이가 어렸으므로 떼 지어 일어나 공격하였다.

○ 時方議圖國婚, 東人尹毅立女膺選, 勳臣李貴 · 金自點等力沮之。檢閱睦
性善, 正字柳碩應旨言事, 非斥廷臣, 誅仁城, 罷尹婚諸事。副提學鄭經世, 典翰
李埈等與諸南人在朝者, 倡爲淸議, 至以李貴等, 戕害骨肉, 比之爾瞻。西人
憤怨謂"南人欲因此變換朝廷"。然鄭蘊 · 鄭經世以節義經行聞, 其所執爲朝野
所共是, 故不能顯斥。獨以性善 · 碩卑少, 群起攻之。

○ 이때 남인으로서 요직에 등용된 사람들은 이성구 · 이광정 · 장현
광 · 김시양 등 몇 사람뿐이었다. 북인으로는 남이웅이 있을 뿐이었는
데, 일찍이 이조판서가 되어 주의(注擬)할 때마다 서인과 남인 · 북인을
골고루 안배하여 추천하자 당시 사람들이 "세 가지 색깔 복숭아 꽃"이
라고 불러서, 얼마 되지 않아서 탄핵을 받고 물러났다. 조경은 청명(淸
名)으로 당시 사람들이 소중하게 여겼다. 일찍이 대간으로서 공신 출신
정승인 홍서봉을 탐욕을 부리고 사치스럽다고 탄핵하자, 김상헌이 조경
을 하옥하라고 청하였는데, 민형남이 상소하여 "간관(諫官)을 국문하는
것은 우리나라에서 있어본 적이 없습니다."고 하여 일이 중지되었다.

○ 時南人柄用者, 惟李聖求 · 李光庭 · 張顯光 · 金時讓等數人, 北人惟南
以雄, 嘗爲吏判, 每注擬, 參用西 · 南 · 北爲三望, 時號"三色桃花", 不久被劾
去。趙絅以淸名爲時所重, 嘗以臺諫劾勳相洪瑞鳳貪侈, 金尙憲請下絅於獄。

<u>閔馨男疏言</u>"諫官被鞫, 國朝所未有", 事得已。

✦

　인조반정을 주도한 서인 공신들은 주자학 명분의리론을 내세우며 광해군대의 정치를 비판하였지만 광해군의 실패가 대북의 권력 독점 때문이라는 것을 간파하고 있었다. 따라서 폐모론에 직접 관련되지 않은 북인을 등용하려고 노력하였으므로 남인들과도 협조하려는 분위기가 지배하였다. 그렇지만 서인과 남인 사이에 당색간 갈등이 일어나는 것을 막을 수는 없었다.

　대표적인 문제가 이이·성혼의 문묘종사를 둘러싼 갈등이었다. 반정 초에 전국에 퍼져 있던 서인 유생들이 상소하여 이들의 문묘종사를 청하자 영남 지역의 남인 유생들이 이이는 "입산하여 스님이 된 적이 있으므로 명교(名敎)에 하자가 있다."고 하였고, 성혼은 왜란 당시 피난 가는 선조를 맞이하지 않았으며, 일본과의 화의를 주장하여 나라를 저버렸고, 기축옥사 당시 암암리에 사류를 죽였다고 비난하였다. 이 문제는 인조가 "두 신하에게 하자가 있다는 것은 사람들이 모두 알고 있다."고 하교하여 거부의사를 분명히 하였지만 유생들 사이의 다툼은 멈추지 않았다.

　1625년(인조 3)에는 인조가 윤의립(尹毅立)의 딸을 세자빈으로 간택하자 이귀·김자점 등 공신들이 격렬하게 반발하여 철회한 일이 있었다. 윤의립은 북인이었지만 선조대 북인들의 주장으로 성혼의 관작을 추탈할 때 그 문생과 당파로 처벌이 확대되는 것을 저지한 인물이었다. 그렇지만 인조가 북인으로 국혼을 정한 것은 서인 공신들을 견제하려는 의도를 노골적으로 드러낸 것이었다. 이귀 등은 윤의립의 서얼 조카 윤인발(尹仁發)이 바로 이괄의 반란을 사실상 주도한 자였다는 것을 반대 이유로 내세웠다. 윤인발은 이괄의 반란 당시 다른 사람을 죽여서 자신의 시체로 위장하고 달아나 반란을 주도한 것으로 유명한 인물이었다.

응지상소(應旨上疏)란 천재지변 등을 계기로 임금이 백성들에게 정치의 방도를 묻는 구언교(求言敎)에 응하여 상소하는 것을 말한다. 왜란 이후 인조대까지 백성들의 삶은 팍팍하기 짝이 없었고, 반정 초에는 역모 사건이 꼬리를 물고 일어나고 있었으므로 김상헌의 건의로 구언교를 내렸는데, 남인이었던 목성선과 유석 등이 이에 응하여 서인의 정국 운영을 비판하였다. 여기에 정경세와 정온 등이 가세하여 서인 측에서 인성군 이공을 죽이라고 주장한 것을 가지고 "골육을 참혹하게 죽였다."고 광해군대 이이첨에 비유하여 비판하였던 것이다.

이것은 주자학 의리론에 바탕을 두고 인륜을 내세워서 서인의 정국 주도권을 위협하려는 정치 공세임이 분명하였으므로 이귀가 나서서 정경세와 정온 등을 적극 비판하였다.[3] 그런데 이건창은 이러한 이귀의 비판을 보지 못하였는지, 정경세와 정온의 주장을 "조야가 올바르다고 인정"하였기 때문에 지위가 낮은 목성선과 유석만을 공격하였다고 당시의 상황을 잘못 파악하고 있었다.

---

3 김용흠, 2006, 앞 책, 제3장 「反正의 名分과 政權의 正統性 論爭」 참조.

남이웅이 북인으로서 이조판서가 된 것도 인사에서 당색을 걷어내려는 서인 측의 노력의 소산으로 보아야 할 것이다. 그런데 그가 서인·남인·북인의 당색간 안배에 노력한 것을 두고 "세 가지 색깔 복숭아 꽃"이라고 조롱한 것은 당파적 입장에서 나온 것이었다. 조경에 대해서도 이건창은 "청명(淸名)으로 당시 사람들이 소중하게 여겼다."고 하였지만, 실제로는 당파적 입장을 벗어나지 못한 것으로 인해 이귀의 비판을 받았다.[4]

이건창이 정경세·정온·조경 등에 대해 남인이지만 옳다고 보는 입장이 조야를 지배했다고 본 것은 당시의 현실을 전한 것으로 볼 수 있다. 그런데 이것은 이들의 주장이 당파적 입장을 주자학 의리론으로 분식한 것이라는 것을 간파하지 못한 것이었고, 정치의 본령이 정책 논쟁에 있다는 것을 자각하지 못한 시대적 한계의 소산이었다.

4　김용흠, 2006, 앞 책, 98쪽.

서인의 분열: 훈서·청서, 노서·소서, 원당·낙당, 산당·한당

○ 반정 초에 훈신이 정국을 주도하였지만, 사류(士類)가 많이 따랐는데, 김상헌은 홀로 강직한 풍모를 견지하였다. 이에 훈서(勳西)와 청서(淸西)라는 명목이 생겼는데, 얼마 안 있어 노서(老西)·소서(少西)로 변하였다. 훈신 중에서 김류가 노서를 주도하고, 이귀가 소서를 주도하였다. 노서에 속한 신흠·오윤겸·김상용 등은 서인과 남인을 같이 등용하기에 힘썼지만 삼사의 박정·나만갑·이기조·강석기 등은 모두 김상헌의 풍모를 흠모하여 스스로 소서라고 이름 붙였다.

○ 反正初, 勳臣當國, 士類多附之, 而金尙憲獨持風裁。於是有勳西·淸西之目, 未幾又變爲老西·少西。勳西中金瑬主老, 李貴主少。老西申欽·吳允

謙 · 金尙容, 務欲幷用西 · 南, 而三司朴炡 · 羅萬甲 · 李基祚 · 姜碩期, 皆慕
尙憲之風, 自名少西。

○ 남이공은 유희분과 더불어 당을 만들어 광해군 때 고관이 되었지
만 끝까지 폐모론에 참여하지 않았으므로 세상 사람들이 이 때문에 좋
게 말하는 사람들이 많았다. 이경직은 본래 당이 없었는데, 이이첨과는
먼 일가 사이였다. 이이첨이 장차 서성을 해치려 들자 경직이 서성과는
집안끼리 교분이 있었으므로, 이이첨을 찾아가 만나서 서성이 풀려나
게 하자, 경직을 좋아하지 않는 자들이 이이첨과 내통하였다고 떠들었
다. 폐모론이 일어나자 이경직은 정청(庭請)에 참여하지 않아서 처벌받
았다. 이때 이르러 오윤겸이 남이공을 대사헌에 의망(擬望)하고, 김상용
은 이경직을 대사간에 의망하였는데, 박정 등이 이것을 비판하였다. 이
귀가 주상에게 말하기를, "오윤겸과 김상용이 김류와 합하여 흠집 있는
사람들을 끌어들이려 합니다."라고 하였다. 김류는 또 박정 등이 "어리
석어서 자기 의견을 고집한다."고 배척하였다. 주상은 박정 등이 당을
만든다고 의심하고 심지어 국문까지 하려 했다가 이윽고 멀리 유배 보
내라고 명하였다. 대제학 장유가 상소하여 삼사를 구원하자 나주목사
에 임명하여 내보내니 조정의 의논이 크게 소란스러웠다.

○ 南以恭與柳希奮植黨, 昏朝爲高官, 然終不預廢論, 世以此多之。李景稷
本無黨, 與李爾瞻爲疎屬, 爾瞻將害徐渻, 景稷與渻有通家誼, 爲往見爾瞻而
解之, 不悅者譁言景稷通爾瞻。及廢論起, 景稷以不參庭請得罪。至是允謙擬

以恭於大憲, 尙容擬景稷於大諫, 竑等爭之。李貴白上言:"允謙·尙容與金瑬合, 欲引進負累之人。"瑬又斥"竑等狂愚自用"。上疑竑等樹黨, 至欲鞫之, 尋命遠竄。大提學張維疏救三司, 出補羅州牧使, 朝議大閧。

❁

　인조반정 이후 서인의 분열에 대한 이 부분 서술은 몇 가지 주목할 점이 있다. 첫째는 반정 이후 집권 세력이었던 서인에게 분열의 계기가 다양하게 존재하였다는 점이다. 훈서·청서, 노서·소서, 원당·낙당, 산당·한당 등의 다양한 명칭이 등장한 것 자체가 그것을 말해준다. 둘째로 남이공과 이경직을 둘러싼 논란은 1625년(인조 3)과 1629년(인조 7)에 일어난 일을 뒤섞어서 전하고 있는데, 복잡한 갈등을 지나치게 단순화하여 갈등의 인과관계를 파악하기 어렵다는 점이다. 특히 여기에는 정국 운영과 관련하여 반정공신 김류와 이귀 사이의 입장 차이가 결정적 변수였는데, 이 점이 분명하게 드러나 있지 않다.[5] 셋째로 인조대 서인의 이러한 분열은 일시적인 현상에 그치고, 아래에서 논의할 한당과 산당의 갈등을 제외하고는 지속적인 동력을 얻지 못하고 모두 사라졌다는 점이다.

　이건창은 이 부분에서 최명길의 상소문을 길게 인용하고 있는데, 후

5　이 사건을 김류와 이귀의 갈등이라는 측면에서 접근한 논고로서는 김용흠, 2006, 앞 책, 106~120쪽 참조.

손들은 나중에 그 제목을 「여러 학사(學士)들은 붕당을 지은 것이 아님을 논하다[論諸學士不爲朋黨劄]」라고 붙여서 그 문집에 수록하였다. 이건창은 최명길이 붕당의 폐단을 논한 부분부터 인용하였다.

"분당 이래 붕당을 주도하는 자들은 전조(銓曹)를 근본으로 삼고 삼사(三司)를 조아(爪牙)로 삼았다. 또 그들 가운데 명망이 무거운 자 한 사람을 추대하여 감주(監主)로 삼고 인재를 등용하고 막는 일이나 조정의 시비 논의를 하나같이 감주의 사실(私室)에서 결정하였다. 그래서 삼사의 논의 가 한 사람의 입에서 나온 것 같아서, 전형을 담당한 사람에 대해서는 탄핵하여 논박하지 않으니, 감주의 집에는 안장을 맨 말들이 문 앞에 가득하여, 당당한 공조(公朝)가 드디어 사적(私的)으로 당을 짓는 소굴이 되고 말았다."

전조는 관리들의 인사를 좌지우지하였던 이조를 가리키고, 삼사는 언론을 담당한 사헌부·사간원·홍문관을 가리키는데, 조아(爪牙)란 손톱과 어금니처럼 요긴한 역할을 했다는 의미이다. 붕당이 전조를 장악하고, 언론 기관을 이용하여 논의를 주도한 것을 묘사한 것인데, 감주(監主), 즉 붕당을 주도하는 자가 인재의 등용이나 조정의 시비를 결정하면 삼사가 일사불란하게 이것을 뒷받침하여 공적인 정부 기구가 사적인 당파의 소굴이 되었다고 붕당의 폐단을 극론하였다.

최명길은 반정 이후 '피차(彼此)의 인재'가 각기 자신의 명망에 따라서 등용되어 이러한 붕당의 폐단은 사라졌다고 보았으며, 단지 박정 등 여러 신하들의 주장이 너무 과격하고 다른 사람의 책임을 따지는 것이 지나치게 가혹한 것이 애석한 일이라고 하였다. 그는 이것을 전배(前輩)와 후배(後輩)의 다툼, 즉 세대 간의 갈등으로 간주하였다. 전배는 나이와 경력이 많아서 논의가 비교적 관대한 것에 비해 후배들은 혈기가 왕성하여 주장이 준엄한 것이 문제라는 것이다. 그는 후배도 세월이 가면 나이를 먹어서 전배가 되어 또 다른 후배들의 비판을 받게 될 것이므로, 전배들이 후배들의 과격한 주장을 관대하게 포용하면 될 일이지 붕당으로 몰아가서는 안 된다고 주장하였다. 그는 반정 초에 청서 · 훈서, 윤서 · 신서의 명목이 있었지만 조정에서 이들을 붕당으로 몰아가지 않고 무심(無心)하게 대처한 덕분에 그러한 명목이 사라진 것을 예로 들어서 자신의 주장을 뒷받침하려 하였다.

최명길은 공신으로서 반정 이후의 인사를 주도한 입장에서 이전의 붕당의 폐단을 극복하였다는 자신감을 바탕으로 갈등을 봉합하려는 의도를 드러낸 것이었지만 좀 안이해 보이는 것이 사실이었다. 그렇기는 하지만 인조대 서인이 분열될 수 있는 여러 계기가 있었지만 붕당으로 발전하지 않은 사실에 대한 해명의 일단으로 볼 수는 있을 것이다. 그러나 한당과 산당의 갈등에서 그의 안이한 현실 인식의 문제는 분명히 드러났다.

한당과 산당의 갈등

○ 윤서(尹西)와 신서(申西)는 윤방과 신흠, 두 집안 자제들을 가리켜 말한 것인데, 얼마 안 있어 모두 다시 합하였다. 인조 말년에 이르러 원당(原黨)·낙당(洛黨)·산당(山黨)·한당(漢黨)의 명목이 생겼다. 원당은 원평부원군 원두표가 주도하였고, 낙당은 상락부원군 김자점이 주도하였는데, 모두 훈신이었다. 산당은 김집이 주도하고, 송준길·송시열 등이 도왔는데, 모두 연산(連山)과 회덕(懷德)의 산림에 속한 사람들이었으므로 '산당'이라고 불렀다. 한당은 김육과 신면이 주도하였는데, 모두 한강 가에 살았으므로 '한당'이라고 불렀다.

○ 尹西·申西, <u>尹昉·申欽</u>二家子弟之稱也, 未久皆復合。至上末年, 又有

原黨·洛黨·山黨·漢黨之目, 原黨主原平府院君<u>元斗杓</u>, 洛黨主上洛府院君
<u>金自點</u>, 皆勳臣也。山黨主<u>金集</u>, 而<u>宋浚吉</u>·<u>宋時烈</u>等輔之, 皆連<u>山</u>·懷德山
林中人, 故謂之山黨。漢黨主金堉及<u>申冕</u>, 皆居漢上, 故謂之漢黨。

○ 이전에 김상헌이 의리를 내세워 청과의 화의를 배척하는 척화론
(斥和論)을 주창하였는데, 남한산성에서 내려온 뒤에는 산속으로 돌아
가 숨어버렸다. 그 뒤 청나라 사람들에게 끌려가서 심양의 감옥에 갇혔
지만 굴하지 않았다. 여러 해가 지나서 돌아와 정승에 제배되었지만 사
양하고, 김장생과 그 아들 김집이 임금을 보좌할 재주가 있다고 추천하
였다. 김장생은 조정에 나왔다가 얼마 안 있어 죽었고, 김집이 상복을
벗자 찬선(贊善)에 임명하여 세자를 보좌하게 하였다. 이때 김육이 경제
(經濟)에 재주가 있다고 등용되어 공납의 폐단을 제거하기 위해서는 대
동법(大同法)을 시행해야 한다고 건의하였지만 김집이 반대하였다.

이때 마침 이조판서 자리가 비자 조야에서 김집이 이 자리를 맡아주
기를 바랐으나 주상이 임담을 이조판서로 임명하니, 김집이 관직을 버
리고 떠났다. 삼사와 성균관, 사학(四學) 등에서 번갈아 상소하여 김집
을 머물게 하라고 청하고, 또 임담에게 명하여 어진 사람을 위해 길을
열어주게 하라고 청하니, 임담이 사양하여 면직되었다. 주상이 김집을
부르니, 조카인 김익희가 김집을 쫓아가서 주상의 뜻을 전하였다. 이에
김집이 돌아와 이조판서가 되어서 어진 선비들을 모두 끌어들여서 조
정에 가득 늘어세웠다. 송시열·송준길, 두 송씨를 맨 먼저 부르고, 이
어서 윤선거·이유태 등을 차례로 불러들였으며, 남인이었던 권시·허

목·윤휴 등도 또한 그 선발에 참여하여, 사류가 위엄 있게 체모를 갖춘 모습을 기대할 수 있게 되었다.

○ 初金尙憲倡義斥和, 下城後遁歸山中。後爲淸人所索, 拘繫燕館, 不屈。經歲歸, 拜爲相, 薦金長生及其子集, 有王佐才。長生造朝尋卒, 集服除, 起爲贊善, 輔世子。時金堉以經濟進用, 建請革貢賦, 爲大同法, 集不可。
會吏判缺, 朝野望集枋政 而上以林壥爲吏判, 集棄官去。三司館學交章請留, 又請令壥避賢路, 壥辭免。上召集, 從子益熙, 追集諭意。集乃還爲吏判, 悉引賢士, 布列朝廷。二宋爲首, 而尹宣擧·李惟泰, 次第徵召, 南人權諰·許穆·尹鑴等, 亦預其選, 士類顒顒望風矣。

○ 어떤 사람이 다음과 같은 말을 전하였다. 송시열 등이 장차 조정에 나가려고 하니, 신면이 대대로 귀한 집안 출신으로서 명성이 자자하였으므로 사람을 보내서 그의 의중을 물었다. 신면이 말하기를, "여러 산인(山人)이 정말로 나오는가?" 하니, 말하기를 "그렇다." 하였다. 신면이 말하기를, "나와서 장차 무엇을 하려고 하는가?" 하니, 말하기를, "청에게 복수하여 치욕을 씻고 강빈(姜嬪)을 신원하는 것, 이 두 가지 일이 오늘날 먼저 할 일이다." 하였다. 신면이 말하기를, "나로서는 산인들에게 감사를 드린다. 그대들은 봉황과 같아서 그 명성을 들으면 사람들이 저절로 우러러 받들게 될 것이므로 때맞추어 나와서 조정의 모범이 되는 것도 안 될 것은 없다. 다만 아래로 내려와 닭이나 집오리들과 함께 바쁘게 몰려다니다 보면 부인이나 어린아이들의 웃음거리가

되지 않을 수 없을 것이다." 하였다. 이 말이 전해지니, 산당이 크게 화를 내어서, 신면이 이것 때문에 마침내 죽었다고 한다.

○ 或傳宋時烈等將赴朝, 以冕世貴有盛名, 使人致意。冕曰"諸山人果出耶?"曰"然"。冕曰"出將何爲?"曰: "復讐雪耻, 伸姜嬪冤, 此二事今日所先也。"冕曰: "爲我謝山人。君輩如鳳, 聞其聲, 人自慕之, 時出而羽儀, 亦無不可。但下與鷄鶩刺促, 未有不爲婦人孺子所笑也。"語傳, 山黨大愠, 冕卒以此死云。

○ 민신이라는 사람이 있었는데, 그 할아비가 죽었을 때 그 아비는 불치병에 걸려 있었다. 송시열이 송나라 광종(光宗)과 영종(寧宗)의 일을 인용하여 민신에게 그 아비를 대신하여 승중(承重)하게 하였다. 김육이 대간을 시켜서 민신이 아비를 폐했다고 탄핵하게 하였는데, 송시열도 비판을 받았다. 김육이 죽자 그 아들 김좌명이 수도(隧道)를 써서 장사지냈는데, 송시열이 사람을 시켜서 그것이 분수를 넘은 일이라고 논하게 하였다. 조한영이 김육을 편들고, 민정중과 민유중 형제가 송시열을 편들어 서로 다투었지만 결론이 나지 않았다. 이로부터 산당과 한당이 물과 불처럼 틈이 벌어졌다.

명성왕후가 세자빈으로 책봉되어 김씨가 외척이 되었다. 김좌명은 평소에 재주가 있고 유능하여, 세상에서는 그 아비를 이어서 정승이 될 것이라고 기대하였다. 그러나 송시열이 "외척은 다시 쓸 수 없다."고 노골적으로 주장하니 사류가 송시열을 두려워하여 김좌명과 문안을 통하지 못하는 사람들이 많았다. 김좌명의 아들 김석주는 문장으로 평판이 높았지만 과거에 급제하고 10년이 지나도록 청현직에 진출하지 못하자 송시열에 대한 유감이 뼈에 사무쳤다. 어떤 사람이 정태화에게 말하기를, "산인이 외척과 깊은 원한을 맺었는데, 어떻게 하면 풀 수 있는가?" 하니, 정태화가 말하기를, "세상의 변화가 무궁한데 어찌 다시 합하지 않을지를 알겠는가? 나는 늙었지만 공들은 혹 볼 수 있을지도 모른다." 하였다.

○ 有閔愼者, 其祖死, 其父廢疾。時烈引宋光·寧事, 令愼代父承重。金堉 使臺諫劾愼廢父以侵時烈。及堉卒, 其子佐明以隧道葬, 時烈又使人疏論其 僭。曹漢英右堉, 閔鼎重·維重右時烈, 相訟不決。自是山·漢之隙如水火。 明聖后冊嬪, 金氏爲戚里。佐明素有幹能, 世期繼父爲相, 而時烈揚言"戚臣不 可復用"。士類憚時烈, 多不與通問。佐明子錫胄有文譽, 登第十年, 而無肯許 淸顯者, 憾時烈次骨。或謂鄭太和曰: "山人與戚里之怨深矣, 庸可復解乎?" 太和曰: "世變無窮, 安知其不復合? 吾老矣, 公等尙或見之。"

✾

인조 말년에 등장한 한당과 산당의 명색은 중요한 의미가 있었다. 이 가운데 산당은 김상헌의 추천을 받고 출사한 김집이 주도하였다. 이건 창은 세상에서 전하는 말이라고 하면서 산당이 진출한 배경을 다음과 같이 말하였다.

"세상에 다음과 같은 말이 전해진다. 반정 초에 훈신들이 모여서 맹약할 때 비밀리에 두 가지를 약속하였는데, '국혼을 놓치지 말자[勿失國婚].'는 것과 '산림을 높여서 등용하자[崇用山林].'는 것으로서, 형세를 굳히고 명분과 실리를 모두 얻으려는 것이었다."

송시열·송준길 등 김집의 문인들은 인조대에는 삼전도의 치욕을 핑계로 자의반타의반 출사를 거부하면서, 충청도의 연산과 회덕을 중심으로 산림을 형성하였다가 효종 초년에 조정에 진출하였다. 이들은 특히 김자점과 그 일당에 대한 공격에 집중하였는데, 이건창은 소현세자빈 강씨가 사사된 것이 사실상 김자점에 의해 빚어진 일이며, 그래서 사론이 김자점을 배척하였다고 기록하였다.[6]

효종 초년에 산당은 조정에 진출하기 위해 김자점 일당을 정치적 희생양으로 삼은 느낌을 준다. 이에 대한 반발로서 일어난 것이 김자점 역모 사건이었는데, 김자점 일당이 역모를 한 것은 사실이었으므로 그들이 처벌받은 것은 당연한 일이었지만 문제는 한당의 일원이었던 신

---

6 이건창은 강빈옥사를 김자점이 사실상 만들어낸 일[實釀其禍]이라고 하였지만 그 전말을 직접 언급하지 않고 다른 책에 보인다[事見他書]고 말하는 것에 그쳤다. 김자점의 행적에 대해서는 후대 노론의 당론에 의해 왜곡된 측면이 존재한다. 그가 강빈옥사를 주도하였다는 것과 친청파라는 것이 그것인데, 이것은 노론의 당론이었다. 그런데 오늘날 이를 그대로 답습하여 통설로 인정하는 경향이 있다. 이에 대해 비판적으로 검토한 논고로서 김용흠, 2006, 앞 책, 제6장 「對明義理論의 內面化와 變通論의 位相」 참조.

면(申冕)을 그 일당으로 몰아서 죽인 것이었다. 신면은 상촌(象村) 신흠 (申欽)의 손자로서 김육과 인척간이었으며, 효종 초년에 김집의 조카인 김익희와 경쟁 관계에 있었다. 결국 김집과 김육의 대결의 연장선상에 서 김자점 역모 사건을 핑계로 산당이 신면을 제거한 것이었다.

효종대 정국에서 가장 중요한 국정 과제는 북벌(北伐)이었다. 당시 청 나라는 명이 멸망한 뒤 중원으로 진출하여 승승장구하고 있었으므로 그 현실성은 희박하였지만 효종대 국왕을 비롯하여 조야를 막론하고 청나라에 복수하여 삼전도의 치욕을 씻어버리는 일은 현실성 여부와 관계없이 반드시 실현해야 할 당위가 되었다. 병자호란의 패배로 인조 가 당한 삼전도의 치욕은 당시 지배층에게 말로 표현할 수 없는 엄청난 충격이었기 때문이다. 효종 초년에 김집이 정상적인 절차를 밟아서 이 조판서에 오른 임담을 밀어내고 이조판서가 될 수 있었던 것은 조야가 호서 산림에 걸고 있던 기대를 잘 말해준다. 즉 산당은 반청(反淸) 척화 (斥和) 의리론(義理論)을 대표하는 정파로 인식되었던 것이다.

북벌에 가장 적극적으로 나선 것은 효종 자신이었다. 삼전도의 치욕 이후 소현세자와 함께 청나라에 볼모로 잡혀가서 온갖 수모를 겪은 효 종은 이에 대한 복수설치를 정치의 최대 목표로 삼고 군비를 확충하고 군사력 강화에 골몰하였다. 그렇지만 이에 대해 신료들 대부분이 반대 하였다.[7] 효종이 추진한 군사력 강화는 당시의 재정 상황에 비추어볼

---

7 김용흠, 2009, 「조선후기의 왕권과 제도정비」, 이태진 교수 정년기념논총 간행위원 회, 『문화로 보는 한국사 4: 국왕, 의례, 정치』, 태학사, 88~90쪽.

때 거의 불가능에 가까운 일이었기 때문이다.[8]

놀라운 것은 반청 척화 의리론의 상징이었던 산당에서도 효종의 북벌 정책을 반대하였다는 사실이다. 산당은 효종의 북벌 이념에 대해서는 전폭적으로 지지하였지만 북벌을 위한 구체적인 군비 확장에 대해서는 거의 모두 반대하였을 뿐만 아니라, 인조의 시호 제정에 제동을 걸고 강빈옥사에 강하게 의문을 제기하는 등 효종의 왕권을 위협하는 정치 공세에 앞장서다 효종의 강권적 탄압을 받았다.[9]

산당과 한당의 갈등은 바로 북벌에 대한 노선 차이에서 연원한 것이었다. 대동법에 대한 찬반은 바로 그것을 보여준다. 대동법은 복잡한 내용을 담고 있지만 그 취지는 결국 지주들의 양보를 통해서 국가 재정을 확충해보자는 것이었다. 이것은 북벌을 현실적으로 추진하기 위한 전 단계로서, 제도 개혁을 통해서 그 여건을 마련하려는 시도였다.

산당이 여기에 반대한 것은 결과적으로 지주들의 계급적 이익을 훼손하면서까지 북벌을 실질적으로 추진할 의지는 없었다는 것을 드러낸 것이었다. 단지 이들은 윤리적 차원에서 대명의리론(對明義理論)을 강조하는 것으로 충분하다고 보았으며, 실제로 북벌의 의리 그 자체를 자파의 전매특허처럼 내세우며, 정치적 상징 조작에 골몰하였다. 신면의 죽음은 이러한 산당의 이율배반을 비웃었기 때문일지도 모른다는 당시 분위기를 이건창은 전하고 있다.

---

8 李迎春, 1998, 「붕당정치의 전개」, 국사편찬위원회, 『한국사』30, 94~95쪽.

9 吳恒寧, 1993, 「朝鮮 孝宗朝 政局의 變動과 그 性格」, 『泰東古典硏究』9.

산당과 한당의 갈등은 이처럼 정책 노선의 차이에서 연원한 것이었으므로, 결국 숙종대 서인이 노론과 소론으로 분열하기까지 이른 것이었다. 그런데 예나 지금이나 정책 논쟁이 그 자체로서 동력을 갖고 지속되지는 못하였다. 민신 집안의 상례를 문제 삼아서 김육이 송시열을 공격하자, 김육이 죽은 뒤 송시열 일파가 수도(隧道)를 쓴 것이 신하의 분수를 넘는 일이라고 김좌명을 공격하여 두 당파의 원한이 깊어지기에 이르렀다. 정책 논쟁이 표면적으로는 예론 시비로 표출된 것을 볼 수 있다.

　　그리하여 김좌명의 동생 김우명의 딸이 현종이 세자일 때 세자빈으로 간택되자 송시열이 '척신은 등용할 수 없다.'면서 김좌명이 정승이 되는 것을 가로막고, 그 아들 김석주가 청현직에 진출하는 것도 저지하였다. 그런데 숙종대 노론과 소론이 분열될 때 송시열이 김석주와 함께 노론으로 좌정한 것이 역사의 아이러니였는데, 이건창은 정태화(鄭太和)의 말을 인용하여 이것을 예고하였다.

3. 현종대 예송:
왕과 양반은 같은가, 다른가

효종이 죽자 북벌에 대한 논의는 사라지고 예론이 새롭게 정치 문제가 되었다. 현종대에는 예송(禮訟)이 두 차례 있었는데, 1659년(己亥) 효종이 죽어서 일어난 예송을 1차 예송 또는 기해예송이라 하고, 1674년(甲寅)에는 효종비인 인선왕후(仁宣王后) 장씨가 죽어서 다시 예론이 일어났는데, 이를 2차 예송 또는 갑인예송이라고 한다. 실로 현종대는 예송으로 시작해서 예송으로 끝났다고도 말할 수 있을 정도로 예송이 정치를 좌우하였다.

예송은 서인과 남인 사이의 다툼이었고, 모두 자의대비(慈懿大妃) 조씨의 상복 기간을 두고 일어났다. 자의대비는 인조의 마지막 왕비인 장렬왕후(莊烈王后, 1624~1688)를 가리킨다. 1차 예송에서는 서인을 대표한 송시열이 상복 기간이 1년인 기년설(朞年說)을 주장한 것에 대하여 남인을 대표한 윤휴와 허목 등이 3년설을 주장하여 맞섰지만 서인이 승리하여 서인 정권이 유지되었다. 그렇지만 2차 예송에서는 서인이 대공복(大功服)의 9개월설을 주장한 것에 대해 남인이 기년설로 맞섰는데, 현종이 남인의 손을 들어주어 서인 주론자들의 처벌로 이어졌다. 이것을 계기로 남인들이 정국을 주도하게 되었는데, 이는 인조반정 이후 50여 년 만에 처음 있는 일이었다. 예송으로 인해 정권을 담당한 당색이 바뀐 것이었다.

이것을 두고 일본인들은 식민사관의 당파성이론을 뒷받침하는 호제로 삼았다. 갑인예송에서 서인과 남인 사이의 상복 기간 차이는 3개월에 불과했는데, 이로 인해 정권이 교체될 정도였으니, 누가 봐도 지나치다는 느낌을 주는 것이 사실이었다. 그런데 해방 이후 식민사관을 비판한다고 하면서, 예송은 성리학의 수준 높은 학문적 논쟁이었다고 그 의미를 과대 평가하는 사람도 일각에서 나왔다. 이들은 17세기가 예학(禮學)의 시대였다고 하면서, 성리학에 대한 이해가 깊어져서 예학이 발전하였으므로, 정치적인 논쟁으로 이어진 것은 자연스러운 일이며, 학문이 정치를 좌우할 정도로 격조 높은 시대였다고까지 주장하는 사람도 있다.

식민사관의 당파성이론이야 이제 반박할 가치도 없지만 예송에 지나치게 의미를 부여하는 것도 경계해야 한다. 다른 무엇보다도 현종대 예송에는 효종대 북벌에 대한 관심을 희석시키려는 의도가 깔려 있었다. 이러한 인식은 당대에 예송을 비판하는 사람들 사이에서 이미 나왔다. 그 이론적 정당성을 떠나서 예송은 결과적으로 서인과 남인 사이에 당파적 갈등을 격화시켜서 당시의 시대적 과제였던 북벌 추진을 위한 제도 개혁을 소홀히 하게 되었다는 인식이었다. 반청 척화 의리론의 본영이었던 호서 산림 내에서 윤선거(尹宣擧)가 예송의 두 주론자였던 송시열과 윤휴를 비판한 핵심 논점이 바로 이것이었다.[1]

---

1 김용흠, 2005, 「17세기 政治的 갈등과 朱子學 政治論의 分化」, 오영교 외, 『조선후기 체제변동과 속대전』, 혜안; 2010, 「肅宗代 前半 懷尼是非와 蕩平論」, 『韓國史研究』 148, 韓國史研究會; 2014, 「전쟁의 기억과 정치—병자호란과 회니시비」, 『韓國思想史學』 47, 韓國思想史學會; 2015, 「삼전도의 치욕, 복수는 어떻게?—미촌 윤선거의

예송은 결국 효종의 왕위 계승을 어떻게 볼 것이냐의 문제였다. 송시열을 비롯한 서인 산림 세력은 소현세자가 죽은 뒤, 인조가 소현세자의 아들을 제치고 아우인 봉림대군에게 왕위를 물려준 것을 마땅치 않게 여기고 있었다. 서인들은 효종이 차남으로 태어났으므로 차남에게 적용되는 예를 따르면 된다고 주장하였는데, 이것은 은연중에 효종이 왕위를 계승하였다는 사실을 폄하하려는 의도가 깔려 있었다고 간주할 만한 충분한 근거가 있었던 셈이었다. 남인들이 이것을 놓치지 않고 정치 쟁점화하여 결과적으로 집권에 성공하기에 이른 것이었다.

북벌론과 붕당 타파론」, 『내일을 여는 역사』 61, 도서출판 선인.

기해예송:『국조오례의』냐『의례』냐

○ 효종이 승하하였을 때, 자의대비가 동조(東朝)에 살고 있었다. 중국 명나라의 예나 조선의 국제(國制)에 따르면, 모후(母后)는 장자와 중자(衆子)를 가리지 않고 모두 기년복을 입도록 하였다. 그런데 찬성(贊成) 송시열이 상복에 관한 예설에서 "서자(庶子)는 승중(承重)하더라도 삼년복을 입을 수 없다."는 구절을 인용하여 마땅이 고례(古禮)에 따라서 기년복을 입어야 한다면서 말하기를, "효종은 본래 인조의 둘째 아들로서 장자가 아니다."라고 하였다. 이에 진선(進善) 윤휴가 말하기를, "『의례(儀禮)』의 상복(喪服)에 대한 소(疏)에는 '첫째 아들이 죽으면 둘째 아들을 세우고 또한 장남이라고 부른다.'고 되어 있다. 효종이 세자의 자리를 이었으니, 바로 이 문장과 부합된다."라고 하였다. 이에 송시열

이 말하기를, "같은 『의례(儀禮)』의 상복(喪服)에 대한 소(疏)에 삼년복을 입을 수 없는 경우가 네 가지[四種] 있는데, 그 하나에 '체이부정(體而不正)'이 있다. 그것은 '비록 자기 몸에서 나와서 승중하였더라도 장남으로서 적자가 아니면 정(正)이 될 수 없다.'는 것이다."라고 하였다. 영의정 정태화가 송시열을 말리며 말하기를, "공은 이런 말을 다시는 하지 마시오. 만일 간사한 사람들이 이 말을 꼬집어서 조정에 재앙을 얽어 만든다면 어찌하겠습니까?" 하였다. 윤휴가 또 『예기(禮記)』를 인용하여 말하기를, "군주가 상을 당하면 내·외종이 모두 참최복을 입어서 군신 간의 구별을 무겁게 하였다." 하였다. 그러자 송시열이 그 말을 자르며 말하기를, "아들이 어미를 신하로 여기는 의리는 없다."라고 하였다. 정태화가 마침내 국제(國制)에 근거하여 기년복으로 정하였으므로, 송시열과 윤휴의 예설은 모두 행해지지 않았다.

○ 孝宗昇遐, 慈懿大妃在東朝。大明禮及國制, 母后爲長衆子皆服朞。贊成宋時烈引〈喪服禮〉: "庶子雖承重不得三年", 當以古禮服朞, 謂: "孝宗本仁祖次嫡, 而非長子也". 進善尹鑴曰: "《禮疏》: '第一子死, 立第二子, 亦名長子'. 孝宗升儲嗣, 正合此文." 時烈曰: "《禮疏》'四種不得三年, 其一曰「體而不正」, 謂雖以己出且傳重, 而非長嫡則不得爲正也'." 領相鄭太和止時烈曰: "公勿復此言。萬一奸人執此言以構禍於朝廷, 奈何?" 鑴又引《禮》: "君喪內外宗皆斬, 以重君臣也." 時烈折之曰"子無臣母之義". 太和遂據國制定朞, 而時烈·尹鑴之說皆不行。

○ 현종 원년에 장령 허목이 상소하여 말하기를, "체이부정은 첩의 아들을 말하는 것이다. 효종은 대비의 적자(嫡子)인데 어찌 '부정(不正)'이라고 말하는가?" 하였다. 송시열이 고향으로 돌아가자 이유태가 조정에서 사종(四種)에 관한 의논을 매우 힘써 주장하였다. 어떤 사람이 이유태에게 말하기를, "지금 단지 기년복은 본래 국제에서 나온 것이고 고례가 아니라고 말하면 저들[남인]은 할 말이 없을 것이다." 하였지만 이유태는 따르지 않았다.

○ 顯宗元年, 掌令許穆疏言: "體而不正, 謂妾子也. 孝宗乃大妃之嫡子, 何謂不正?" 時烈歸鄕, 李惟泰在朝, 主四種之議甚力. 或謂惟泰; "今但言服朞, 自是國制, 非以古禮, 則彼說息矣", 惟泰不從.

○ 앞서 윤선도는 광해군 때 이이첨을 성토했다가 유배되었는데, 실제로는 유희분의 지시를 받고 한 일이었다. 이 때문에 반정 이후 높이 등용되지 못하였다. 일찍이 효종이 잠저(潛邸)에 있을 때 사부(師傅)를 지냈으므로, 효종이 즉위하자 높은 관직에 오르기를 기대했지만 송시열 등에게 저지당하여 원한이 쌓여서 증오하였다. 이때 이르러 상소하여 말하기를, "송시열이 종묘사직을 다스린 군주에게 종통을 돌리고도 적통은 이미 죽은 장남에게 있다고 하였는데, 종통과 적통이 어떻게 둘이 될 수 있습니까? 아비의 왕위를 이어서 천명을 받았는데도 오히려 정통이라고 말할 수 없다면 이것은 가짜 세자이고 섭정 황제란 말입니

까?" 하였다.

○ 初**尹善道**在光海時, 討**李爾瞻**被竄, 然實受柳希奮指也。 以此反正後, 不得顯用。 嘗爲**孝宗**潛邸時師傅, 及卽位, 希得高位, 爲宋時烈等所沮, 積成怨嫉。 至是乃疏曰: "時烈以宗統歸於主廟社之君, 以嫡統歸於已死之長子, 宗統‧嫡統寧可二乎。 夫承父詔受天命, 猶不得謂之正統, 則是假世子乎‧攝皇帝乎?"

❋

기해예송이 격화된 이유는 이른바 '국제(國制)', 즉 『국조오례의(國朝五禮儀)』를 따르지 않고 '고례(古禮)', 즉 『의례(儀禮)』 참최장(斬衰章)에 있는 가공언(賈公彦)의 소(疏)를 서로 다르게 해석하였기 때문이었다. 『주자가례(朱子家禮)』를 넘어서 『의례』에 주목한 것은 17세기 예학의 발전으로 볼 수 있는데, 이것이 오히려 당파적 갈등을 격화시켰다는 것이 문제였다. 특히 송시열이 인용한 사종설(四種說) 가운데 '체이부정'은 '효종의 적통을 부정한다.'는 공격을 받을 위험성이 있다는 것을 정태화가 직감하였기 때문에 송시열과 윤휴의 예론을 모두 따르지 않고 '국제'에 의거하여 기년복으로 결정하였다.

그렇지만 남인들의 공세는 피할 수 없는 일이 되었다. 이듬해 허목이 이것을 문제 삼아서 다시 논의가 일어났고, 윤휴와 송시열 사이에 편지 등 여러 가지 경로를 통해서 논쟁이 지속되었다. 그래도 이때까지는 학문적 논쟁의 범위를 벗어나지 않았으므로, 서인 중에서도 윤선거와 윤증 부자처럼 윤휴의 3년설이 타당하다고 보는 사람도 있었다. 그런데 윤선도가 상소하여 송시열이 종통과 적통을 둘로 나눈 것은 효종의 정통성을 부정하는 것이라고 공격하자, 서인들이 비로소 남인들이 이것을 계기로 송시열을 죽이고 서인들을 몰아내려는 것임을 깨닫고, 기년설의 입장에서 남인들을 공격하였다고 이건창은 기록하였다. 이에 윤선도는 삼수로 유배 가고, 허목은 삼척부사로 좌천되었으며, 조사기(趙嗣基) 역시 윤선도 등을 구원하고 송시열을 비판하였다가 유배당하였다.

갑인예송: 서인에서 남인으로 정권이 교체되다

○ 판중추부사 조경은 노성(老成)하여 명망이 무거웠고, 수찬 홍우원은 깨끗한 것으로 이름난 선비였는데, 이때 이르러 윤선도를 구원하였다가 폐고되어 등용되지 못하니 남인들이 더욱 앙심을 품었다. 인선왕후가 죽자 다시 자의대비의 복제를 논의하였는데, 처음에 예조판서 조형이 기년복으로 정하여 아뢰었다. 이때 송시열은 지방에 있었고, 김수홍·김수항 형제가 정승이 되어 국사를 담당하였다. 조정의 논의는 대비의 상복 제도가 선왕(先王)과 같을 수 없다고 하여 이에 고쳐서 대공복(大功服)으로 하자고 청하였다.

영남유생 도신징이 상소하여 말하기를, "(대공복으로 한 것은) 전하[현종]를 중서(衆庶)의 부인에게서 태어난 것으로 간주한 것이니, 전하는 중서의 손자가 되는 것입니다." 하였다. 주상이 김수홍 등을 불러서 묻기를, "기해년 상복 제도는 실제로 국제의 『오례의』를 썼는데, 오늘날 대공복으로 해야 한다는 논의는 기해년과 같은가, 다른가?" 하니, 김수홍 등이 감히 분명하게 말하지 못하였다. 연이어 네 번이나 묻고 답하다가 마침내 말하기를, "기해년에 여러 의논이 분분하여 끝내 국제로 결정하였지만, 중외의 사람들은 모두 3년복을 시행하지 못한 것이 고례의 사종설 때문이라고 생각하였습니다. 지금 대공복으로 하자고 청한 것도 또한 중자(衆子)의 부인이 입는 상복이라는 의미입니다."라고 하였다. 이에 주상이 크게 노하여 "기해년 복제에 대해 나는 국제를 썼다고 생각하였는데, 중외에서 고례를 썼다고 여겼다니, 이것은 국가에서 하는 일은 가볍게 여기고, 여러 신하들이 주장하는 것을 무겁게 여긴 것이다. 경(卿) 등은 모두 선왕의 두터운 은혜를 입었는데, 감히 '체이부정' 설을 주장하고 있으니, 임금에게는 박하게 하면서 후하게 대우하려 한 사람은 누구인가?"라고 말하였다. 이에 김수홍과 조형 및 대간 남이성 등을 유배 보냈으며, 이와 함께 여러 대간들의 벼슬을 깎아버렸는데, 김수홍을 구원하였기 때문이었다.

○ 判府事趙絅老成有重望, 修撰洪宇遠號爲淸名士, 至是皆以救善道被錮不敍, 南人益快快矣。及仁宣后薨, 復議慈懿大妃服制, 禮判趙珩等始以朞年啓定。時宋時烈在外, 金壽興·壽恒兄弟爲相當國。朝議以爲大妃喪制不可與先王同, 乃改請服大功。

嶺南儒生**都愼徵**疏言:"以殿下爲衆庶婦所誕生, 則是衆庶孫也。"上召壽興等問曰: "己亥服制, 實用國制《五禮儀》, 今日大功之議, 與己亥同乎‧異乎?" 壽興等不敢明言, 連四問四啓, 乃曰: "己亥衆論紛紜, 終以國制爲定, 而中外之人, 皆以爲不行三年出於古禮四種之說。 今請大功, 亦以衆子婦服之之意也。" 上大怒曰: "己亥服制, 予以爲用國制, 而中外以爲用古禮, 是國家所用爲輕, 諸臣所用爲重也。 卿等皆蒙先王厚恩, 敢主'體而不正'之說, 薄於君而厚於何人乎?" 乃竄壽興‧玧及臺諫南二星等, 并削諸臺, 以救壽興故也。

○ 처음에 김석주는 평소 송시열을 원망하여 남인인 허적 등과 깊게 결탁하였다. 종실 이정(李楨)‧이남(李柟) 등은 모두 인조의 손자였으므로, 궁중에 시도 때도 없이 출입하면서 주상의 깊은 사랑을 받았다. 그 외가는 남인 오씨였으므로 또 허적 등과 긴밀하게 연결되니, 여러 남인들이 안으로 종실과 외척의 지원을 받아서 서인을 몰아내고 조정을 바꾸려고 도모하였다. 송시열이 서인의 영수였는데, 그가 주장한 예제에 대하여 사람들이 불만스럽게 여긴 것이 오래되었으므로 때를 틈타서 일어난 것이었다. 이때 이정과 김석주가 힘을 쓴 것이 많았다. 이로써 김수흥이 처벌을 받자, 허적이 정승이 되어 남인이 점차 진출하게 되었으며, 김석주는 한 해 동안 관직이 여러 등급을 뛰어넘어 병조판서에 이르렀다.

○ 初金錫胄素怨宋時烈, 乃與南人許積等深相結納。 宗室楨‧柟等, 皆仁祖王孫也, 出入無時, 上所愛厚。 其外家爲南人吳氏, 故又與積等連密, 諸南人謀以宗戚爲內援, 而逐西人換朝廷, 以宋時烈爲西人領袖, 而所論禮制久爲

人情所不厭, 乃乘時而發, 楨·錫冑之力爲多。壽興得罪, 積爲相而南人稍得
進, 錫冑一歲中超遷至兵判。

갑인예송에서 예송의 논점이 분명하게 드러나고 말았다. 예조에서
처음에 기년복으로 정한 것은 『국조오례의』를 따른 것이었는데, 이것을
대공복으로 바꾼 것은 고례, 즉 『의례』의 사종설에 보이는 '체이부정'을
인정한 것이었다. 이것을 처음 발론한 것이 경상도의 일개 유생이었다
는 점도 주목되지만, 그의 긴 상소문에서 고례를 따르면 현종이 장손이
아니라 중서손이 되고 만다고 지적하여, 정국 변동과 관련된 핵심만을
인용한 것도 볼만한 장면이다.

이로써 기해년 복제가 겉으로는 국제를 따른 것이었지만, 실제로는
고례에 근거한 것이라는 사실이 드러나면서 현종이 분노하여 군주보다
신하를 더 무겁게 생각한다고 질타한 것은 예송의 핵심 논점을 보여준
다. 서인의 주장대로 효종이 차남으로 태어났으므로 차남으로 대우하
면 된다고 말하는 것은 평범한 말 같지만 당시가 전제군주제였다는 것
을 상기하면 언제든지 터질 수 있는 폭탄과도 같은 주장이었다. 이것은
군주도 일반 사대부처럼 『주자가례』를 따라야 한다는 주장으로 이어질
소지가 있었는데, 그렇게 되면 군주의 지위는 사대부의 대표자를 벗어
나지 못하게 된다. 실제로 당시에는 군주도 『주자가례』를 준수해야 한
다는 주장이 넘쳐나던 시절이었다. 윤휴 등 남인들이 효종이 차남으로

태어났지만 군주가 되었으므로 장남으로 대우해야 한다고 주장한 것은, 군주는 양반 사대부와는 다른 특별한 경우의 예를 적용해야 한다는 것이었다. 이로써 예송이 정국 주도권을 누가 행사해야 하는가라는 정국 운영론 측면에서 왕권론과 신권론의 갈등을 내장하고 있다는 것이 드러났던 것이다.

현종이 김수흥 등에게 이것을 따져 물었을 때, 김수흥 등이 바로 답변하지 못한 것은 이들이 자신들 예론의 폭발성을 충분히 알고 있었다는 것을 말하며, 처벌받고 정권을 잃어버릴 위험성이 있음을 알고도 그것을 시인한 것에서 조선성리학의 경직성을 엿볼 수 있다.

그렇지만 현종으로서도 인조반정 이후 50여 년간 정권을 주도해온 서인을 내쫓는 것이 쉬운 일은 아니었다. 아마도 서인들이 고례를 버리고 국제를 따르겠다고 말해주기를 간절하게 바랐을지도 모른다. 그가 김수흥 등에게 끝까지 물어서 그들의 의도가 분명히 드러난 뒤에야 그들을 처벌한 것에서 그의 고뇌를 읽을 수 있다. 이처럼 군주조차도 결단하기 어려운 상황에서 정국 주도 세력을 교체할 수 있었던 것은 서인 외척이었던 김석주가 서인 영수인 송시열과 묵은 원한이 있어 당색을 넘어선 갈등이 있었고, 종실 이정 등이 남인과 연계되어 있었기 때문으로 이건창은 해석하고 있다. 그렇지만 갑인예송 직후 현종이 42세라는 한창 나이에 사망한 것은 이러한 정국 변동이 군주에게 주는 부담감을 떠나서는 이해하기 어려울 것이다.

17세기에 예학이 발전하여 정치적 논쟁으로까지 비화한 것은 분명 조선성리학의 발전 과정을 보여준 것이었다. 그렇지만 이 시기 예학의 발전은 양란기의 혼란을 떠나서는 설명하기 어려운 측면이 있다. 왜란으로 군주가 법궁을 버리고 도망가고, 호란 당시 오랑캐의 군주 앞에서 치욕을 당한 것은 성리학 내지 주자학에 바탕을 둔 양반 중심 통치체제가 문제가 있다는 것을 분명하게 드러낸 것이었다. 이로 인해 백성들의 삶은 갈수록 피폐해졌으므로 지배층에 대한 불신과 저항 또한 확대·강화될 수밖에 없었다. 따라서 당시에는 주자학을 유지·고수하려는 흐름이 대세였지만, 주자학을 넘어선 범(凡)유교 또는 서학이나 노장사상 등까지도 섭렵하면서 새로운 대응 방안을 마련하려는 흐름도 등장하였다. 예학도 이러한 시대적 배경을 반영하여 신권론과 왕권론으로 분화되기에 이르렀던 것이다.

이러한 국가의 위기에 대해 대부분의 지배층은 양반 중심 지배질서를 강화하여 대처해야 한다고 보았지만 일각에서는 제도 개혁을 통해서 그것이 가진 문제점을 극복해야 한다는 주장도 나왔다. 그 방향은 당시까지 조선왕조 국가를 지탱하고 있던 양반제·노비제와 같은 신분제와 경제적으로 지주제의 문제점을 제거하는 것이었다. 이 시기에 대동(大同)과 균역(均役)이 시대적 과제가 된 것이 그것을 보여준다. 앞서 한당과 산당이 대동법 시행을 두고 대립한 것은 단순한 당파 싸움이 아니었던 것이다.

그런데 이러한 제도 개혁은 결과적으로 당시 지배층이었던 양반과 지주가 누리던 사회·경제적 특권을 억제 내지 제거하는 방향이 될 수밖에 없었으므로, 이들의 반발로 시행되기 어려웠다. 그렇지만 삼전도의 치욕으로 상징되는 국가의 위기는 심화되고 있었으므로, 드러내 놓고 무조건 반대하기도 어려웠다. 따라서 이러한 제도 개혁은 군주의 결단과 강력한 군주권을 통해서만 시행될 수 있었다. 여기에 이 시기 정국 운영론으로서 왕권론이 갖는 진보적 의미가 있었다.

예송에서 서인과 남인의 예론이 신권론과 왕권론의 대립으로 드러난 것은 바로 이러한 시대적 분위기의 산물이기도 하였다. 그렇지만 서인 전체가 신권론을 고수한 것도 아니었으며, 남인 전체가 제도 개혁을 통해서 국가의 위기를 타개하는 것에 동의한 것도 아니었다. 현종이 죽고 즉위한 숙종대는 남인 정권으로 출발하였지만, 이 시기의 남인이 다시 청남과 탁남으로 분열된 것은 바로 그러한 사정을 반영한 것이었다.

4. 숙종대:
거듭되는 환국과 탕평론

숙종대는 조선후기에서 붕당간 다툼이 가장 격렬하게 전개된 시기였다. 현종대 예송의 연장선상에서 서인과 남인 사이에 정국 주도권을 주고받은 환국(換局)이 반복되어 양반 지배층의 권위는 땅에 떨어지고 국가의 위기는 심화되었다. 이를 타개하기 위해 서인 내부에서 탕평론(蕩平論)이 제기되었는데, 이에 대한 찬반을 두고 서인이 노론(老論)과 소론(少論)으로 분열되었다. 송시열과 노론은 소론 탕평론을 제압하기 위해 회니시비(懷尼是非)를 일으켜 당쟁을 격화시켰다.

『당의통략』은 숙종대 서술이 전체의 약 1/3을 차지할 정도로 가장 많은 분량을 할애하였다. 여기서는 그 내용을 6개 부분으로 나누어서 소개하려 한다. 첫째, 갑인예송(甲寅禮訟, 1674) 이후의 남인 집권기, 둘째, 경신환국(庚申換局, 1680) 이후 서인이 노론과 소론으로 분열한 시기, 셋째, 회니시비(懷尼是非), 넷째, 기사환국(己巳換局, 1689)과 갑술환국(甲戌換局, 1694), 다섯째, 세자를 둘러싼 노론과 소론의 갈등, 여섯째, 병신처분(丙申處分, 1716)과 정유독대(丁酉獨對, 1717) 등으로 구분하였다.

숙종대는 정국 주도 세력이 교체되는 일이 반복되고, 왕위 계승마저도 당쟁의 대상이 됨으로써 정치를 부정적으로 보는 표본이 되었다. 그리하여 이 시기에 이러한 파행적인 정국을 극복하려고 노력하는 관인(官人)·유자(儒者)가 있었다는 사실조차 무시하는 경향이 오늘날까지도 지배적이다. 경신환국 이후 서인 내부에서 탕평론이 나오고, 그에 대한 찬반을 두고 서인이 소론과 노론으로 분열되었다는 것은 조선후기 정치사에서 주목해야 할 대목이었다.

탕평론은 다른 무엇보다도 정치는 정책을 다루어야 한다는 전제 위에서 나온 것이었다. 언뜻 보면 당연한 일 같지만 선조대 이래 당쟁은 결국 정치를 당파적 의리 논쟁으로 왜곡시켰기 때문에 정치가 그 본령을 이탈하여 국가의 위기를 초래하는 결과를 낳았던 것이고, 그 절정을 보여준 것이 바로 숙종대의 정치적 파행이었다. 그것을 극복하고 정치의 본령인 정책 논쟁으로 돌아가자는 것이 탕평론의 취지였으므로, 이러한 탕평론을 반대하거나 방해하는 세력에게 당쟁으로 인한 결과의 책임을 따져 물어야 할 것이며, 반대로 그러한 어려운 상황에서도 탕평론을 주장하거나 동조하는 세력이 어떻게 형성되고 발전해왔는지도 주목해서 살펴야 할 일이었다.

특히 인조대 이래 대내외적 국가의 위기 속에서 그것을 극복하기 위해서는 '대동'과 '균역'을 원칙으로 하는 제도 개혁을 통해서 양반과 지주의 양보가 불가피하다는 흐름이 등장하였으며, 탕평론은 그러한 흐름 위에서 제도 개혁을 통해서 국가의 위기를 타개하려는 지향에서 나온 정치론이라는 점 또한 주목해야 할 것이다. 즉 양반·지주가 스스로의 계급적 이익을 양보하거나 포기하는 것을 전제하는 정치론이었다는 점이다. 따라서 국가의 위기를 놓고 볼 때 탕평론을 주장하는 세력은 진보로, 그것을 반대하는 세력을 보수로 규정할 수 있을 것이다.

지배층이 스스로 지배층으로서의 이익과 특권을 내려놓아야 한다는 탕평론의 지향은 다수 지배층의 지지를 받기는 어려웠다. 여기에 탕평론을 주장하는 세력이 미약하고, 그것을 추진한 탕평책이 쉽게 성공하기 어려운 역사적 조건이 존재하였다. 즉 진보는 미약했고, 보수는 막강했던 것이 당시의 현실이었다. 이때 탕평론을 반대하는 세력이 내세운 것이 무엇인가를 살피는 것은 조선후기의 발전을 가로막은 세력과 논리의 실체를 규명하는 관건이 될 것이다. 회니시비를 비롯하여 노론이 제기한 각종 정치 쟁점은 바로 이러한 측면에서 우리가 곰곰이 따져봐야 할 필요가 있다.

우리의 과거 모두가 '전통(傳統)'인 것은 아니다. 과거의 역사적 사실에는 우리가 극복하고 부정해야 할 요소들로 가득 차 있는 것이 현실이다. 그 가운데 우리가 계승·발전시켜야 할 것이 무엇인가를 찾는 것이 역사 탐구의 근본 목적일 것이다. 조선후기 당쟁 그 자체가 우리의 바람직한 역사적 전통인 것은 아니다. 그렇지만 당쟁을 모두 부정할 수 없는 이유는 그 안에 자신의 계급적 이익까지도 내던지고 당쟁을 극복하려고 노력했던 사람들의 피와 땀이 존재하기 때문이다. 이들이야말로 우리 역사를 한 걸음 앞으로 발전시키려는 진보의 발자취를 남긴 사람들이었던 것이다. 숙종대 정치에서 우리는 그들의 흔적을 찾아서 복원하고 기억해야 할 것이다.

남인 정권과 서인의 갈등 및 청남·탁남의 분열

○ 남인이 삼사에 늘어서자 이옥(李沃)·목창명(睦昌明)·이우정(李宇鼎) 등이 차례로 일어나 송시열을 공격하였는데, 지평 권기(權愭)만이 홀로 말하기를, "기해년에 송시열의 당이 예론을 금지하고 3년설을 주장했던 사람들을 화를 전가한다고 지목하여 모두 유배 보내서 폐고하였습니다. 지금 3년설이 올바른 것으로 바로잡아졌는데, 1년설과 대공복을 주장한 사람들을 또 엄하게 처벌한다면 저들의 전철을 밟는 것에 가깝지 않겠습니까?" 하였다.

대사간 이지익(李之翼)도 말하기를, "전례(典禮)는 당론이 아닌데, 지금 당론으로 전례를 논하고 있으니, 송시열이 만약 서인과 당을 하지 않고 남인과 당을 했다면 오늘날 양사는 송시열이 반드시 죄가 없다고 말했을 것입니다. 송시열은 진실로 덕을 갖춘 군자가 아니지만, 유자라는 이름으로 예론으로 죄를 받았으니 그 마음으로 부끄러워하기에 충분하므로 파직은 그만둘 수 없지만 더 이상 처벌하는 것은 마땅치 않은 것 같습니다." 하였다.

그런데도 대간이 다투어 처벌을 추가할 것을 청하고, 이와 함께 송준길의 관작을 추탈하라고 청하였다. 영의정 허적이 차자에서 말하였다. "송시열은 효종에게 세상에서 보기 드문 두터운 은혜를 입었으므로, 효종을 '깎아내렸다[貶降]'는 두 글자는 실로 송시열이 지극히 원통하게 여길 것이니, 이것으로 죄를 준다면 송시열이 마음으로 승복하지 않을 것입니다. 신하로서 군부를 '깎아내렸다'는 것은 그 죄가 지극히 큰데, 오늘날 말하는 자들이 비록 깊은 의도가 없다고 하더라도 다른 날 남을 위험에 빠트리려는 무리들이 그 말을 가져다가 참혹하고 심각한 말로 만들지 않을지 어찌 알겠습니까?"

이윽고 송시열을 멀리 유배 보내라고 명하였다.

○ 於是南人布列三司, 李沃·睦昌明·南天漢·李宇鼎等迭起攻時烈, 持平權愭獨言: "己亥時烈之黨, 以禮爲禁, 凡主三年之說者, 目以嫁禍, 盡竄錮之. 今又以三年之歸正而深治葚功之說, 則不幾近於尋前車之轍乎?"

大諫李之翼亦言: "典禮非黨論也, 而今以黨論論典禮, 使宋時烈不黨西而黨南, 則今日兩司必無罪時烈者矣. 時烈固非德備之君子, 然以儒爲名, 以禮得罪, 亦足以羞愧其心, 罷職不可已, 而加律恐非所宜也."

臺諫爭請加律, 并請宋浚吉追奪. 領相許積箚言: "宋時烈厚蒙孝宗不世之遇,貶降二字, 實時烈之至冤, 以此爲罪, 無以服時烈之心矣。人臣貶降君父, 其罪至大, 今日言者, 雖無深意, 安知異日傾危之輩, 不持以爲慘刻之言哉?" 尋命時烈遠竄。

✻

　현종이 죽고 숙종이 즉위하자 맨 먼저 송시열 처벌을 둘러싸고 논란이 일어났다. 먼저 진주 유생 곽세건(郭世楗)이 나서서 송시열은 효종과 현종의 죄인이라고 공격하니, 서인들이 곽세건을 처벌해야 한다고 주장하였지만 숙종은 오히려 이들을 처벌하고 허목과 윤휴로 대표되는 남인들을 등용하였다. 당시 14세였던 숙종은 송시열의 제자인 이단하(李端夏)에게 '스승만 알고 임금은 모른다.'고 책망하고, 자신이 나이가 어려서 예를 알지는 못하지만 송시열이 예를 그르친 것을 분명히 말해야만 자기 부친인 현종이 처분한 뜻을 밝힐 수 있다고 말하였다. 이처럼 새로 즉위한 임금의 뜻이 분명해지자 남인들의 송시열 공격은 가열될 수밖에 없었다.

　그렇지만 이건창은 위 인용문에서와 같이 남인 가운데서도 송시열 처벌에 신중한 사람들의 주장을 제시하여 송시열에 대한 처벌이 유배에 그치게 된 사정을 암시하였다. 이어서 서인 가운데 좌의정 정치화(鄭致和), 병조판서 이상진(李尙眞), 대사성 남구만(南九萬), 교리 윤지선(尹趾善) 등이 줄지어 상소하여 송시열을 구원하고, 집의 윤증(尹拯)을 비롯한 서울과 지방의 유생들이 상소하여 그 억울함을 토로하였지만 숙종이 답하지 않았다고 말하고, 이상진의 상소문을 인용해두었다. 이들이 주로 후일 소론으로 좌정한 사람들이었다는 점이 주목된다. 즉 서인이 노론과 소론으로 분열되기 전에 남인들의 송시열 공격에 대해 맞섰던 사람들은 후일 주로 소론으로 좌정한 사람들이었다는 점을 강조한 것이었고, 이것은 후일 노론 측에서도 부인하지 못하는 사실 그 자체이기도 하였다. 어쨌든 숙종 즉위 초에 남인들이 득세하였지만 서인들을 완전히 제거하지는 못하였으므로, 서인과 남인의 갈등은 정국의 주요 변수가 될 수밖에 없었다.

○ 앞서 주상이 허적의 상소에 답하여 말하기를, "송시열의 지극한 죄는 하늘 아래 용납될 수 없으므로 국법을 바로잡아서 효묘가 당한 치욕을 씻어버리는 것이 내가 밤낮으로 이를 갈며 바라는 것이다." 하였다. 이로부터 남인들은 주상이 송시열을 죽이려는 것을 알고 번갈아 형벌을 더할 것을 청하였다. 그러나 송시열은 효종·현종의 2대에 걸쳐 우대한 스승이었으므로 갑자기 죽이기는 어려웠다. 이에 먼저 종묘에 그 죄를 고해야 한다는 주장을 내어서, 처음에는 유생 황창(黃錩)과 설거일(薛居一) 등을 사주하여 상소하게 하였다. 그 상소에서 말하기를, "예론을 잘못 적용한 것이 바로잡혔으니 마땅히 조종의 신령에게 고해야 합니다." 하였다.

대개 신하의 죄는 대역이 아니면 종묘에 고하지 않으며, 이미 고하였다면 송시열은 죽지 않을 수 없었다. 허목과 윤휴가 이러한 주장을 주도하였는데, 허적은 송시열의 죄가 죽일 정도는 아니라고 생각하였고,

김석주도 송시열을 죽여서 남인의 권력이 무거워지는 것을 바라지 않았으므로 황창 등의 상소를 궁 안에 두고 승정원에 내리지 않았다.

○ 初上答許積疏, 有曰: "時烈之極罪, 覆載所不容, 以正國法, 以雪孝廟受辱之恥, 此乃孤日夜切齒之望也." 自是南人知上意欲殺時烈, 迭請加律. 然以時烈 兩朝賓師, 難於遽殺. 乃先發告廟之說, 始嗾儒生黃錩 · 薛居一等疏, 言 "誤禮旣正, 宜上告祖宗之靈". 蓋臣下之罪, 非大逆不以告, 旣告則時烈不得不死也. 許穆 · 尹鑴主其說, 而許積以爲時烈之罪不至於死, 金錫胄又不欲殺時烈以重南人之權, 故錩等疏留中不下.

○ 병조판서 김석주가 강화도에 돈대(墩臺)를 쌓으려고 승군을 모아 징발하여 수사(水使) 이우(李䆃)에게 그 역사를 감독하게 했다. 이때 투서(投書)가 있었는데, 대략 다음과 같은 내용이었다. "당쟁의 화가 이 지경에까지 이른 것은 종통(宗統)이 그 순서를 잃었기 때문이다. 소현세자(昭顯世子)의 손자인 임창군(臨昌君)은 진실로 성인이니, 여러 공(公)들이 이분을 임금으로 세운다면 어찌 통쾌하지 않겠는가?" 또 말하기를, "영돈령부사 정지화, 전 판서 홍처량 · 김우형 · 이정영, 전 참판 이익상 · 신정 · 윤심 등에게 정치를 맡기면 뭇 사람들의 소망에 부응할 것이다." 하였다.

김석주가 투서 사건을 주상에게 보고하니, 윤휴가 궁성을 호위하여 비상사태에 대비하자고 청하였다. 또 여러 공경의 집안에 병사들을 내주어 스스로 방위하게 하여 무원형(武元衡)[1]과 같은 일이 일어나지 않게 하자고 청하였다. 때마침 혐의가 있는 이유정(李有湞)을 붙잡아서 국문 하니, 이유정은 승복하고 주살되었지만, 이우는 승복하지 않고 죽었다. 임창군 이혼(李焜)과 그 아우 이욱(李煜)은 모두 제주도에 안치하였다.

또 경성(京城)에서 괘서(掛書) 사건이 있었는데, 서인이 모반을 꾀한 다는 내용이었다. 이것은 윤휴의 문객인 이환(李煥)이 한 일이었다. 이 환이 국문을 받고 자백하려 들자, 윤휴가 비밀 차자를 올려서 구원하였 다. 이때 윤휴는 위험한 말로 주상의 마음을 흔드는 일에 골몰하여 비 밀 차자를 연이어 올렸다. 심지어 말하기를, "광해군이 이홍립을 죽이 지 않아서 큰 재앙을 만났으니, 삼가지 않을 수 없습니다. 마땅히 군대 지휘관을 바꾸어서 후회가 없게 해야 할 것입니다." 하였는데, 이것은 김석주를 가리킨 것이었다.

이유정을 주살하고 나서 권대운 등이 모두 말하기를, "국가의 예제가 바로잡혔으니 마땅히 종묘에 고해야 하는데, 고하지 않아서 흉서가 나 온 것입니다." 하였다. 허적도 또한 그렇다고 하고, 삼사가 번갈아 청하 니 마침내 허락하였다. 대제학 김석주가 반교문을 지었는데, 이유정의 일만 말하고 예론에 대해서는 언급하지 않았다. 이때 마침 김석주가 강

---

1 무원형(武元衡): 당(唐) 덕종(德宗)·헌종(憲宗) 때 사람으로서, 헌종 8년, 재상으로 있을 적에 조회하러 집을 나서다가 진주대도독부 장사(鎭州大都督府長史) 왕승종 (王承宗)이 보낸 도적에게 피살되었다.《唐書 卷152 武元衡列傳, 舊唐書 卷158 武元衡 列傳》

화도에 갔는데, 그 사이에 이하진·권해 등이 그 구절을 첨가하여 다음과 같이 말하였다.

"큰 죄인이 뉘우치지 않아서 사악한 말들이 더욱 왕성하게 일어나니, 인륜이 없어지고 기강이 무너져서 마침내 아비도 임금도 없는 결과가 되었다. '서리를 밟으면 단단한 얼음이 언다.'고 하였으니, 아! 이것은 하루아침에 일어난 일이 아니구나!"

또 말하기를, "덕(德)과 예(禮)는 인(仁)을 베푸는 근본이므로 기회 있을 때마다 함께 시행하는 것이다. 『춘추(春秋)』에 있는 역적을 성토하는 글에서는 하나로 통일하는 것을 귀하게 여겼다." 하였다. 김석주가 돌아와서 이것은 자기가 쓴 말이 아니라고 상소하여 변명하였다고 한다.

권해가 고묘문을 지었는데 말하기를, "멀리 기해년부터 간신이 국가의 정통을 어지럽혀서 세상을 혼란하게 하는 역적이 나오게 하였으니, 결국 간신이 역적의 우익(羽翼)이 된 것이다." 하였다.

고묘를 마치자 양사에서 송시열을 법대로 처벌하라고 청하고, 56번이나 아뢰었으며, 대신이 2품 이상 재상들을 거느리고 연이어 청하였으나 허락하지 않았다.

○ 兵判金錫冑築墩于江都, 調集僧軍, 水使李蓄領其役。有投書者, 略云: "黨禍之至於此極者, 由宗統之失其序也。昭顯世子之孫林昌君眞聖人也, 諸公若立此君, 豈不快哉?" 又言"領府事鄭知和·前判書洪處亮·金宇亨·李正英,前參判李翊相·申晸·尹深, 可使爲政以副群望"。

錫冑以書聞, 尹鑴請環衛宮城, 以備非常, 又請諸公卿之家, 并給兵自衛, 無

使有武元衡之事。會得可疑人李有湞鞫之, 有湞承服就誅, 蕆不服死。林昌君
滉與其弟煜, 并置濟州。

又有掛書於京城者, 言西人叛狀, 尹鑴客李煥所爲也。煥就鞫將服, 鑴上密箚
救之。時鑴專務恐動上心, 密箚累上, 至謂: "光海不誅李興立, 以致大禍, 不
可不亟念。宜易置將兵者, 俾無後悔。"意指金錫冑也。

有湞旣誅, 權大運等皆言: "邦禮釐正宜告, 不告, 故有凶書。"許積亦以爲然,
三司迭請, 乃許。大提學金錫冑撰敎文, 惟言有湞事而不及禮論。會錫冑往江
華, 李夏鎭・權瑎等添其句語, 有曰: "祇緣大慝之罔悛, 以致邪說之益熾, 夷
倫斁紀, 終爲無父無君之歸。履霜堅氷, 嗟! 非一朝一夕之故。"又曰: "德・禮
爲施仁之本, 有時并行。春秋有討賊之文, 所貴一統。"金錫冑歸, 疏辨非己語
云。權瑎撰告廟文, 則曰: "奧自己亥, 奸臣亂統, 馴致亂賊, 乃其羽翼。"旣告
廟, 兩司請宋時烈按律, 五十七啓, 大臣率卿宰連請, 不許。

○ 허목이 이조판서 홍우원에게 편지를 보내 이옥을 등용하게 하니,
이옥이 회양부사로 있다가 홍문관 부제학에 의망(擬望)되었다. 이조참
의 유명천이 상소하여 말하기를, "이옥이 일찍이 송시열에게 편지를 보
낸 일이 있는데, 비굴하게 아첨한 것이 차마 바로 볼 수 없을 정도였습
니다. 그런데 국시(國是)가 정해지고 나서는 이옥이 도리어 송시열을 죽
이라고 주장하고 있으니, 지금 부제학에 의망한 것이 타당한 것인지 모
르겠습니다." 하였다.

이옥의 아우 이발이 상소하여 유명천과 그 아우 유명현까지 끌어들
여 지나치게 여색을 탐내고 하는 짓이 더럽고 자질구레하다고 꾸짖었

다. 유명천이 또 상소하여, 이옥이 일찍이 그 아비 이관징을 따라서 경상감영에 갔을 때 영해의 재전(災田) 100결을 훔쳐서 숨겼으며, 무인 이중신과 이섬의 말을 빼앗았고, 금천의 민전을 빼앗는 등의 간사한 일을 저질렀다고 고발하였다. 이에 지평 이현일이 이옥과 유명천을 모두 탄핵하기를, "화가 나서 말을 주워 모은 것이 마치 장사치나 아녀자와 같아서 다투는 말을 모두 믿을 수 없습니다. 모두 벼슬을 깎아버리기를 청합니다." 하였다.

승지 유하익, 유수 오시복, 참판 민암이 모두 상소하여 유명천을 위해서 증거를 대니, 판의금 김석주가 죄의 경중을 따져 말하기를, "모든 사람이 이옥의 간사한 정상에는 근거가 있고, 유명현 형제에 대해 거론한 것은 근거 없는 것이 많다고 말합니다." 하여, 이옥과 이발을 함께 멀리 귀양 보냈다.

이옥은 허목의 당이었고, 유씨 형제는 허적의 당이었다. 이로부터 남인이 분열되어 청·탁의 지목이 있게 되었다. 권대운·권대재·이봉징·홍우원 등은 모두 허목을 따라서 송시열의 죄는 마땅히 종묘에 고하고 그에 합당한 처벌을 추가해야 한다고 힘써 주장하면서, 스스로 맑고 준엄한[淸峻] 주장이라고 자처하였다. 민희 형제, 오정창 형제와 숙질 등은 모두 허적을 따라서 송시열을 관대하게 용서해야 한다는 주장을 펴서 세상 사람들이 탁남이라고 칭하였다. 그런데 오정창의 형 오정위는 형제들과 달리 청남이 되었다고 한다.

윤휴는 처음에 허목과 같이 청남의 영수가 되었으나, 뒤에 하는 짓이 탐오하고 방종하다고 허목에게 배척받으니, 이전에 윤휴를 공격했던 자들이 또한 많이 허목에게 붙어서 청남이 되었다.

○ 許穆與書吏判洪宇遠, 使用李沃, 沃以淮陽府使擬副學。吏議柳命天疏言:"沃嘗抵宋時烈書, 卑詔不忍正視。及國是既定, 沃反論時烈, 今擬副學, 未知其可也。"沃弟浮疏詆命天及其弟命賢, 貪淫鄙瑣。命天又疏發, 沃曾隨其父觀徵慶尙監營, 偸匿寧海灾田百結, 又奪武人李重信·李遑馬, 又奪衿川民田諸奸狀。持平李玄逸并劾沃·命天:"忿懟捃摭, 如賈竪女子, 爭言皆不足信, 請幷削之。"

承旨兪夏益, 留守吳始復, 參判閔黯皆上疏爲命天立證, 判義禁金錫胄議讞, "具言沃奸狀有據, 命賢兄弟所坐多無實", 沃·浮幷遠竄。沃許穆黨也, 諸柳許積黨也。自此南人分淸濁之目, 權大運·大載·李鳳徵·洪宇遠等, 幷主許穆, 力主宋時烈之罪, 當告廟加律, 自爲淸峻之論。閔熙兄弟, 吳挺昌兄弟·叔侄, 幷主許積, 爲寬緩之論, 時稱濁南, 挺昌兄挺緯別爲淸南云。尹鑴初與許穆同爲淸南領袖, 後因行事貪縱爲穆所不與, 故前攻鑴者, 亦多附穆爲淸南。

❀

　숙종이 현종의 유지를 이어서 송시열에 대한 처벌 의지를 분명히 하였으므로 남인들의 활동 공간이 활짝 열렸지만 현종과 숙종의 왕비 가문이 서인이었다는 점에서 그 한계는 뚜렷한 것이었다. 더구나 갑인예송에서 남인이 승리하는 것에 김우명과 김석주 등 현종비 명성(明聖) 왕후 집안이 중요한 역할을 하였으므로 이들이 남인과 어떤 관계를 맺느냐에 따라서 정국의 향방에 변수가 되지 않을 수 없었다.

현종 때 김우명은 현종과 4촌간인 복창군 형제와 사이좋게 지내며 갑인예송을 협찬하였다. 그렇지만 복창군 형제의 외가였던 동복 오씨 집안은 남인이었는데, 이들이 복창군 형제에 의지하여 궁 안팎에 세력을 확장하는 것에 대해서는 마땅치 않게 생각하였다. 더구나 숙종이 즉위한 직후 병약했으며 친형제가 없었으므로 복창군 형제를 견제할 필요성을 강하게 느끼고 있었다. 그런 와중에 복창군 형제가 궁녀들과 간통한 일이 드러나자 김우명이 상소로 복창군 이정과 복선군 이남이 궁녀와 간통하여 낳은 아들이 있다고 폭로하여 이들이 감옥에 갇히게 되었다. 궁녀 때문에 일어난 옥사라고 해서 이것을 '홍수(紅袖)의 옥사'라고 불렀다. 그런데 복창군 형제의 외숙인 오정위가 허목·윤휴 등에게 말하여 숙종이 이들을 석방하게 만들었다.

이에 명성대비가 울면서 복창군 형제가 궁녀를 간통한 것은 자신과 현종이 친히 보고 들은 일이기 때문에 자기 부친인 김우명에게 상소하게 한 것이라고 해명하니, 숙종이 이들을 처벌하지 않을 수 없었다. 이에 윤휴·조사기·홍우원 등 남인들은 연이어 명성대비와 숙종을 비판하였다. 윤휴는 숙종에게 명성대비를 '관속(管束)'하라고 청하였고, 조사기는 명성대비를 명종 때의 문정왕후에 비유하였으며, 홍우원은 『주역(周易)』 「가인(家人)」괘의 단사(彖辭)를 인용하여 모친이 조정의 일에 간섭하는 것을 막지 못하였다고 숙종을 비판하였다. 이들의 말은 나중에 서인이 남인을 공격할 때마다 두고두고 거론되었다.

그런데 유학 박헌이라는 자가 상소하여 이 일을 송시열과 결부시켜서 성토하였다가 유배되자, 박헌을 비호하는 남인 조사기와 그것을 비판하는 서인 김수항의 싸움으로 확대되었다. 이로 인해 송시열의 죄를 종묘에 고해야 한다는 논의가 일어나 황창과 설거일의 상소가 나오게된 것이었다. 송시열의 죄를 고묘하게 되면 송시열은 죽을 수밖에 없었다. 송시열 처벌에 대해서는 허목과 윤휴가 적극적이었지만, 허적은 소극적이었는데, 김석주가 송시열을 죽이면 남인의 권력이 강해질 것을 우려하여 이를 저지하였다.

이로 인해 조정에서 서인과 남인 사이에 갈등이 격화되는 가운데 투서와 괘서 사건이 연이어 일어났다. 강화도에서 이유정의 투서가 나오자 윤휴는 신하들의 집에 병력을 파견하여 호위할 것을 건의하였다. 이때 윤휴가 인용한 무원형(武元衡)이란 자는 당나라 때의 재상으로서 정적에게 피살된 사람이었다. 윤휴는 김석주가 병권을 쥐고 있으므로 남인들이 그처럼 위험에 처할 수 있다는 것을 암시하여 은연중에 김석주의 병권을 박탈하려 하였다. 서울에서 괘서 사건을 일으킨 이환을 이건창은 윤휴의 문객이라고 하였지만 남인들은 이것을 부인하였다. 어쨌든 이러한 사건이 연이어 일어나자 남인 예론의 정당성을 고묘하지 않을 수 없었는데, 그에 이어서 송시열을 죽이라는 주장이 줄기차게 제기되었지만 숙종이 들어주지 않았다.

이처럼 남인이 요직을 장악하고 있었지만 김석주로 대표되는 서인 외척의 견제를 받고 있는 상태에서 남인이 스스로 분열하여 갈등한 것이 남인 정권의 수명을 단축하는 데 일조하였다. 당시 남인 정권을 주도했던 허적, 허목, 윤휴 등이 친소에 따라서 인사를 두고 갈등이 일어났는데, 처음에는 송시열 처벌에 대하여 강경한 입장이었던 허목과 윤휴가 한편이 되어 스스로 '청남'이라고 자처하였다가 둘 사이가 벌어지면서 윤휴를 공격하는 자들이 청남에 가담하여 윤휴가 고립되었다. 또 한편으로는 송시열 처벌에 온건한 입장을 취한 허적을 중심으로 세력이 형성되어 청남에 대비하여 '탁남'으로 칭해졌다.

이때 좌윤 남구만이 상소하여 허적의 서자인 허견이 청풍부원군 김우명의 첩을 구타하였고, 대사헌 윤휴가 금송 수천 그루를 벌채하였다고 폭로하였다. 그런데 남인이 수사하여 불문에 부치고 오히려 남구만이 사실을 날조하여 남을 모함한 죄로 유배 갔다. 이로부터 허적 부자의 세력이 날로 강해지자 허목이 차자를 올려 허적을 비판하니, 숙종이 허목을 책망하면서 그와 당을 같이하였던 권대재·이봉징·이옥·권해 등을 유배 보내고 홍우원의 관직을 깎아버렸다. 이에 허목은 고향으로 돌아갔다.

경신환국과 남인 처벌

○ 이보다 앞서 주상이 어리고 병치레가 잦았는데, 이정·이남이 허견과 서로 교류하다가 어느 날 정원로의 집에서 모였다. 이남이 허견에게 말하기를, "주상이 잘못되는[不諱] 일이 있을 때 너의 부친이 기꺼이 나를 임금으로 세운다면 나는 너를 병조판서로 임명할 것이다." 하였다. 마침내 피를 나누어 마시며 맹세하고, 서인을 쫓아낼 것을 모의하면서 송시열의 이름을 거론하였는데, 박헌이 말한 '세 명의 공자[數三公子]'가 바로 이들이었다.

김석주는 허적과 가장 좋은 사이였고, 정원로 역시 김석주와 긴밀한 관계였다. 김석주의 외가 쪽 종형제인 신범화와 신종화는 신면(申冕)의 아들들로서 송시열을 원망하였으므로 남인과 많이 교유하였으며, 김석주가 복창군 형제와도 교류하게 하였다. 김우명이 홍수의 옥사를 일으키자 복창군 형제는 모두 김씨를 원망하였다. 그러나 김석주가 일찍부터 정원로의 음모를 알고 있었으므로, 그가 먼저 고발할까 두려워서 여러 남인들은 복창군 형제 때문에 끝내 드러내놓고 김석주를 공격하지 못하였다. 이리하여 김석주의 권력이 궁궐 안팎을 좌우하였으므로 허적 등 탁남이 모두 그에게 붙었다.

김석주는 눈치가 빠르고 민첩하며 정세 판단을 잘하여, 청남과 탁남이 분열된 이후부터 주상의 뜻과 인심이 남인을 싫어하는 것을 알자 남인을 몰아낼 것을 결심하고 국구(國舅)인 광성부원군 김만기와 모의하여 김만기의 숙부인 김익훈을 어영대장으로 삼아서 자신을 돕게 하였다. 또 이러한 뜻을 송시열에게 전하여 이전의 유감을 풀고 일을 같이 하기로 약속하고, 여러 차례 신범화와 정원로를 유인해 이남과 허견의 감춰진 실상을 염탐하게 하였다.

하루는 허견이 손수 쓴 편지를 얻었는데, "여수(麗水)²의 신녀(辛女)를 먼저 제거하라."는 말이 있었다. 이것은 중전의 성이 김씨이고, 신축(辛丑)년에 태어난 것을 가리킨 것이었다. 마침내 이것을 비밀리에 아뢰니, 주상이 무인 이입신·남두북·박빈 등을 보내서 이남과 허견을 염찰하게 하자 김석주가 이입신 등에게 금과 은을 두둑하게 주고 이들 집안의 계집종들과 교유하면서 밤낮으로 유숙하게 하였다. 이남의 계집종 가

---

2 여수(麗水): 천자(千字)에 '금생여수(金生麗水)'라는 문구가 있으므로 금(金)을 은어로 여수(麗水)라고 하는데, 여기서는 왕비 김씨를 말한 것이다.

운데 손가락이 아프다는 자가 있어서 이입신 등이 물으니, 계집종이 말하기를, "군복을 많이 만들다 보니 바느질하다가 다쳤다." 하였다. 이에 세 사람이 이것을 김석주에게 알렸다.

이때 마침 허적의 조부 허잠이 시호를 받아 잔치를 열게 되자, 공경들을 대대적으로 초청하였는데, 서인들은 놀라서 서로 말하기를, "허견이 무장한 장수를 매복해놓고 잔치에 참석한 사람들을 죽이려 한다." 하여, 김석주는 사양하고 가지 않았다.

김만기는 도착하여 술 순배가 돌아오지도 않았는데 다른 사람의 술잔을 빼앗아 마시며 말하기를, "내가 지금 배가 고프다." 하였다가 술잔이 돌아오니, 즉시 굳게 사양하며 말하기를, "내가 벌써 취했다." 하였다. 이것은 짐독이 있을까 염려하였기 때문이었다. 갑자기 닭 한 마리가 날아들어 술그릇을 모두 깨트리니, 허적이 닭을 잡아 죽이게 하고 스스로 말하기를, "닭은 유(酉)이니, 이것은 서인을 가리키는구나!" 하였다.

이날 비가 많이 와서 주상이 왕실에서 사용하는 장막을 내다가 허적의 집에 보내서 잔치를 빛나게 하라 하였는데, 좌우에서 말하기를, "허적이 이미 가져갔습니다." 하였다. 이에 주상이 크게 노하여 말하기를, "이것은 한명회(韓明澮)도 감히 하지 못한 일이다." 하고, 잔치에 가 있는 대장 유혁연과 신여철을 급히 불러들이니, 김만기도 또한 일어났다. 이에 허적이 크게 놀라서 가마를 재촉하여 따라서 대궐로 갔는데, 들어갈 수 없었으며, 여러 장수는 이미 교체되었다. 이윽고 영의정 허적을 강제로 면직하고 김수항으로 대신하게 하였으며, 훈련대장 유혁연에게서 부신(符信)을 빼앗고 김만기로 대신하게 하고, 남인을 모두 몰아내고 서인을 불러들였다. 이것을 일러서 경신환국이라고 한다.

○ 先是上幼多疾, 楨·柟與許堅交通, 嘗會于鄭元老家. 柟謂堅曰: "上有不諱, 汝父肯立我, 我卽兵判汝矣." 遂歃血爲盟, 因謀逐西人, 以宋時烈爲名, 朴瀗所謂數三公子是也. 金錫冑與許積最善, 元老亦與錫冑密. 而錫冑內弟申範華·宗華, 冕子也, 以仇時烈, 故多與南人游, 而錫冑復使交諸福. 及金佑明起紅袖之獄, 而諸福并仇金氏. 然以錫冑嘗聞元老之謀, 故畏其先發, 諸南之爲諸福者, 終不敢顯攻錫冑. 錫冑以此權傾內外, 積等濁南皆附之.

錫冑機警善覘勢, 自淸濁之分, 而知上意人心益厭南人, 決意欲傾之, 與國舅光城府院君金萬基謀, 引萬基叔益勳爲御將以自輔. 又致意于時烈, 約以釋憾同事, 數誘範華·元老, 探柟·堅隱狀. 一日得堅手書, 有"麗水辛女先除"之語, 指中宮姓金, 誕辛丑也. 遂以密聞, 上乃遣武人李立身·南斗北·朴斌等, 察柟·堅, 錫冑多與立身等金銀, 令往交諸家婢, 日夜留宿. 柟婢有痛指者, 立身等問之, 婢曰: "因造戰服甚多, 執針傷指耳." 三人以告.

會許積祖潛延諡, 大邀公卿, 西人相驚, 謂"堅伏甲將, 屠預宴者", 金錫冑辭不往. 萬基至, 酒未行, 徑取他盃, 飮之曰"吾偶饑耳". 及盃行, 卽堅辭曰"吾醉耳", 盖慮其鴆也. 忽有鷄飛入, 盡碎其酒器, 積令殺鷄, 自語曰: "鷄者酉也, 其西人歟!"

是日雨甚, 上命出御用帳幙, 送積家以侈宴, 左右曰"積已取去矣", 上大怒曰: "此韓明澮之所不敢爲也." 趣召大將柳赫然·申汝哲於宴所, 萬基亦起, 積大驚, 趣駕隨之詣闕, 不得入, 而諸將已易置矣. 於是勒免領相許積, 以金壽恒代之, 奪訓將柳赫然符, 以金萬基代之, 盡逐南人而召西人, 是謂庚申換局。

✿

경신환국은 남인에서 서인으로 정국 주도 세력이 다시 교체된 사건이었는데, 『당의통략』에서는 이처럼 그 과정을 아주 상세하게 전하고 있다. 이 정국 변동의 주인공은 두말할 것도 없이 김석주였다. 김석주가 남인의 분열을 틈타서 염탐과 기찰을 통해서 복창군 형제와 허견의 반역 음모를 포착하고, 숙종의 장인 김만기와 송시열 등을 끌어들여서 주도면밀하게 환국을 준비하였음을 알 수 있다.

그렇다고 하더라도 경신환국은 결국 숙종의 결단으로 이루어졌다는 것을 잊어서는 안 된다. 김석주를 통해서 허견 등의 움직임을 보고받고 있던 숙종은 허적이 조부 허잠(許潛)에게 시호를 내린 것을 기념하는 잔치 마당에 왕실에서 사용하는 장막을 자기 멋대로 가져간 것을 계기로 남인들을 숙청하고 대신 서인들을 불러들여서 환국이 이루어졌다.

며칠 후 정원로의 고변으로 이남과 허견의 반역 음모가 모두 드러나서 이남은 교수형에 처해지고 허견은 복주되었다. 허적은 처음에 숙종의 배려로 서인(庶人)이 되는 것에 그쳤다가 허견에 대한 수사가 확대되면서 그의 죄상을 은폐한 실상이 드러나서 사사되었다. 윤휴에 대해서는 명성대비를 '관속'하라고 청하고 도체찰사(都體察使)를 복설하였다는 두 가지 사실을 들어서 양사(兩司)가 사형에 처하라고 청하였다. 남구만과 이상진이 반대하자 숙종이 윤휴가 올린 비밀 상소를 내보였는데, 그 상소에 "장수를 교체하라."는 말이 있어 서인들이 윤휴가 서인을 모두 죽이려 했다고 여기고 구원하지 않아서 사사되었다고 하였다.

당시 서인은 도체찰사를 복설한 것을 모역의 근본으로 간주하여 남인들을 대대적으로 처벌하였지만, 도체찰사 복설은 김석주도 찬성하였다고 이건창은 밝혔다. 도체찰사는 국가 비상시에 몇 개 도의 군정과 민정을 총괄하는 관직이었는데, 정승이 맡는 임시 군직이었다. 대개 전시 또는 전시에 준하는 비상한 시기에 설치되었는데, 인조대 호란을 전후하여 설치되었다가 폐지된 것을 숙종 초에 북벌을 준비하기 위해 윤휴가 청하여 다시 설치되었다.

허적이 도체찰사가 되었는데, 윤휴는 그 휘하의 부사(副使)가 되기를 원했지만 이루어지지 않아서 원망하는 말을 많이 하였다고 한다. 허적은 외읍에 둔전을 두고 허견의 첩 형제인 강만철·강만송 등을 별장에 임명하여 관리하게 하였는데, 허견의 옥사가 일어나서 폐지되었다고 이건창은 기록해두었다. 이것은 경신환국의 배경에 군사권 장악을 둘러싼 암투가 있었다는 것을 시사하는 중요한 기록이었다.[3]

숙종 초는 청나라가 아직 중국 남쪽에서 저항하고 있는 세력을 모두 소탕하지 못한 시기였다. 윤휴는 이것을 틈타서 청나라를 공격해야 한다고 누누이 주장해왔고, 그것에 대비한 제도 개혁을 꾸준히 제기한 인

---

3 홍순민, 1998, 「붕당정치의 동요와 환국의 빈발」, 『한국사 30, 조선 중기의 정치와 경제』, 156쪽.

물이었다.[4] 허적과 김석주가 도체찰사를 당파적 입장에서 장악하고 운영하려 하였다면 윤휴는 북벌을 실질적으로 추진하는 수단으로 간주하였던 것이다. 숙종 초년 정권을 담당한 남인 내부에서도 이러한 윤휴의 입장은 용납되지 않아서 결국 청남 내부에서조차도 배제되었던 것으로 보인다.

경신환국 직후 윤휴를 사사하는 것에 대해서 이상진과 남구만이 반대하였다는 점도 주목할 가치가 있다. 이들이 후일 소론으로 좌정한 것은 붕당정치의 폐단을 극복하는 방안에 대한 이들의 분명한 입장에서 나온 것이었음을 알 수 있다. 얼마 안 있어 박세채가 제출한 탕평론은 이처럼 서인 내부에서 형성된, 파당적 정치 행태를 극복해야 한다는 광범위한 공감대 위에서 나온 것이었다.

---

4 정호훈, 2004, 『朝鮮後期 政治思想 硏究』, 혜안, 299~332쪽.

김석주의 정탐정치와 서인의 분열

○ 이이와 성혼을 문묘에 종사하자는 주장은 인조반정 이후 처음 시작되어 여러 조정을 거쳤는데, 서인 유생들이 상소하여 청할 때마다 남인들이 비난해 마지않았다. 이때 이르러 서인이 득세하니 숙종이 종사를 허락하고, 이것을 반대하는 남인 유생 조신건 등을 유배 보내자 남인이 감히 다시 말하지 못하였다. 이때에는 선류(善類)들이 무리지어 몰려들어서 대각이 더욱 성황을 이루었다. 청렴하고 바른 것으로는 조지겸과 박태보가 있었고, 문학에는 오도일과 임영이 있었으며, 언론에는 한태동, 역량으로는 박태손, 욕심이 없고 단아한 것으로는 권두기 등이 있었는데, 모두 나이가 어린 명관(名官)들로서 청의(淸議)를 힘써 주장하고 일이 있으면 말하는 것을 주저하지 않아서 점차로 훈척을 배척하고

자립하니, 소론이라는 이름이 이로써 시작되었다.

○ 李珥‧成渾從祀之議, 自反正初始, 歷數朝, 每西儒疏請, 則南人詆詈不已。至是西人當國, 命許從祀, 竄南人儒生趙信乾等, 南人不敢復言。時善類彙征, 臺閣尤盛, 廉直則趙持謙‧朴泰輔, 文學則吳道一‧林泳, 言議則韓泰東、力量則朴泰遜、恬雅則權斗紀, 皆年少名官也。力主淸議, 遇事敢言, 稍稍排勳戚以自立, 少論之名始此。

❀

경신환국 이후 숙종은 남인 제거에 공을 세웠다고 하여 김석주 등을 보사공신(保社功臣)으로 책봉하였는데, 이후 김석주의 건의로 김익훈 등을 추가로 녹훈하려 하여 조정 신료들 사이에서 반발이 일어났다. 이건창은 당시 역옥이 모두 염탐에서 나온 것으로서 "그것을 주도한 것은 김석주 등 몇 사람이었고, 조정 신료들은 듣지 못한 일이라서 인정이 의심하고 당혹해 했는데, 추가로 녹훈하라는 명이 내리자 사류가 더욱 불평하였다."고 분명하게 밝혀두었다. 이때 삼사의 젊은 언관들은 물론이고, 좌의정 민정중과 우의정 이상진도 모두 불가하다고 하였는데, 숙종이 영의정 김수항을 강박하여 책훈하였다고 한다. 이 기사 아래 이건창은 이 일을 두고 김수항의 아들 김창협과 나양좌(羅良佐) 사이에 편지로 토론한 내용을 기록하고, 김창협의 말을 빌려서 이것이 송시열의 뜻이라는 점을 밝혀두었다.

그다음에 위에 인용한 기사를 통해서, 청의를 주장하는 젊은 관료들이 김석주·김익훈 등 훈척을 배척하고 자립하여 소론이라는 이름이 처음으로 시작되었다고 밝혔다. 다음에는 민유중(閔維重)의 딸이 인현왕후가 된 뒤에 민유중이 병권을 장악하는 문제로 박태보와 이단하(李端夏)가 다투어서 소론이 민유중 형제와 사이가 벌어진 일, 남인 오시수(吳始壽)를 처벌하는 문제로 조지겸·박태보·윤지완이 김수항과 다투어 사이가 벌어진 일 등을 언급하여 노론과 소론의 윤곽을 제시해두었다.

이어서 1681년[辛酉] 감시(監試)에서 투서 사건이 일어나자 김석주가 김환(金煥), 전익대(全翊戴), 김중하(金重夏) 등에게 남인들을 기찰하여 고변하게 한 사건을 서술하였다. 김석주가 김환에게 허새(許璽)·허영(許瑛), 유명견(柳命堅) 등을 형찰하게 하니, 김환이 유명견의 문객인 전익대를 유혹하여 유명견을 형찰하게 하였는데, 김석주는 이 일을 김익훈으로 하여금 감독하게 하였다. 그리하여 이듬해인 1682년[壬戌]에 김환은 허새·허영을, 전익대는 유명견을, 김중하(金重夏)는 민암(閔黯)을 발고하였는데, 허새·허영은 자백하고 죽었지만 유명견과 민암은 증거가 없어 모두 풀려났다. 이것을 '임술년에 일어난 세 가지 고변 사건[壬戌三告變]'이라고 부른다. 이 일이 조정에 알려지자 "김익훈이 다른 사람을 유혹하여 반역을 저지르게 하였으니, 그 마음은 반역을 저지른 것보다 심하다."면서 김익훈을 처벌하라는 주장이 빗발쳤다.

○ 경신년 이후 밀고하는 문이 널리 열렸는데, 모두 김석주가 한 일이었다. 그렇지만 사류는 또한 김석주를 두려워하여 단지 김익훈을 쫓아

낼 것을 청하였을 뿐이었는데, 주상이 마지못해 따랐다가 몇 개월 지나서 김익훈을 다시 불렀다. 대간 유득일과 박태유가 상소하여 다투면서 더불어 대신들이 말하지 않고 사익을 쫓아서 비호하였다고 논하였다. 이에 주상이 노하여 유득일과 박태유를 외직으로 내쫓으며 해당 관리에게 시행을 재촉하였다가 대신과 삼사가 힘써 다투어서 철회하였지만 김익훈에 대한 총애는 여전하였다.

이때 민정중이 정승이 되어 호포법 등의 일을 건의하여 시행하려 했는데 영의정 김수항에 의해 저지당하였다. 또 자신이 숙종의 외척이기 때문에 사류가 협력하지 않을 것을 우려하여 산림에 의지하여 자신의 주장을 무겁게 하려고 주상에게 말하여 송시열, 박세채, 윤증을 불렀다. 송시열은 이때 여주의 강가에 머물고 있었는데, 주상이 조지겸을 파견하여 그를 불렀다. 조지겸이 최근의 일을 송시열에게 고하고, 또 말하기를, "김익훈이 하는 일이 형편없습니다." 하니, 송시열이 말하기를, "진실로 그와 같다면 김익훈은 죽어도 애석할 것이 없다." 하였다. 조지겸이 돌아와서 사람들에게 말하기를, "대로(大老)의 소견도 또한 우리들과 같다." 하였다.

송시열이 조정에 나오자 김석주가 감시(監試)에서의 고변서와 주상의 명이 나온 본말을 모두 말하고 김익훈이 죄가 없다고 변론하였지만 송시열이 오히려 난처하게 생각하였었다. 그리하여 주상이 송시열을 보고 말하기를, "지금 조정의 의논이 바야흐로 김익훈을 두고 다투고 있는데, 나는 대로의 말에 따라서 결정하려 한다. 어떻게 생각하는가?" 하니, 송시열이 재삼 사양하고, 말하기를, "김장생은 신의 스승이고, 김익훈은 김장생의 손자인데, 신이 김익훈을 잘 선도하지 못하여 이 지경에 이르게 하였으니, 이것은 신의 죄입니다." 하였을 뿐이었다.

○ 自庚申以後, 廣開告密之門, 皆金錫胄所爲。 然士類亦畏錫胄, 止請黜益勳, 上勉從之, 數月復召益勳。 臺諫柳得一 · 朴泰維疏爭之, 并論大臣不言, 庇護循私。 上怒, 斥補得一 · 泰維, 促令之官, 大臣三司力爭, 得寢, 益勳寵遇如故。

時閔鼎重爲相, 欲建行戶布諸事, 爲首相金壽恒所沮。 又自以戚里, 恐士類不與, 欲倚山林爲重, 乃白上召宋時烈 · 朴世采 · 尹拯。 時烈方在驪江, 上遣趙持謙招之, 持謙具以近事告時烈。 且言 "金益勳所爲無狀", 時烈曰: "誠如是, 則益勳死, 無足惜。" 持謙歸語人曰: "大老所見, 亦與吾輩同矣。"

及時烈造朝, 錫胄具言監試變書及上命本末, 訟益勳無罪, 時烈意猶難之。 上見時烈曰: "今朝議方持金益勳, 子將以大老之言決之, 以爲何如?" 時烈遜謝再三, 但曰: "金長生臣之師, 而益勳長生之孫, 臣不能善導益勳, 使至於此, 臣之罪也。"

○ 송시열은 고상하게 대의로써 자처하였다. 이때 이르러 맨 먼저 효종을 세실(世室)로 정할 것을 청하고, 또 태조에게 시호를 추가할 것을 청하면서 말하기를, "태조는 건국하여 300년간 이어진 굳건한 대업을 이루었는데, 이것은 실로 위화도 회군에 기초하고 있어서 대의가 해와 별보다 밝게 빛나니, 마땅히 '소의정륜(昭義正倫)'을 시호에 넣어야 합니다." 하였다. 또 말하기를, "신의왕후(神懿王后)와 원경왕후(元敬王后),

두 왕후의 위판에만 '왕태후(王太后)'라고 씌어 있으니, '태(太)'자를 제거해야 합니다." 하였다.

처음에 송시열이 나오자 조정에서 말하기를, "송시열이 폐고되었다가 조정에 나왔으니, 반드시 원대한 계책을 내놓아서 주상의 성덕(聖德)을 도와서 보충할 것이므로, 장엄한 그 풍채를 볼 수 있을 것이다." 하였다. 그런데 별다르게 건의한 정책은 없고, 번거롭게 종묘 전례를 고치자고 청하였는데, 그 의도가 모두 그것을 빙자하여 스스로를 무겁게하려는 것이었으므로 사람들이 모두 실망하였다.

박세채가 평소에 송시열을 존경하였는데, 이때 조정에 같이 나가자아침저녁으로 예를 갖춘 것이 매우 경건하였다. 윤증이 주상의 부름을받고 과천에 이르렀지만 나가지 않자 박세채가 그 이유를 물으러 갔다. 윤증이 박세채와 함께 자면서 조용히 말하기를, "서인과 남인의 원한을풀 수 없고, 세 척신의 문호는 막을 수 없으며, 오늘날 송시열의 행태는자기와 다른 주장을 하는 사람은 배척하고, 자기를 따르는 사람들만함께하니 이러한 풍토는 또한 변화되지 않으면 안 되는데, 공이 할 수있겠소?" 하였다. 박세채가 묵묵히 한참 있다가 말하기를, "모두 불가능합니다." 하였다. 윤증이 말하기를, "이 세 가지를 할 수 없다면 나는조정에 들어갈 수 없습니다." 하고, 드디어 바로 돌아가 버렸다.

윤증이 말한 뜻은 보사공신을 깎아버리고 남인들의 죄안을 다시 심사하며, 김만기·김석주·민정중을 저지하고 이와 함께 송시열의 잘못을 바로잡아야 한다는 것이었다. 박세채는 마음속으로 옳게 여기고, 이에 시호 논의에서 송시열에 이의를 제기하며 말하기를, "태조가 회군한 것은 사실 화가위국(化家爲國) 한 것이지 오로지 대의에서 나온 것은 아닙니다. 또 제왕의 시호는 마땅히 왕의 업적을 중하게 여기는 것인데, 위화도 회군은 왕이 되기 전의 일이므로 시호를 추가하기에 합당치 않습니다." 하였다. 송시열이 노해서 말하기를, "박세채가 암암리에 선군(先君)을 폄하한다." 하고, 또 다른 일로 박세채의 아들 박태은(朴泰殷)을 질책하여 말하기를, "오늘날의 왕방(王雱)이다." 하였다. 그런데 당시 사류는 모두 박세채가 옳다고 여겨서 송시열에게 돌아가지 않으니, 송시열 집 문에 참새가 그물을 칠 수 있을 정도였다.

○ 時烈雅以大義自命, 至是首請孝宗定世室, 又請太祖加諡曰: "太祖開國三百年鞏固之業, 實基於威化回軍, 昭大義於日星, 宜以昭義正倫爲諡." 又言: "神懿·元敬二后位版, 獨書王太后, 宜去太字." 始時烈之至, 朝議謂: "時烈起廢造朝, 必有昌言宏猷, 裨補聖德, 顒顒望其風采." 及見無他建白, 粉然以宗廟典禮爲請, 而其意皆假借以自重, 殊失人望.

朴世采素敬時烈, 至是同朝, 日夕執禮甚度. 尹拯承召, 至果川不進, 世采往問之. 拯夜與共宿, 從容曰: "西南怨毒不可解, 三戚門戶不可杜, 今之時態, 異己者斥之順己者與之, 此風亦不可不變, 公能之乎?" 世采默然良久曰"皆不能". 拯曰: "三者不可爲, 則吾不可入." 遂徑歸.

蓋拯意欲削勳籍, 疏罪案, 沮金萬基·金錫胄·閔鼎重, 而幷規時烈之失也. 世采心獨善之, 乃以諡議貳時烈曰: "太祖回軍實以化家爲國, 非專出於大義. 且帝王之諡, 當以王業爲重, 回軍乃潛龍時事, 不應加諡." 時烈怒謂"世采竊貶先君", 又因事叱世采子泰殷謂"今世之王雱". 時士類皆直世采而不歸時烈,時烈之門可以雀羅矣。

○ 이에 김익훈의 자제들이 그 틈을 엿보아 날마다 송시열에게 와서 구원해달라고 울면서 호소하였다. 송시열은 젊은 무리들이 자기와 다른 논의를 내세우는 것에 분노하여 차자를 올려서 말하기를, "신이 김익훈을 구원하는 말을 한마디도 할 수 없는 것은 진실로 대간의 논의가 바야흐로 크게 일어났는데 감히 신처럼 노쇠한 사람이 기력을 내서 싸움의 단서를 야기할 수 없기 때문입니다." 하였다. 또 노골적으로 말하기를, "김익훈은 실제로 역적을 토벌하였고, 이미 그 공을 녹훈하였으므로 그 죄를 다시 따지는 것은 불가합니다." 하였다. 이로부터 사류가 크게 떠들며 말하기를, "어른이 치우치게 사사로움에 빠져서 그 애초 견해를 바꾸었다." 하면서, 마침내 자립할 뜻을 가졌다.

지평 박태유가 향리에 있다가 상소하여 시호 논의의 잘못을 논하려 하였는데, 주상이 이미 송시열의 청을 윤허하여 장차 태조에게 시호를 추가하는 일을 시행하려 하였다. 이에 사람들이 모두 무익하다고 박태유를 말려서 상소는 올리지 않았는데, 초고가 이미 세상에 퍼져나갔다. 대간 이굉이 박태유가 대로(大老)를 침해하고 모욕하였다고 탄핵하려 하니, 조지겸·한태동·신완 등이 불가하다고 고집하였다. 유생 조광한 등이 상소하여 박태유를 욕하면서 "젊은 무리들이 후일 정국이 뒤바뀔 것을 우려하여 스스로 대로와 다른 의견을 내서 화를 면하려고 합니다."라고 비난하였다. 오도일과 신완이 연명으로 상소하여, "박태유는 깨끗하고 정직한 선비이므로 죄줄 수 없습니다."라고 왕성하게 말하니,

송시열이 드디어 상소문을 남기고 고향으로 돌아가 버렸다.

　고사(故事)에 유현(儒賢)이 고향으로 돌아가겠다고 고하면 성균관 유생이 바로 상소하여 머물게 하기를 청하였는데, 이때에는 성균관 유생이 모두 바르고 젊은 무리들이어서 송시열을 머물게 해달라고 기꺼이 청하려 하지 않았다. 이에 김석주가 주상에게 오도일 등을 처벌하라고 청하였는데, 주상이 처음에 따르지 않다가, 김석주가 강요하면서 스스로 관안(官案)을 가져다가 주상 앞에다 놓고 오도일을 울진현감으로 쫓아내라고 청하니 주상이 허락하였다. 김석주가 말하기를, "옛날에 한기(韓琦)가 공두칙(空頭勅)으로 임수충(任守忠)을 내쫓았는데, 일을 처리하는 데는 과감한 결단을 귀하게 여기기 때문이었습니다." 하였다. 또 박태유를 고산찰방으로 내쫓고, 조지겸·한태동·신완을 파직하라고 청하였다. 김석주는 나가자 또 대간에게 상소로 오도일 등에 대한 처벌을 환수하라고 청하게 하였다. 김석주가 하는 일들은 이처럼 헤아릴 수 없는 것이 많았다. 오도일 등 이미 처벌받은 사람들을 당시 사람들이 '오간(五諫)'이라고 칭하였다.

　○ 於是益勳子弟瞰其隙, 日來泣訴求助。時烈恚少輩之貳己, 乃上箚言: "臣不能一言救益勳者, 誠以臺論方張, 不敢以臣之衰朽, 出氣力以厲開端也。" 又揚言曰: "益勳實爲討賊, 旣享其功, 復求其罪, 爲不可。" 自是士類大譁, 以爲"長者溺於偏私, 變其初見", 遂有自立之意矣。

　持平朴泰維方在鄕, 欲疏論諡議之失, 而上已允時烈之請, 將行追諡。人皆挽泰維以爲無益, 故疏不果上, 草稿已行於世。臺諫李宏以泰維侵侮大老欲彈之, 趙持謙·韓泰東·申琓執不可。儒生趙匡漢等疏詆泰維, 以爲"少輩慮他日飜覆, 欲自貳於大老以免禍"。吳道一與琓聯疏, 盛言"泰維淸直士, 不可罪"。時烈逐留疏歸鄕。

故事儒賢告歸, 館儒輒上疏請留, 至是館儒皆直少輩, 不肯留時烈。金錫冑白上請罪道一等, 上始不從, 錫冑强之, 自取官案於上前, 請斥補道一蔚珍縣監, 上可之。錫冑曰: "昔韓琦以空頭勅, 出任守忠, 處事貴剛決然也。"又請補泰維高山察訪, 幷罷持謙·泰東·琓。錫冑出, 又令臺諫構疏請收還道一等, 凡錫冑所爲, 多不可測如此, 道一等旣獲罪, 時稱五諫。

○ 김수항과 민정중 이하 대신들부터 삼사까지 다투어 상소하여 오도일 등에 대한 처벌을 철회하라고 청하였지만 받아들이지 않았다. 당시 평소에 젊은 무리들을 좋아하지 않았던 사람들도 애석하게 여기지 않는 사람이 없었다. 그 뒤로는 김수항과 민정중이 모두 김석주의 주장을 따랐다. 이상진이 상소하여 말하기를, "처벌받은 여러 신하들은 모두 힘써 풍채를 지켰으므로 맑은 지조가 숭상할 만하였습니다. 그런데 지금 한꺼번에 모두 몰아냈으니, 국사는 어떻게 하려고 합니까?" 하였다.

박세채가 상소하여 김석주가 굽은 사람을 들어서 쓰고 정직한 사람을 버렸다고 배척하니, 김석주가 상소하여 말하기를, "지금 조지겸과 오도일을 정직하다고 한다면 조지겸과 오도일이 침해하고 모욕한 사람들은 모두 굽은 사람들이라고 말할 수 있습니까? 대인을 업신여기고 어른을 능멸하니 노인을 공경하는 풍속이 쇠퇴하고, 그른 것을 따라서 거짓을 굳히니 간사한 붕당의 자취가 드러났습니다. 산림의 선비가 한

갓 일시적인 취향에 끌리고 얽매여서 세상 물정을 알지 못하고 쇠를 보고 금이라고 칭하고, 도적을 자식이라고 오인하는 지경에 이르렀으니, 그 또한 잘못입니다." 하였다.

이에 성균관 유생 황위 등이 다시 말하기를, "김석주가 유현을 침해하고 모욕한다." 하면서 상소하여 처벌하라고 청하니, 주상이 황위를 유배 보내라고 명하자, 박세채도 또한 사직하고 돌아갔다. 노론과 소론이 드디어 분열된 뒤 다시 합하지 못하였다. 송시열·김석주·김익훈이 옳다고 주장하는 자들이 노론이 되고, 박세채·조지겸·한태동·오도일 등이 옳다고 주장하는 자들이 소론이 되었다. 소론이라는 이름은 보사공신 추록을 다투면서 시작되어, 송시열이 태조의 시호를 재론하는 것에 이의를 제기하면서 완성되었다. 당시 선배 대신 가운데 오직 이상진만이 힘써 소론을 도왔으며, 윤지완·남구만·유상운 등 오간보다 나이와 지위가 조금 높은 사람들 역시 소론을 지지하였다.

○ 自大臣金壽恒·閔鼎重以下, 至三司交章請寢, 不納。時雖素不悅少輩者, 莫不惜之。其後壽恒·鼎重皆主錫冑議。李尙眞疏曰: "被譴諸臣, 皆務持風采, 淸操可尙。今一擧而盡逐之, 其如國事何?"

朴世采疏斥錫冑擧枉措直, 錫冑疏曰: "今以持謙·道一爲直, 則爲持謙·道一所侵侮者, 可以謂之枉乎? 加大凌長, 敬老之風衰; 順非堅僞, 淫朋之跡彰。山林之士徒以一時意趣, 牽係顧戀, 不識世情, 乃至見鐵稱金, 認賊爲子, 其亦左矣。"

於是館儒黃霨等復謂"錫冑侵侮儒賢", 陳疏請罪, 上命竄霨, 世采亦辭歸。

老·少之論, 遂潰裂, 不復合。主宋時烈·金錫胄·金益勳者爲老論, 主朴世采·趙持謙·韓泰東·吳道一者爲少論。少論之名始於爭追錄, 成於貳讞議。時前輩大臣中, 惟李尙眞力扶少論, 而尹趾完·南九萬·柳尙運, 年位稍過於五諫, 亦主少論云。

✳

『당의통략』이 비교적 객관적인 당론서로서 정평이 나 있지만 이건창이 소론의 당색을 갖고 있다는 것을 숨기지는 못하였다. 경신환국 이후 서인이 노론과 소론으로 분열된 사정을 이처럼 상세하게 전하고 있는 것이 그것을 말해준다. 돌이켜 보면 선조대 사림이 동인과 서인으로 분열된 이후 동인은 남인과 북인으로, 북인은 대북과 중북·소북, 골북·육북 등으로 끝없이 분열되었지만 서인은 붕당이 나뉜 지 100년이 지나도록 여러 우여곡절에도 불구하고 단일 당색을 유지하였다. 이것은 다른 무엇보다도 동인의 분열을 반면교사로 삼았기 때문에 가능한 일이었음이 분명하다.

그럼에도 불구하고 숙종대 서인이 분열된 것은 그만한 이유가 있었으며, 소론의 등장이 정당하면서도 불가피하였다는 것을 이건창은 말하고 싶었을 것이다. 이건창이 맨 먼저 소론이 청의(淸議)를 주장하였으며 훈척을 배척한 것에서 소론이라는 이름이 시작되었다고 말한 것은 중요한 의미가 있었다. 성종대 등장한 '사림(士林)'을 네 차례에 걸친 사화(士禍)를 통해서 정치적 박해를 가한 세력이 바로 훈구(勳舊)였는데, 이들의 주요 구성원이 바로 공신과 왕실의 외척, 즉 훈척(勳戚)이었다. 따라서 훈척을 배척하면서 소론이라는 이름이 등장했다고 말한 것은 사림의 정통성을 계승한 당파라고 주장한 것이나 마찬가지였다.

이어서 김석주와 김만기, 김익훈 등이 주도하여 기찰과 고변을 통해서 남인들을 제거하려 하였지만 그것이 허구였다는 것을 상세하게 전하였다. 김석주는 현종비 명성왕후와 사촌간이었고, 김만기는 숙종의 첫 번째 왕비 인경왕후의 부친이었으며, 김익훈은 그 숙부였으므로, 이들은 바로 숙종대를 대표하는 외척 세력이었으며, 경신환국 이후 보사공신으로 녹훈되었으므로, 이른바 '훈척' 바로 그것이었다. 그런데 이들이 여기서 더 나아가 기찰과 고변이라는 부당한 방법을 계속 사용하여 남인들의 씨를 말리려 들자 '사림'이 들고 일어날 수밖에 없었다는 것이다.

더구나 김익훈은 비록 김장생의 손자였지만 스스로 임금에게 올리는 계사를 작성할 능력도 없는 문맹자였는데, 오로지 김석주 등의 비호를 받으며 어영대장까지 되고, 그렇기 때문에 더욱 김석주 등의 지시를 충실하게 따랐으므로, 김석주가 그를 보사공신에 추가로 녹훈하려고까지 한 것은 말 그대로 조정을 능멸한 처사로 간주되었다.

그런데 서인 산림을 대표하여 서인 전체의 중망을 받고 있던 송시열이 김익훈을 비호하였다는 것에 문제의 심각성이 있었다. 소론 측에서는 송시열이 처음에는 여주에서 조지겸의 말을 듣고 김익훈을 처벌해야 한다는 입장이었다가 서울에 들어와서 입장을 바꾸어 김익훈을 비호하였다는 점을 강조한다. 이것은 경신환국 이후 송시열이 출사하여 드러난 그의 정치 노선에 대하여 젊은 관료들이 이의를 제기한 것에 대한 불만에서 나온 것으로 간주한 것이었다.

즉 송시열이 출사하여 국가의 위기를 타개할 수 있는 계책을 제시할 것으로 기대했는데, 그 대신 효종을 세실로 정하자 하고, 태조의 휘호를 추가하자는 등 종묘 전례에 대한 소소한 사항을 주장한 것에 대하여 우선 실망하였고, 이러한 일들을 빙자하여 스스로의 명망을 무겁게 하려는 의도 자체를 간파하였기 때문에 송시열 주장에 대해 이의를 제기했던 것이다. 박세채가 처음에는 송시열에 대해서 공손하게 예의를 갖추었다가 나중에 태조 추시를 반대한 것이 바로 그것이었다.

사실 송시열이 효종을 세실(世室)로 정해야 한다고 주장한 것은 남인들이 '효종을 폄하하였다.'고 비판하는 것을 의식한 것이며, 송시열 스스로도 효종만을 거론하면 그러한 의도를 간파당할 것을 우려하여 '대의'를 내세워 태조 추시까지 주장하였다는 것이 당시 조정 신료들 누구의 눈에도 분명해 보였던 것이다.

종묘 전례에 따르면 죽은 임금의 위패는 일정 기간이 지나면 조묘(祧廟)인 영녕전(永寧殿)으로 옮겨서 봉안해야 하는데, 세실에 모시기로 결정되면 때가 되어도 옮기지 않고 정전(正殿)에서 제사를 모시게 된다. 이것은 업적이 큰 임금을 우대하기 위한 것이었는데, 송시열이 효종을 세실로 정하자고 주장한 것은 효종의 상징인 북벌의 의리를 내세워서 자신의 정치적 명분으로 독점하려는 의도도 있었다. 당시 조정에서는 이러한 송시열의 주장에 대해서 아무도 이의를 제기하지 못하여 효종을 세실로 정하는 것은 기정 사실이 되었지만 거기에 더하여 태조에게까지 시호를 추가하자는 주장에 대해서는 박세채가 반발하고 나섰던 것이다.

이러한 상황에서 윤증이 제기한 세 가지 문제는 당시의 혼란한 정국을 수습할 수 있는 핵심 현안이었다. 숙종의 외척 세 집안의 정치 관여를 막고, 남인들의 원한을 풀어주며, 송시열의 당파적인 정치 행태를 저지해야 한다는 것이 그것이었다. 박세채가 송시열이 주장하는 태조추시를 반대한 것은 윤증으로부터 이러한 문제제기를 듣고 난 이후였다. 이에 대해 송시열이 박세채의 아들을 왕방(王雱)이라고 비난한 것은 박세채를 왕안석(王安石)에 비유한 것으로서 중요한 의미가 있었다. 왕방은 바로 왕안석의 아들이었다.

『당의통략』에는 나와 있지 않지만 사실 박세채는 이러한 정치적 난맥상을 타개하기 위해 숙종에게 탕평론(蕩平論)을 건의하였다. 그가 제기한 탕평론은 단순히 서인과 남인의 공존을 도모하자는 것이 아니라 국가의 위기를 타개할 수 있는 제도 개혁을 추진하기 위한 방안으로서 제시한 것이었다.[5] 송시열이 박세채를 왕안석에 비유하여 비판한 것은 박세채의 탕평론이 제도 개혁을 추진하기 위한 정치론이었다는 것을 입증하는 것이었다. 잘 알려진 것처럼 왕안석은 북송대 거란족 국가인 요(遼)의 위협을 신법(新法)이라는 제도 개혁을 통해서 극복하자고 주장한 정치가이자 사상가였다. 송시열이 박세채를 왕안석에 비유한 것은 결국 박세채가 주장하고 소론이 동조한 탕평론을 거부하였다는 것을 말

---

5 김용흠, 2008, 「남계 박세채의 변통론과 황극탕평론」, 『동방학지』 143, 연세대 국학 연구원.

해준다.

　김석주가 오도일 등을 외직으로 내쫓으라고 숙종을 강박하는 장면에서 예로 든 공두칙(空頭勅)이란 사유를 쓰지 않은 칙서를 말한다. 송나라 영종(英宗) 때의 재상 한기(韓琦)가 환관 임수충(任守忠)이 정권을 농락하려 하자 임금에게 사유를 쓰지 아니한 칙서를 받아서 임수충의 이름을 써 놓고 먼 지방으로 귀양 보낸 일을 끌어다가 소론 처벌을 합리화한 것이었다. 이것은 김석주로 대표되는 훈척이 숙종의 왕권 자체를 위협하고 있는 현실을 적나라하게 보여준다.

회니시비: 윤선거·윤증 부자와 송시열의 갈등

○ 앞서 윤선거는 17세의 나이로 성균관 유생으로서 상소하여 오랑캐 사신을 참하라고 청하였었다. 청국 군대가 강화도를 점령하였을 때 그의 중부(仲父) 윤전(尹烇)과 처 이씨 및 그의 친구 권순장(權順長)·김익겸(金益兼) 등이 모두 죽었는데, 윤선거는 아비가 남한산성에 살아 있었으므로, 미복(微服)을 하고 강화도를 빠져나왔다. 그 뒤 송준길·송시열과 더불어 김장생 부자를 스승으로 섬겼다. 효종 초에 누차 임금의 부름을 받았으나 스스로 강화도에서 죽지 못한 것을 이유로 조정에 나가지 않기로 결심하였다. 효종이 돈면(敦勉)한 것이 매우 지극하였지만 끝내 출사하지 않았다. 송시열이 일찍이 말하기를, "여망(汝望)이 다리를 펴고, 길보(吉甫)가 머리를 돌려야 비로소 천하의 일을 할 수 있다." 하

였는데, 길보는 윤선거의 자(字)이고, 여망은 윤선거의 형인 윤문거(尹文擧)의 자였다. 윤문거도 또한 출사하지 않았기 때문에 나온 말이었다.

이때 남인 윤휴가 박학(博學)으로 무거운 명망이 있었으므로 윤선거와 송시열이 모두 더불어 교유하였다. 송시열이 더욱 윤휴에게 빠져 있었지만 실제로는 마음속으로 그 능력을 시기하였다. 윤휴가 일찍이 『중용(中庸)』에 대한 저술을 한 적이 있는데, 주자와 다른 내용이 제법 많이 있었으므로 송시열이 윤휴를 이단(異端)이라고 배척하니, 윤선거가 말하기를, "이것은 젊었을 때의 일이니, 지금 거슬러 올라가 허물하기에는 부족하다. 또 이단이란 반드시 육구연(陸九淵)과 같은 사람이나 감당할 수 있는 일인데, 윤휴가 어떻게 될 수 있겠는가?" 하였다.

이에 송시열이 뜻을 굽히고 더욱 잘 대우하여, 일찍이 이조판서가 되자 윤휴를 품계를 뛰어넘어 진선(進善)에 천거하였다. 윤휴가 어떤 사람과 묘지를 두고 송사(訟事)를 일으키자 송시열이 그를 위해 주상에게 말하기를, "어진 선비를 소송 당사자로 대우할 수 없으니, 문서를 보지 말고 바로 판결하기를 청합니다."라고 하여 윤휴가 이기게 만들었다. 그러자 윤선거가 말하기를, "어떻게 내용을 따져 묻지도 않고 송사를 판결할 수 있는가?" 하면서 송시열에게 편지를 보내 비난하였다.

예송이 일어나자 윤휴가 '임금을 낮추고 종통을 둘로 만들었다[卑主貳宗].'는 주장을 선창하였다. 윤선도가 이어서 상소하여 윤휴의 주장을 가지고 죄를 얽어서 송시열을 죽이려고 했다. 이에 송시열이 비로소 윤휴를 참소(讒訴)하는 역적이라고 지목하니, 사람들이 막지 못하였다.

윤휴는 높은 절개를 자부하면서 임금이 불러도 선뜻 나가지 않으니 송시열이 일찍이 백이(伯夷)에 비유한 적이 있었다. 뒤에는 허적과 서로 결탁하여 점점 이익을 쫓아가니, 윤선거가 편지로 책망하여 말하기를, "얌전한 처녀가 갑자기 문에 기대서 밖을 내다보면서도 부끄러운 줄을 모르니, 과연 이런 마음이 있었다면 어찌 처음에 시집갈[歸妹] 때를 어겼단 말인가?" 하니, 윤휴가 노하여, 드디어 그와 절교하였다.

송시열이 일찍이 윤선거에게 묻기를, "지금 윤휴는 군자입니까, 소인입니까?" 하자, 윤선거가 말하기를, "소인입니다." 하니, 송시열이 이에 기뻐하였다. 이로부터 예를 논하는 것이 금지되었고, 윤휴 등은 폐고하고 등용하지 않았다.

○ 初尹宣擧年十七以太學生, 上疏請斬虜使。江都之亂, 仲父烇·妻李氏, 及其友權順長·金益兼皆死, 宣擧以父在, 故微服以免。後與宋浚吉·宋時烈, 共事金長生父子。孝廟初屢被徵召, 自以不能死於江都, 矢志自廢。孝宗敦勉甚至, 終不出。時烈嘗言: "汝望脚伸, 吉甫頭回, 天下事乃可爲。" 吉甫宣擧字也, 汝望宣擧兄文擧字也, 文擧亦不仕故云。

時南人尹鑴博學有重名, 宣擧·時烈皆與之遊, 時烈尤爲之傾倒, 然心實害其能。鑴嘗著中庸說, 頗與朱子異同, 時烈斥鑴爲異端。宣擧曰: "此其少時事也, 今不足追咎。且異端必如陸九淵者可以當之, 鑴何能爲?" 時烈乃屈意益善遇之, 嘗爲吏判, 超遷鑴爲進善。鑴與人訟墓地, 時烈爲言於上曰: "不可以訟者待賢士, 請勿案文書而直決之。" 以歸鑴。宣擧曰: "安有不問曲直而決訟者乎?" 貽書時烈以非之。

及禮訟起, 鑴先唱卑主貳宗之說, 尹善道繼上疏, 欲因鑴說, 以構殺時烈。時

170

烈始以讒賊目鑴, 人莫能難矣。鑴以高節自負, 有召輒不起, 時烈嘗比之伯夷。後與許積交結, 稍稍爲奸利, 宣擧以書責之曰: "綽約處子, 忽倚門而不知恥, 果有此心, 何獨愆期於歸妹之初乎?" 鑴怒, 遂與之絕。時烈嘗問宣擧曰: "今以鑴爲君子乎, 爲小人乎?" 宣擧曰"小人也", 時烈乃喜。自是以議禮爲厲禁, 錮鑴等不用。

○ 일찍이 윤증은 송시열을 스승으로 섬긴 적이 있었고, 송시열도 매우 중요하게 생각하였다. 윤휴 등이 득세하게 되자 송시열은 쫓겨나서 유배되었으며, 그 문인과 제자들도 예송으로 죄를 얻은 것을 이루 다 기록할 수 없었다. 윤증도 또한 일찍이 호남 유생을 대신하여 상소문 초고를 작성하여 힘써 송시열을 구원하였다. 그러나 윤선거 부자는 스스로 조정에서 물러나 있었으므로 다른 사람에게 미움을 받은 적이 없었다. 또 남인들과 혼인을 맺은 사람이 많았으므로 남인들도 제법 존경하고 중요하게 생각하였다. 그래서 홀로 당화(黨禍)가 미치지 않았으므로 송시열이 더욱 의심하였다.

윤증이 일찍이 윤선거 묘갈명을 송시열에게 청하면서, 이전에 윤선거가 송시열에게 보내려고 써둔 편지를 같이 보여주었다. 윤선거가 살아 있을 때 늘 말하기를, "사림의 출처는 비록 같지 않지만 화(禍)와 복(福)은 함께하지 않을 수 없다." 하면서, 송시열이 조정에 있을 때 잘못이 있으면 충고하여 경계하지 않은 적이 없었다. 뒤에는 송시열이 하는 짓이 더욱 만족스럽지 못한 것을 보고 이에 그 잘못을 일일이 나열하면서 절실하게 책망하려 하였다. 그런데 마침 송시열이 다른 일로 조정을 떠났으므로 윤선거가 마침내 보내지 않았다. 그런데 이때 이르러 윤증은 아비와 스승에 대해서는 살아 있을 때나 죽은 뒤에나 의리로 보아 감추는 것을 용납할 수 없다고 여겨서 그 편지를 보여주었다.

그 편지 가운데 다음과 같은 말이 있었다. "윤휴 · 허목 · 조경 · 홍우원 등은 끝까지 폐고해서는 안 되니, 마땅히 점차 교화시켜 등용해야 한다." 이것을 일러서 「기유의서(己酉擬書)」라고 한다. 송시열이 이것을 보고 노하여, 윤선거가 과연 윤휴를 비호하였다고 생각하였다.

송시열은 고상하게도 '대유(大儒)'로 칭해져서 당시 많은 사람들이 태산교악(泰山喬嶽)으로 지목하였다. 그런데 박세채가 윤선거 행장을 작성하면서 끌어다가 칭찬한 것이 매우 성대하였는데, '교악'이라는 비유가 있었으므로 송시열이 또 불쾌하게 생각하였다. 이에 윤선거 묘갈에서 말하기를, "내가 덕행을 묘사하는 문장을 지으려 하지만 아득하여 표현할 말을 알지 못하겠다." 하고, 명(銘)에서 말하기를, "진실한 화숙(和叔)이 더할 수 없이 칭찬하였으므로, 나는 따로 짓지 않고 그것을 기술하여, 이 명을 쓰는 곳에 보인다." 하였다. 화숙은 박세채의 자(字)이다.

윤증이 편지를 보내 고쳐줄 것을 청하면서 말하기를, "각하와 선인이 우호적으로 교유한 것이 몇 년인데 중요한 대목에서 도리어 후배인 화숙의 말을 빌린 것은 무엇 때문입니까?" 하니, 송시열이 답하기를, "나는 화숙을 교악처럼 생각한다." 하였다. 또 박세채에게 편지를 보내 말하기를, "교악이라는 말은 화숙이 썼으므로 나도 또한 빌려서 썼다." 하였다.

그 뒤에 또 몇 마디를 고치고, 박세채에게 편지로 말하기를, "약한 사람은 진실로 강한 사람을 대적할 수 없으니, 어쩌겠는가?"하였다. 또 윤증이 윤휴의 제문을 받은 것을 허물하니, 박세채가 윤증을 위해 그것은 다른 뜻은 없다고 말하였다.

○拯嘗師事時烈, 時烈甚重之, 及鑴等得志, 時烈竄逐, 其門人弟子以禮訟得罪, 不可勝記. 拯亦嘗代湖儒草疏, 力救時烈. 然自宣擧父子斂退, 未嘗見嫉惡於人, 又多與南人連姻, 南人頗敬重之. 故獨不及於黨禍, 而時烈愈益疑之. 拯嘗請宣擧碣文於時烈, 并以宣擧嘗擬與時烈書示之. 宣擧在時, 每謂: "士林出處雖不同, 而禍福不可不共之." 時烈在朝有所失, 未嘗不告誡, 後見行事益不厭, 乃歷陳其病, 欲切責之. 會時烈因事去朝, 宣擧遂止. 至是拯以爲父師存亡, 義不容有隱, 乃示其書. 書中有云: "尹鑴·許穆·趙絅·洪宇遠等, 不可終廢, 宜稍加甄錄." 是謂己酉擬書, 時烈見之怒, 以爲宣擧果右鑴也.

時烈雅稱大儒, 世多以泰山喬岳目之. 及朴世采爲宣擧行狀, 稱引甚盛, 有"喬嶽"之喻, 時烈又不平之. 乃爲宣擧碣曰: "余於狀德之文, 茫然不知所以爲辭." 銘則曰: "允矣和叔, 極其揄揚, 我術不作, 示此銘章." 和叔世采字也. 拯書請改之曰: "閤下與先人交好幾年, 反借和叔後生之語以爲重, 何哉?" 時烈答曰 "吾視和叔如喬嶽". 又與世采書曰: "喬嶽之說, 和叔用之, 吾亦借用之." 後又略改數語, 報世采曰: "弱固不可以敵强, 奈何?" 又以拯受鑴酹爲咎, 世采爲拯言其無他.

회니시비(懷尼是非)는 좁게는 송시열과 윤증 사이에 전개된 논쟁을 말하는데, 송시열이 죽은 뒤에도 양측 문인들 사이에서 갈등이 계속되었으며, 이후 노론과 소론의 갈등으로 확대되어 정국 변동의 주요 변수가 되었다. 이 논쟁은 17세기 말에 시작되어 19세기까지 약 200여 년에 걸쳐서 지속될 정도로 조선후기 당쟁에서 가장 큰 논쟁거리였으므로 관련 기록도 방대한 규모에 달한다.[6] 그럼에도 불구하고 오늘날까지 그에 대한 객관적인 연구는 지극히 드문 형편이다.

송시열이 회덕(懷德)에 살고, 윤증이 니산(尼山, 지금의 논산)에 살아서 둘 사이의 논쟁을 일반적으로 회니시비라고 부르는데, 이건창은 굳이 '니회(尼懷)의 싸움'이라고 표현하여 윤증이 옳다고 보는 입장을 감추지 않았다. 즉 노론 측에서는 회니시비라고 말하지만 소론 가운데 윤증이 살았던 니산을 앞으로 가져다가 말하여 윤증의 정당성을 주장하는 사람이 있었다는 것을 알 수 있다.

회니시비는 그 자체로 수많은 쟁점을 내포하고 있고, 장기간에 걸쳐서 진행되었으므로 일반인이 접근하기 쉽지 않은 것이 현실이다. 그렇지만 정치의 본령이 정책(政策)에 있다는 원칙에 입각해 보면 어렵지 않게 그 논쟁의 시시비비를 가릴 수 있다. 이 논쟁은 주로 노론 측이 공격

---

6 김용흠, 2012, 「당론서(黨論書)'를 통해서 본 회니시비(懷尼是非)—『갑을록(甲乙錄)』과 『사백록(俟百錄)』 비교」, 『역사와 현실』 85, 한국역사연구회.

하는 입장에 있었는데, 그들이 소론을 공격하는 논리의 핵심에는 의리 (義理)가 가로놓여 있었다. 즉 노론 측에서는 정책 논쟁을 의리 논쟁으로 치환하여 소론을 공격하였는데, 소론이 여기에 똑같이 의리 논쟁으로 맞서다 보니, 노론의 공격에 끌려다니면서 방어에 급급하다는 인상을 준 것이 사실이었다.

서인 내부에서 송시열이 가진 지위와 위력을 감안하면 여기에 이의를 제기하는 것이 쉽지 않은 일이었음에도 불구하고 소론이라는 당색이 형성된 것은 그의 행태와 정치 노선을 도저히 수긍할 수 없다는 공감대가 광범위하게 형성되어 있었음을 말해주는 것이었다. 그것은 결국 탕평론으로 모아지는데, 회니시비는 노론 측에서 소론이 제기하고 실천하려한 탕평론을 부정하는 방편으로서 제기한 것이었다.

이 논쟁은 윤선거가 죽은 뒤 윤증이 자신의 부친의 묘갈명을 송시열에게 부탁하면서 시작되었다. 윤증은 박세채에게 행장을 맡긴 뒤, 송시열에게는 묘갈명을 부탁하면서 박세채가 작성한 행장은 물론, 윤선거가 생전에 작성한 상소문이나 편지 등 각종 자료를 모두 제공하였다. 그런데 그 가운데 기유(己酉)년, 즉 1669년에 윤선거가 송시열에게 보내려고 써둔 편지의 내용을 송시열이 문제 삼았다. 그것을 「기유의서(己酉擬書)」라고 하는데, 의서(擬書)란 보내려고 써두었지만, 여러 가지 사정으로 보내지 않은 편지를 말한다.

「기유의서」에서 윤선거는 효종·현종 연간 송시열의 정치 행태를 비판하고, 당시 기해예송으로 폐고되어 있던 윤휴 등 남인들을 등용하라고 요구하였다. 송시열은 이것을 보고 윤선거가 이전에 윤휴와 절교했다고 한 말이 거짓이라고 단정하고, 묘갈명에서 그 불만을 간접적으로 표출하였다. 즉 윤선거의 평생을 평가하는 대목에서 스스로의 입장을 직접 밝히지 않고 박세채가 작성한 행장에 있는 말을 인용하는 것으로 대신하였던 것이다.

윤증은 윤선거가 송시열과 평생 친구 관계인데, 윤선거의 일생에 대한 평가를 자신의 말로 직접 하지 않고 후배인 박세채의 말을 인용한 것은 후대 사람들에 의해 윤선거는 물론이고 송시열도 비판받을 수 있는 일이라고 말하면서, 여러 차례 편지를 보내 고쳐달라고 요청하였지만 송시열은 중요하지 않은 몇 구절만 수정하였을 뿐 윤증이 요청하는 핵심은 고쳐주지 않았다.

이건창은 이러한 회니시비의 전말을 서술하기에 앞서 우선 병자호란 당시 윤선거의 행적과 이후 강화도에서 죽지 못한 것을 반성하여 출사를 거부한 일, 그리고 윤휴와의 관계와 「기유의서」의 내용에 대하여 개략적으로 언급하였다.

그런데 효종 연간 윤선거와 송시열 사이에 토론한 정책에 대해서는 언급하지 않았다. 당시에 이들 사이에서는 북벌의 당위성과 실천 방안을 놓고 불꽃 튀기는 논쟁이 전개되었는데, 윤선거와 윤휴는 북벌을 위한 제도 개혁의 필요성을 누누이 강조하였다. 이에 대해 송시열은 북벌의 의리 그 자체를 강조하고 자신을 그 대표자로 자리매김하는 상징 조작에는 열심이었지만 북벌 추진을 위한 제도 개혁에는 명백하게 반대하였다.[7]

---

7 김용흠, 2005, 「17세기 정치적 갈등과 주자학 정치론의 분화」, 오영교 편, 『조선후

송시열은 윤휴가 북벌을 위한 제도 개혁을 강조하고 있다는 것을 잘 알면서도 그것을 문제 삼는 대신『중용』에 대한 주석에서 주자에 대해 이의를 제기한 것을 꼬집어내서 '이단'이라고 공격하였다. 이것은 정책 논쟁을 의리 논쟁으로 치환한 대표적 사례에 해당된다.[8] 이에 대해 윤선거가 그것은 작은 일이고 북벌이 중요한 일이므로, 제도 개혁에 대한 윤휴의 의견을 수용하라고 송시열에게 요구하였다. 즉 윤선거는 북벌 추진을 위한 제도 개혁을 위해서는 서인이든 남인이든 당색을 묻지 말고 등용해야 한다고 주장하였던 것이었다. 이것이「기유의서」에서 남인을 등용해야 한다고 주장한 이유였다. 윤선거 문인들과 소론 당인들은 이러한 윤선거의 입장이 바로 탕평론을 선구적으로 실천한 것이라고 분명하게 말하였다.[9] 이것은「기유의서」가 북벌론의 연장선상에서 탕평론이 나왔다는 것을 입증하는 중요한 문서였다는 것을 보여준다.

이건창은 이러한 점을 분명히 하지 못하고 맨 앞에 인용한 것과 같이 송시열이 윤선거를 윤휴와 절교하지 않았다고 공격하는 것에 대해서, 윤선거가 윤휴를 비판하여 결국 절교에 이르렀다는 점을 강조하는

기 체제변동과 속대전』, 혜안, 75~77쪽.

8 김용흠, 2016①,「조선후기 노론 당론서와 당론의 특징―『형감(衡鑑)』을 중심으로」,
   『韓國思想史學』53, 韓國思想史學會.

9 김용흠, 2010,「肅宗代 前半 懷尼是非와 蕩平論」,『韓國史硏究』148, 韓國史硏究會;
   2014,「전쟁의 기억과 정치―병자호란과 회니시비」,『韓國思想史學』47, 韓國思想史
   學會; 2015,「삼전도의 치욕, 복수는 어떻게?―미촌 윤선거의 북벌론과 붕당 타파
   론」,『내일을 여는 역사』61, 도서출판 선인.

것에 그쳤다. 이것은 결국 송시열과 노론이 설정한 프레임에 빠져서 소론이 수세로 몰리는 결정적 원인이 되었던 것이다. 이로 인해 「기유의서」 역시 회니시비의 한 쟁점으로만 인식되었을 뿐, 조선후기 정치사에서 북벌론과 탕평론의 연속성을 보여주는 핵심문건이라는 점에 대해서는 주목하지 못하였다.

윤선거의 묘갈명과 함께 회니시비의 두 번째 쟁점으로 부각된 것이 바로 윤증이 작성한 「신유의서(辛酉擬書)」였다.[10] 「신유의서」란 신유년, 즉 1681년에 윤증이 스승인 송시열에게 보내려고 쓴 편지였는데, 박세채가 말려서 보내지 못하였다. 그런데 1682년 초에 윤증의 처조카이자 송시열의 외손자인 권이정(權以鋌)이 그 내용을 구두로 송시열에게 전하였고, 송시열의 손자이자 박세채의 사위였던 송순석(宋淳錫)이 박세채에게서 그 편지를 몰래 빼내 베껴서 송시열에게 전하자 송시열이 크게 노하여 말하기를, "윤증이 반드시 나를 죽일 것이다." 하였다 한다.

제자인 윤증이 스승인 송시열을 비판한 장문의 이 편지를 관통하는 말이 바로 '왕패병용(王覇竝用), 의리쌍행(義利雙行)'이었다. 유학자라면 당연히 왕도(王道)와 의리(義理)를 추구하고 패도(覇道)와 이익(利益)을 멀리해야 하는데, 송시열은 틈만 나면 주자(朱子)와 대의(大義)를 내세우면서도 실제로는 사리사욕을 추구하고 있다는 것이 비판의 핵심이었다. 윤증

---

10 『당의통략』에는 장문의 「신유의서」가 간략하게 축약되어 있다. 회니시비가 격화되면서 『조선왕조실록』에도 수록되었고, 노론 당론서에도 실려 있다. 김용흠 외 역, 2019, 『형감』, 혜안 참조. 여기서는 분량의 제약으로 생략하고, 해설로 대신한다.

은 이것이 송시열의 행동과 처신 등에서 드러났다고 일일이 나열하고, 그것은 내적으로 기질을 변화시키지 못하였을 뿐만 아니라 학문이 성실하지 못하기 때문이라고 비판하였다.

윤증의 「신유의서」는 기본 골격을 부친인 윤선거의 「기유의서」에 두고, 그것을 확대 부연하였다고 볼 수 있다. 「기유의서」에서 북벌 추진을 위해 남인과도 협력하여 제도 개혁에 매진하라고 요구하였는데, 「신유의서」에서는 송시열이 그것을 실천하지 않거나 못하는 이유를 그의 행동과 처신뿐만 아니라 학문의 본원(本源)에까지 나아가서 문제를 제기한 것이었다.[11]

윤증은 본인은 물론이고 당대 사람들이 모두 인정하는 송시열의 수제자였다. 그런데 제자로서 스승의 학문이 가식적이라고 비판한 것은 누가 봐도 치명적인 비판이 아닐 수 없었다. 『당의통략』에는 생략되었지만 편지 원문에서 세주(細註)로 나열한 구체적인 사실들에는 송시열에게 더욱 치명적인 내용이 들어 있다.

그렇지만 전체적으로 보면 제자로서 스승에게 깍듯이 예의를 갖추고 의문이 드는 것을 질문하는 형식을 취하고 있다. 그리고 송시열은 『춘추』의 대의와 주자의 학문에서 당대 유학자들이 떠받드는 사람인데 끝내 그 실체가 없다면 얼마나 가슴 아픈 일이 되겠느냐고 하면서 송시열

---

11 김용흠, 2010, 앞 논문; 2011, 「조선후기 사상사에서 명재 윤증의 위상」, 『民族文化』 37, 한국고전번역원; 2016②, 「스승을 비판한 백의정승—명재 윤증의 탕평론과 회니시비」, 『내일을 여는 역사』 62, 도서출판 선인.

이 학문의 초심으로 돌아가서 반성해줄 것을 간절하게 호소하고 있다. 오늘날의 시각으로 볼 때 말 그대로 허심탄회하게 자신의 생각을 가감 없이 제시하여 적어도 송시열을 적으로 생각했다면 결코 말할 수 없는 내용이라고 볼 수 있다.

윤증이 진심으로 송시열이 반성해주기를 바랐는지 여부는 알 수 없지만 성리학이 지배하는 당대에 이것은 사제(師弟)간의 의리를 저버린 행동으로 치부되기 십상이었다. 그리고 시기적으로 볼 때 두 사람 사이에서 윤선거 묘갈명을 둘러싼 논란이 있었던 뒤였으므로 아비의 묘갈명을 고쳐달라는 요청을 거부한 것에 대한 반발로 보일 수밖에 없었다. 박세채가 그 편지를 보내는 것을 만류한 것도 이 때문이었다.

『당의통략』에서 「신유의서」 앞에 언급한 것으로서 묘갈명의 일 외에 이유태(李惟泰) 예설에 대한 논란이 있다. 송시열과 이유태는 모두 1674년 예론을 잘못 적용하였다고 처벌받고 유배되었는데, 유배지에서 송시열은 이유태가 처벌을 면하기 위해 예설을 고쳤다고 주장하였다. 그런데 윤증이 확인해보니 그런 일이 없어서 송시열의 심술(心術)에 문제가 있다고 의심할 수밖에 없었다는 것이다. 그리고 경신환국 이후 송시열이 조정에 나와서는 훈척과 결탁하여 남인에 대한 보복만 일삼아서 사론이 갈라졌다고 지적한 것은 이건창이 제시한 「신유의서」가 나온 배경으로 볼 수 있는데, 이것은 앞서 거론한 1683년 윤증이 박세채에게 제시한 정국 수습 방안과 정확하게 일치된다. 즉 「신유의서」는 단순히 묘갈명 시비라는 개인적 차원의 불만에서 나온 것이 아니라 교착 상태에 빠진 당시의 정국을 타개할 수 있는 방안으로서 제시된 것이라고 이건창은 간주하고 있었던 것이다.

그리고 「신유의서」를 요약하여 제시한 뒤, 목천(木川)의 일을 기록하였다. '목천의 일'이란 충청도 목천 지역에서 "강화도에서 포로가 된 노예는 서원에서 제사 지내기에 합당하지 않다[江都俘奴, 不合享祀]."면서 노강서원(魯岡書院)에 윤선거를 배향하는 것을 반대하는 통문이 돌았다는 것이다. 이것은 송시열이 전한 말이었는데, 윤증이 송시열에게 그 말의 출처를 확인하였지만 송시열이 그것을 분명하게 말하지 않아서 윤증이 송시열을 더욱 의심할 수밖에 없었다고 하였다.

이어서 앞서 언급한 「신유의서」가 송시열 손에 들어간 경위를 적은 뒤, 또 송시열이 전한 김익희(金益熙)의 말을 수록하였다. 김익희는 김장생의 손자로서 강화도가 함락될 당시 윤선거와 함께 있다가 죽은 김익겸의 형이었다. 송시열은 윤선거가 자기 부인에게 자결을 강요한 것을 들어서 잔인한 사람[忍人]이라고 김익희가 말했다는 것이다. 이에 윤증이 만약 그렇다면 효종대 김익희가 윤선거를 조정에 천거한 것은 임금을 속인 것이냐고 반문하자 송시열이 자기는 알 수 없는 일이니 물가에가서 물어보라고 성의 없게 답하였다. 이 문제에 대해서는 이건창이 분명하게 이것은 송시열이 만든 말이라고 적고, 윤증이 자기 부모를 모두욕보인 것을 애통해 하면서 드디어 송시열과 절교하였다고 기록하였다.

중요한 것은 후대에 알려진 것과 달리 1684년 최신의 상소가 나오기전까지는 강화도에서의 윤선거 행적이 논란의 대상이 아니었다는 점이다. 이건창은 당시 이미 노론과 소론이 분열된 상태에서 윤증이 송시열과 절교하자 소론이 윤증을 종주(宗主)로 추대하였다고 하였다. 그렇지만 윤증은 모친이 강화도에서 자결하고 부친이 뜻을 지키려고 조정에 나가지 않은 것을 이유로 들면서 출사하지 않아서 세상 사람들이 애석해 하고 있었는데, 이처럼 부모를 욕보이는 말이 나오자 분노하는 사람들이 많았다고 전했다.

○ 송시열이 북쪽 함경도 사람 최신으로 하여금 상소하게 하였는데, 그 상소문에서 말하기를, "윤증이 창을 거꾸로 들고 스승을 배반하여 암암리에 제멋대로 헐뜯으니 만고(萬古) 천하에 어찌 이런 사람이 있겠습니까?" 하고, 또 '강화도에서 포로가 된 노예'라는 말을 거론하였다. 이에 박세채가 윤증을 위해 상소하여 변론하였다.

이때 김수항과 민정중이 정승으로 있었는데, 바야흐로 송시열에게 붙어서 노론을 주도하였다. 그리하여 주상에게 말하여 윤증을 유현(儒賢)으로 대우하지 말라고 청하니 주상이 따랐다. 우의정 남구만이 같은 자리에 있었지만 홀로 한마디도 하지 않고 물러났다. 니산과 회덕의 다툼이 이로부터 드디어 조정으로 번지게 되었다.

윤증이 사관(史官)에게 편지를 보내서 윤선거의 강화도의 일을 변론하여 말하기를, "율곡(栗谷)은 입산한 잘못이 있지만 선인은 죽어야 할 의리가 없었다." 하였다. 율곡은 이이(李珥)의 호이다. 관학 유생 이진안이 상소하여 "윤증이 선현(先賢)을 끌어다가 무함하였습니다."라고 말하니, 주상이 개인적인 편지를 문제 삼았다고 이진안의 과거 응시 자격을 박탈하라고 명하였는데, 김수항이 구원하여 풀어주었다.

송시열이 어떤 사람에게 편지를 보내 말하기를, "윤선거가 강화도에서 오랑캐에게 협박을 받자 무릎을 꿇어서 살아났다. 또 이름을 고쳐 선복(宣卜)이라고 하였다." 하였다. 또 말하기를, "지금 윤증이 권순장과 김익겸, 두 분이 아무런 의리도 없는데 죽었다고 하였으니, 이런 말을 하는 사람은 진짜 오랑캐의 종자이다." 하였다. 또 말하기를, "오늘날 나 한 사람이 없다면 주자는 아성(亞聖)이 될 수 없고, 흉악한 윤휴가 진유(眞儒)가 될 것이며, 율곡은 동방의 대현(大賢)이 될 수 없고, 권순장과 김익겸 두 분은 모두 용기를 해쳐서 죽은 것이 될 것이며, 홍타이지는 천하의 의로운 군주가 되어서 선복의 당이 어지럽게 날뛸 것이다." 하였다.

또 편지를 보내 박세채를 꾸짖어 말하기를, "내가 화숙을 믿어서 세도(世道)를 위한 계책으로 삼았는데, 화숙은 내가 믿는 것을 기꺼이 따르지 않고 도리어 저쪽 편 사람들에게 믿음을 받으려 하니, 한때의 명예가 기쁠 수는 있지만 천하 후세의 공의(公議)는 어쩌려고 하는가?" 하였다. 박세채가 답하여 말하기를, "한꺼번에 남의 양친을 욕보여서, 평생 사귄 친구와의 정분을 어그러뜨리고 효자의 망극한 정을 손상하여, 인심이 복종하지 않고 국론이 화합하지 못하기에 이르러 재앙의 싹이 끝없이 생겨나고 있으니, 이 또한 끝내는 세도에 해롭지 않겠습니까?" 하였다.

박세채가 또 어떤 사람에게 편지를 보내서 둘 다 잘못이라면서 다음과 같이 말했다. "미촌(美村)은 강화도에서 낭패를 당했다고 말할 수 있는데, 그 뒤에 스스로 자숙한 것이 이미 분명하고 옳았으므로, 우장(尤丈)도 또한 인정하고 친구가 되었으니, 지금 죽은 뒤에 거슬러 올라가 허물하는 것은 옳지 않다. 윤휴가 주자를 배반한 주장에 대해서 미장 (美丈)이 단지 '지나치게 나갔다.'고만 말하고, 복제 논의에 대해서는 단지 '경솔하다'고만 말한 것은 아마도 모두 의리에 미진한 점이 있었으므로 우장이 의심하는 것도 또한 이상한 일이 아니다. 그렇지만 만약 세도에 해를 끼쳤다고 단정하고 심지어 '윤휴에게 붙어서 주자를 배반하였다.'고 말한 것은 그 논의가 너무 지나친 것이었다. (윤증이 윤선거가) 강화도에서 낭패를 당한 일을 '죽어야 할 의리가 없었다.'고 한 것은 도리어 미촌이 스스로 자숙한 의리를 어그러뜨리고 미진한 것을 모두 이치에 맞다고 말하여 우장의 밝은 선견(先見)에 대항하려 한 것이니, 이것은 자인(子仁)의 미혹(迷惑)한 것이 심하였다. 내 생각으로는 미장은 미진하고 우장은 너무 지나쳤으며 자인은 매우 미혹되었다고 한 뒤에야 득실을 대략 정할 수 있을 것이라고 본다." 자인은 윤증의 자이다. 박세채는 또 윤증에게 편지를 보내 스승과 제자의 정분을 보전하라고 권하였고, 윤증도 또한 자신도 후회한다고 답하였으나 끝내 다시 합하지 못하였다.

그 뒤 송시열이 또 스스로 상소문을 지어서 윤선거 부자를 헐뜯어 말하기를, "윤휴가 감히 주자를 모함하여 한 시대를 풍미하였는데, 윤선거는 그것보다 심한 사람입니다. 『춘추』의 법에 먼저 그 당여(黨與)를 다스린다고 하였으니, 왕다운 사람이 나왔다면 윤선거는 마땅히 윤휴보다 먼저 처벌받았을 것입니다. 신은 처음에 이미 자신을 잊고 윤휴를 배척하였는데, 지금은 또 윤휴를 놓아두고 윤선거를 배척하고 있으니, 윤증이 뼈아프게 여겨 신을 미워하는 것도 또한 진심일 것입니다." 하였다.

윤선거 문인 나양좌 등이 서로 나서서 스승에 대한 모함을 변론하였
는데, 박태보가 그 상소를 지었다. 그 상소에서 말하기를, "송시열이 윤
휴를 진선에 발탁한 것은 윤휴가『중용』주석을 고친 뒤였습니다. 그는
윤선거 제문에서 '지주(砥柱)', '일성(一星)'이라 하였고, '결신(潔身)', '수
지(守志)'라고 찬양하기도 하였는데, 이것은 모두 그가 죽은 뒤에 한 말
이니, 어찌 그가 '자신을 잊고 배척'한 적이 있었겠습니까?" 하였다.

주상이 도리어 나양좌 등이 대로를 욕하였다 하여 유배 보내라고 명
하였다. 부제학 최석정, 승지 오도일, 삼사의 이돈·이익수·유집일 등
이 상소하여 나양좌를 구원하니, 모두 벼슬을 깎고 내쫓아버렸다. 이로
인해 니산과 회덕의 다툼이 더욱 격화되었다.

○ 宋時烈使北道人崔愼上疏, 言: "尹拯倒戈背師, 陰肆譏議, 萬古天下,
寧有此人?"且擧江都俘奴[12]之說。朴世采爲拯疏, 辨之。時金壽恒·閔鼎重爲
相, 方附時烈, 主老論。乃白上請勿以儒賢待拯, 上從之。右相南九萬同對, 獨
不發一言而退。尼懷之事, 自此而遂達於朝廷矣。
尹拯貽史官書, 以辨江都之說曰: "栗谷有入山之失, 先人無可死之義。"栗谷
李珥號也。館儒李震顏疏言"拯誣引先賢", 上以震顏發人私書, 令停擧, 金壽
恒救, 解之。宋時烈與人書曰: "尹宣擧於江都, 爲虜所脅, 跪而得生。又改名
爲宣卜。"又曰: "今尹拯以權·金二公, 爲無義死, 爲此言者, 眞胡種也。"又
曰: "今日無我一人, 則朱子不得爲亞聖, 而凶鑣爲眞儒, 栗谷不得爲東方大

12 奴: 실록과 문집에는 모두 '虜'로 되어 있다.

賢, 權·金二公皆爲傷勇之死, 而洪打家爲天下義主, 宣卜之黨紛紜跳梁矣."

又以書咎朴世采曰: "吾恃和叔爲世道計, 和叔乃不肯爲吾所恃, 而反欲爲彼所恃, 一時之名可喜, 柰天下後世公議何?" 世采答曰: "一擧而辱人之兩親, 乖朋友平生之誼, 傷孝子罔極之情, 以至人心不服, 國論不愜, 禍難之萌, 靡有紀極, 是亦終無害於世道者耶?"

又與人書, 兩非之曰: "美村於江都事, 可謂狼狽, 而後來自靖旣明正, 尤丈亦許以爲友, 今不宜追咎於身後矣. 若尹鑴背朱子之說, 美丈但謂之'過越', 其於服制之議, 又但謂之'輕率', 恐皆未盡於義, 尤丈之疑, 亦非異事. 然若斷之爲世道害, 至謂附鑴背朱'者, 又其論之太過者也. 若以狼狽而謂無可死, 反乖美村自靖之義, 以未盡而謂皆合理, 欲抗尤丈先見之明, 此則子仁之惑又甚矣. 愚謂美丈還他未盡, 尤丈還他太過, 子仁還他甚惑, 然後得失可以略定矣." 子仁拯字也. 世采又貽書勸拯, 以全師生之誼, 拯亦答世采, 自陳其悔, 然卒不得復合.

後宋時烈又自爲疏詆尹宣擧父子曰: "尹鑴敢誣朱子, 一世風靡, 宣擧其尤者也. 《春秋》之法, 先治黨與, 有王者作, 宣擧當先鑴伏法. 臣始旣忘身斥鑴, 今又舍鑴斥宣擧, 拯所以痛刻而嫉臣者, 亦其眞心也."

宣擧門人羅良佐等, 相率辨誣, 朴泰輔製其疏, 以爲: "時烈之擢鑴進善, 在鑴改註中庸之後. 其於宣擧, 則砥柱'·'一星'之誅·'潔身'·'守志'之贊, 并在旣沒之後, 安有所謂忘身而斥之'哉?"

上以良佐反詈大老, 命竄之, 副學崔錫鼎·承旨吳道一·三司李塾·李益壽·俞集一等, 疏救良佐, 并削黜, 尼懷之爭益激.

회니시비가 송시열과 윤증 사이의 개인적인 논쟁을 넘어서 조정에서 공식적으로 문제 삼는 계기가 된 것이 바로 1684년에 나온 최신의 상소였다. 최신은 함경도 출신으로서 송시열 제자였는데, 그 이름으로 제출된 상소문에 대해서 소론 측에서는 송시열이 써준 것으로 간주하고 있다. 그 내용은 「신유의서」를 비롯하여 윤증이 송시열, 박세채와 편지를 주고받으며 제기한 여러 문제들에 대해 공개적으로 반박하면서 송시열을 변론하고, 윤선거 묘갈명, 윤휴와의 관계, 목천의 일 등에 대해서도 송시열의 입장을 밝힌 장문의 상소문이었는데, 이건창은 윤증이 스승을 배반하였다는 것과 윤선거를 강화도에서 포로가 되었던 사람이라고 거론한 것만 간략하게 언급하고, 이것을 계기로 김수항과 민정중이 건의하여 윤증을 유현(儒賢)으로 칭하였던 조정의 예우가 철회된 사실만 기록하였다. 어쨌든 이후 이 상소는 그 내용 자체의 타당성 여부를 떠나서 송시열과 윤증의 개인적 차원에서 이루어진 회니시비를 정치 문제화하여 불필요한 논란을 야기하였다고 비판받았다.

최신 상소까지만 해도 윤선거의 강화도 행적이 구체적인 쟁점이 된 것은 아니었다. 그런데 윤증이 실록청에 보낸 편지가 그에 대한 논란을 부채질하였다. 1681년 『현종개수실록』 편찬을 담당했던 이사명(李師命) 등이 윤선거의 강화도 행적에 대해서 윤증에게 묻자 윤증이 답변한 내용 가운데 율곡 이이에 비교하여 윤선거의 강화도 행적을 정당화하는 문제의 구절이 있었다. 그뿐만 아니라 권순장·김익겸은 죽고 윤선거가 살아난 것은 각자가 처한 상황의 차이에서 나온 것이지 윤선거가 구차하게 삶을 도모한 것은 아니었으므로 의리에는 아무런 차이가 없다고 변론하였다.[13]

여기에 대해서 노론 측에서는 윤선거가 강화도에서 개인적으로 치욕을 당했기 때문에 반성하고 출사하지 않은 것으로 간주하였는데, 윤증의 말대로라면 이들 부자에게 기만당한 것이며, 윤선거의 잘못을 가리기 위해 율곡 이이까지 무함한 것으로 간주하여, 이진안 등의 반박 상소가 나왔다. 이로 인해 조정에서 노·소론 사이에 상소가 난무하면서 갈등이 격화되었다.

사실 윤증이 실록청에 편지를 보낸 것은 1681년이었는데, 그것이 조정에서 문제가 된 것은 최신의 상소가 나오고 난 뒤인 1685년이었다는 사실 자체가 윤선거의 강화도 행적을 소론에 대한 정치적 공격의 소재로 삼으려는 노론 측의 의도에서 나온 정치 공세임을 보여준다. 여기에 윤증이 율곡 이이는 입산한 잘못이 있지만 윤선거는 강화도에서 잘못이 없었다고 말한 것은 자기 부친을 비호하기 위해 율곡을 깎아내린 것으로 몰아가기에 딱 좋은 표적이 되었다.

박세채의 양비론은 이러한 배경 속에서 나왔다. 박세채는 윤선거의 강화도 행적에 '미진'한 점이 있는데 윤증이 '죽어야 할 의리가 없었다.'고 말한 것은 그 후 윤선거가 스스로 자숙한 것과도 어긋나는 잘못으로 보았다. 그리고 송시열이 윤선거를 "윤휴에게 붙어서 주자를 배반하

---

13 김용흠, 2010, 앞 논문; 2016②, 앞 글 참조.

였다."고 말한 것은 '너무 지나쳤다[太過]'고 지적하여 양쪽 다 잘못이 있다는 것이었다. 여기서 박세채는 송시열의 호가 '우암'이었으므로, 그를 높여서 '우장'이라고 한 것과 똑같이 '미촌'이라는 윤선거의 호를 따라서 '미장'이라고 칭하여 두 사람을 동일하게 존중하는 태도를 보였다.

그런데 송시열은 여기서 한 걸음 더 나아가서 윤선거가 오랑캐에게 무릎을 꿇었다느니, 선복이라고 개명했다는 등 허구적 사실들을 날조하였다. 또 직접 상소하여 이미 죽은 윤선거를 윤휴를 비호한 역적으로 공격하기까지 하였다. 이에 나양좌 등 윤선거 문인들이 이것을 변론하는 상소문을 올리지 않을 수 없었다. 그런데 이 상소문에서 나양좌 등은 윤선거가 윤휴를 등용하라고 청한 것이 탕평론을 선구적으로 실천한 것이라고 분명하게 밝혔는데, 이건창은 이 점을 놓치고 있었다.

어쨌든 나양좌 등의 상소문은 회니시비가 소론 탕평론을 저지하기 위한 노론 측의 정치 공세임을 분명하게 보여주었다. 당시 송시열과 노론이 윤선거·윤증과 소론을 공격한 것은 모두 주자학 의리론에 바탕을 둔, 개인의 도덕과 의리의 차원에서 이루어졌다. 이는 국가의 위기를 타개하기 위한 정책 수립을 정치의 본령으로 삼자는 탕평론을 무력화시키기 위한 것이었고, 양반과 지주의 기득권을 고수하려는 수구의 몸부림이었다.[14]

---

14 김용흠, 2016②, 앞 글, 274쪽.

기사환국과 갑술환국

○ 희빈 장씨가 경종(景宗)을 낳으니 주상이 세자로 책봉하고 중전을 폐위하려 하였는데, 서인이 따르지 않을 것을 두려워하여 점차로 남인 들을 등용하였다. 종실인 동평군 이항(李杭)이 희빈의 오라비인 장희재 와 결탁하여 주상의 총애를 받자 삼사에서 김만중·이징명·민진주· 한성우 등이 서로 이어서 궁금(宮禁)의 일을 논하다가 처벌받았다. 이조 판서 박세채가 수차(袖箚)로 그 잘못을 지극하게 논하니 주상이 분노하 여 쫓아냈다. 영의정 남구만과 우의정 여성제가 청대(請對)하여 그 잘못 을 바로잡으려다가 함께 먼 변방으로 귀양 갔다.

주상이 대신들과 육경, 삼사를 불러서 하교하기를, "지금 원자(元子) 를 정호(定號)하려 하는데, 따르지 않을 사람은 벼슬을 내놓고 물러나라." 하였다. 이조판서 남용익이 가장 먼저 아뢰어 말하기를, "신은 물러나라면 물러나겠습니다만 중전이 아직 나이가 한창인데, 이런 조치는 너무 이른 것입니다." 하였다. 윤지완·최규서·유상운 등이 모두 남용익과 똑같은 말을 하였는데, 남인 목창명 등은 우물쭈물하면서 분명하게 말하지 않았다. 유학(幼學) 유위한(柳緯漢)이 바로 세자로 책봉하라고 청하고, 또 귀양 갔거나 폐고된 여러 남인들을 석방하라고 청하였는데, 주상이 그 영합하는 것을 미워하여 귀양 보냈다.

그런데 송시열이 상소하여 세자를 정하는 것이 너무 이르다고 말하면서 송 철종(哲宗)의 일을 인용하자, 주상이 격노하여 말하기를, "송시열은 사림의 영수로서 현저하게 불만의 뜻을 드러냈으니 유위한의 상소가 괴이할 것이 없다." 하고 송시열과 남용익 등의 벼슬을 깎아서 내쫓아버리고, 목내선과 김덕원을 정승으로 임명하였으며 남인들을 모두 불러들였다. 양사에서 이항(李沆) 등이 맨 먼저 송시열을 귀양 보내고, 귀양지에 가시울타리를 치라고 청하니, 허락하였다.

이때 주상이 송시열에게 분노하여 하교하기를, "윤증의 일로 온 세상이 소란스러웠는데, 송시열을 위해 말하는 자들은 모두 사실을 왜곡하여 윤증을 위해 말하는 자들이 정직한 것만 못하였다. 그런데 당시에 그 시비를 뒤집은 것은 대신들 때문이었다." 하면서 김수항과 민정중을 귀양 보내라고 명하고, 또 윤증을 유현으로 칭하는 예우를 회복하라고 명하였다. 또 여러 선비들의 상소에 따라서 이이와 성혼의 문묘종사를 철회하라고 명하면서 말하기를, "두 신하를 문묘에 종사하면서부터 송시열이 다른 사람을 해치고 나라를 병들게 만들었고, 윤증과 다투면서는 사람의 윤리가 거의 끊어져 사라질 지경에 이르렀다." 하였다.

이조판서 심재 등이 여러 신하들을 거느리고 경신년 옥사가 원통하였다고 다투고, 대사헌 목창명 등이 연이어 아뢰어서 송시열을 죽이라고 청하였다. 이리하여 보사공신을 깎아버리고 허적과 윤휴를 복관하였지만 이남과 허견만은 제외되었다. 송시열·김수항·김익훈·이사명·홍치상 등이 혹은 사사(賜死)되거나 정형(正刑)되었으며, 이입신·남두북·박빈은 모두 곤장을 맞고 죽었다. 이것을 일러서 기사환국(1689)이라고 한다.

김석주만은 그 전에 죽어서 관작을 삭탈하고 재산을 몰수하라고 명하였다. 김석주가 살아 있을 때 스스로 원수가 많다고 여기고 크게 두려워하여 으슥한 곳 깊숙이 방을 만들어놓고 하룻밤에도 여러 번 옮겨 다녔다. 죽은 뒤에는 또 거짓 무덤을 만들어놓았는데, 이때 이르러 사람들에게 발각되었다. 아들 하나가 있었는데, 화를 두려워하여 자살하였다.

송시열이 귀양 가는 길에 김집의 무덤 옆을 지나게 되자, 제문을 지어서 말하기를, "소자가 이번에 귀양 가니 이제 윤증이 날뛸 것입니다." 하였는데, 윤증이 이때 이조의 의망(擬望)에 들어 있었기 때문이었다. 임종할 때 또 사람들에게 말하기를, "이 재앙은 윤증에게서 나왔다는 것을 어찌 의심하겠는가?" 하였다. 그런데 윤증은 송시열이 죽었다는 말을 듣고 오히려 그를 위해 여러 날 동안 상복을 입었다고 한다. 김수항은 성품이 온아(溫雅)하여 어질다는 명성이 있었지만, 그 종손녀를 귀인(貴人)으로 들인 것 때문에 사론이 인정해주지 않았다. 또 송시열과 가장 잘 지냈으므로 남인들이 많이 원망하였기 때문에 이번에 끝내 죽음을 면치 못하였다.

○ 禧嬪張氏誕景廟, 上欲册儲嗣, 廢壺位, 恐西人不從, 稍進南人。宗室東平君杭結嬪兄希載有寵, 三司金萬重·李徵明·閔鎭周·韓聖佑等, 相繼以論宮禁事, 得罪。吏判朴世采袖箚極論闕失, 上怒逐之。領相南九萬與右相呂聖齊請對匡救, 并竄極邊。

上召大臣,六卿,三司, 敎曰："今將定元子號, 不從者納官退去。"吏判南龍翼首進曰："臣退則退矣, 而中殿春秋方盛, 此擧爲太早矣。"尹趾完·崔奎瑞·柳尙運皆如龍翼言, 而南人睦昌明等依違而已。幼學柳緯漢請直封爲世子, 又請釋諸南人竄錮者, 上惡其迎合, 竄之。

及宋時烈疏言建儲之早, 引宋哲宗事, 上激怒曰："時烈以士林領袖, 顯有不滿之意, 緯漢疏無怪矣。"命時烈·龍翼等削黜, 拜睦來善·金德遠爲相, 悉召南人。兩司李沆等首請時烈竄棘, 許之。

上方怒時烈, 乃敎曰："尹拯事, 擧世紛紜, 爲時烈言者皆曲, 不如爲拯者之直。當時反其是非者, 由大臣也。"命竄金壽恒·閔鼎重, 又命復以儒賢待拯。又因諸儒疏, 命黜李珥·成渾從祀曰："自兩臣從祀, 而時烈戕人病國, 至於與尹拯爭, 而彝倫幾斁絶矣。"

吏判沈梓等率諸臣, 訟庚申獄之冤, 大憲睦昌明等連啓請殺宋時烈等。於是削保社勳, 復許積·尹鑴官, 而惟枏·堅不與焉。宋時烈·金壽恒·金益勳·李師命·洪致祥等, 或賜死或正刑, 李立身·南斗北·朴斌皆杖斃, 是謂己巳換局。

惟金錫胄前死, 命奪官,籍産。錫胄在時, 自以多仇, 忌畏甚, 深房曲室, 一夜
屢徙。及卒又爲疑塚, 至是竟爲人所發, 有一子懼禍自殺。

時烈始竄, 路過金集墓, 以文祭之日:"小子有此行, 拯乃騫騰。"以拯時擬政
望也。臨終又謂人曰:"此禍由拯, 何疑?"拯聞時烈卒, 猶爲之行素數日云。壽
恒溫雅有賢名, 惟以其從孫女納爲貴人, 爲士論所不與, 且與時烈最善, 南人
多怨之, 以此終不免。

　　최신의 상소 이후 노론과 소론 사이의 다툼이 격화되고 있는 가운데
숙종의 고민은 다른 데 있었다. 바로 후계 문제였다. 첫 번째 왕비 인경
왕후(仁敬王后, 1661~1680)가 경신환국 직후 후사(後嗣) 없이 죽고 계비로
들어온 인현왕후(仁顯王后, 1667~1701)도 후사가 없었다. 숙종 자신도 즉
위 초부터 병약하여 복선군 이남과 허견 등의 역모를 겪은 뒤로는 후사
문제로 초조해 하다가 역관 집안의 장씨가 후궁으로 들어와 아들을 낳
았으니, 숙종은 그를 세자로 책봉하여 후사 문제를 일단락 짓고 싶었을
것이다.

　　그런데 인현왕후가 아직 젊었고 그 집안이 민정중(閔鼎重)·민유중(閔
維重) 등을 배출한 노론의 핵심 가문이어서 서인—노론의 강력한 반발이
예상되었다. 그럼에도 불구하고 숙종의 결단으로 '세자 책봉'보다 한 단
계 낮은 '원자 정호'를 강행하면서 반발하는 서인을 내쫓고 남인을 불러
들인 것이 기사환국(1689)이었다. 이때 인현왕후를 내치고 장희빈을 중

전으로 승격시킨 것에서 서인-노론과 일전을 불사하겠다는 숙종의 결연한 의지를 엿볼 수 있다.

숙종의 모후인 명성왕후(明聖王后)가 1683년에 죽었고, 믿고 의지하던 김석주마저 1684년에 사거했으므로 이것을 노론 외척의 굴레를 벗어나는 절호의 기회로 생각했을 수도 있다. 인조의 서자였던 숭선군(崇善君)의 아들 동평군을 가까이한 것은 김석주의 역할을 대신하리라고 기대했기 때문인지도 모른다. 동평군은 숙종의 이러한 처지를 잘 알고 장희빈의 오라비인 장희재와 긴밀하게 교류하였는데, 이러한 정황을 포착한 서인들이 이것을 견제하려 '궁금(宮禁)'에 대해 언급하다가 처벌당했다.

그런데 박세채와 남구만·여성제까지 처벌한 것은 숙종의 정치적 미숙을 드러낸 것이었다. 이들은 모두 소론 탕평파 대신들로서 노론 외척을 견제하는 우군이 될 수 있는 세력이었기 때문이다. 박세채가 즐겨 사용한 '수차(袖箚)'란 임금 앞에서 직접 전달한 차자(箚子)를 말한다. 모든 상소나 차자는 승정원을 거쳐서 임금에게 전달되는 것이 원칙인데, 이러한 절차를 무시하고 임금에게 직접 전달하는 것은 아무리 품계가 높더라도 '유현(儒賢)'급의 특별한 경우가 아니면 불가능한 일이었다.

송시열이 인용한 송 철종(哲宗)의 일이란 신종(神宗)의 아들 철종이 열 살 때까지 번왕(藩王)으로 있다가 신종이 병에 걸린 뒤에 비로소 태자가 된 일을 말한다. 숙종은 이 말을 여러 차례 언급하면서 송시열이 원자 정호에 불만을 가진 것으로 간주하고, 남인들의 반대에도 불구하고 삭출하라고 명하였다. 또한 회니시비에 대해서 소론 측은 정직하였는데 노론 측에서는 사실을 왜곡하였다고 소론의 손을 들어주고, 윤증을 유현으로 대우하지 말라는 이전의 하교를 거둬들였다. 그리고 그 시비를 뒤집은 것은 대신 때문이었다고 하면서 김수항과 민정중을 귀양 보냈다. 그렇지만 이이·성혼의 문묘종사를 철회한 것 역시 소론에 대한 정확한 이해가 부족한 부분이었다.

이후 남인들의 공격을 받고 송시열·김수항 등이 사사되었으며, 궁중에서 동평군과 암투를 벌이던 이사명과 홍치상은 사형에 처해졌다. 경신환국 당시 책봉된 보사공신은 깎아버렸으며 그 대신 허적과 윤휴는 복관되었지만 허견과 이남은 제외되었다. 김석주는 이미 죽은 뒤였으므로 관작을 삭탈하고 재산을 적몰하였으며, 그와 함께 정탐정치를 담당했던 이입신 등은 고문 받다 죽었다.

인현왕후는 폐위되어 사제(私第)로 돌아가고 장희빈이 중전으로 승차되었는데, 이에 대해 박태보·오두인 등이 상소하여 간쟁하다가 숙종의 친국을 받고 결국 유배 길에 죽었다. 이에 대해 이건창은 "노론과 소론이 모두 하나가 되어 명의(名義)를 수립하였다." 하고, 남인들은 여기에 참여하지 않았다고 밝혀서 당색을 차별하는 것도 마다하지 않았다.

남인들은 소론인 조지겸·한태동 등이 자신들을 구원한 덕을 보았다고 여기고 관작을 추증할 것을 청하였으며, 아무리 스승이라도 자신의 부친을 욕보이는데 스승으로 섬길 수 있었겠느냐면서, 회니시비에서 노론의 배사론을 부정하고 윤증 편을 들었다. 그리고 윤휴를 신원하고 윤증 부자가 윤휴와 절교하지 않았다고 하면서 윤증을 사헌부의 수장인 대사헌(大司憲)에 임명하게 하였다. 그런데 윤증이 상소하여 사직하면서 이이·성혼을 문묘에서 출향한 것을 비판하고, 윤휴와는 절교하였다고 밝혔으며, 자신의 조카인 박태보의 죽음을 애도하니, 남인들이 장악한 양사에서 윤증의 관작을 삭탈할 것을 청하여 숙종이 따랐다.

이처럼 남인과 소론의 당론이 뚜렷하게 그 차별성을 드러내고 있음에도 불구하고 송시열은 기사환국을 전후한 사태의 배후에 윤증이 있다는 의심에 병적으로 집착하였다. 기사환국으로 그가 사사된 것은 당시 정치의 현실적 역학 관계에 대한 무지의 소산이기도 하였다. 당시 윤증과 소론 탕평파가 주장하고 실천한 것은 노론은 물론 남인과도 공존하면서 국가의 위기를 타개하기 위한 정책 마련에 정치적 역량을 집중해야 한다는 것이었으므로, 송시열을 죽이려고 모의할 리가 없었다. 그런데도 송시열이 죽기 직전까지 이처럼 형세 판단을 그르친 것은 그 자신이 그토록 집착했던 주자학 의리론의 자기모순에서 비롯된 것으로 보지 않을 수 없으며, 그 저변에는 양반 지주의 기득권을 유지·고수하려는 집착이 가로놓여 있었다. 이건창이 전한 송시열이 죽기 전에 한 말들은 결국 거짓과 위선에 바탕을 둔 보수의 민낯을 여지없이 드러낸 것이었다.[15]

○ 김진귀의 아들 김춘택은 재주가 있고 권모술수에 능하였다. 김석주의 사람됨을 사모하였는데, 한중혁 등과 모의하여 은화를 모아서 중전의 복위를 도모하려고 천금(千金)으로 궁인의 누이동생을 첩으로 삼고 궁중과 내통하였다. 또 몰래 장희재의 처와 간통하여 남인들의 동정

15 김용흠, 2016①, 앞 논문; 2016②, 앞 글, 275쪽.

을 엿보았다. 우의정 민암과 훈련대장 이의징이 염탐하여 그 정황을 파악하고 함이완으로 하여금 상변하게 하여 김춘택 등을 국문하니 한중혁이 먼저 자백하였다.

민암이 이것을 가지고 역모를 얽어 만들려고 청대하였는데, 주상이 갑자기 엄하게 하교하고, 민암 및 판의금 유명현을 섬으로 귀양 보냈다. 그리고 이의징의 병부를 박탈하고 신여철과 윤지완을 훈련도감과 어영청 두 기관의 대장으로 임명하고 나서 남구만을 불러서 영의정으로 삼고 남인들을 모두 내쫓고 송시열·김수항·김석주·김익훈 등을 신원하였다. 이어서 후회한다는 하교를 내리고 중전을 맞이하여 복위시켰으며, 장씨는 예전의 관작으로 강등하였다. 그리고 지금부터는 국법으로 정해서 다시는 후궁을 왕비로 올리지 말라고 명하였다. 이것을 갑술경화(1694)라고 부른다.

○ 金鎭龜子春澤, 有才任數, 慕金錫胄之爲人, 與韓重爀等謀聚銀貨, 圖復壼位, 以千金聘宮人之妹爲妾, 以通內迅. 而又潛奸張希載之妻, 以覘南人之往來者. 右相閔黯, 訓將李義徵廉得其狀, 使咸以完上變, 鞫春澤等, 重爀先自服. 黯將因以羅織之, 請對, 上忽下嚴敎, 命黯及判禁柳命賢島配, 奪義徵符, 以申汝哲·尹趾完爲兩局大將, 起南九萬爲領相, 悉逐諸南人, 伸宋時烈·金壽恒·金錫胄·金益勳等. 乃下悔悟之敎, 迎復中殿, 降張氏仍舊爵, 命自今著爲邦制, 勿復以嬪御登后妃, 是謂甲戌更化.

갑술환국 역시 기사환국과 마찬가지로 숙종의 결단으로 단행된 것이지만 후계자 확정이라는 뚜렷한 명분이 있던 기사환국과 달리 갑술환국에는 그런 명분이 결여되어 있어서 인현왕후와 장희빈에 대한 숙종의 총애 여부로 설명하는 궁중 비화식 접근이 횡행하는 빌미가 되었다. 갑술환국 직전에는 서인과 남인 모두 정탐정치를 통해서 정국을 장악하려는 시도가 극단적으로 대치하고 있었다. 여기서 서인 측이 우세하였기 때문에 숙종이 서인의 손을 들어주어 갑술환국이 이루어졌다고 보는 것이 온당할 것이다. 이건창이 이것을 군이 '갑술경화'라고 표현한 것 또한 서인 측 입장이 정당하다는 당색을 주저 없이 드러낸 것이었다. '경화(更化)'란 '다시 교화되었다.'는 정도로 번역할 수 있는데, 정상적인 정치 질서가 회복되었다는 의미를 담은 말이었다.

기사환국에서 화를 입은 서인들은 주로 노론이었으므로, 갑술환국 이후 정국은 서인 가운데서도 소론이 주도하게 되었다. 그런데 이들 사이에서 변화된 정국을 어떻게 볼 것인가를 두고 혼란이 일어났다. 장씨가 중전에서 희빈으로 강등된 것을 인현왕후가 폐서인될 때처럼 죽음으로 다투어야 한다는 주장이 나오는가 하면, 중전을 바꾸는 일은 중요한 일이므로 국왕에게만 맡겨둘 것이 아니라 신하들이 회의해서 결정해야 한다는 주장도 나왔다. 이러한 혼란을 수습한 것은 환국의 상징으로서 숙종이 영의정에 임명한 남구만이었다. 남구만은 중전이 바뀐 것은 국왕의 선택이라는 점을 강조하여 신하들이 회의로 결정해야 한다는 주장을 일축하였다.

그다음으로 남구만이 착수한 문제가 바로 정탐정치의 근절이었다. 갑술환국 당시 서인 측 정탐정치는 김춘택이 주도하였다. 김춘택은 김장생의 후손이고 숙종의 장인인 김만기의 손자였으며, 그 부친과 숙부, 형제와 4촌 등에서 2품 이상 경(卿)의 반열에 든 사람들이 수두룩할 정도로 노론-훈척을 대표하는 핵심 가문이었다. 김춘택은 이러한 가문의 위세를 배경으로 소론 한중혁과 함께 환국을 모의하였으며, 숙종과도 긴밀한 연결을 갖고 환국을 준비하였다.[16]

이건창은 환국 직후에 노론 내부에서 그 공로를 인정하여 그 부친 김진귀를 어영대장으로 임명해야 한다는 논의가 나올 정도로 그 기세가 노론을 지배하였다고 전하고 있다. 그런데 김상헌의 후손인 김수항의 아들 김창협이 김진귀의 동생 김진규에게 편지를 보내어 김춘택은 '하류'이고 '뭇 악행을 저질러서 수많은 사람들의 손가락질을 받는' 인물이라고 비판하였다고 한다.

환국 직후 남구만은 맨 먼저 한중혁을 죽여야 한다고 주장하자, 박세채가 놀라서 "김춘택은 어떻게 처리하려고 하느냐?"고 묻자 한중혁은 이미 국문을 받고 환국을 모의한 증거가 드러났으니 그를 먼저 처벌할 수 있다는 입장이었다. 남구만은 한중혁이 자기와 같은 당색인 소론이었지만 그를 처벌하여 정탐정치로 당쟁이 격화되는 고리를 끊어야 한다

---

16 김용흠, 2000, 「조선후기 숙종대 노·소론 대립의 논리―갑술환국 직후를 중심으로」, 하현강교수정년기념논총, 『한국사의 구조와 전개』, 혜안, 654~655쪽.

고 주장한 것이었다. 이를 위해 남구만은 장문의 상소문을 제출하였는데, 이건창 역시 길게 인용하여 그 중요성을 강조하였다.

남구만은 이 상소문에서 김석주의 정탐정치를 비판하고, 기사남인들이 김석주에게 온갖 형벌을 가하여 정탐정치를 지극하게 처벌하였으면서도 갑술환국 직전에 함이완을 사주하여 그 전철을 밟으려다가 숙종의 결단으로 좌절되었는데, 이러한 일을 종식시키려면 함이완을 처벌하는 것에서 나아가 한중혁 등도 처벌해야 한다는 것이었다.

노론 측에서는 이들이 인현왕후 복위에 공이 있으므로 처벌해서는 안 된다고 주장하였는데, 이것은 한중혁 처벌이 노론 핵심인 김춘택의 처벌로 이어질 수밖에 없다는 것을 잘 알기 때문에 나온 주장이기도 하였다. 이들의 주장을 의식하면서 남구만은 인현왕후의 복위가 숙종의 결단으로 이루어진 일인데, 이들 무뢰배가 도모해서 된 일이라고 주장하는 것은 국가를 '무욕(誣辱)'하는 것으로 간주하였다. 따라서 한중혁 등을 처벌하는 것은 "조정을 해와 달보다 위에 두고 높이는 것[尊朝廷於日月之上者]"이라고 주장하였다.

남구만이 한중혁 등을 처벌해야 한다고 주장한 것은 김춘택의 처벌을 유도하기 위한 것이기도 하였다. 남구만은 거듭되는 환국으로 인한 정치적 위기를 극복하기 위해서는 남인은 물론 서인 측 정탐정치도 처벌해야만 국가와 조정이 공적 권위를 회복할 수 있을 것이라고 주장하여, 소론 탕평론의 일단을 실천으로 보여주었다.

이에 대해 노론 측에서는 김춘택 등이 인현왕후를 쫓아낸 남인들을 제거하는 일에 공을 세웠으므로 정탐정치든 음모정치든 정당화될 수 있다고 보고 수단과 방법을 가리지 않고 격렬하게 저항하였다. 즉 이들은 인현왕후에 대한 신하로서의 의리를 내세우며 탕평론을 부정하였던 것이다. 이로 인해 이들에 대한 처벌에는 4년이 넘는 기간이 소요되었다.[17] 그런데 이건창은 남구만의 상소문만 제시하고 노론 측 반발은 기록하지 않았다.

○ 장희재가 언문 편지를 희빈에게 보냈는데, "중궁과 귀인이 은을 모아서 복위를 도모한다."는 말이 있었다. 이때에 이르러 언문 편지가 발각되니 주상이 장차 국모를 모해하였다고 장희재를 죽이려 하였으며, 당시 사람들이 모두 그를 죽여야 한다고 주장하였다.

그런데 남구만이 홀로 말하기를, "장희재는 세자에게 팔의(八議)의 친척이니, 경솔하게 형신(刑訊)을 시행할 수 없다. 하물며 언문 편지를 갖고 죄를 삼는다면 형세상 반드시 희빈도 연루될 텐데, 희빈이 불안하면 세자도 불안할 것이고, 세자가 불안하면 종사는 위태로워진다. 이전에 세자를 정호할 때 여러 신하들이 너무 이르다고 난처해 하자, 기사년에 참소하는 사람들이 말하기를, '오직 우리들만 세자를 마음에 두고 있을 뿐, 여러 신하들은 그렇지 않다.' 하여 망측한 화가 있었다. 지금 만약 세자를 위해 깊고 멀리 고려[深長慮]하지 않아서 다른 날 말하기 어려운 일이 일어난다면 기사년 참소하던 사람들이 주장했던 것을 실현시켜주는 것이 아니겠는가?" 하였다.

---

17 김용흠, 2000, 앞 논문, 657~661쪽.

박세채가 다투어 말하기를, "장희재를 구원해서는 안 됩니다." 하니, 남구만이 말하기를, "내 말이 맞지 않으면 종사의 복일 것이니, 내가 비록 만고의 죄인이 된다 하더라도 여한이 없을 것입니다. 그러나 만약 불행하게도 맞는다면 종사를 어떻게 하려고 합니까?" 하였다.

대간 이여·유득일 등이 청하여 말하기를, "지금 장희재를 죽여서 그 여파가 다른 날 희빈에게 미친다면 우리들이 또한 죽음으로 다투겠습니다." 하니, 남구만이 말하기를, "만약 장희재가 다른 죄로 죽는다면 내가 어찌 그를 구원하겠는가? 지금 장희재와 희빈의 일은 하나가 되었으므로, 지금 장희재를 구원하지 못하면 후일 어떻게 희빈을 구원하겠는가? 또한 그대들이 어떻게 희빈을 무사히 보호할 수 있겠는가? 아니면 마음속으로는 그것이 불가능하다는 것을 알면서 겉으로만 이런 말을 하고 있는 것인가?" 하였다.

주상이 남구만의 말을 따라서 장희재의 죽음을 용서해주고 위리안치하였다.

○張希載諺書通於禧嬪, 有"中宮與貴人聚銀圖復"之語, 至是諺書發, 上將以謀害國母, 誅希載, 時議皆殺之.

九萬獨曰: "希載在世子爲八議之親, 不可輕施刑訊. 況以諺書爲罪, 則勢必連及於禧嬪, 禧嬪不安則世子亦不安, 世子不安則宗社危矣. 前日世子定號, 諸臣以太早難之, 己巳讒人乃謂世子獨渠輩屬心, 而諸臣不然, 故有罔測之禍. 今若不爲世子深長慮, 以致他日之難言, 則無乃實己巳讒人之說耶?"

朴世采爭之曰"希載不當救", 九萬曰: "吾言不中, 宗社之福也, 吾雖爲萬古罪

人, 可以無恨。如不幸而中, 如宗社何?"臺諫李畲·柳得一請曰: "今殺希載,
他日有及於禧嬪, 則某等亦當以死爭之。"九萬曰: "使希載以他罪死, 則吾何
爲救之? 今希載與禧嬪, 其事爲一, 今不救希載, 後何以救禧嬪? 且諸君寧能
保禧嬪無事耶? 抑心知其不能然而外爲此言耶?"

上從九萬言, 貸希載死, 圍籬安置。

○ 윤지완이 우의정이 되었는데, 모든 의논이 남구만과 같았다. 김인
(金寅)이라는 자가 상변(上變)하여 이의징 등의 역모를 고발하였는데, 이
의징만 탐욕을 부렸다고 사사되었을 뿐 그 외에는 사실이 아닌 것이 많
았다. 이때 함이완을 무고죄로 죽이려 하자 남구만과 윤지완이 말하기
를, "김인이 말한 역옥이라는 것이 이미 허구로 돌아갔으니, 이것은 또
한 다른 사람을 해치려 한 것이었을 뿐입니다. 함이완이 서인을 해치려
했다고 죽인다면 김인은 남인을 해치려 했는데 홀로 용서할 수 있겠습
니까?" 하고, 상소하여 논하려다가 그만두었다. 김인은 장희재의 언문
편지를 발고한 자였다.

이때 삼사가 기사년 여러 신하들의 죄를 논하니, 분노하고 증오하는
여론이 들끓어서 다투어 남인들을 가혹하게 다스리려 하였다. 오도일
과 이규령이 말하기를, "임금의 명령을 따른 것과 폐비를 청한 것은 같
지 않다. 지금 만약 임금의 명령을 따른 자들을 극형에 처한다면 폐비
를 청한 자가 있다고 하더라도 무슨 형벌을 더 할 수 있겠는가?" 하였
다. 그리하여 그 가운데 죄가 무거운 10여 사람을 귀양 보내는 것에서
멈추라고 아뢰어서, 정승을 역임한 민암과 훈련대장이었던 이의징 이

외에는 사사한 사람이 없었다. 오도일이 또 여러 죄수들을 소석(疏釋)할 것을 청하고, 또한 이만원은 기사년에 민비에 대한 의리를 내세웠고, 이봉징도 상소문에 가상한 말이 있다고 하여 그에 대한 포상으로 등용하자고 청하였다.

○ 尹趾完爲右相, 凡所獻議, 皆與九萬同。有金寅者上變, 告李義徵等, 義徵以貪婪賜死, 其他多無實。時將誅咸以完誣告之罪, 九萬·趾完曰: "金寅所謂逆獄者, 已歸虛矣, 是亦欲害人而已。以完欲害西人則殺之, 寅欲害南人則獨可貸乎?" 欲疏論之, 不果, 寅發希載諺書者也。

時三司論己巳諸臣之罪, 輿情憤嫉, 爭欲深治之。吳道一·李奎齡曰: "順旨與請廢不同, 今若置順旨者於極罪, 則設有請廢, 何以加其法乎?" 乃啓竄其重者十餘人而止, 故相臣惟閔黯, 將臣惟李義徵以外無賜死者。道一又請疏釋諸囚, 且以李萬元有樹立於己巳, 李鳳徵亦有疏語可尙, 請褒用之。

갑술환국 이후 왕비 교체로 인한 혼란, 환국 주모자에 대한 처벌과 함께 장희재 처벌 문제, 기사남인 처벌 범위 등도 심각한 정치 현안으로 대두하였다. 장씨가 중전으로 있는 동안 장희재가 인현왕후와 귀인 김씨 등의 환국 음모를 장씨에게 전한 한글 편지가 환국 이후 발각되어 그에 대한 처벌이 논의되었는데, 숙종을 비롯한 대다수 여론은 그를 죽여야 한다는 것이 대세였다. 이에 대해 남구만이 홀로 나서서 장씨가 낳은 세자를 보호하기 위해서는 장희재를 죽이면 안 된다고 주장하였다.

남구만은 장희재의 언문 편지를 문제 삼으면 희빈도 처벌을 피할 수 없어서 세자의 지위가 불안해질 것이므로, '팔의(八議)'법을 적용하여 사형을 면하게 해주어야 한다는 것이었다. '팔의'법이란 왕족 · 외척 · 공신 등의 훈척(勳戚)과 당상관 이상의 고급 관료들에 대한 처벌을 유예해주는 여덟 가지 경우를 말한다. 남구만은 박세채 등의 반대에도 불구하고 서인이 세자를 인정하지 않으려 든다는 기사남인들의 모략을 벗어나려면 세자를 위해 '깊고 멀리 고려[深長慮]'하여 장희재를 살려두어야 한다고 고집하여 숙종의 동의를 받고, 제주도에 위리안치하는 선에서 마무리하였다. 이러한 남구만의 세자보호론 역시 모든 당파적 사적 이해관계를 떠나서 국가의 위기 극복을 가장 우선해야 한다는 소론 탕평론의 일단을 반영한 것으로서, 이후 신사년에 그의 제자 최석정이 장희빈의 사사를 반대하는 것으로 계승되었다.

기사남인에 대해서도 가혹하게 처벌해야 한다는 주장이 대세였지만 남구만과 윤지완 등 소론 탕평파 대신이 주도하여 남인 당색 전체가 아니라 그 주모자만을 처벌하기 위한 논리를 만들어내는 데 고심하였다. 오도일 등이 인현왕후에서 장씨로 왕비가 교체될 때 기사남인들은 숙종의 명령을 따를 수밖에 없었는데, 이들을 극형으로 다스린다면 폐비를 주장한 사람은 어떻게 할 것이냐는 말은 그래서 나왔다. 감옥에 갇혀 있는 죄수의 죄를 심사하여 용서해주는 것을 소석(疏釋)이라고 한다. 오도일 등은 기사남인에 대한 석방과 등용을 주장하기도 하였다.

이처럼 기사남인 처벌을 가능하면 축소하려는 소론 탕평파의 시도는 노론의 강력한 반발에 직면하였다.[18] 이러한 노론의 반발에 대해 이건창은 김수항의 아들 김창협이 남구만에게 보낸 항의 편지를 짧게 인용하는 것으로 대신하였다. 여기서 김창협은 기사년 김수항의 죽음을 기묘·을사사화에 비유하면서 엄하게 다스릴 것을 요구하였는데, 남구만은 "김창협이 독서하는 선비라고 생각했는데, 지금 보니 매우 무식하다."고 무시하고, 대신 환국으로 상대 정파에 대한 보복이 반복되는 고리를 이번 기회에 끊어버려야 한다고 주장하는 상소문을 비교적 길게 인용해두었다.

18 이에 대한 자세한 내용은 김용흠, 2000, 앞 논문, 663~666쪽 참조.

격화되는 노·소론 갈등(1)

○ 처음에 이상(李翔)은 유일(儒逸)로서 송시열을 따라서 교유하였는데, 사람됨이 거칠고 비루하여, 사돈 관계에 있는 먼 친척이 연루된 음란한 옥사에 증거를 대고 그 재물을 노렸으므로 세상 사람들이 정직하지 못하다고 지목하였다. 이사명(李師命)은 이름난 가문의 자식으로서 일찍부터 문장으로 현달하였는데 김석주에게 붙어서 공신으로 녹훈되려고 도모하여, 탐욕스럽게 소란 떨기를 멈추지 않았다.

두 사람 모두 기사년에 남인들에게 죽임을 당했다가 이때 이르러 복관되었다. 삼사에서 오도일, 박태상 등이 상소하여 환수할 것을 청하니 시론이 통쾌하게 여겼다. 당시에 보사공신의 훈적을 복구하라고 명하였지만 추가로 녹훈한 이사명 등 5인은 복구하지 않았으므로 노론의

원한이 더욱 깊어졌다.[19]

좌의정 박세채는 장희재는 죽이지 않고 한중혁을 죽였다고 남구만을 매우 허물하였다. 또 말하기를, "송시열은 몸소 대의를 자임하다가 사화(士禍)로 죽었으니, 그 작은 잘못을 가지고 추가로 헐뜯는 것은 마땅치 않다."면서, 조광조를 모신 서원에 배향까지 하려 하였는데, 김창협이 송시열을 가장 존경하였지만 배향은 지나치다고 하여 그만두었다. 이로부터 박세채의 문도들이 다시 노론이 된 자들이 많았는데, 유득일·신완·신임 등이 그들이었다.

○ 初李翔以儒逸, 從宋時烈遊, 爲人樸鄙, 證其姻親之淫獄而覬其貨, 爲世所不直。李師命以名家子, 早顯文譽, 附金錫冑, 圖占勳籍, 貪躁不已。至己巳俱爲南人所殺, 至是并復官。三司吳道一·朴泰尙疏請還收, 時論快之。時命復保社勳, 而師命等五人追錄者不復, 老論怨益深。

左相朴世采以不殺張希載而殺韓重爀, 頗咎南九萬, 又謂"宋時烈身任大義, 死於士禍, 不宜追訾其小失", 至欲配享於趙光祖書院。金昌協最尊時烈, 而亦以配享爲過, 乃止。自是世采之徒多復爲老論者, 如俞得一·申琓·申銋是也。

○ 세자 책봉에서부터 중전이 교체되기까지 노론과 소론, 두 당은 명

---

19 갑술환국 이후 이상과 이사명 복권을 둘러싼 노·소론의 갈등에 대해서는 다음을 참조. 김용흠, 2001, 「숙종대 후반의 정치 쟁점과 소론의 내분—'기사 의리'와 관련하여」, 『동방학지』 111, 97~105쪽.

분과 의리를 함께 지키다가 함께 귀양 가고 폐고되었다. 갑술환국 초에 오두인·박태보 등을 함께 정려(旌閭)하는 은전(恩典)을 베풀고, 이이·성혼을 다시 문묘에서 제사 지내게 하였으며, 서인들이 동시에 승진하였다. 이때 노론의 나이 든 신하들이 많이 죽어서, 남구만이 곧은 절개로 무거운 명망이 있었으므로 영의정이 되어 국정을 책임지게 되었다.

남구만은 평소에 소론으로 자처하지 않았으며, 더욱이 니산과 회덕의 일에는 관여하지 않았다. 이때 이르러 소론은 모두 윤증이 정승이 되기를 바랐지만, 남구만이 홀로 불가하다면서 말하기를, "그가 반드시 조정에 나오지 않을 것을 알면서 헛되이 그 예우만 무겁게 하는 것은 진실하지 못한 것이다. 또한 어찌 임금이 얼굴도 모르는 사람을 정승이 되게 할 수 있겠는가?" 하였다. 이 때문에 소론 중에서도 탐탁해 하지 않는 사람들이 많았다. 특히 그가 건의한 일마다 노론과 상반되었으므로, 노론이 뼈에 사무치는 원한을 품었다. 어떤 사람이 남구만에게 말하기를, "지금 한두 가지 일에서 조금 뜻을 굽히고 노론의 주장을 따라서 노론과 소론이 다시 합하게 된다면 국사에 다행일 것입니다." 하였지만 남구만은 굳게 따르지 않았다.

그리하여 노론이 유학(幼學) 강민저(姜敏著)를 사주하여 상소하게 하였는데 말하기를, "좋아하고 미워하는 것은 사람마다 다 같은 것인데 대신의 의견은 일반 사람들의 생각과 너무 달라서 악독한 역적을 구원하는 것을 일삼고 있습니다. 중전을 교체하였다는 주장은 앞을 살피고 뒤를 돌아보는 것이 너무도 용의주도하여 사람들이 헤아릴 수 없게 하였습니다. 비록 스스로는 화복(禍福)을 두려워하지 않는다고 말하지만 그것을 누가 믿을 수 있겠습니까?" 하고, 장령 홍숙이 이어서 말하기를, "강민저는 충성스러운 마음에 비분강개한 것입니다." 하였다. 주상이 강민저를 귀양 보내고, 홍숙을 파직하였으며, 손수 남구만을 위로하였지만, 남구만은 사직하고 고향으로 돌아갔다.

○ 自建儲至壼闈之變, 老少二黨, 同樹名義, 同罹竄錮。更化之初, 吳斗寅·朴泰輔并施旌典, 而李珥·成渾復從祀文廟, 西人同時升進。時老論舊臣多凋喪, 南九萬以直節重望, 首秉鈞軸。

九萬素不以少論自命, 尤不預尼懷事, 至是少論皆望尹拯爲相, 而九萬獨不可, 曰："知其必不可致而徒重其禮, 是不誠也。且安有人主不識面之輔相哉？" 是以少論亦多不協, 而特以所建白, 事事與老論相反, 故老論憾之次骨。或謂九萬曰："今稍屈意徇老論一二事, 則老少復合, 而於國事爲幸矣。" 九萬堅不從。於是老論嗾幼學姜敏著疏, 言："好惡人所同有, 而大臣意見超出常情之外, 以營救惡逆爲事。坤位升降之論, 瞻前顧後, 用意尤縝密, 令人莫測。雖自謂不怵於禍福, 人孰信之？" 掌令洪瀟繼言"敏著慷慨忠憤", 上竄敏著, 罷瀟, 手諭慰安九萬, 而九萬辭歸鄕。

○ 이의징의 아들 이홍발이 장희재 집안 사람들과 모의하여 장희재의 종 업동(業同)으로 하여금 더러운 물건을 장씨 선영(先塋)에 묻게 하고, 또 나무 표찰에 세자의 나이와 이름을 써서 마치 저주하는 것처럼 보이게 하였다. 또 병조판서 신여철 집안의 종을 유인하여 그의 호패를 훔쳐서 더러운 것을 묻어둔 곳에 떨어뜨려 놓고 사람으로 하여금 고변하

게 하여 서인에게 화를 뒤집어씌우려 하였다.

이때 남구만이 다시 영의정이 되어서, 좌의정 유상운, 우의정 신익상과 함께 그 옥사를 주관하였는데, 일이 여러 장씨에게 파급될 것을 우려하여 끝까지 파헤치지 말 것을 청하여 업동을 귀양 보내는 것으로 그쳤다. 이후에 이홍발의 일이 탄로 나서 죽임을 당하였고, 남구만 등은 지나치게 염려하여 일을 그르쳤다고 스스로 탄핵하였다.

○ 李義徵子泓渤與張希載家人謀, 使希載奴業同, 埋穢物於張氏先塋, 又以木標, 書世子年諱, 狀若咀呪者, 而又誘兵判申汝哲家奴, 竊其號牌, 墜於埋穢處, 使人告變, 欲以嫁禍於西人.

時南九萬復爲領相, 與左相柳尙運·右相申翼相主其獄, 慮事及諸張, 請勿窮治, 止決配業同。後泓渤事露, 伏誅, 九萬等以過慮誤事自劾。

✾

갑술환국 이후 이상(李翔)과 이사명(李師命)을 처리하는 문제에서도 노·소론은 첨예하게 대립하였다. 이들은 모두 송시열 문인으로서, 남인과 소론을 철저하게 비판·배척하는 송시열의 정치노선을 송시열보다도 더 적극적으로 실천한 인물들이었다. 이사명은 김석주와 함께 남인 탄압을 명분으로 정탐정치를 주도하다가 물의를 일으켰으며, 김석주가 죽은 뒤에는 홍치상과 함께 장희재와 결탁하여 동평군 이항을 기찰하려다가 숙종에게 처벌받고, 기사환국 이후 사사되었다. 이상은 현종·숙종 연간에 조정에서 산림(山林) 또는 유현(儒賢)으로 대우받았으며, 그 동생인 이숙(李䎘)과 이익(李翊)이 각각 우의정과 이조판서로 현달하였다. 그런데 이상은 자신과 사돈 관계에 있던 먼 친척 유두성(柳斗星)이라는 자가 계모를 간음한 사건을 날조하여 그의 재산을 손에 넣으려 했다가 기사환국 이후 옥중에서 죽었다.

갑술환국 이후 기사남인의 처분을 모두 뒤집는 흐름 위에서 노론은 이들에 대한 복관을 건의하여 실현시켰는데, 소론 탕평파였던 박태상이 상소하여 그것을 철회하게 만들었다.[20] 박태상은 박세당의 조카이고, 박태보와 사촌간으로서, 갑술환국 이후 남구만·유상운 등과 함께 소론 탕평파의 일원으로서 활약한 인물이었다. 이것은 소론 탕평론에 입각하여 노론의 당파적 의리를 저지한 대표적 사례에 해당한다. 후술할 병신처분으로 노론이 득세하자 이들이 다시 복관된 것이 그것을 입증한다.

박세채가 장희재와 한중혁 처벌을 두고 남구만과 의견을 달리한 것은 앞서 지적한 것과 같은데, 조광조를 배향한 도봉서원에 송시열을 추가로 배향하는 문제를 두고 소론과 갈등하여, 그 문인들 가운데 노론으로 전향한 사람들이 나왔다고 이건창은 밝혔다.

이건창은 이어서 박세채가 황극탕평론(皇極蕩平論)을 주장한 상소문을 인용해두었다. 박세채가 조정에서 탕평론을 제출한 것은 1683년(숙종 9)과 1694년(숙종 20) 두 차례였는데, 1683년에 제출한 상소문이 양적·질

---

20 김용흠, 2001, 앞 논문, 102~103쪽.

적으로 더 충실한 내용을 담고 있었다.[21] 그런데 이건창은 갑술환국 이후 제출한 차자만 인용하고, '탕평'이라는 '명목(名目)'이 박세채로부터 처음 나왔다고 밝혔는데, 이것은 회니시비와 탕평론의 관계를 분명하게 이해하지 못한 결과로 보인다. 앞서 지적한 바와 같이 박세채가 1683년에 탕평론을 제출하여 신료들 다수의 지지를 받자 이것을 저지하기 위해 1684년에 송시열이 최신을 시켜 제기한 것이 회니시비였던 것이다.

이건창은 장희빈의 아들을 세자로 책봉할 때부터 갑술환국까지 노론과 소론은 똑같이 명의(名義)를 지키려다가 처벌당했다는 것을 강조하였다. 그런데 갑술환국 이후 남구만이 영의정이 되어 추진한 일들이 특히 노론의 반발을 받았다고 지적하면서, 강민저의 상소문을 짧게 인용하였다. 그렇지만 남구만은 소론으로 자처하지도 않았으며, 윤증과 송시열의 다툼에도 관여하지 않았다고 밝혔다. 특히 윤증을 정승으로 삼아야 한다는 소론 일각의 주장을 일축하여, 소론 가운데서도 반발하는 사람이 많았다고 지적하였다. 이것은 남구만이 실천으로 보여준 소론 탕평론이 소론 전체의 지지를 받은 것은 아니었음을 시사하는 것이었다.

이어서 기사남인 가운데 권대운(權大運)·목래선(睦來善)·이현일(李玄逸) 등의 처벌을 둘러싼 다툼을 소개하고, 이들에 대한 처벌을 완화해야 한다고 주장한 윤성교(尹誠敎)·윤지완(尹趾完)·정사신(丁思愼) 등이 조정에서 쫓겨난 사실을 기록하였다. 특히 이들을 구원한 정사신의 상소문을

---

21 김용흠, 2008, 「남계 박세채의 변통론과 황극탕평론」, 『동방학지』 143, 연세대 국학연구원.

인용해두었다.

그다음 여기에 인용한 업동옥 관련 내용을 수록하였다. 업동은 장희재 집안 노비였는데, 장씨 집안에서 선영에 세자를 저주하는 흉물을 묻어두게 한 뒤 노론 어영대장 신여철 집안의 노비 호패를 떨어트려서 신여철 집안에서 세자를 저주한 것처럼 보이게 만든 사건이었다. 남구만 등은 앞서 장희재를 죽이는 것을 반대한 연장선상에서 철저한 수사에 반대하였다가 나중에 실상이 드러나서 오히려 처벌받은 사건이었다.

장희빈의 죽음과 세자를 둘러싼 갈등

○ 이보다 앞서 한중혁이 죽었지만, 김춘택의 죄상은 아직 모두 드러나지 않았으므로, 남구만 역시 그 친족이 강력한 것을 꺼려 묻지 않고 내버려 두었다. 그런데 인현왕후가 죽자 김춘택이 왕비가 죽은 것은 장희빈의 무고(巫蠱) 때문이라고 주장하면서, 먼저 사람들을 모아서 조정으로 불러내고 외치기를, "이전에 장희재의 죽음을 용서하자고 주장한 자들은 이 반열에 있을 수 없다." 하였는데, 남구만 등을 가리킨 것이었다. 좌의정 유상운이 상소하여 말하기를, "근래 갑술년 이후 형정(刑政)이 잘못되었다고 허물하는 사람들이 있으니, 신은 남구만과 같이 처벌받기를 청합니다." 하니, 주상이 위로하며 마음을 풀어주었다.

장희빈이 일찍부터 거처하는 곳에 신당(神堂)을 차려놓고 세자를 위해서 복을 빌었는데, 주상이 무고(巫蠱)의 옥사를 다스리면서 친히 장희빈의 여러 비녀(婢女)들을 국문하니, 이들이 신당을 증거로 댔다. 영의정 최석정이 세 번 차자를 올려서 장희빈을 위해 은혜를 보전해줄 것을 청하며 말하기를, "장희빈에게 설사 용서할 수 없는 죄가 있더라도 세자를 낳은 은혜를 생각하고, 세자가 근심하고 상처 입을 것을 감안해서 조금 관대한 처벌을 내리시고 모든 사실이 샅샅이 폭로되는 지경에는 이르지 않게 하시어 세자를 편안하게 하여 주시면 다행이겠습니다. 신이 희빈을 차마 처벌할 수 없다고 하는 것은 세자를 위한 것이고 성명(聖明: 숙종)을 위한 것이며 종사를 위한 것이지 희빈을 위한 것이 아닙니다." 하였다. 판중추부사(判中樞府事) 유상운·윤지선·서문중의 의견도 같았다.

이때 세자의 나이 열세 살이었는데, 상서(上書)하여 말하기를, "신의 어미가 죄를 지었는데 신이 몰랐다고 할 수 없으니, 같이 죽기를 청합니다." 하였다. 또 궁문 밖에 거적을 깔고 여러 신하들에게 울면서 하소연하여 말하기를, "내 어미를 살려주십시오." 하였다. 좌의정 이세백은 옷깃을 뿌리치고 피하였는데, 최석정이 울면서 말하기를, "신이 감히 죽음으로 저하에게 보답하지 않겠습니까?" 하였다. 주상이 끝내 희빈에게 사약을 내리고, 다시 장희재와 업동 및 여러 장씨들을 국문하여 모두 죽였는데, 이것은 모두 이세백이 도와서 한 일이었다.

우의정 신완이 홀로 말하기를, "자식이 어미를 끊어버리는 의리는 없는 것이니, 세자에게 시마복(緦麻服)을 입고 발상(發喪)하게 할 것과 조정에서 관례대로 위문하고, 초상도 또한 후하게 치르게 할 것을 청합니다." 하니, 주상이 따랐다. 장령 윤홍리가 "역적을 토벌해야 하는 의리를 생각하지 않는다."고 최석정을 탄핵하니, 지평 박휘등, 정언 유명응이 최석정을 구원하였는데, 주상이 유명응의 관직을 갈아버리라고 명하였다.

유학(幼學) 박규서(朴奎瑞)와 임창(任敞)이 상소하여 말하기를, "세자가 정모(正母: 인현왕후)가 시해당한 것은 무시하고 사친(私親: 장희빈)을 비호하는 것은 부당하니, 마땅히 희빈이 시역(弑逆)한 죄를 종묘에 고하고, 사면령을 내리십시오." 하였다. 지평 이동언 등이 합계하여 남구만·윤지완·유상운·최석정 등이 악독한 역적을 비호하여 이러한 재앙이 일어나게 만들었다고 논하니, 주상이 명하여 남구만과 유상운은 중도부처하고 최석정은 귀양 보냈으며, 윤지완은 파직하였는데, 임창역시 귀양 보냈다.

○ 先是韓重爀之死, 金春澤罪狀未盡露, 南九萬亦憚其族强, 置勿問。仁顯后薨, 春澤倡言后喪由禧嬪巫蠱, 先募人, 呼於朝堂曰: "前爲希載貸死者, 不可在此列。" 指九萬等也。左相柳尙運疏, 言: "近有咎甲戌以後刑政之失者, 臣請與九萬同罪。" 上慰解之。
禧嬪嘗於所居處, 設神堂爲世子祈福, 上治蠱獄, 親鞫禧嬪諸婢, 引神堂爲證。領相崔錫鼎三上箚請爲禧嬪全恩曰: "禧嬪設有罔赦之罪, 念春宮誕育之恩, 爲春宮憂傷之慮, 少賜寬貸, 不至窮竟暴揚, 以安春宮幸甚。臣所以不忍於禧嬪者, 爲世子也, 爲聖明也, 爲宗社也, 非爲禧嬪也。" 判府事柳尙運·尹趾善·徐文重議同。

時世子年十三, 上書言: "臣母爲非, 臣不應不知, 請同死." 且席藁宮門外, 泣
訴諸臣曰 "願活我母". 左相李世白拂衣而避之, 錫鼎泣曰 "臣敢不以死報邸
下?" 上竟賜禧嬪死, 復鞫希載 · 業同, 及諸張悉誅之, 皆世白所贊也.

右相申琓獨言: "子無絶母之義, 請世子服緦擧哀, 朝廷問慰如例, 治喪亦宜從
厚." 許之. 掌令尹弘离劾錫鼎 "不思討逆之義", 持平朴彙登, 正言俞命凝救錫
鼎, 上命遞命凝.

幼學朴奎瑞 · 任敞疏言: "世子不當恝然於正母之被弑, 而庇護私親, 當以禧
嬪弑逆之罪, 告廟頒赦." 持平李東彦等合啓論南九萬 · 尹趾完 · 柳尙運 · 崔
錫鼎, 庇護惡逆, 馴致禍變, 命九萬 · 尙運中途付處, 錫鼎竄配, 趾完罷職, 敞
亦竄.

○ 인현왕후 초상을 치른 뒤, 남인 오시복 · 권중경 등이 희빈을 복위
시키려고 도모하여 논의를 제창하고 연명으로 상소하려 하였다. 이봉
징이 먼저 희빈의 복제를 논하는 상소를 통해서 주상의 뜻을 엿보았는
데, 그 상소에 "왕비 자리가 마침내 비었다[翟儀遂空]."는 말이 있었다.
그런데 장희재가 죽임을 당하기에 이르자 오시복 등이 모두 섬으로 귀
양 갔다. 보덕(輔德) 박만정은 전에 희빈에게 공봉(供奉)할 것을 청한 말
이 있었는데, 이때 이르러 또한 귀양 갔으며, 동평군 이항은 장희재 옥
사에 연루되어 사사(賜死)되었다.

희빈이 자진(自盡)한 뒤 소론의 찬성(贊成) 윤증 이하 및 남인 · 소북
등이 상소하여 세자를 보호하라고 청하였지만 노론에서는 한마디도 말
하는 사람이 없었다. 호군(護軍) 강세귀가 상소하여 위나라 조비(曹丕)

의 아들 조예(曹叡)가 말한 새끼사슴과 어미사슴에 대한 말[子母鹿]²²을 인용하여 말하기를, "성상(聖上: 숙종)의 시대에 이런 일을 볼 것이라고 생각지 못했습니다." 하였다. 대간들이 강세구가 틈을 엿보아 이간시키려 한다고 다투어 아뢰어서, 귀양 보내라고 명하였다.

이때 사람들이 근심하고 의심하면서 말하기를, "불측(不測)한 일이 있을 것이다." 하였지만, 세자에 대한 주상의 사랑이 더욱 지극해지자 세자를 흘겨보며 틈을 노리던 자들도 해치지 못하였다. 또한 남구만과 최석정의 충심을 헤아려서 다시 최석정을 불러서 정승으로 삼고 소론을 많이 등용하였다. 또 인원왕후를 책봉하였는데, 왕후 집안이 소론이었다. 정언 김보택이 최석정을 탄핵하면서 남구만도 같이 논박하였는데, "명릉(明陵: 인현왕후 능)의 소나무와 잣나무는 처량한데, 황비(黃扉: 정승)의 슬갑과 신발은 밝게 빛난다." 하여, 그 말이 더욱 심각하였다.

○ 仁顯初喪, 南人吳始復·權重經等謀復禧嬪倡議欲聯疏, 李鳳徵先以禧嬪服制疏探上意, 有"翟儀逐空"之語。至誅希載, 始復等并島配, 輔德朴萬鼎前有禧嬪供奉之請, 至是亦竄之, 東平君杭辭聯希載獄, 賜死。

---

22 새끼사슴과 어미사슴에 대한 말[子母鹿]: 위(魏)나라의 조비(曹丕)가 그의 아들 조예(曹叡)와 사냥을 하다가 어미사슴을 쏘아 죽이고 나서 아들 조예에게 새끼사슴을 쏘라고 명하자, 조예가 울면서 말하기를, "폐하께서 어미사슴을 쏘아 죽였으니, 저는 차마 다시 새끼사슴을 쏘아 죽일 수 없습니다." 하니, 조비가 활을 버리고 측은하게 여겼다는 고사(故事)를 가리킨다.

禧嬪旣自盡, 少論自贊成尹拯以下及南人小北多疏請保護東宮, 而老論無發一言者。護軍姜世龜疏引魏主叡子母鹿語, 曰"不謂聖世乃見此事"。臺啓爭斥世龜以爲忝間, 命竄之。

時人情憂疑, 謂"有不測", 然上撫世子有加, 睥睨者不得雋。且察南九萬・崔錫鼎之忠, 復召錫鼎爲相, 多用少論, 又册仁元后, 后家少論也。正言金普澤劾崔錫鼎, 幷論南九萬, 有曰:"明陵之松栢凄凉, 黃扉之苻焉輝映", 語尤深刻。

○ 김보택은 김춘택의 동생이었다. 세자가 일찍이 명릉을 배알(拜謁)하고, 지나는 길에 희빈의 묘에도 들르려 하자 예조판서 김진규가 저지하였다. 또 백관을 거느리고 주상에게 헌수(獻壽)하려고 상소로 청하여 윤허받았는데, 김진규가 상소하여 말하기를, "흉년으로 굶주리는 때에 성대한 일을 벌이는 것은 마땅치 않습니다." 하여 드디어 중지하였다. 김진규는 김춘택의 숙부였다. 을유년(1705, 숙종 31) 주상이 눈병이 나서 갑자기 선위하겠다는 명을 내리자, 대신이 백관과 군, 민을 거느리고 거두어달라고 청하여 마침내 그만두었다. 이로부터 김춘택 등이 더욱 스스로 불안해 하고, 사람들의 말도 흉흉하였다.

앞서 장희재가 귀양 가 있을 때 그의 아내가 김춘택과 간통하고 있다는 말을 듣고, 여러 장씨에게 편지를 보냈는데, 그 가운데 "김춘택이 나를 죽이려 하는데, 이것은 동궁에게도 불리할 것이다."라는 말이 있었다. 여러 장씨를 국문하여 그 말이 죄수의 공초에서 나왔지만 김창집이 그 옥사를 주관하면서 숨기고 보고하지 않았다. 이때 이르러 유생 임부

(林溥)와 이잠(李潛)이 서로 연이어 상소하여 그 일을 논하였는데, 이잠은 남인이었고, 임부는 소론으로 칭해졌다.

○ 普澤, 春澤弟也。世子嘗謁明陵, 欲歷臨禧嬪墓, 禮判金鎭圭沮之。又欲率百官上壽, 至疏請, 蒙允, 鎭圭疏言"歲飢, 不宜盛擧", 遂寢之, 鎭圭, 春澤叔也。至乙酉, 上以目疾, 遽命傳禪, 大臣率百官·軍·民請收乃已。自是春澤等益不自安, 人言洶洶矣。
初張希載在謫, 聞其妻與春澤通奸, 書與諸張, 有云："春澤欲殺我, 并不利東宮。"諸張之鞫, 其辭發於囚供, 金昌集主其獄, 匿不以聞。至是儒生林溥·李潛相繼疏論其事, 潛南人也, 溥以少論稱。

○ 이에 주상이 장희재 옥사가 있을 때 그 일을 담당한 여러 신하들을 붙잡아서 물어보려 하였지만 세월이 오래되어 모두 사망하여 물어볼 사람이 없었다. 주상이 김창집을 파면하고, 김춘택은 제주에 귀양보냈다. 이때는 소론이 국정을 맡고 있었으므로, 삼사의 의논이 모두 임부와 이잠을 바르다 하고, 김춘택을 무겁게 처벌하려 하였다. 노론이 떠들썩하게 말하기를, "지금 소론이 우리들을 위해서 변론하지 않는 것은 바로 장차 우리들을 모두 죽여서 임부와 이잠의 말을 실현시키려는 것이다." 하였다.

○ 上乃逮問張獄時治事諸臣, 年久死亡, 無可問者。上罷昌集, 而流春澤於濟州。時少論方當國, 三司之議皆直溥·潛, 欲深治春澤。老論譁然曰："今少論不爲吾儕辨白, 則是將盡殺吾儕, 以實<u>溥</u>·<u>潛</u>之言也."

❋

　세자를 보호하기 위해 장희재를 죽이는 것에 반대했던 남구만 등 소론 탕평파 대신들은 1701년 인현왕후의 갑작스러운 죽음으로 정치적 위기에 몰렸다. 인현왕후의 죽음과 장희빈이 사약을 받는 장면은 텔레비전 드라마의 단골 소재였다. 그에 따르면 뒤에 영조가 된 연잉군의 생모인 숙빈 최씨가 숙종에게 장희빈이 인현왕후를 무고한 사실을 일러바치자 장희빈의 처소인 취선당에서 신당을 찾아내서 인현왕후를 저주한 사실을 밝혀내고 사약을 내렸다고 하였는데, 이것은 주로 노론 측 당론서에 의거한 것이었다.

　이건창은 신당의 존재는 인정하였지만 그것은 장희빈이 세자의 복을 빌기 위한 것이라 했고, 무고의 옥사가 있었다는 것과 장희빈의 비녀들이 신당을 증거로 댔다는 사실만 인정하였다. 그리고 당시 영의정이었던 최석정이 세 번의 차자로 장희빈의 죽음에 반대한 사실과 세자가 울면서 신하들에게 생모를 살려달라고 애원한 사실 등을 기록으로 남겼다.

　또한 노론 측에서는 세자의 애원을 뿌리쳤을 뿐만 아니라 장희재와 업동 등을 모두 죽이고, 이들을 살려두자고 주장한 남구만과 최석정 등 소론 탕평파 대신들을 탄핵하여 처벌하게 하였다. 이어서 남인 측에서 인현왕후의 죽음을 계기로 장희빈을 다시 중전으로 만들려는 음모가 있었다는 것 또한 밝혀두었다.

설사 장희빈이 신당에서 인현왕후를 저주한 것이 사실이라고 하더라도 그것이 인현왕후가 죽은 결정적 원인으로 볼 증거는 어디에도 없었지만 노론 측에서는 그것을 사실로 굳게 믿고 있었다. 따라서 세자의 지위가 위태로워지지 않을 수 없었으므로, 윤증 등 소론은 물론 남인·소북 등이 모두 세자를 보호하라고 상소하였지만 노론은 여기에 참여하지 않았을 뿐만 아니라 세자에 대한 적대감을 공공연히 표출하였다.

이러한 상황에서 숙종은 세자를 굳건히 보호하고, 최석정 등 소론 정승을 다시 불러들였으며, 소론 김주신(金柱臣)의 딸을 계비로 맞아들여 정국을 안정시키려 하였다. 이에 반발하여 최석정과 남구만을 탄핵한 사람이 바로 김춘택의 동생 김보택이었다. 이건창은 김보택의 상소문을 반박하는 최석정의 상소문을 길게 인용하였는데, 여기서 최석정은 남구만이 장희재를 살리려 한 일과 자신이 장희빈을 살리려 한 일이 모두 사리사익을 떠나서 종묘사직을 위한 일이었다고 주장하였다.

이어서 김춘택의 숙부인 김진규가 장희빈 묘에 세자가 성묘하는 것을 저지하였다든가 신하들이 숙종의 장수를 축원하려는 것을 저지한 사실을 제시하여, 김춘택 가문이 세자를 핍박하는 것에서 나아가 숙종의 왕권 자체를 인정하려 들지 않다가 정치적 위기에 몰리는 상황을 전하였다.

특히 장희재의 언문편지에서 김춘택이 세자에게 불리한 짓을 하려 한다는 말이 있었는데, 옥사를 주관하던 김창집이 이것을 무시하고 수사하지 않아서 임부와 이잠의 상소가 나오게 되었다. 임부는 소론이었고, 이잠은 남인이었는데, 나중에 실학자로 유명한 성호(星湖) 이익(李瀷)의 형이었다. 이건창은 이 가운데 이잠의 상소문을 인용해두었다. 이잠은 상소에서 김춘택과 세자가 서로 양립할 수 없는 형세가 조성되어 김춘택을 둘러싼 세력이 세자를 해치려 하는데도 숙종이 깨닫지 못하고 있다고 비판하였다.

이에 숙종은 김창집을 파면하고 김춘택을 제주도에 귀양 보냈다. 당시 소론이 정국을 주도하면서 임부와 이잠의 주장이 옳다고 보고 김춘택을 죽이려 들자 노론이 격하게 반발하여 노론과 소론의 다툼이 극단으로 치닫는 원인이 되었다.

격화되는 노·소론 갈등(2)

○ 당시 최석정이 옥사를 주관하면서 노론의 마음을 위로하려고 힘썼지만, 노론은 "임부의 상소가 먼저 소론에서 나왔다."고 말하여 원한이 더욱 깊어졌다. 임부와 이잠은 모두 장형(杖刑)을 받고 죽었다.

앞서 김수항 형제가 국정을 담당했을 때, 크고 작은 일을 모두 송시열에게 물어서 시행하였다. 그러나 그 과정에서 때때로 송시열에게 꾸짖음을 받아서 김수항의 여러 아들들도 불평했었다. 그런데 송시열과 김수항이 같은 때 화를 당하자 김창협은 송시열의 권위에 의지하여 김수항을 무겁게 하려고 이때부터 오로지 마음을 다해 존모(尊慕)하였다. 노론 가운데 이전에 송시열을 의심했던 사람들도 또한 하나가 되어 같은 목소리를 낸 것은 김창협이 주창하였기 때문이었다.

나양좌가 김창협의 아우인 김창흡에게 편지를 보내서 송시열이 일찍이 김수항을 욕한 말들을 일일이 나열하여 비난하니, 김창흡이 말하기를, "우리 부친은 일찍부터 진실로 스승을 섬기는 도리로써 우암을 대하였으므로 스승이 제자를 엄하게 훈계한 것은 마땅한 일이다. 우리가 어찌 니산(尼山)의 무리들을 본받겠는가?" 하였다.

○ 時錫鼎主獄, 務以慰老論心, 而老論謂"溥疏始出於少論", 故憾之益深, 溥·潛皆杖死.

初金壽恒兄弟當國, 事無大小, 壹稟於宋時烈而行. 然往往爲時烈所詬, 壽恒諸子亦不平之. 及時烈·壽恒同時遭禍, 金昌協欲藉時烈以重壽恒, 自是專意尊慕之. 老論之前疑時烈者, 亦皆翕然同聲, 以昌協倡之也.

羅良佐貽書昌協弟昌翕, 歷敍時烈所嘗辱壽恒之語以甚之. 昌翕曰: "吾父固嘗以師道待尤庵矣, 師於弟子有嚴訓, 宜也, 吾豈效尼山之徒哉?"

❀

갑술환국 이후 여러 차례의 옥사를 통해서 남인들은 대부분 제거되어 거의 정치세력으로서의 의미를 잃어버렸으므로 노론과 소론의 갈등이 정국의 주요 변수가 되었는데, 그것은 결국 소론 탕평론과 노론 의리론 사이의 대립으로 수렴되었다.[23] 이러한 노·소론의 대립을 격화시

---

23 김용흠, 2000, 2001, 앞 논문.

킨 것이 장희빈의 죽음으로 정치적 위기에 몰린 세자의 처지를 둘러싼 갈등이었음은 앞서 살펴본 바와 같다.

소론 탕평론은 국가의 위기를 우선하는 공적 입장이지만 노론이 내세운 의리론은 '의리' 그 자체가 아니라 '민비에 대한 의리'와 같은 당파적이고 사적인 '노론'의 의리였다. 따라서 이 대립은 공(公)과 사(私)의 대립을 내포하고 있다. 물론 소론 전체가 탕평론을 지지한 것은 아니었다. 그리하여 노론의 공세에 대해 또 다른 의리, 예를 들면 세자에 대한 의리론을 내세우면서 노론을 공격하는 강경한 입장도 나왔다. 이러한 소론 내부의 경향을 비판한 것이 아래에 요약한 최석정의 편지이다.

최석정은 노론과 소론 사이에 이처럼 갈등이 격화되는 것은 국가의 위기를 심화시킬 것임을 통찰하고 임부 옥사에서 노론에 대한 처벌을 완화시키려고 노력하였지만 노론은 오히려 소론에 대한 정치 공세에 몰두하여 갈등은 갈수록 격화되었다.[24] 이건창은 당시 양측의 입장을 대변하는 일차 자료를 두 가지 제시하였는데, 하나는 최석정이 그 아들 최창대(崔昌大)를 통해서 조정 신료들에게 보낸 편지이고, 다른 하나는 김창협이 나양좌에게 보낸 답장 편지이다.

최석정은 이 편지에서 노론의 주장이나 행태가 오로지 '당심(黨心)'에 근거하고 있다고 비판하고, 소론이 여기에 맞서기 위해서는 모든 주장이나 행동이 오로지 공정(公正)해야 하며, 의리(義理)를 끝까지 따져서 시비(是非)를 절충해야 하고, 인습에 빠지거나 사적인 친소 관계에 얽매이지 말고

---

24 김용흠, 2001, 앞 논문, 111~114쪽.

반드시 시의(時義)와 사세(事勢)를 따질 줄 알아야 한다고 강조하였다.

또한 노론의 장기는 치우치게 준엄하다[偏峻]는 것에 있지만 소론의 장기는 '관평(寬平)'에 있다고 하면서 노론의 생존 수단[安身立命]이 인의(仁義)와 성실(誠實)에 있는 것이 아니라 협잡과 공갈에 있으며, 명의(名義)를 빙자하여 다른 사람을 공격하는 것을 명예롭게 여긴다고 비판하였다. 그래서 그들이 하는 짓이란 자기와 다른 당파를 배척하고 사리를 추구하는 것이지만 용감한 척 칼날을 휘두르기 때문에 다른 사람들이 쉽게 대적하지 못해서 막강해 보인다고 하였다.

그리고 노론은 대대로 권력을 이어와서 당파의 근본이 공고하고 세력이 넓게 퍼져 있는데, 소론은 뜨내기 신하와 같아서 의지할 세력이 없으므로 세력이나 기세에서 노론에 미치지 못한다고 보고, 소론의 장기인 '관평'을 버리고 '강경하고 급하게[峻急]' 행동하면 크게 패할 것이라고 경고하였다.

김창협이 나양좌에게 보낸 편지를 인용하기에 앞서 이건창은 김수항 가문과 송시열이 서로 애증 관계에 있었다는 점을 제시하고 나서 나양좌가 이것을 비판하는 편지를 보내자 이에 대해 김창협이 답장하였다고 그 배경을 설명한 뒤 김창협 편지를 인용하였다. 나양좌가 편지에서 송시열이 살아 있을 때는 김수항을 구박한다고 불평하였다가 송시열이 죽은 뒤에는 오로지 송시열을 숭배하기만 한다고 비판하자, 김창협은 자신의 마음속에 있는 송시열은 하나뿐이며 예나 지금이나 존경하는 것은 변함없이 똑같다고 하였다.

오히려 나양좌가 송시열을 선생으로 모시다가 윤선거 묘갈명 사건

이후 추호도 용납하지 않고 비난하여 전후로 일관성을 잃었다고 공격하였다. 김창협은 윤증이 윤선거 묘갈명을 고쳐달라고 청하였는데 송시열이 자기 뜻대로 고쳐주지 않자 「신유의서」로 송시열을 공격하였다고 간주하고, 만약 송시열이 본래 소인이었다면 윤선거 묘갈명을 잘 써준다고 군자가 되겠느냐고 반문하면서, 이것이야말로 아미타불만 외치면 지옥을 면할 수 있다고 말하는 불교의 행태와 같다고 조롱하였다.

외면상으로만 보면 이건창이 최석정과 김창협의 편지를 인용한 분량이 거의 비슷하여 공평한 것 같지만 그 내용에서 노론과의 타협을 강조한 최석정의 편지와 송시열에 대한 변함없는 존경심을 강조한 김창협의 편지는 소론 탕평론과 노론 의리론을 대표한다고 볼 수 있는데, 결국 소론이 공적 입장이라는 것을 암시하기 위한 자료 배치가 아닐 수 없었고, 아마도 이것이 역사의 실상이기도 하였을 것이다.

○ 앞서 송시열은 이경석(李景奭)의 어진 것을 존모하여 베옷 차림으로 짚신을 끌고 그 문하를 왕래하니 이경석이 자주 천거하고 끌어주어 벼슬이 같은 반열에까지 이르렀다. 인조가 일찍이 청나라 사람들의 강요로 이경석에게 삼전도 비문을 지으라고 명하여 청나라 임금의 공덕을 칭송하게 하니, 이경석이 사양하였지만 그만둘 수 없었다. 송시열이 일찍이 이경석의 장수를 축하하는 글을 지어서 사직을 보존한 공로가 있다고 성대하게 말하였는데, 그 가운데 "편안히 장수하였다[壽而康]."는 말이 있었다. 이것은 암암리에 주자가 손적(孫覿)을 조롱한 말을 인용한 것이었다. 그 후 송시열이 이경석에게 혼담을 넣었다가 거절당한

일이 있었다. 또 현종이 온천에 행차할 때 이경석이 상소하여 고향에 머물고 있는 조정 신료들이 문안을 오지 않는다고 배척하였다. 송시열은 이것이 자신을 핍박한 것이라고 의심하고, 이에 상소하여 이경석을 비난하면서 곧바로 손적에 비유하였다. 또 다른 사람에게 보내는 편지에서는 이경석을 향원(鄕愿)이라고 말하였다.

이때 이르러 박세당이 이경석 신도비명을 지어서 말하기를, "거짓을 행하고 그른 것을 따른 것은 세상에 그런 사람이 있었다. 올빼미와 봉황은 종류가 달라서 성내기도 하고 꾸짖기도 한다." 하였다. 이에 대해 김창흡이 이덕수에게 편지를 보내서 이경석과 박세당을 극도로 비난하고, 또 성균관 유생 홍계적을 시켜서 상소하여 변론하게 하여, 말하기를, "지금 송시열을 정사를 어지럽힌 소정묘(少正卯)에 비유하였는데, 이것은 효종의 정치가 혼란하였다고 말하는 것입니다." 하였다. 이로부터 송시열을 비판하는 논의가 있기만 하면 노론은 벌떼같이 일어나서 효종을 무함한 것이라고 하였는데, 이런 말은 김창흡과 홍계적으로부터 시작된 것이다.

남구만은 일찍이 송시열에 대한 시비를 말한 적이 없었는데, 병이 위독하게 되자 비로소 세 집안의 일을 논하는 글을 지었다. 세 집안은 조한영(曺漢英), 이경석(李景奭), 박세당(朴世堂)으로서, 모두 송시열에게 비난받거나 조롱당한 사람들이었다. 남구만은 그것이 무함임을 말하고, 아울러 김창협 형제가 경솔하게 선배를 비난하는 잘못을 저질렀다고 배척하였다고 한다.

윤증이 죽자 최석정이 성균관 유생을 대신하여 제문을 지어서 말하기를, "세상의 선비들을 관찰해보면, 허세와 교만을 드러내놓고 자랑하고, 얼굴빛을 험하게 하는 것을 굳세다[剛]고 여기고 나라에 소문나는 것을 영달한 것으로 여겼다. 오직 선생만은 진실하고 충성스러워 홀로 내면을 성찰하는 것에 전념하였으며, 마음이 이치에 통달하였지만 비단옷 위에 홑옷을 입듯이 감추었다. 출처(出處)의 의리가 처음부터 끝까지 한결같아서, 고괘(蠱卦)의 왕후(王侯)를 섬기지 않는 뜻을 품은 채, 건괘(乾卦)의 잠룡(潛龍)으로 살았다. 어찌 저 사람의 밖으로만 내달려 명예를 구해 공언(空言)을 실천하지도 못하고 고론(高論)을 이루지도 못한 것과 같겠는가." 하였다.

성균관 유생 김유(金楺) 등이 또 상소하여 최석정이 효종을 무함하고 해쳤다고 주장하였다.

○ 初宋時烈慕李景奭之賢, 布衣草履, 往來其門下, 景奭亟薦引之, 以至同列。仁祖嘗迫於淸人, 命景奭爲三田渡碑, 頌淸主功德, 景奭辭不獲。時烈嘗爲文以壽景奭, 盛言其功存社稷, 而有"壽而康"之語, 蓋暗用朱子譏孫覿文也。後時烈求婚於景奭而不得, 又顯宗幸溫泉, 景奭疏斥在鄕朝臣之不來問安者。時烈疑其逼己, 乃上疏詆景奭, 直比之覿。又與人書, 以景奭爲鄕愿。
至是朴世堂撰景奭碑銘曰:"行僞順非, 世有其人。梟鳳殊類, 載怒載嗔。"[25] 於

---

25 박세당 문집에 실린 이경석신도비명에는 이 구절이 "恣僞肆誕, 世有聞人。梟鳳殊性, 載怒載嗔。"으로 약간 다르게 되어 있다. '恣僞肆誕'을 '行僞順非'라고 하였는데, 이것은 홍계적 상소문에 나오는 표현으로서, 소론 측에서 박세당이 한 말이 아니라고

是金昌翕貽書于李德壽, 極詆景奭·世堂, 而又使館儒洪啓迪上疏辨之曰:
"今以時烈爲亂政之少正卯, 則是孝廟之政亂也." 自此有譏議時烈者, 老論輒
群起以爲誣孝廟, 其說自昌翕·啓迪始.

南九萬未嘗言宋時烈是非, 病革, 始爲三家事文, 三家者曺漢英及景奭·世
堂, 皆受詆譏於時烈者也. 九萬爲言其誣, 并斥金昌協兄弟, 輕詆先輩之失云.
尹拯卒, 崔錫鼎代泮儒祭拯文曰: "觀世之儒, 虛憍矜伐, 色厲爲剛, 邦聞爲達.
恂恂忠恕, 獨專內省, 黃中通理, 錦衣尙絅. 出處之義, 一其初終, 志蠱不事,
用乾潛龍. 家讐旣深, 國恥未雪, 非曰果忘, 庶幾歸潔. 豈如夫人, 鶩外循名,
空言不躬, 高論無成." 館儒金楺等又上疏以爲錫鼎誣毁孝廟.

　　이건창이 최석정과 김창협의 편지 다음에 제시한 것이 이경석과 송시
열 사이의 다툼이었다. 이경석은 인조·효종·현종대 활동한 관인으로
서 인조대 이미 영의정까지 현달한 인물이었는데, 1637년 삼전도의 치
욕 이후 인조의 강요로 삼전도 비문을 지은 사람이었다. 당시에는 청나
라에 대한 원한이 조야에 가득 차서 청 태종의 공덕을 찬양하는 비문을
누구도 지으려 하지 않았다. 이에 인조가 이경석을 직접 불러서 국가의
존망이 달려 있는 일이라고 강요하다시피 명령하여 이경석이 더 이상

<hr>

반박하였다. 여기서는 『당의통략』의 표현대로 번역하였다.

사양하기 어려운 상황이었다.[26]

이후 이경석은 1641년 소현세자의 스승으로서 심양에서 활동하면서 심양옥에 투옥된 일이 있었고, 1650년에는 북벌 계획이 탄로 나서 위기에 처한 효종을 대신하여 의주 백마산성에 위리안치되는 형벌을 감수하였다. 1668년에 현종은 이경석이 이처럼 개인의 안위를 돌보지 않고 국가를 위해 헌신적으로 충성한 공로를 인정하여 신하로서는 최고의 영예인 궤장(几杖)을 하사하였다. 그런데 송시열은 궤장을 하사받은 일을 축하하는 글에서 이경석을 송대 정강(靖康)의 변 당시 금나라에 항복하는 글을 지은 손적(孫覿)에 비유하면서, "편안히 장수하였다[壽而康]."고 주자가 손적을 비웃은 표현을 빌려서 이경석이 삼전도비문을 지은 일을 풍자하였다.

이것이 조정에서 문제가 된 것은 그 이듬해 일어났다. 1669년 현종이 온천에 행차할 때 서울에 남아서 방어를 책임지고 있던 이경석은 상소하여 고향에 머물고 있는 신하들이 임금 행차에 무관심한 태도를 보이는 것을 비판하였다. 이 상소에서 이경석은 송시열을 염두에 둔 것은 아니었는데, 송시열은 이것이 자신을 비판한 것으로 간주하고 상소하여 이경석이 손적과 같은 사람이라고 비난하였다. 그리고 다른 사람에게 보낸 편지에서 『논어』에서 공자가 '덕(德)의 적(賊)'이라고 지칭한 '향원'이라고 이경석을 비난하였다. '향원'이란 향리에서 점잖다고 소문난 사람을 가리키는 말인데, 세상에 아첨하여 철저하게 위선(僞善)을 행하

---

26 이경석의 생애와 삼전도 비문 찬술 시비는 이은순, 1990, 『조선후기당쟁사연구』, 일조각, 139~164쪽 참조.

는 사람을 지칭한다.

이건창은 이 사건을 기록하기에 앞서 먼저 이경석이 송시열을 조정에 추천하였다는 사실을 제시하여 송시열이 은혜를 저버렸음을 암시하고, 또 송시열이 이경석에게 후손의 혼담을 넣었다가 거절당한 사실을 언급하여 송시열이 이경석을 비난한 것에는 개인적인 유감도 작용한 것이라고 암시하였다.

이후 둘 사이의 다툼은 표면화되지 않았는데, 1703년 박세당이 작성한 이경석의 신도비명에서 송시열을 비난한 구절을 노론이 문제 삼으면서 노·소론 간의 정치적 갈등으로 비화되었다.[27] 김창흡의 사주를 받은 홍계적이 인용한 "거짓을 행하고 그른 것을 따른다[行僞順非]."는 표현은 박세당이 한 말이 아닌데도 끌어다가 박세당이 송시열을 공자가 처형한 소정묘(少正卯)에 비유한 것이라고 비난하였다. 이건창은 여기서 특히 노론이 송시열을 비난하는 사람을 효종을 비난하는 사람이라고 공격하기 시작한 것은 김창흡과 홍계적에게서 시작되었다고 밝혀두었다. 이것은 뒤에 서술하게 될 윤선거가 효종을 무함했다 하여 그의 문집을 헐어버린 병신처분이 이로부터 싹텄다고 암시한 것이었다.

이어서 남구만이 죽기 직전에 송시열과 갈등했던 세 사람을 거론하

---

27 이은순, 1990, 앞 책, 165~182쪽; 김용흠, 1996, 「조선후기 노·소론 분당의 사상 기반—박세당의 『사변록』 시비를 중심으로」, 『학림』 17, 연세대 사학연구회; 2014, 「조선의 주류 지식인은 왜 사문난적이 되었나?—서계 박세당의 삶과 사상」, 『내일을 여는 역사』 57, 선인.

면서 변론하고 김창협 형제를 비판한 사실을 제시하였다. 앞서 남구만은 회니시비에 관여하지 않았다고 밝혔었는데, 이건창 역시 이것을 상기시키며 남구만의 말을 인용하여 이들의 송시열 비판이 객관적 정당성을 가진 일임을 보이려 하였다.

그다음에는 윤증이 죽은 뒤 최석정이 작성한 제문을 인용하였는데, 역시 윤증을 높이고 송시열을 비난하는 내용이 들어 있었다. 특히 송시열이 북벌을 말로만 내세우고 전혀 실천하지 않았다고 비판한 것은 회니시비가 단순한 개인적 감정 싸움이 아니라는 것을 입증한다. 이것은 최석정이 정승에서 쫓겨난 상태에서 지은 것이었는데, 이에 대해 노론 측에서는 역시 효종을 무함한 것으로 몰아갔다. 이건창은 이것을 반박하는 최창대의 상소문을 수록해두었다.

○ 갑술환국 이후 양사의 대간을 선발할 때마다 노론과 소론이 서로 다툰 것은 이루 다 기록할 수 없는데, 과거로 인한 옥사[科獄]에서 더욱 현저하게 드러났다. 기묘년(1699, 숙종 25) 과거에서는 최석정이 책임자[命官]가 되고, 오도일이 시험관[主文]이 되었는데, 과거 부정을 저지른 역적[科賊] 이성휘(李聖輝) 등이 답안지 봉투를 바꿔치기한 일이 발각되어 모두 섬으로 귀양 가서 종이 되었고 그 과거의 합격자는 삭제되었다.

대간 이탄·한영휘 등이 누차 아뢰어서 오도일을 처벌하라고 청하였다. 그러나 오도일은 사실 민진후 등 여러 다른 시관들과 함께 의논하여 합격자를 뽑았으므로 죄를 줄 만한 일이 없었는데, 얼마 안 있어 다른 일로 귀양 갔다. 당시 합격자 중 이제·홍석보·김일경 등은 뒤에 다른 과거 시험에 합격하였으며, 나머지 다른 사람들도 복과(復科)시킨 사람들이 많았다.

○ 自更化以後, 臺省銓選之間, 老少相関者, 不可勝紀, 科獄其尤著者也。其在己卯則崔錫鼎爲命官, 吳道一爲主文, 而科賊李聖輝等換封事發, 并島配爲奴, 削其榜。臺諫李坦·韓永徽等, 累啓請罪道一。然道一實與他試官閔鎮厚等, 通同試取, 無可以爲罪者, 尋因他事被竄。榜中李濟·洪錫輔·金一鏡等, 後中他科, 餘人多復科者。

○ 앞서 주상은 정승 중에서 남구만을 가장 중용하였는데, 남구만은 최석정을 끌어다가 같이 정승에 올라서, 최석정은 전후로 아홉 번이나 영의정에 임명되었다. 최석정이 그간에 비록 처벌받고 파직된 일도 있었지만 곧 다시 등용되니, 이로써 소론이 국정을 주도한 것이 20여 년이나 되었다.

그런데 경인년(1710, 숙종 36)에 이르러 주상이 갑자기 최석정을 책망하면서, 약원(藥院)에서의 시질(侍疾)에 최선을 다하지 않았다[不謹]고 쫓아냈다. 삼사에서 상소하여 그를 구원하는 자들도 모두 함께 벼슬을 깎아서 쫓아내버리고 그 자리에 노론을 등용하였는데, 사람들은 그 이유가 무엇인지 헤아리지 못하였다. 이때 남구만은 이미 죽었고, 최석정도 얼마 안 있다 죽어서 노론이 권력을 독점한 것이 이로부터 시작되었다.

○ 初上於輔相中最重南九萬, 引錫鼎同升, 錫鼎前後九拜領相, 雖間有譴

罷, 旋卽倚用, 以此少論常主國政者二十餘年。至庚寅上忽責崔錫鼎, 提擧藥
院侍疾不謹, 黜之, 三司疏救者幷削逐, 悉用老論, 人莫測其所由。時<u>九萬</u>已
卒, <u>錫鼎</u>尋亦卒, 老論專用事, 自此始。

✳

　　당시 노론과 소론 사이의 갈등은 갈수록 격렬해졌는데 언론기관인
양사가 그 선봉이 되었으므로 서로 양사에 자파의 사람들을 더 많이 진
출시키려고 다투었다. '대성(臺省)'이란 고려(高麗) 때의 어사대(御史臺) 대
관(臺官)과 중서문하성(中書門下省) 성랑(省郞)을 합칭(合稱)한 것인데, 조선
에서는 이것을 계승하여 사헌부의 대관(臺官)과 사간원의 간관(諫官)을
합쳐서 대간이라고 칭하였다. 이건창은 언관 인사를 두고 다툰 일은 이
루 다 기록할 수 없다 하여 생략하고 그 대신 과거 부정 문제로 인한 옥
사, 즉 과옥(科獄)을 제시하였다.

　　이건창은 기묘년(1699, 숙종 25), 임오년(1702, 숙종 28), 임진년(1712, 숙종 38)
과옥을 거론하였다. 단종 복위를 기념하여 시행된 기묘년 증광문과는
과거 운영에서 문란해진 양상의 극치를 보여주었으며, 노·소론을 막론
하고 권세가의 자제들이 광범위하게 연루되어, 결국 모든 합격자의 합
격이 취소되었다. 그렇지만 노론 측에서는 자신들을 공격하는 선봉이
되었던 소론 오도일을 제거하는 수단으로 과옥을 활용하려 하였다.[28]

---

28 숙종대 오도일을 둘러싼 논란에 대해서는 김용흠, 2001, 앞 논문 참조.

또한 김일경 등 소론의 주요 인물들이 후일 다시 과거에 합격했다는 사실을 제시하여 노론이 과옥을 소론을 제거하는 수단으로 활용한 측면이 있다는 것을 암시하였다.

임오년에 시행된 알성시 역시 임시로 시행된 과거 시험이었는데, 이 때는 시관의 다수를 노론이 차지하여 유력한 노론의 자제들이 부정하게 합격했다고 비판하는 최세일의 상소문을 인용하였다. 그런데 오히려 최세일이 국문을 받고 귀양 갔다. 임진년에는 정규 문과가 시행되었는데, 소론 강경파인 이돈이 주관하여 이진급 등 소론의 주요 인물들이 합격하였지만, 노론의 공세로 합격이 취소되어 소론의 원한이 깊어졌다고 밝혀두었다. 즉 이건창은 당시 과옥이 노론의 소론 제거에 이용되었다고 본 것이다.

이어서 갑술환국 이후 남구만과 최석정이 연이어 영의정이 되어서 약 20여 년간 소론이 정국을 주도하였으며, 특히 최석정은 아홉 번이나 영의정에 임명되었다고 밝혔다. 이것은 사실 노론의 최석정에 대한 공세가 끈질기게 이어졌다는 사실을 반영한 것이기도 하였다.[29] 그런데 숙종이 갑자기 약원에서 환후를 살피는 일[侍疾]에 최선을 다하지 않는다고 최석정을 내쫓았다. 임금이 병이 들면 약원이 설치되고 영의정이 그 책임자가 되어 임금의 환후를 살피는 것이 관례였는데, 숙종은 최석정

---

29 이에 대해서는 다음을 참조. 김용흠, 2017, 「소론 정승이 장희빈을 살리려고 한 이유는―명곡 최석정의 정치 노선과 탕평론」, 『내일을 여는 역사』 66, 민족문제연구소.

이 이것을 소홀히 하였다고 처벌한 것이었다. 이것은 전례가 없는 일이었고, 영의정을 처벌하는 합당한 이유라고 보기는 어려웠기 때문에 이건창은 사람들이 그 이유를 헤아리지 못했다고 기록하였다. 그 이후 남구만과 최석정이 차례로 죽고 나서 노론이 권력을 독점했다고 한다.

『가례원류』시비와 병신처분

○ 앞서 윤선거와 유계는 서로 좋은 관계였는데, 일찍이 예서(禮書)를 같이 편찬하여『가례원류(家禮源流)』라고 이름 붙였다. 윤선거와 유계가 죽고 나서는 윤증이 이것을 이어서 완성하고 집안에 보관하였다. 윤증은 유계 역시 일찍부터 스승으로 섬겼으며, 유계의 손자인 유상기도 윤증에게 배웠다. 유상기가 좌의정 이이명에게『가례원류』를 간행해달라고 부탁하니 이이명이 허락하였다. 유상기는 윤증에게『가례원류』를 찾으니, 윤증은 유상기가 서로 의논하지도 않고 간행을 청한 것을 괴이하게 여겼으며, 또한 이이명과는 취향이 달랐기 때문에 내주지 않았다. 그리고 윤증의 아들 윤행교가 말하기를, "이것은 우리 할아버지와 아버지가 지은 것이다." 하였다.

이에 유상기는 윤증을 꾸짖어서, "이미 한 스승[송시열]을 배반하더니 또 한 스승[유계]을 배반하였다." 하며 드디어 절교하고, 『가례원류』의 초본을 가져다가 간행하였다. 정호(鄭澔)와 권상하(權尙夏)가 지은 그 서문과 발문에서 윤증을 형서(邢恕)라고 비난하였다. 유상기가 상소하고 그 책을 올렸는데, 주상은 정호가 유현(儒賢)을 침해했다고 그 관직을 파면하였다.

주상이 늘 말하기를, "윤증은 아비 때문에 스승과 절교하였는데, 아비는 중하고 스승은 가벼우니 노론의 주장은 옳지 않다." 하면서 배척한 것이 매우 엄하였다. 이 때문에 노론이 감히 니산과 회덕의 일에 대해 수십 년간 말하지 못하였으며, 주상이 윤증을 두텁게 예우하여 정승에 임명하기까지 했지만 윤증은 끝내 출사하지 않았다.

그런데 『가례원류』의 일이 일어나고, 윤증이 죽기에 이르자 주상이 애도하며 "선정신(先正臣) 윤증을 추모하며"라는 시를 직접 지어 말하기를, "유림(儒林)에서 그의 도덕을 존경했고 나도 또한 일찍부터 흠모하였네. 평생 얼굴을 보지 못하여 죽는 날 한스러움이 더욱 깊구나." 하였다. 또 말하기를, "임금과 스승과 아비를 비록 하나같이 섬긴다지만 본래부터 경중에는 차이가 있는 법이니, 우습구나! 논사(論思)하는 기관의 우두머리가 대로(大老: 윤증)를 무함하는 것을 달게 여기다니!" 하였다. '논사하는 기관의 우두머리'라고 한 것은 정호의 직책이 홍문관 부제학인 것을 말한 것이다.

○ 初尹宣擧與俞棨相善, 嘗共編禮書, 名曰《家禮源流》。宣擧·棨卒, 尹拯

續成之, 藏于家。拯於棨, 亦嘗以爲師, 棨孫相基, 又學於拯。相基托左相李頤
命刊行《源流》, 而頤命許之。相基索《源流》於拯, 拯怪相基之不謀而請刊也,
且以頤命異趣故, 故不出。而拯子行敎則曰"此吾父祖書也"。

相基乃詬拯: "旣背一師, 又背一師," 遂絶之, 而取《源流》初本刊之, 鄭澔 · 權
尙夏爲序 · 跋, 詆拯爲邪恕。相基上疏奏其書, 上以澔侵詆儒賢, 罷其職。上
每謂: "拯爲父絶師, 父重師輕, 老論言非是。"斥之甚嚴。以是老論不敢言尼懷
者十數年, 而上厚禮拯, 至拜相, 拯終不出。及《源流》事起而拯卒, 上悼之, 御
製"追惟先正臣尹拯"詩曰: "儒林尊道德, 小子亦嘗欽。平生不識面, 沒日恨彌
深。"又曰: "生三雖事一, 自有輕重殊, 可笑論思長, 甘心大老誣。"論思長謂澔
官副學也。

○ 이때 호남 유생 유규가 상소하여 『가례원류』의 일을 변론하고, 또
말하기를, "권상하가 송시열의 비문을 지었는데, 기사년의 화를 '윤증
이 빚어낸 것이다.' 하였습니다." 하였다. 성균관 유생 윤지술이 전국
각지 유생 박광세 등을 이끌고 상소하여 유규를 배척하고 정호를 구원
하였으며, 수찬 어유귀와 대간 김재로 · 이홍 등의 상소가 이어졌는데,
승지 오명항과 이선부가 박광세 등의 상소를 물리치고 받지 않았다. 이
리하여 니산과 회덕의 다툼이 다시 일어나니, 주상이 명령하여 『가례원
류』의 일을 논하는 상소는 들이지 말라고 하였는데도 이것을 논하는 것
은 오히려 그치지 않았다.

노론에서는 좌의정 김창집, 판중추부사 이여, 대사성 민진원, 승지
이교악 · 이재 · 홍호인, 삼사의 홍계적 · 조상건 등이, 소론에서는 부제

학 유봉휘, 대사간 이세최, 삼사의 이진유·정식·송진명, 정자 김홍석 등이 교대로 상소하여 송시열과 윤증의 시비를 논하였지만『가례원류』의 일에 대해서는 다시 언급하지 않았다.

성균관의 유생들이 서로 벌을 시행하여 몇 달이 지나도 멈추지 않으니, 주상이 윤증의「신유의서」및 송시열이 지은 윤선거 묘문을 들이라고 명하였다. 주상이 그것들을 보고 나서 하교하기를, "지금「신유의서」를 보니 과연 단단히 단속한 말이 많았지만, 묘문에는 원래 윤선거를 욕한 것이 없었다. 전후로 여러 유생 가운데 송시열을 변론하다가 처벌당한 사람은 모두 풀어주도록 하라." 하였다.

이듬해 경기 유생 신구가 상소하여 말하기를, "윤선거 문집에 효종을 헐뜯는 말이 많습니다." 하였다. 윤선거가 일찍이 강화도에서 죽지 못한 것을 들어서 누차 상소하여 스스로의 허물로 삼았으므로 혹자가 그것은 허물로 삼을 필요가 없다고 말하자, 윤선거가 말하기를, "내가 주상과 환난을 같이하였기 때문이다." 하였다. 또 말하기를, "오늘날은 말할 수 있지만 다른 날에는 입 밖으로 낼 수 없다." 하고, 또 말하기를, "성인이 권도(權道)에 통달한 것은 필부와 같지 않다." 하였다. 또 신구 상소문 가운데는 "거(莒) 땅에 있었을 때를 잊지 마십시오."라는 말이 있었고, 또 "원컨대 신을 두거(杜擧)로 여기기 바랍니다." 등의 말을 인용하였다. 이때 이르러 신구는 "윤선거가 스스로 강화도에서 죽지 못한 것을 가리려고 도리어 효종이 죽지 못한 것을 책망하였습니다."라고 누누이 주장하였다.

좌의정 김창집이 신구를 이어서 상소하여 더욱 꾸짖으면서 윤선거

부자를 선정(先正)으로 칭하지 말고, 그 시호를 박탈하라고 청하고, 또 그 문집을 올리게 하여 열람할 것을 청하였다. 승지 김보택이 마침내 윤선거 부자의 관작을 삭탈하라고 청하니 주상이 허락하였다. 윤선거를 처벌하는 하교에서 말하기를, "몸에 씻을 수 없는 허물을 짊어지고도 스스로 허물이 없는 것처럼 자처하려고 감히 두궤(杜蕢)가 잔을 들어 군주를 벌 준 일로써 성조(聖祖)를 무함하고 헐뜯었다." 하였다. 윤증을 처벌하면서는 말하기를, "스승을 배반한 죄인이다." 하였다. 이것을 일러서 "병신처분(1716)"이라고 한다.

○ 於是湖儒柳奎疏辨《源流》事, 又言:"權尙夏爲宋時烈碑, 以己巳之禍, 謂拯所釀." 泮儒尹志述率八路儒生朴光世等疏斥奎救瀗, 修撰魚有龜, 臺諫金在魯·李宖等繼之, 承旨吳命恒·李善溥却光世等疏, 不捧. 尼懷之爭, 復大起, 上命章疏言《源流》者勿入, 而言者猶不止.

老論則左相金昌集·判府事李畬·大司成閔鎭遠·承旨李喬岳·李緈·洪好人, 三司洪啓迪·趙尙健等, 少論則副提學柳鳳輝·大諫李世最·三司李眞儒·鄭栻·宋眞明·正字金弘錫等, 迭疏言宋尹是非, 不復及《源流》事.

館學諸儒互相施罰, 屢月未已, 上命入尹拯辛酉擬書, 及宋時烈所撰尹宣擧墓文. 覽訖, 下敎曰:"今觀擬書, 果多操切之辭, 墓文則元無辱及宣擧者. 前後諸儒以伸辨時烈被罰者, 并解之."

明年畿儒申球疏言:"尹宣擧文集, 多譏議孝廟語." 蓋宣擧嘗以不死江都, 累疏自引, 或言其不必過者, 宣擧曰"吾與上同患難故耳." 又曰:"今日可言, 他日不可出口." 又曰:"聖人達權與匹夫不同." 又上疏中, 有曰"無忘在莒". 又曰

"願以臣爲杜擧". 至是球歷言: "宣擧欲自掩其不死, 反責孝廟之不能死."
左相金昌集繼球疏詆益力, 請勿以宣擧父子稱先正, 奪宣擧諡, 又請進覽其
文集. 承旨金普澤遂請宣擧父子削奪官爵, 上許之. 下敎罪宣擧則曰: "身負難
洗之累, 自處無過之地, 敢以杜擧之罰君, 誣毁聖祖." 罪拯則曰"背師之罪人",
是謂"丙申處分".

○ 지평 김진상이 또 윤선거의 서원과 문집판을 모두 헐어 없애버릴
것을 청하고, 김창집이 거듭 청하였다. … 이때 소론 판중추부사 조상
우·서종태, 참판 오명준·김연·조태구·이광좌·조태억, 대사간 이세
면, 사직 이선부, 삼사의 윤순·심홍·여필희, 유생 오명윤·이홍제·권
필형·황만정 등이 교대로 상소하여 원통하다고 호소하다가 혹은 파직
되고 혹은 귀양 갔다.

권필형의 상소가 더욱 과격해서, "역적 신구[賊球], 흉도 김창집[凶集]
이 유자광처럼 되려고 합니다."라는 말이 있었는데, 주상이 상소한 유
생을 옥에 가두라고 명하였다. 소론 유생들이 백 명씩 천 명씩 무리를
이루어 유건을 벗어던지고 다투어 몰려들어서 혹은 통곡하기까지 하였
다. 이로부터 비로소 소론은 노론에게 원한을 갚을 것을 생각하게 되어
더 이상 관평(寬平)을 주장하는 사람이 없었다.

○持平金鎭商又請宣擧書院及文集版并毁鎖, 昌集申請之。。時少論判府
事趙相愚·徐宗泰, 參判吳命峻·金演·趙泰耉·李光佐·趙泰億, 大諫李世
勉, 司直李善溥, 三司尹淳·沈珙·呂必禧, 儒生吳命尹·李弘濟·權弼衡·黃萬

程等, 交章訟冤, 或罷或竄。

弼衡疏尤峻激, 有"賊球凶集, 欲爲柳子光"之語, 上命疏儒下獄。少論儒生
百千成群, 脫巾爭赴, 或至呼哭。盖自是少論始甘心思逞於老論, 而無復爲持
平之議者矣。

❋

    1710년에 임금의 환후를 살피는 일에 최선을 다하지 않는다고 영의
정 최석정을 쫓아낸 뒤에도 상당 기간 소론 우위의 정국이 지속되었다.
이에 대해 노론이 소론에 대한 공세의 일환으로서 발생한 것이『가례원
류』발간을 둘러싼 다툼이었다. 이 책은 원래 윤선거와 유계가 함께 저
술에 착수한 것인데, 두 사람 모두 책의 완성을 보지 못하고 서거한 뒤,
그 수제자 격인 윤증이 보완하여 완성하였지만 발간하지 않고 집안에
보관하고 있었다.

    그런데 유계의 손자인 유상기가 이이명에게 말해서 조정에서 발간하
는 것을 허락받고 윤증에게 그 책을 내놓을 것을 요청하였지만 윤증이
거절하였다. 그 이유에 대해 이건창은 유상기가 윤증과 미리 상의하지
않았고, 또 그것을 건의한 이이명과 '취향'이 달랐기 때문이라고 하였는
데, 이것은 윤증이『가례원류』라는 예서(禮書) 자체에 대해서 노론 일반
과는 다른 입장에서 보고 있다는 것을 시사한 것으로 볼 수 있다. 그리
고 윤증의 아들 윤행교 역시 이 책을 자신의 조부 윤선거와 부친 윤증
이 지은 것이라고 주장하면서 내주지 않자 유상기는 이것을 윤증이 유

계를 배반한 증거로 간주하였다.

이에 유상기는 자기 집안에서 소장하고 있던 초본을 간행하면서 권상하의 서문과 정호의 발문을 붙였는데, 정호가 발문에서 윤증을 형서 (邢恕)에 비유하였다. 형서는 송대 정호(程顥)의 문인이었는데 그를 배반하고 그와 정치적으로 대항 관계에 있던 장돈(章惇)에게 붙어서 출세하다가 끝내는 장돈마저 배반하여 스승을 배반한 사람을 상징하는 인물이 되었다. 즉 윤증이 송시열을 배반하더니 『가례원류』의 일로 유계마저 배반하였으니 형서와 다름없다는 것이었다.

그 와중에 윤증이 죽었는데, 이때까지는 숙종이 윤증 편을 들어서 정호를 파직하고, 여기에 인용한 것과 같이 윤증을 추모하는 시를 지었다. 갑술환국 이후 숙종은 송시열이 윤선거를 비난하였기 때문에 윤증이 송시열과 절교한 것이라고 보아 부사경중(父師輕重)론에 의거하여 회니시비에서 소론 측 편을 들어주고, 윤증이 출사를 거절함에도 불구하고 끊임없이 불러서, 윤증은 임금 얼굴을 보지도 않고 벼슬이 정승까지 올라갔다.[30]

어쨌든 숙종이 윤증 편을 들어서 잠복해 있던 회니시비가 『가례원류』를 계기로 다시 폭발하여 조정 신료들은 물론 성균관 유생들마저 서로 유벌(儒罰)을 내리면서 갈등이 지속되자 숙종이 「신유의서」와 송시열이 지은 윤선거 묘갈명을 들이라 하여 보고 노론편으로 돌아섰다. 이에 노론 측에서 신구의 상소가 나왔다. 여기서 신구는 윤선거 문집 가운데

---

30 김용흠, 2016②, 앞 글 참조.

수많은 구절을 뽑아서 윤선거가 효종을 무함한 것으로 몰아갔다.

윤선거가 말한 '거(莒) 땅'이란 춘추시대 제(齊)나라 공자(公子) 소백(小白)이 유망(流亡)했던 지역인데, 소백이 돌아와서 환공(桓公)이 되자 관중(管仲)이 그 지역에 유배 가서 고생한 일을 잊지 말라고 한 일을 인용한 것이었다. 즉 이것은 '역경을 당했을 때의 마음을 잊지 말자.'는 의미를 담고 있는데, 윤선거가 효종에게 북벌의 당위성을 환기하는 표현이었다. '두거(杜擧)'란 춘추시대 진(晉)나라 임금 평공(平公)을 경계하여 신하인 두궤(杜蕢)가 올린 술잔이라는 뜻인데, 후세에 임금의 잘못을 일깨우는 술잔이라는 의미로 사용되었다. 역시 청나라에 당한 치욕을 잊지 말자는 의미를 담고 있었다. 이것은 모두 윤선거가 친구들에게 보낸 편지에 나오는 말인데, 신구가 꼬집어 인용하여 문제 삼은 것이었다.

노론 측에서는 이것을 윤선거가 강화도에서 죽지 못하고 살아난 잘못을 가리기 위해 효종도 잘못이 있다고 말한 것으로 몰아가자 숙종이 이를 인정하여 윤선거의 관작을 삭탈하고 윤증까지도 '스승을 배반하였다.'는 주장을 받아들여 처벌하였다. 여기에 인용한 숙종의 하교는 다른 곳에서는 볼 수 없는 말이다. 어쨌든 이것을 계기로 정국 주도 세력이 소론에서 노론으로 바뀌었으므로, 이것을 두고 '병신처분'이라고 하였다.

사실 이것은 노론 측에서 소론을 몰아내고 권력을 장악하기 위해 효종대 상황을 왜곡한 것이었다. 효종대 서인 산림이 조정에 진출하여 윤선거의 출사를 거듭 요구하였는데, 윤선거는 자신의 강화도에서의 행적을 들어서 이것을 거부하였다. 이에 대해 당시 호서 산림이나 조정의 관원들은 물론 효종조차도 지나치다고 보았다. 그럼에도 불구하고 윤선거가 끝까지 이것을 고집한 것은 자신의 강화도에서의 행적이 지닌 공적 성격을 환기시켜 북벌에 대한 의지와 당위성을 표현하기 위한 것이었다.[31] 결국 노론은 효종의 북벌 의지를 강조한 윤선거를 효종을 무함한 것으로 몰아간 것이었다.

그리고 이러한 문제제기는 신구가 처음이 아니었다. 이미 송시열이 죽기 직전에 모두 지적해둔 구절들이었다.[32] 효종대 윤선거와 송시열은 북벌을 두고 첨예하게 갈등하였다. 윤선거는 송시열에게 북벌을 추진하기 위해 대동법·균역법과 같은 제도 개혁에 앞장서라고 끊임없이 요구하였는데, 송시열은 북벌의 의리 그 자체를 자신의 정치적 상징으로 삼는 것에만 몰두할 뿐 제도 개혁에는 명백하게 반대하였다.[33] 그리고 윤선거가 사거한 뒤 송시열은 숙종대 들어서 윤선거가 효종에게 북벌을 강조하기 위해 한 말들을 끄집어내어 효종을 무함한 것으로 몰아갔던 것인데, 그 뒤 30여 년이 지나서 노론은 송시열의 수법을 계승하여 윤선거 부자를 부정하는 수단으로 활용하였던 것이다.

이어서 노론 측에서는 김진상이 윤선거를 배향한 서원과 문집을 헐어버리라고 주장하고 여기에 김창집이 동조하여 실현되었다. 이에 대해 소론 당인들이 반발하는 것은 당연한 일이었는데, 숙종은 이들을 처벌

---

31 김용흠, 2014, 앞 논문, 212~218쪽; 2015, 앞 글, 255~257쪽.
32 김용흠, 2016①, 182~183쪽, 194~195쪽.
33 김용흠, 2005, 앞 논문, 75~77쪽.

하고 노론을 일방적으로 비호하였다. 이건창은 이로부터 소론 내부에서 노론에 대해 관대한 주장을 하는 사람들이 사라졌다고 기록해두었다. 그리하여 권필형 상소에 보이는 '역적 신구[賊球], 흉도 김창집[凶集]'이라는 표현은 이후 소론 강경파들이 즐겨 사용하는 표현이 되었다.

그리고 윤증 제자 이세덕(李世德)이 격쟁(擊錚)하여 스승이 원통하다고 하소연한 내용을 길게 인용하였다. 이 원정(原情)은 수십만 단어에 이르는 장문이었는데, 그 가운데 이건창은 특히 송시열의 말 가운데서 현종을 핍박하는 내용을 나열한 부분을 인용하여 노론 측이 윤선거를 공격하던 수법으로 맞대응하였다. 숙종으로서는 송시열의 이러한 말들이 자기 부친을 핍박하는 내용이었으므로 얼마든지 문제 삼을 수 있는 구절이었지만 무시하였다. 사실 당시 상소문에서 이 정도로 임금을 비판한 것은 부지기수였으므로 그것이 문제가 되는가의 여부는 전적으로 정치적 역학 관계가 어떠하냐에 달린 일이었다.

정유독대와 왕위 계승을 둘러싼 암투

○ 최석정이 정승에서 쫓겨나고부터 세자를 보호해야 한다고 주상에게 말하는 사람이 없었다. 주상이 갑자기 엄한 하교를 거듭 내리면서 세자의 잘못을 꾸짖으니 나라 안팎에서 황송하여 어쩔 줄 모르고 앞날을 헤아리지 못하였다. 그런데 특별히 좌의정 이이명을 불러서 사관을 물리치고 비밀리에 이야기하였지만 그 내용은 전해지지 않았다. 이것을 일러서 '정유독대'(1717)라고 한다. 이이명이 나가자 숙종은 세자에게 대리청정을 명하였다.

또한 세자에게 하교하여 말하기를, "근일의 처분은 일이 사문(斯文)에 관계되니, 돌아보면 중요하지 않겠느냐? 시비가 크게 정해져서, 백세가 지나도 의혹될 것이 없으니, 너는 나의 뜻을 받들고 동요하지 말라." 하였다. 이리하여 사람들이 많이 말하기를, "주상이 노론을 위해서 윤씨를 처벌하자 노론도 또한 주상을 위해서 세자를 바꾸려고 모의하여, 그들이 대리청정에 찬성한 것은 장차 이것을 구실로 세자를 넘어뜨리려는 것이다." 하였다.

> ○ 自崔錫鼎之罷相, 而無以保護言於上者。上忽荐下嚴敎, 責世子過失, 中外惶惑莫測。特召左相李頤命, 屛史官, 語祕不聞, 是謂"丁酉獨對"。頤命出, 而命世子聽政。
>
> 且敎世子曰: "近日處分, 事關斯文, 顧不重歟? 是非大定, 可以不惑於百世, 子志汝遵, 莫之或撓。" 於是人多謂: "上爲老論罪尹氏, 老論亦爲上謀易儲, 其贊聽政, 則將因是以傾之云。"

○ 그후 영조 연간에 김복택 옥사가 있었는데, 독대에서 나온 말이 비로소 드러났다. 주상이 두 왕자를 이이명에게 부탁하고, 선비들 중에서 믿을 수 있는 자가 누구인가를 물으니, 이이명이 김춘택의 종제인 김용택과 이천기라고 대답하였다. 주상이 이이명에게 명하여 김용택과 이천기에게 그 뜻을 전하라고 명하였는데, 이것이 독대에서 말한 대략이라고 한다.

김용택과 이천기는 숙종이 이이명에게 전한 뜻을 듣고 크게 기뻐하여 이것을 종사를 지키는 계책으로 간주하였다. 이에 이이명의 조카인 이희지(李喜之)와 아들 이기지(李器之), 김창집 손자 김성행 등과 모의하여 암암리에 무사와 술객(術客)을 모아서 만약의 사태에 대비하였다.

이때 연령군(延齡君)은 서열이 두 번째였는데, 바야흐로 주상의 총애를 받았으며, 연잉군(延礽君)은 서열이 세 번째였는데 훌륭하다는 소문이 나날이 퍼져서 노론은 누구를 선택할지 몰라 혹 서로 의견이 일치되지 않았다. 얼마 안 있어 연령군이 죽자 비로소 연잉군만을 마음에 두게 되니, 김성행·김복택은 심지어 연잉군의 집으로 사사로이 찾아보기까지 했다고 하는데, 이 일은 아래에 상세하게 나온다.

○ 其後英廟年間, 有金福澤之獄, 獨對始露。盖上以二王子托頤命, 因問士人中誰可信任者, 頤命以金春澤之從弟龍澤及李天紀對, 上令頤命, 致意於龍澤·天紀, 此獨對大略云。

龍澤·天紀得頤命所致意大喜, 以爲此宗社計也。乃與頤命子姪喜之·器之、金昌集孫省行等, 謀陰蓄武士、術客以備不虞。

時延齡君序居第二, 方爲上所眷, 延礽君序居第三, 令聞日著, 老論不知所擇, 或相與異同。未幾延齡卒, 始專屬心於延礽君, 而省行·福澤至私謁藩邸矣, 事詳下文。

○ 경종은 평소에 어질고 효성스러웠으며, 경전과 역사를 강론하면서 어려운 것을 물을 때에는 의표를 찌르는 일이 많았는데, 생모인 장희빈이 죽는 변고를 당한 뒤에는 근심 걱정이 점점 심해져서 잠자는 것이 처음만 같지 못하였다. 대리청정할 때는 아무것도 하려 들지 않고 여러 정승들만 쳐다보니, 노론도 또한 그의 잘못을 찾아낼 방법이 없었다. 이때 김창집과 이이명이 국정을 담당하고 있었는데, 그 아들과 조카들

이 하는 일을 모두 알지는 못하였다.

당시 이상과 이사명의 관작을 복구하고, 김장생을 문묘에 종사했으며, 송준길과 송시열의 종사를 같이 제기하였는데, 이것들은 모두 노론이 하고 싶었지만 수십 년간 난관에 부딪쳐 있다가 이때 이르러 모두 실행하였다. 장희빈의 무덤을 이장할 때 세자가 장차 망곡(望哭)하려 하니, 교리 김진상이 상소하여 저지하였다.[34]

○ 景廟素仁孝, 講論經史, 問難多出意表, 自遭變故, 憂悸成崇, 寢不如初。及代理, 無所施爲, 仰成於諸相, 老論亦無以伺其失。而昌集 · 頤命方當國, 其子侄所爲, 亦不盡知也。

時復李翔 · 李師命官, 金長生從祀文廟, 并擬宋浚吉 · 宋時烈從祀, 皆老論所欲爲, 而數十年持難者, 至是悉行。禧嬪遷葬, 東宮將望哭, 校理金鎭商上疏止之。

병신처분으로 노론이 정국을 주도하게 되자 세자는 다시 정치적 위기에 처하게 되었다. 갑술환국 이후 숙종은 줄곧 세자를 보호하는 입장을 취하여 1701년 장희빈이 사사된 뒤에도 변하지 않았는데, 병신처

---

34 희빈은 1702년(숙종 28) 1월 경기도 양주(楊州) 인장리(茵匠里)에 묻혔다가 1718년 (숙종 44) 광주(廣州) 진해촌(眞海村)으로 천장되었다.

분 이후에는 세자를 교체하려는 뜻을 품었던 것이 분명하였다. 세자를 꾸짖고 엄한 하교를 자주 내린 것은 그러한 숙종의 심정 변화를 드러낸 것이었다.

조선왕조 국가는 전근대 국가로서는 세계적으로 보기 드물게 공적인 운영체계를 갖추고 있었다. 특히 성종대 이후 사림의 성장과 함께 반복되는 사화에도 불구하고 언론 삼사 중심의 공론정치가 정착되어, 집권국가 치고는 권간(權奸)과 환관(宦官)의 횡포가 거의 드러나지 않은, 드문 경우에 속한다. 이처럼 공론정치에 입각한 공적인 운영체계 아래서는 임금이 특정 신하와 독대하는 일은 금기사항이었다. 효종대 송시열과의 독대는 북벌의 당위성을 당시 사람들 누구도 부정할 수 없다는 전제 위에서 이루어진 일이었다. 최소한 사화 이후에는 그런 일은 그 이전에도 없었고 그 이후에도 없었다.

따라서 이러한 국가 운영의 대원칙을 무시하고 숙종이 이이명과 독대했다는 것 자체가 정치적 사건이었다. 그리고 독대의 속성상 대화 내용은 비밀이 될 수밖에 없었지만 그것이 '세자를 바꾸려는' 시도와 관련이 있다는 것은 누구나 가질 수 있는 예상이었고, 신하라면 가져야만 하는 의심이기도 하였다. 그 직후에 숙종이 세자에게 대리청정을 명한 것은 그것이 숙종의 질병으로 인한 불가피한 일이었음에도 불구하고 당시 신료들이라면 세자의 정치적 실수를 노린 측면이 있다는 합리적 의심을 버리기 어려웠을 것이다.

이와 관련하여 이건창은 소론 윤지완과 이대성의 상소문을 인용해 두었다. 두 사람 모두 세자의 자질이 훌륭하다고 전제하고, 윤지완은 독대에 응한 이이명을 숙종의 '사신(私臣)'이라고 비난하였다. 이대성은 특히 세자가 순임금처럼 훌륭한 임금이 되려는 포부를 가지고 있다고 칭찬하고, 이런 세자를 바꾸려는 것이 아니라면 독대에서 나온 이야기를 분명하게 밝혀서 세간의 의심을 제거하라고 청하였다.

이건창은 영조대 밝혀진 독대의 내용을 두 가지 전하였는데, 하나는 숙종이 연령군이나 연잉군으로 세자를 바꿀 뜻이 있다는 것을 전한 것이고, 다른 하나는 세자 교체 과정에서 예상되는 만약의 사태에 대비하여 노론 측의 준비를 지시한 일이었다. 세자를 결정한다는 명분으로 기사환국이 일어나서 송시열과 김수항 등이 사사되었으므로 노론은 이미 세자를 원수로 간주하고 있었고, 신사년 인현왕후의 죽음이 장희빈의 무고 때문이라고 믿고 있었다. 그러한 노론이 병신처분으로 국정을 주도하고 있는 현실 속에서 숙종은 세자 교체를 불가피한 현실로 받아들일 수밖에 없다고 판단한 것으로 보인다. 그런데 이것은 환국을 넘어서는 정국 파탄을 각오하지 않으면 안 되는 일이었다.

숙종은 이것을 노론의 인맥과 충성심에 의지해서 파행적으로라도 막아야 한다고 본 듯하다. 노론에게 믿을 만한 사람이 누가 있느냐는 물음은 그래서 나온 것 같다. 그렇지만 이것은 노론에게 경종을 부정해도 된다는 분명한 신호를 보낸 것이어서 경종대 임인년 옥사의 빌미가 되었을 뿐만 아니라 영조 역시 노론의 보호와 지원으로 국왕이 되었다는 생각을 노론이 품게 만드는 결정적 원인이 되었다. 선조대 시작된 당쟁이 숙종대 들어서 왕위 계승과 관련된 분쟁으로 격화되어 신하가 군주를 선택할 수 있다는 여지를 남겼으며, 이러한 상황이 18세기 내내 해소되지 못하고, 영조대 사도세자의 죽음으로 이어지고 정조대에도 그것을 둘러싼 정치적 갈등이 정국변동의 주요 변수가 되기에 이르렀다.

어쨌든 갑술환국 이후 소론 탕평파가 추진한 탕평책은 병신처분으로 파탄되고 노론 일당의 전권 정치가 전개되기에 이르렀다. 이에 대한 세자의 소극적 저항이 국정과 관련된 모든 결정을 노론 정승들에게 미루는 태업으로 표출되었다. 그리하여 이 시기에 노론의 당파적 의리를 상징하는 이상과 이사명을 복관하였으며, 김장생을 문묘에 종사하고, 송시열과 송준길의 문묘종사 문제를 제기해둔 반면 세자에게는 생모의 묘소를 이장할 때 망곡하는 것마저 저지하는 횡포로 나타났다. 이것은 탕평론과 탕평책이 부정될 때 어떤 일이 일어날 수 있는가를 잘 보여준 사건들이기도 하였다.

5. 경종조:
임금 시해 세력과
보호 세력의 다툼

경종이 태어난 이듬해인 1689년 기사환국으로 송시열과 김수항 등이 사사되면서 노론 측에서는 경종을 원수로 간주하였으므로, 생모인 장희빈이 중전에서 희빈으로 강등된 1694년 갑술환국 이후부터 그 지위가 불안할 수밖에 없었다. 그렇지만 숙종이 적극 보호하겠다는 의지를 표명하고, 남구만과 최석정 등 소론 탕평파 대신들이 세자 보호론을 지속적으로 피력하여 세자의 지위를 유지할 수 있었다. 그리하여 1701년 장희빈이 사사된 이후 노론의 파상적인 공세에도 불구하고 별일이 없었는데, 1716년 병신처분으로 노론이 정국을 주도하면서부터는 정치적 위기에 몰리지 않을 수 없었다.

병신처분으로 소론 탕평론에 의거한 탕평책이 파탄되고 노론의 당파적 의리가 국가의 공인을 받았으므로, 이들이 평소에 세자에 대하여 품고 있던 원한이 표출되는 것은 시간문제였다. 세자를 보호하겠다는 의지를 강력하게 표명해오던 숙종은 이때부터 세자를 교체하려는 생각을 품지 않을 수 없었다. 신료들 다수를 차지하고 있는 노론이 집권한 이상 세자가 국정을 책임지고 운영하기는 어렵다고 보았던 것이다. 후계자 문제에 대한 숙종의 모색이 1717년 정유독대와 대리청정 하교로 나타났다.

숙종은 말년에 질병으로 인해 군주로서의 일상적인 업무 처리가 어려웠으므로 대리청정은 불가피한 일이었는데, 신료들 사이에서는 세자의 실수를 노린 정치적 음모라는 해석이 나올 정도로 세자에 대한 적대감이 팽배해 있었다. 더구나 정유독대에서 노론에게 세자 교체 가능성을 시사하고 그로 인해 발생할 수 있는 파행적 사태에 대비하라고까지 말한 것은 정탐정치에 익숙해 있던 노론에게 날개를 달아준 격이 되었다. 경종을 시해하려는 음모는 결국 숙종 자신에게서 출발했다고 보아도 과언이 아니었다.

경종이 즉위하자마자 노론 측에서는 후계자 문제를 제기하였다. 그리하여 연잉군(延礽君)을 세제(世弟)로 책봉하게 한 뒤, 이어서 질병치레가 잦아서 정상적인 국정 운영이 어렵다는 점을 문제 삼아서 세제의 대리청정을 추진하였다. 숙종 말년에 대리청정을 할 때부터 자신에게 적대적인 노론 정승들에게 둘러싸여 늘 국정 운영에 소극적이었던 경종은 세제 책봉은 수용하였지만 대리청정 주장이 나오고 이에 대한 소론의 강력한 반발이 있자 정국 주도 세력을 노론에서 소론으로 교체하였다. 이것이 1721년 신축환국이다.

신축환국으로 소론이 정국 주도권을 다시 갖게 되었는데, 이것은 노론 측의 과도한 권력욕에 대한 반작용이기도 하였다. 경종과 소론은 노론이 주도한 세제 책봉은 수용할 수밖에 없었지만 세제의 대리청정 주장으로 경종을 인정하지 않겠다는 본심을 드러내자 일치단결하여 노론을 몰아낼 수 있었다. 이것은 어쩌면 경종이 은인자중하면서 노론의 무리를 유도해서 가능했던 일인지도 모른다.

그 이듬해인 1722년(임인, 경종 2)에 남인 목호룡의 고변으로 경종을 시해하려는 노론 측 음모가 모두 드러났다. 이른바 '삼수(三手)'가 그것으로서, 직접 칼로 베어 죽이는 대급수(大急手), 수라에 독약을 타서 죽이는 소급수(小急手), 숙종의 유언을 위조하여 폐출하는 평지수(平地手) 등이었다. 이것은 이이명을 통해서 숙종의 밀지를 받은 김용택과 이천기 등이 주도한 것으로서 여기에 이이명과 김창집의 자질들이 다수 포함되어 있어서 이건명·조태채와 함께 노론 정승 네 명이 사사되고 수십 명이 처벌받는 대규모 옥사가 발생하였다.

이것이 이른바 임인옥사였는데, 노론 측에서는 이것을 고문으로 조작하였다고 주장하지만 김창집·이이명 등이 그 빌미를 제공한 것은 부정할 수 없었다. 어쨌든 이것은 당쟁이 왕위 계승과 결부되어 빚어낸 참극인 것만은 분명하였다. 이후 연잉군이 즉위하자 노론 측에서는 이때 죽은 노론이 영조에 충성을 바치다가 희생되었다고 주장하면서, 그 사건을 '신임사화(辛壬士禍)'라고 부르고, 이들의 충성을 기려서 '신임의리(辛壬義理)'라는 말을 만들었다. 따라서 신임사화는 노론 측에서 사용하는 용어이므로 여기서는 신축환국, 임인옥사, 신임옥사 등의 객관적 용어를 사용하고자 한다.

소론 전체가 탕평론을 추종한 것은 아니었으므로, 신임옥사 이후 집권한 소론 내부에서 입장 차이가 표면화되어 소론이 분열되었다. 탕평론을 부정하고 노론 전체를 제거하려는 급소, 탕평론을 견지하면서도 경종에 대한 불충을 노골적으로 드러낸 노론에 대해 원칙론을 적용하여 강력한 처벌을 주장한 준소, 그리고 진정한 탕평을 위해서는 일부 원칙을 굽혀서라도 노론을 포용해야 한다는 완소 등으로 분열되었다. 탕평론을 견지했던 준소와 완소는 경종에게 충성하면서도 세제도 보호해야 한다는 입장이었으므로, 영조가 즉위한 이후 탕평책을 강력하게 주장할 수 있었지만, 탕평론을 부정했던 급소는 영조에 의해 제거되는 운명을 피할 수 없었다. 여기서 이건창은 준소는 빼고 급소와 완소로만 구분하였다.

경종은 1701년 생모가 사사된 뒤부터 음양으로 노론의 공격에 노출되어 있다가 20년 만에 즉위하였으므로, 궁중 안에서 겪은 스트레스가 보통사람의 상상을 넘어선 것이었을 것이다. 그가 후손이 없고, 늘 질병에 시달린 것은 우연이 아니었던 것이다. 그렇지만 그는 수시로 변화되는 권력의 향방 속에서 자신이 할 일이 무엇인지를 분명하게 자각한 군주였던 것으로 보인다. 그는 적극적으로 정국을 주도하는 것은 포기하는 대신, 은인자중하면서 노론의 무리수를 유도하여 결국 생모의 원수를 갚고 죽었던 것이다. 그러면서도 이복동생인 연잉군과 우애하여 영조 탕평책이 펼쳐질 공간을 열어주고 죽은 것이 그의 업적 아닌 업적이 되었다.

경종 즉위 초 정치지형과 세제 책봉을 둘러싼 논란

○ 경종이 즉위하자 성균관 유생 윤지술(尹志述)이 장희빈에 대한 처분을 숙종의 행장에 수록할 것을 청하면서 말하기를, "신사(辛巳: 1701)년의 변고는 은밀하여 측량하기 어려웠는데, 우리 선왕(先王: 숙종)께서 그 기미를 밝게 살피고 통쾌하게 국법을 시행하여 궁중 안을 엄숙하게 하고 백성들의 분이 풀리게 하였으니 역사 속에서 찾아보아도 드문 일입니다." 하였다. 또 말하기를, "마땅히 사문(斯文)에 대한 처분도 같이 수록해야 합니다." 하였는데, 윤지술을 멀리 귀양 보내라고 명하였다. 영의정 김창집, 대간 김고·정택하 등이 교대로 상소하여 선비의 사기를 꺾어버리면 안 된다고 하면서 윤지술을 구원하였다. 시골 유생 조중우(趙重遇)가 상소하여 장희빈의 은혜를 갚으라고 청하였다가 하옥되어

매 맞아 죽으니, 인심이 더욱 편안치 못하였다.

이때 인원왕후가 동조(東朝: 대비전)에 있었는데, 경은부원군(慶恩府院君) 김주신(金柱臣)은 본래 소론이었지만 일찍부터 뜻이 노론에 있었다. 주상의 국구(國舅: 장인)인 함원부원군(咸原府院君) 어유귀(魚有龜)는 본래 노론이었지만 노론과 함께 일하지 않았다. 사림이 분당된 이래 환관과 궁녀들이 모두 서인과 남인, 노론과 소론의 명목을 갖고 번갈아 가면서 자기편을 후원하였다.

주상의 병세가 갈수록 나빠져서 크고 작은 제사를 몸소 행하지 못하는 일이 많았으며, 조정에 나와서도 항상 침묵을 지켜서 신하들이 올린 상소문이 처리되지 못하고 쌓여갔다. 노론은 이미 스스로 불안한 마음을 품고 있었고, 또 소론과 남인이 궁중 안과 통하여 자신들을 도모할 것을 두려워하였으므로, 모의가 갈수록 급해졌다. 좌의정 이이명이 청나라에 경종의 책봉을 청하러 가면서 은화 6만 냥을 가지고 가니, 사람들이 모두 괴이하게 여겼다.

○景廟卽位, 太學生尹志述請以禧嬪處分載於先王行狀曰: "辛巳之變, 暗密難測, 我先王明燭幾微, 夬施典章, 使宮闈肅而興憤洩, 求之簡册, 所罕見也。" 又言"當竝載斯文處分", 命志述遠配。領相金昌集·臺諫金橰·鄭宅河等交章救之, 以爲士氣不可摧折。鄕儒趙重遇疏請禧嬪崇報, 下獄杖死, 人心益不平。

方是時仁元后在東朝, 慶恩府院君金柱臣本少論, 而意嘗嚮老論。上國舅咸原府院君魚有龜本老論, 而老論不與共事。自分黨以來, 宦官·宮妾皆有西南老少論之目, 迭相爲援。

上病愈痼, 大小祭奠, 多不能行, 臨朝常淵默, 章奏多委滯。老論既內懷不自安, 而又恐少論南人因內逕而圖己也, 故謀益急。左相李頤命請册封, 以銀貨六萬自隨, 人皆怪之。

*

　경종이 즉위하자 새 임금의 의향을 떠보려는 상소가 쇄도하였다. 노론 측을 대표한 윤지술은 장희빈을 사사한 숙종의 처분을 칭찬하고 행장에 수록하라고 청하고, 또한 윤선거와 윤증을 죄인으로 만든 병신처분도 같이 수록하라고 청하였다. 즉 장희빈이 생모라고 하여 함부로 그 죄를 벗겨주는 것은 아비인 숙종의 뜻을 거스르는 일이 된다고 압박하고, 동시에 숙종이 시행한 병신처분도 뒤집으면 안 된다는 신호를 보낸 것이었다. 사문(斯文)이란 '유학(儒學)'을 가리키는데, 당시에는 주자학이 지배하였으므로, 여기서는 '주자학을 신봉하는 학계에서 일어난 일' 정도의 의미를 갖는다. 당시에는 회니시비를 대표적인 사문 시비로 간주하였으므로 이렇게 말한 것이다.

　남인 측에서는 조중우가 상소하여 임금의 생모인 장희빈에 대한 작호를 빨리 결정하라고 주장하였다가 옥에 갇혀서 고문 받고 죽었다. 그런데 윤지술은 경종이 귀양 보내라고 명하였다가 노론의 반발로 철회하였다. 이것은 경종 즉위 직후 노론 우위의 정치지형을 반영한 것이었다.

　이건창은 당시 당쟁이 극단으로 치달아서 궁중을 둘러싸고 당파로 사분오열되어 있었던 상황을 전하였다. 숙종의 마지막 왕비였던 인원왕후 집안은 소론이었지만 그 부친은 노론에 경도되어 있었고, 경종의 장인 어유귀는 노론이었지만 경종 편을 들었다. 그리고 환관과 궁녀들 역시 각각 당색을 갖고 있어서 궁중 안이 당파의 온갖 음모가 난무하는 온상이 되었다. 그래서 노론은 정국을 주도하면서도 불안감을 떨치지 못하여 이이명이 숙종의 죽음과 경종 즉위를 알리는 사신으로 청나라에 가면서 만약에 대비하여 뇌물로 쓰려고 은화를 6만 냥이나 가지고 간 사실을 전하였다.

여기에 이어서 이건창은 이러한 상황에서 나온 이진검의 상소를 비교적 길게 인용하였는데, 이진검은 이건창과 같은 전주 이씨로서 방계의 조상이었다. 여기서 이진검은 조중우가 은혜를 가탁해서 의리를 저버렸고, 윤지술은 권력을 훔쳐서 군주를 협박하고 있다고 둘 다 비판하고, 노론이 윤지술을 구원한 것은 군부를 무시한 처사라고 공격하였다. 또한 정유독대를 비판하고, 그 당사자인 이이명이 6만 냥의 은화를 가지고 가서 어디에 쓰려고 하느냐고 힐난하여 소론 측 입장을 대변하였다. 경종 즉위 직후의 살얼음판과도 같았던 정국을 이건창은 이처럼 간명하게 압축하여 전하고 있다.

그런 가운데 왕위 계승을 확인하기 위해 청나라 사신이 와서 왕실의 다른 왕자들이 누가 있는지를 물으니 김창집이 연잉군을 거론한 것이 문제가 되었다. 조태구가 상소하여 이것은 청나라에서 실례(失禮)한 것인데, 김창집이 이에 응대한 것은 '혐의를 무릅쓴 것[冒嫌]'이라고 비판하였다. 이것은 노론이 은연중에 연잉군을 후계자로 간주하고 있는 것을 반역의 혐의가 있다고 비판한 것이었다.

노론 측에서 지평 이정소(李廷熽)가 상소하여 골육을 이간하였다고 조태구를 비판하니 조태구는 정승으로 임명받고도 출사하지 않았으며, 소론 측에서 호남 유생 이몽인(李蒙寅)이 상소하여 조태구를 구원했다가 변방으로 귀양 갔다. 그리고 해를 넘겨서 1721년(신축, 경종 원년) 이정소가 후계 문제를 제기하여 정국은 급속도로 경색되었다.

○ 몇 달 뒤 이정소가 정언으로서 상소하여 건저(建儲)를 청하면서 말하기를, "전하의 춘추가 한창인데, 아직도 후계자가 없어서 국세(國勢)가 위태롭고 인심(人心)이 흩어졌으니, 국가의 대본(大本)을 생각하여 빨리 사직(社稷)의 큰 계책을 정하십시오." 하니, 주상이 비답하고 묘당(廟堂)에 내렸다. 이에 영의정 김창집, 좌의정 이이명, 판돈녕부사 조태채, 호조판서 민진원, 병조판서 이만성, 형조판서 이의현, 공조판서 이관명, 판윤 이홍술, 대사헌 홍계적, 대사간 홍석보, 승지 조영복, 교리 신방 등이 입대하여 아뢰었지만 주상이 가부를 말하지 않았다.

김창집 등이 교대로 청하여 말하기를, "이것은 일각도 지체할 수 없는 일이오니, 원컨대 빨리 기꺼이 따르겠다는 하교를 내려주십시오." 하니, 주상이 말하기를, "기꺼이 따르겠다." 하였다. 김창집이 말하기를, "대신(臺臣)이 상소하여 조종(祖宗)의 법도를 따르라고 청한 것은 공정왕(恭靖王)의 고사(故事)를 가리키는 것 같습니다. 그렇지만 이것은 큰일이니 원컨대 대비마마[東朝]께 아뢰어서 반드시 수교(手敎)를 받아서 널리 선포한 연후에야 신들이 봉행할 수 있습니다." 하였다. 그리고 편전(便殿) 문밖으로 나와서 한밤중까지 김창집 등이 대비전 뜰을 바라보고 있었는데, 촛불만 희미하게 비칠 뿐, 쓸쓸하게 아무 소리도 없었으므로 그들이 마음속으로 두려워하지 않을 수 없었다. 그리하여 민진원이 다시 청대(請對)하려 하니, 조태채가 말리며 말하기를, "어찌 급하게 재촉하여 할 일이겠습니까?" 하였다.

한참 있다가 불러서 들어가니, 책상 위에 대비가 봉함하여 보낸 문서가 있었다. 주상이 그것을 가리키며, 말하기를, "여기 있다." 하여, 김창집과 이이명이 읽어보니, 말하기를, "효종의 혈맥이자 선왕의 골육은 지금의 주상과 연잉군뿐이니 어찌 다른 사람이 있겠는가?" 하였다. 김창집 등이 머리를 조아리고 눈물을 흘리며 칭송하고 축하하였다. 이이명이 조영복에게 "연잉군을 후계자로 삼는다."고 전교(傳敎)를 쓰게 하고, 받들어 올려서 보이니, 주상이 머리를 끄덕이며 좋다고 하였다. 때는 신축(1721, 경종 1)년 8월이었다.

이때는 주상이 즉위한 원년으로서, 당시 주상의 나이는 서른네 살이었고, 중전은 스물도 채 되지 않았다. 주상이 비록 병이 있었지만 신민(臣民)들은 일찍이 들어본 적이 없었다. 그런데 갑자기 이런 일이 있자 사람들의 마음을 헤아리기 어려웠다.

○ 數月李廷熽以正言疏請建儲曰: "殿下春秋鼎盛, 尙無繼嗣, 國勢岌業, 人心渙散, 亟宜念國家之大本, 定社稷之大策." 批下廟堂。於是領相金昌集、左相李頤命、判府事趙泰采、戶判閔鎭遠、兵判李晩成、刑判李宜顯、工判李觀命、判尹李弘術、大憲洪啓迪、大諫洪錫輔、承旨趙榮福、校理申昉等, 入對稟旨, 上無可否。

昌集等迭請曰: "此不容一刻遲緩, 願速賜允從。" 上曰"允從矣"。昌集曰: "臺臣疏請遵祖宗之典, 似指恭靖王故事也。然此大事, 願稟定于東朝, 必得手敎, 宣示之, 然後臣等可以奉行。"因出閣外, 至夜半, 昌集等望見殿庭, 燈燭微明, 寂然無聲, 意不能無恐。鎭遠欲復請對, 泰采止之曰"豈可促迫爲也?"

有頃召入, 案上有東朝封書, 上指之曰"在此矣"。昌集‧頤命讀曰"孝宗血脈, 先王骨肉, 今上與延礽君而已, 豈有他哉?" 昌集等頓首涕泣稱賀, 健命令榮福書傳敎曰"以延礽君爲儲嗣", 奉而進覽, 上頷可之, 時辛丑八月也。

上卽位元年, 春秋三十四, 內殿春秋, 未滿二十, 上雖有疾, 臣民未嘗聞。至是遽有是擧, 人情不測。

이 기사는 경종대 세제 책봉 과정을 상세하게 전한 것이다. 경종은 아들이 없었으므로 건저(建儲), 즉 후계자를 세우라고 청한 것은 연잉군을 세제로 책봉하라고 청한 것이나 마찬가지였다. 이러한 노론의 의중을 반영한 이정소의 상소에 대해서 경종이 보았다고 사인하고[批] 조정에 내렸다[下廟堂]. 묘당(廟堂)이란 원래 종묘(宗廟)와 명당(明堂)을 합쳐 말한 것인데, 조선전기에는 의정부를 뜻하였다가 중종대 비변사가 생긴 뒤로 조선후기에는 주로 비변사를 지칭하는 말로 사용되었지만 일반적으로 조정을 지칭한다고 보아도 무방하다.

이에 신하들이 들어와서 건저를 압박하니, 경종이 처음에는 가부를 말하지 않다가 노론 일색의 조정 신하들이 거듭 청하자 마지못해 따랐다는 것을 전하고 있다. 공정왕은 2대 국왕 정종(定宗)의 시호였는데, 정종은 제2차 왕자의 난이 일어나자 그 아우인 태종 이방원을 세제로 책봉하였다가 그에게 왕위를 물려주었다. 노론이 이것을 인용한 것은 연잉군을 세제로 책봉하라고 넌지시 압박한 것이었다.

그런데 노론 측에서는 이러한 경종의 결정이 신하들의 강요로 나온 것이라는 혐의를 피하기 위해 대비의 친필 하교를 받아오라고 경종에게 요구하였다. 사실 이것 자체가 경종의 왕권을 무시하는 행위였다. 이건창은 대비의 친필 하교가 나올 때까지 노론 중신들이 기다리면서 초조해 하는 모습을 생동감 있게 묘사하였다.

숙종의 마지막 계비 인원왕후가 '효종의 피를 받은[孝宗血脈]' '숙종의 자식[先王骨肉]'은 경종과 연잉군만 있다고 말하여 연잉군을 후계자로 정해도 된다는 신호를 보내니, 노론 중신들은 기뻐하며 경종에게 이것을 확인받고 나서야 연잉군을 세제로 책봉할 수 있었다. 그렇지만 이때 경종은 겨우 30대였고, 당시의 중전 선의왕후(宣懿王后, 1705~1730)는 10대였으므로 경종에게 질병이 있다는 것을 알지 못하는 신하들이나 일반 백성들이 이상하게 생각할 수밖에 없었다고 전하여 이것을 비판하는 소론의 상소를 정당화하였다.

노론의 세제 책봉을 정면으로 비판한 상소는 숙종대 탕평파 대신 유상운의 아들 유봉휘(柳鳳輝)가 올렸다. 이 상소에서 유봉휘는 소론 대신들 몰래 노론 중신들만 모여서 경종을 압박한 것은 신하의 예가 없는[無人臣禮] 일이라고 비판하고, 세제 책봉은 되돌릴 수 없지만 이처럼 파행적으로 일을 처리한 대신들을 처벌하여 군주의 권한이 아래로 내려가게 하지 말라[毋使威福下移]고 청하였다.

이에 노론 측에서는 어떻게 세제를 논박하는 상소를 올릴 수 있느냐고 반박하였고, 세제 역시 상소하여 세제의 직책을 사양하면서, 유봉휘 상소에 나온 말이 위험하여 '간담이 모두 떨어졌다[心膽震墜].'고까지 말하였다. 이러한 노론의 반발로 조태구의 구원에도 불구하고 유봉휘는 멀리 귀양 가는 처벌을 면하지 못하였다. 그런데 노론 측에서는 여기에 만족하지 못하고 세제의 대리청정까지 주장하다가 아래와 같이 조선후기 정치에서 보기 드문 광경을 연출하였다.

세제에게 대리청정을 명하였다가 취소하다

○ 10월 집의 조성복(趙聖復)이 상소하여 세제가 정사(政事)에 참여하게 하라고 청하니, 그날로 전교하기를, "나는 기이한 질병이 있어서 진실로 모든 일을 처리하기 어려우니, 크고 작은 국사(國事)를 모두 세제에게 처리하게 하여 내가 편안히 몸조리할 수 있게 하라." 하였다. 승지 이기익 등이 들어와서 하교를 거두어달라고 청하였지만 허락하지 않자 조성복을 파직하라고 청하고 물러났다.

좌참찬 최석항(崔錫恒)은 최석정의 아우였는데 대궐에 들어와서 임금과의 면대를 청하니[請對], 이기익이 밤이 깊었다고 하면서 허락하지 않았다. 그러나 최석항이 강요하여 아뢰니, 특별히 문을 잠그는 것을 중지하라고 명하고 인견(引見)하였다. 최석항이 울면서 하교를 거두어달라고 간절하게 청하니, 주상이 말하기를, "내가 마땅히 생각해보겠다." 하였다. 오경(五更: 새벽 4시 전후)에 이르기까지 힘써 아뢰니, 주상이 자세를 바꾸고 말하기를, "환수하는 것이 좋겠다." 하였다.

이때 이건명이 최석항이 들어갔다는 말을 듣고 비로소 병조참의 김재로와 함께 뒤미처 대궐 아래 이르렀으나 이미 환수하였다는 말을 듣고 마침내 돌아갔지만 다른 정승들은 모두 움직이지 않았다. 다음날 이건명이 상소하여 논하기를, "최석항은 일개 재신(宰臣)으로서 깊은 밤에 면대할 것을 청하였으니, 승지는 마땅히 들어가는 것을 허락하지 말았어야 합니다." 하였다. 호조참판 조태억이 청대하여 성대하게 배척하기를, "대신과 삼사가 수수방관하고 베개를 높이 베고 깊은 잠을 자면서 누구 한 사람 다투어 논하는 사람이 없다가, 도리어 최석항을 들어가게 했다고 승지를 공격하니, 윤리와 강상이 끊어져서 나라가 나라답지 못합니다." 하였다.

사직 박태항 등 벼슬아치들[搢紳] 30명이 상소하여 조성복과 여러 대신들을 논박하고, 사직 이광좌, 청은군 한배하, 형조참의 이조, 부사과 한세량이 서로 이어서 상소하여 논박하였다. 한세량이 상소에서 말하기를, "오호라! 슬프구나! 하늘에는 두 해가 없고 땅에는 두 임금이 없는데, 전하의 조정에서 북면(北面)한 자들이 감히 천위(天位)를 옮기려고 마음속으로 생각하고 입 밖으로 낸단 말입니까?" 하였다. 사직 권규 등 남인 벼슬아치들이 상소하여 말하기를, "오호라! 황천(皇天)이 어찌 우리 국가를 혼란에 빠트려서 망하게 하겠습니까? 전하는 적신(賊臣)들에게 충격을 받았다고 하더라도 어찌 이러한 하교를 하십니까?" 하였다.

양사에서 한세량과 권규들의 말이 자신들을 핍박하였으니 국문하라고 청하고, 또한 최석항과 조태억 등이 조정 신하들을 거짓으로 얽어서 모함하였다고 논박하였다.

며칠 뒤 세제에게 이전 하교와 같이 정사를 처리하라고 재차 명하니, 김창집 등이 백관을 거느리고 면대할 것을 청하였지만 허락하지 않았다. 신하들이 하교를 환수하라고 정청(庭請)하여 아뢴 것이 나흘째에 이르고, 세제가 다섯 번 상소하여 사양하자 "괴로움도 나누고 고통도 나누자."는 하교가 있었다. 또한 조정에 하교하여 말하기를, "내가 병 때문에 정사를 볼 수 없어서 장차 좌우의 신하들에게 전례를 살펴서 거행하게 하려 했는데, 좌우 신하들이 좋겠는가, 세제가 좋겠는가?" 하였다. 김창집 등이 말하기를, "성상의 하교가 이와 같으니 감히 따르지 않을 수 없다." 하고, 이에 연명 차자[聯箚]를 올려서 정유년 대리청정했을 때의 사목(事目)에 의거하여 시행할 것을 청하면서 정청을 거두었다. 오직 이광좌와 대간 유복명(柳復明)만이 불가하다고 했는데, 유복명은 노론이었다.

○ 十月, 執議趙聖復疏請世弟參聽庶務, 卽日傳敎曰: "予有奇疾, 誠難酬應萬幾, 大小國事, 幷令世弟裁斷, 俾予安意調養." 承旨李箕翊等入, 請還收, 不許, 請罷聖復而退.

左參贊崔錫恒, 錫鼎弟也, 詣闕請對, 箕翊以夜深不許, 錫恒强之, 乃稟, 特命留門鑰而引見, 錫恒泣懇還收, 上曰"予當思之". 力陳, 至五更, 上動容曰"還收可也".

時李健命聞錫恒入, 始與兵參金在魯追至闕下, 聞已還收, 遂歸, 他相皆不動。

翌日健命疏論: "錫恒一宰臣, 深夜求對, 承旨不宜許入。" 戶參趙泰億請對, 盛斥: "大臣三司袖手傍觀, 高枕熟睡, 無一人爭論, 反以錫恒之入而攻承旨, 倫常絶矣, 國不國矣。"

司直朴泰恒等搢紳三十人, 疏論聖復及諸大臣。司直李光佐, 淸恩君韓配夏, 刑參李肇, 副司果韓世良相繼疏論。世良疏曰: "嗚呼! 痛矣! 天無二日, 地無二王, 北面於殿下之廷者, 敢欲陰移天位, 萌諸心而發諸口哉?" 司直權珪等南人搢紳疏曰: "嗚呼! 皇天豈欲亂亡我國家耶? 殿下何爲賊臣所激惱, 而爲此敎耶?" 兩司以世良·珪語逼, 請鞫之, 且論崔錫恒·趙泰億構誣廷臣。後數日, 復命世弟裁斷如前敎, 金昌集等率百官請對, 不許。庭啓請還收, 至四日, 世弟五疏固辭, 有"分苦分痛"之敎。且敎下朝廷曰: "予病不可視事, 將使左右考例擧行, 左右可乎? 世弟可乎?" 昌集等謂: "聖敎至此, 不敢不從。" 乃聯箚, 請以丁酉代理事目施行, 而撤庭請。惟李光佐及臺諫柳復命以爲不可, 復明老論也。

○ 이때 조태구를 부르는 하교에서 말하기를, "이전의 일은 버려두고 (함부로 사직하는) 한때의 행태를 모두 씻어버리고 마음을 돌려서 입성하여 장차 망해가는 나라를 편안하게 하라." 하였다. 또『소학(小學)』한 부를 내려주었는데, 책머리에 있는 어찰(御札)에서도 똑같이 말하였다. 조태구가 말을 달려 조정에 나갔을 때는 여러 정승들이 연차(聯箚)를 이미 올린 뒤였다. 이에 선인문(宣仁門)을 따라서 들어가 청대하였는데, 최석항·이광좌·이조·한배하·김연·이태좌 등이 연이어 들어오니, 승지 홍석보·조영복이 조태구는 탄핵을 받은 정승이므로 예고없이

들어갈 수 없다고 배척하였다.

그런데 갑자기 전교가 있어 말하기를, "우의정이 들어왔다고 들었는데, 즉시 나와서 뵈게[進見] 하라." 하였다. 그리하여 김창집 등이 부득이 조태구를 따라서 함께 들어갔는데, 조태구가 힘써 하교를 환수하라고 청하니, 김창집 등도 목소리를 함께하여 청하였다. 한참 있다가 주상이 고개를 끄덕이며 좋다는 뜻을 보이자 김창집 등이 승지에게 전교를 환수하라고 명하였다.

조태구가 물러가니, 홍석보가 나와서 말하기를, "오늘 우의정이 온 것을 주상께서는 스스로 어떻게 아셨습니까?" 하고 재촉하여 묻기를 두세 차례나 하였으나, 주상은 답이 없었다. 도승지 홍계적이 말하기를, "이제부터는 승정원을 둘 필요가 없다." 하였다. 양사에서 어유룡·박치원 등이 탄핵하여 아뢰기를, "조태구는 정승으로서 내시들과 서로 내통하여 몰래 진현(進見)을 도모하였으니, 이것은 남곤(南袞)이 밤중에 북문을 열고 들어온 것과 같은 일입니다. 잡아다가 문초할 것을 청합니다. 그와 함께 안에서 내통한 내시들을 모두 유사(有司)에 출부(出付)하십시오." 이에 하교하여 말하기를, "내가 진수당(進修堂)에 앉아 있는데, 문밖에서 길을 인도하는 소리를 듣고 우의정이 들어온 것을 알았으니, 환관은 죄가 없다." 하였지만 양사에서는 연이어 아뢰기를 그치지 않았다.

○ 時有敎召趙泰耉曰: "拋棄前事, 洗滌時態, 幡然入城, 以安將亡之國。" 又內賜小學一部, 卷首有御札, 亦如之。泰耉旣馳詣朝堂, 諸相聯箚已上矣。乃從宣仁門入, 請對, 崔錫恒·李光佐·李肇·韓配夏·金演·李台佐等踵至,承旨洪錫輔·趙榮福, 以泰耇被劾相臣, 不可遽入, 斥之。

忽有敎曰:"聞右相入來, 卽爲進見。"於是昌集等不得已隨泰耇同入, 泰耇力請還收, 昌集等同聲請之。良久上有頷可意, 昌集令承旨還收傳敎。

泰耇退, 錫輔進曰:"今日右相之來, 上何自知之?"迫問至再三, 上無答。都承旨洪啓迪曰"自今置政院無益矣"。兩司魚有龍·朴致遠等啓劾:"泰耇以大臣交通宦侍, 潛圖進見, 此南袞夜開北門之類也, 請拿覈。幷諸宦侍內援者, 出付有司。"乃下敎曰:"予坐進修堂, 聞閤外前導聲, 知右相之入, 宦侍無罪。"兩司連啓不已。

✼

　노론 측을 대표하여 조성복이 세제에게 대리청정을 하게 하라고 청하자 경종은 기다렸다는 듯이 이것을 허락하였다가 최석항의 청으로 환수하였다. 최석항은 1701년 장희빈의 사사를 반대하여 세 번에 걸쳐 상소한 최석정의 친동생이었으므로, 형과 함께 소론 탕평파를 대표하는 대신으로 볼 수 있다. 재신(宰臣)은 정2품 이상을 가리키는데, 좌참찬은 정2품이었으므로 이건명이 최석항을 '일개 재신'이라고 칭한 것이었다. 이건명은 최석항이 경종을 대면하는 것을 허용한 승지를 비판하였는데, 조태억은 경종이 대리청정 명령을 내려도 방관하는 신하들의 태도를 비판하였다.

　'북면(北面)'이란 임금은 늘 전각의 북쪽에 자리 잡고 있으므로 신하들이 임금을 바라보는 것을 지칭한다. 소론과 남인들이 대리청정을 명한 일을 비판하면서 노론의 책임을 물으니 노론 측에서 이것을 반박하였다. 특히 남인 권규는 대리청정을 청하거나 이에 동조한 노론을 '적신(賊臣)'이라고까지 칭하여 논란이 되었다. 이로 인해 조정이 혼란스러워지자 경종은 다시 대리청정 하교를 내렸다.

이에 노론 측에서도 이것을 환수해달라고 청하는 정청(庭請)을 하지 않을 수 없었다. 정청이란 신하들이 전각 아래 모여서 집단으로 청하는 일을 말한다. 그런데 경종이 질병으로 인해 대리청정이 불가피한데 신하들이 하는 것보다 세제가 하는 것이 낫지 않겠느냐고 반어법으로 물으니, 김창집 등은 기다렸다는 듯이 연차(聯箚)를 올려서 이것을 따르고 나흘 만에 정청을 중단하였다. 연차란 조정 중신들이 연명한 차자를 가리킨다. 이건창은 이때 이것을 반대한 사람이 이광좌와 유복명이었다고 기록하고, 특히 유복명은 노론이라고 밝혀서 노론 가운데도 대리청정을 반대하는 사람이 있었음을 강조하였다.

이처럼 대리청정이 다시 기정사실이 되려는 찰나에 조태구가 들어와서 소론을 이끌고 환수하라고 청하니 노론 측에서도 함께 참여하여 다시 청할 수밖에 없었는데, 이에 경종은 다시 대리청정의 명을 환수하였다. 노론 측에서는 조태구가 이미 대간의 탄핵을 받고 있었는데, 어떻게 경종을 만날 수 있었느냐고 문제를 제기하였다. 이것은 조태구가 환관을 통하여 경종과 내통하고 있다고 의심한 것이었다. 어유룡 등은 이 일을 중종대 남곤이 조광조를 내쫓은 일에 비유하고, 조태구와 내통한 환관을 색출하여 처벌하라고 집요하게 요구하였지만, 경종은 길을 인도하는 소리[前導聲]를 듣고 알았다고 둘러대면서 버텼다.

이처럼 이건창은 대리청정을 두고 하교와 환수를 반복하는 장면을 생생하게 묘사하였다. 이것은 참으로 보기 드문 장면이었는데, 경종을 둘러싸고 있는 노론이 얼마나 군주를 핍박하고 있는가를 생생하게 드러낸 것이었다. 경종은 군주가 가진 최소한의 권한이나마 적극 활용하여 노론의 본색을 드러내게 만들었던 것이다. 즉 노론이 대리청정을 반대하는 정청과 그것의 시행을 뒷받침하는 연차를 올리게 하여 일관성을 잃은 정치 세력임을 폭로한 것이었다.

대리청정의 당사자였던 연잉군이 후일 영조가 되었을 때에도 이 정청과 연차는 두고두고 논란거리가 되었는데, 이것은 당시의 정치지형 속에서 경종의 슬기가 만들어낸 결과였다. 물론 이것은 경종의 왕권을 지키려는 소론 탕평파가 존재하였기 때문에 가능한 일이기도 하였다. 이처럼 대리청정을 두고 결정을 번복하는 가운데 비로소 경종의 의중을 파악하고 소론 내부에서 연명 상소가 나와서 정국 주도 세력이 바뀌게 되었다.

신축환국과 소론 정권의 성립

ㅇ 박태항 등의 진신 상소가 나온 이후부터 사직 심수현 등이 이어받아서 상소 모임이 연이어 만들어졌다. 때마침 겨울 가뭄이 들어서 눈이 내릴 것을 기원하여 구언(求言)하라는 명이 있었다. 소론으로서 모인 사람이 수십 명이었는데, 상소의 대표[疏首]로 나서는 것을 어렵게 여겼다. 그런데 전 참판 김일경(金一鏡)의 품계가 가장 높았고, 또한 스스로 소수(疏首)가 되겠다고 나섰다. 김일경은 비록 문장에 능하였지만 평소 행실이 거칠고 막되어서 사람들이 모두 좋아하지 않았으므로 김일경이 대표자가 된다는 소문을 듣고 점차로 흩어져서 상소에 연명한 사람은 이진유·윤성시·박필몽·서종하·정해·이명의 등 여섯 명으로 그쳤다.

○ 自朴泰恒等搢紳疏後, 司直沈壽賢等繼之, 疏會連設。會冬旱祈雪, 有求言之命。少論會者數十人, 難於疏首, 前參判金一鏡秩最居前, 且自求爲首。一鏡雖能文, 然素戇悖, 人皆不悅, 聞一鏡爲首, 稍稍罷去, 疏下止李眞儒·尹聖時·朴弼夢·徐宗廈·鄭楷·李明誼六人。

○ 상소가 들어가자 경종이 거듭 전지(傳旨)를 내려 노론 명색을 가진 자들을 모두 쫓아내고 소론을 모두 불러들였다. 이리하여 삼사에서 이제·박필몽·양성규·이명의·윤연 등이 교대로 김창집 등 여러 노론을 논박하여 모두 귀양 보내는 처벌을 추가하게 하고, 윤지술·조성복을 죽였다. 그리고 조태구·최석항이 정승이 되어서 김일경과 함께 국론을 주도하였다.

○ 疏入, 中旨荐降, 凡以老論名者皆逐之, 悉召少論。於是三司李濟·朴弼夢·梁聖揆·李明誼·尹宓等, 交論金昌集等諸老論, 悉加流竄, 殺尹志述·趙聖復, 而趙泰耈·崔錫恒爲相, 與金一鏡幷主國論。

❀

대리청정을 환수하게 하는 과정에서 소론 내부에서 다양한 상소 모임이 형성되었다가 경종의 분명한 의중이 드러나자 노론 당국자를 탄핵하는 상소문을 작성하였다. 그 형식은 경종이 겨울 가뭄을 계기로 내린 구언교(求言敎)에 응하는 응지상소(應旨上疏)의 형태를 띠었다. 구언(求言)

이란 천재지변 등으로 국가에 위기가 닥치면 임금이 그 극복 방안을 신민들에게 묻는 것을 말하는데, 누구나 이에 응하여 상소할 수 있었다. 그 상소문을 응지상소라고 한다.

그런데 당시 상소의 대표자[疏首]를 구하기 어려웠다는 것은 소론 내부에서 아직도 경종의 의중을 의심하는 사람이 다수였다는 것을 시사한다. 이에 소론 강경파인 김일경이 소두(疏頭)로 나섰는데 소론 내부에서도 그에 대해 부정적인 평가가 일반적이었던 것으로 보인다. 이건창은 비록 방계지만 자신과 같은 전주(全州) 이씨 집안에서 이진유(李眞儒)가 연명하였음에도 불구하고 김일경에 대한 부정적 평가를 빠트리지 않았다.

이 상소문 역시 두고두고 노·소론 사이에서 논란이 되었다. 여기서 김창집·이이명·이건명·조태채를 '사흉(四凶)'으로 지칭하면서 그들을 '우리 임금[吾王]'을 저버린 '진짜 역적[眞逆]'이라고 공격하였다. 이들이 경종의 대리청정 명령에 대해서 사흘간 정청으로 책임을 면하려 한 것은 기사년 남인들이 인현왕후를 폐출하는 숙종의 명령에 '반일(半日)' 동안 정청한 것과 차이가 없다고 꼬집었다. 이들은 갑술년 이래 세자 시절 경종을 보호하려 했던 남구만과 최석정 등을 원수처럼 보았으며, 신사년부터 더욱 심하게 배척하여 임창과 박규서의 '흉언(凶言)'이 나오게 하였다고 주장하였다. 이어서 정유독대의 당사자 이이명의 속셈이 무엇이었는지 모르겠다고 지적하고 세자 시절 경종의 대리청정을 종묘에 고하는 것을 반대했다고 김창집을 비판하였다.

경종이 즉위한 이후에는 윤지술이 경종을 핍박하고 모욕하였는데 김창집이 여기에 호응하여 경종을 임금으로 인정하지 않았으며, 조성복이 이들의 지휘를 받아서 대리청정을 청하는 상소로 경종을 떠보았으므로 그 하교를 환수하라고 청한 것은 그들의 본심이 아니었다고 폭로하였다. 김창집은 아비인 김수항이 죽기 전에 요직에 나가지 말라고 유언하였는데 그것을 어기고 권력을 탐하였으니 자식으로서 불효한 것이므로 신하로서 불충한 것은 당연하다고 하였다. 이이명은 이사명의 동생으로서 화심을 품고 원망한 것이 참혹하였고, 조태채는 은혜와 의리를 저버렸으며 이건명은 나라를 병들게 하고 백성을 해쳤다고 비판하였다.

정청을 철회하였다가 조태구가 청대하니 이들이 낭패하여 허둥거리는 형상은 기괴하여 지나가는 군졸도 손가락질하였다고 조롱하였다. 이들이 정청을 철회하고 연차를 올린 것에서 이미 본심이 모두 드러났으므로 석고대죄하는 것이 마땅한데 뻔뻔하게 얼굴을 들고 다닌다고 비난하고, 신하 노릇하지 않으려는 뜻이 분명이 드러났으니 이들의 죄는 누구도 용서할 수 없을 것이라고 주장하였다.

상소가 들어오자 경종은 기다렸다는 듯이 노론을 모두 몰아내고 소론을 등용하였으며, 소론 언관의 탄핵으로 노론을 귀양 보내고 윤지술과 조성복을 죽였다. 그리고 소론 탕평파 조태구와 최석항을 정승으로 임명하여 강경파 김일경을 견제하게 하였다.

ㅇ 김일경은 일찍이 영변부사(寧邊府使)를 지냈는데, 환관 박상검은 영변 사람이었다. 김일경이 당시 그를 후하게 대접하여 뒤에 그것을 인연으로 결탁하여 궁중 안에서 후원자가 되었다. 환국이 되자 박상검이 드디어 세제에게 이롭지 못하게 하려고 궁녀 석렬(石烈)·필정(必貞) 및

환관 문유도(文有道) 등과 더불어 먼저 장세상(張世相)을 쫓아내려고 모의하였다. 장세상도 환관이었지만 명색이 세제가 있는 동궁전에 속해 있어서 노론과 결탁한 자였는데, 이때 이르러 귀양 보내라고 명하였다. 세제가 상언(上言)하여 박상검 등이 횡포를 부리고 있다고 말하고 유사(有司)에 출부(出付)할 것을 청하니, 주상이 허락하였다. 이윽고 세제에게 하교한 말 가운데, "너의 마음대로 해도 좋다." 한 것이 있었는데, 이것은 박상검이 꾸민 것이었다.

박상검이 또 여우가 있다고 핑계 대고 청휘문(淸暉門) 밖에 덫으로 함정을 만들어서 세제가 아침마다 문안 드리는 길을 막아버렸다. 세제가 반복하여 주상을 만나려고 하였지만 만날 수 없었다. 이에 밤에 동궁전 궁관들을 불러서 울면서 박상검 등의 정상을 말하고 나서 세제의 지위를 버리고 궁을 나가려고 하였다. 대비가 조정에 언문 하교를 내려서 세제가 직위를 사직하는 것을 허락하여 선왕(先王: 숙종)이 내린 작호(爵號)를 보전하게 하려 하였는데, 그 말이 지극히 애통하였다. 조태구 등이 삼사와 여러 재신(宰臣)들을 거느리고 청대하여 지극하게 간하다가 목이 메어 울면서 눈물을 흘렸다. 여러 신하들이 서로 이어서 힘써 청하기를, "박상검 등을 궁에서 내보내서 국문하십시오." 하니 주상이 한참 있다가 비로소 허락하였다. 조태구가 다시 물러 나와서 세제에게 나아가 효도로 우애하라는 말을 하면서 위안하였다. 또 대비에게 말하기를, "주상이 이미 처분하였으니 언문 하교는 감히 반포할 수 없어서 삼가 봉환(封還)합니다." 하였다.

이때 판의금 심단이 박상검을 즉시 참수하라고 청하고, 김일경도 또한 말하기를, "박상검은 죄상이 이미 현저하게 드러났으니, 국문할 것이 없습니다." 하였다. 그런데 조태구가 불가하다고 하여 최석항이 옥사를 다스렸는데, 박상검과 문유도는 승복하여 주살하였고, 석렬과 필정은 곤장을 맞고 죽었다. 이에 전 참판 정호(鄭澔)가 상소하여 말하기를, "국본(國本: 세제)을 동요시키는 조짐이 있어서 자성(慈聖: 대비)이 애통해 하는 하교를 내렸는데 대신이 제멋대로 봉환하고, 환관과 궁녀의 옥사에서는 혹은 즉시 참수하라고 청하고, 혹은 서둘러 때려죽이게 하여 죄상을 완전히 밝혀낼 수 없게 만들었습니다. 또한 선조(先朝)의 구신(舊臣)을 모두 배척하여 쫓아냈는데, 도대체 무슨 일로 무슨 죄를 지었는지 모르겠습니다." 하였다. 대간이 논박하여 정호를 귀양 보냈다.

○ 一鏡嘗爲寧邊府使, 宦者朴尙儉, 寧邊人也, 一鏡厚遇之, 後因結爲内援. 旣換局, 尙儉遂欲不利于世弟, 與宮人石烈·必貞及宦者文有道等, 謀先逐張世相. 世相亦宦者, 名隷世弟宮屬, 而與老論交結者也, 至是命竄之. 世弟白上言尙儉等之橫, 請出付有司, 上許之. 旣而有下敎於世弟曰"可任自爲之", 尙儉所造也.

尙儉又托以有狐, 設機穽於淸暉門, 塞世弟朝覲之路. 世弟求復見, 不得, 乃夜召宮官, 泣言尙儉等狀, 因欲避位出閣. 大妃下諺敎于朝廷, 欲許世弟辭位, 以保先王所授爵號, 辭極哀痛. 趙泰耉等率三司諸宰請對極諫, 嗚咽涕泣. 諸臣相繼力請: "出尙儉等, 鞫之." 上良久始許. 泰耉復退, 詣世弟, 陳孝友之說, 以慰安之. 又白東朝曰: "上已處分, 諺敎不敢煩布, 謹以封還."

時判禁沈檀請直斬尙儉, 一鏡亦言: "尙儉罪狀已著, 無可鞫問." 泰耉不可,崔錫恒按獄, 尙儉·有道承服誅, 石烈·必貞杖斃。於是前參判鄭澔疏言:"國本有動搖之漸, 慈聖下哀痛之敎, 而大臣擅自封還, 宦婢之獄, 或請直斬, 或令徑斃, 使罪狀不盡究覈。且先朝舊臣盡行斥逐, 未諳何事何罪。"臺諫論, 竄澔。

❋

이 부분은 신축년 환국 이후 노론의 지원을 받고 세제가 된 연잉군이 당한 곤경을 보여준다. 환국 이후 소론 강경파인 김일경이 환관·궁녀와 결탁하여 세제를 핍박하였다. 이 기사에서 장세상이 귀양 갔다는 것으로부터 "이것은 박상검이 꾸민 것이다." 사이에는 무언가 빠진 내용이 있는 것 같다. 문맥이 연결되지 않으며, 다른 곳에서도 보이지 않는 내용이다. 박상검을 '유사(有司)에 출부(出付)'했다는 말은 대전 환관인 박상검을 형조(刑曹)에 내보내서 수사를 받게 했다는 것인데, 이것은 아래에 나오는 것과 같이 세제의 말에 따른 것이 아니라 조태구 등이 청하여 이루어진 일이었다.

청휘문(淸暉門)은 동궁전에서 임금이 있는 대전으로 통하는 문이었다. 박상검과 석렬 등이 결탁하여 여우가 출몰한다는 핑계로 세제가 경종을 만나는 것을 저지하였는데, 물론 이것은 김일경이 지휘한 일임이 분명하다. 이것은 극단적인 한 가지 사례를 말한 것일 뿐 세제가 실제로 당했을 핍박은 상상하기 어려운 일이다. 아마도 경종이 세자 시절 노론에게 당한 것 이상이었을 것이다. 오죽하면 세제가 동궁전 궁료들에게 울면서 하소연했겠는가! 여기서는 세제가 대비에게도 하소연한 사실은 생략하고 바로 대비전 하교에 대해 언급하였다.

세제가 대비에게 가서 하소연하여 나온 대비의 언문 하교에서 나온 말이 '지극히 애통'했다고 말한 것에서도 세제의 참혹한 처지를 짐작해 볼 수 있다. 경종이 박상검 등을 형조에 내려서 국문하게 한 뒤, 조태구는 대비의 언문 하교를 다시 대비에게 돌려주었다. 봉환(封還)이란 신하가 하교를 수용하는 것을 거부하는 하나의 형식으로 볼 수 있다.

박상검에 대해서 남인 심단이 수사하지 말고 즉시 죽이자고 하였고 여기에 김일경도 동조하였는데, 조태구가 반대하여 최석항이 옥사를 주관하였다. 그 결과 박상검과 문유도는 승복하고 죽었지만 석렬과 필정은 고문받다 죽었다. 이에 대해 노론 측에서는 소론이 이들의 입을 막기 위해 일부러 죽였다고 간주하고 정호가 노론을 대표하여 상소하여 비판하였다. 즉 이 사건의 배후인 김일경 등을 밝히지 못했다고 비판한 것이다. 정호는 정철의 후손으로서, 숙종대부터 노론의 돌격대 역할을 자임한 자였는데, 그와 함께 김창집 등을 구원하였다가 대간의 비판을 받고 귀양 갔다. 여기서 '선조의 구신'이란 숙종 때의 대신, 즉 김창집·이이명·이건명·조태채 등을 지칭한다.

이러한 노론의 반발을 보면 박상검 등을 국문하지 않고 즉시 죽여야한다는 주장을 반대한 조태구의 선견지명을 볼 수 있다. 어쨌든 숙종대 노론이 세자를 위협했듯이 경종대 집권한 소론 가운데 연잉군을 핍박하는 세력이 존재하였는데, 이들은 연잉군을 부정하는 소론 강경파로서 세제를 보호하려 한 탕평파와 서로 입장을 달리하였으므로, 그들 사이에서 갈등이 표면화되는 것은 시간문제였을 뿐이다.

임인옥사로 드러난 노론의 경종 살해 음모

○ 임인년(1722, 경종 2) 여름, 청나라에 사신 갔던 이건명 등이 돌아와서 세제를 책봉하는 봉전(封典)을 받아왔으므로 그 절차가 완료되었는데, 그 다음날 목호룡(睦虎龍)의 상변(上變)이 있었다. 목호룡이란 자는 남인 서얼이었는데 시(詩)에 능하여 사대부 사이에서 교유하였다. 백망(白望)은 연잉군의 응사(鷹師)였는데, 목호룡과 사이가 좋아서 그를 통해서 김용택·이천기 등과 결탁하여 그들의 비밀스러운 모의에 참여하였다. 주상이 즉위하고 나서 건저(建儲)의 논의가 순조롭게 이루어지자 김용택 등이 목호룡을 죽여서 입을 막으려고 했는데, 김일경이 이것을 눈치 채고 그를 사주하여 고변하게 하였다. 최석항이 위관(委官)이 되고, 이삼(李森)이 포도대장이 되었으며, 심단과 김일경이 의금부 당상으

로서 그 사건을 담당하여 노론을 크게 죽였는데, 일이 많아서 모두 다 기록할 수 없다.

○ 壬寅夏, 使臣李健命等還, 世弟封典准完, 其翌日而有睦虎龍之上變。虎龍者南人庶孽也, 以能詩, 遊士夫間。白望, 延礽君鷹師也, 與虎龍善, 因結金龍澤‧李天紀等, 預其密議。及上卽位, 建儲之議順成, 龍澤等欲殺虎龍以滅口, 一鏡覘知之, 嗾使告變。錫恒爲委官, 李森爲捕將, 檀‧一鏡爲禁堂, 按其事, 大殺老論, 事多不能悉載。

임인년 옥사는 목호룡의 고변으로 시작되었는데, 목호룡은 남인이자 서얼이었지만 시를 잘 지어서 양반들과도 교류하였다. 그리고 백망과도 친하였는데, 백망은 연잉군의 호위무사였다. 응사(鷹師)란 고려시대 매를 사냥하던 사람을 가리키는데, 조선시대에도 제도로서 남아 있다가 숙종 때 폐지되었으므로, 세제의 호위무사를 편의상 가리키는 말이었던 것 같다. 백망의 존재는 연잉군이 임인옥사에 연루되었을 가능성을 보여준다.

김용택 등이 이이명을 통해서 숙종의 밀지를 받고 연잉군을 세제로 만드는 음모를 추진하다가 그것이 성사되자 당색이 다른 목호룡을 죽여서 입을 막으려 하였는데, 이것을 탐지한 김일경이 목호룡을 사주하여 고변이 이루어졌다고 한다. 고변(告變)이란 변란을 고하는 것을 가리키는데, 조선후기에는 정국 주도 세력이 반대 세력을 숙청하는 형식으로 정착되었다.

이건창은 이 사건의 전모를 설명하는 대신 두 가지 자료를 제시하였다. 하나는 이 사건 수사가 완료된 뒤 청나라에 보고한 문서로서 유봉휘가 작성한 주문(奏聞)이다. 다른 하나는 이 사건 처리를 백성들에게 알리기 위해 선포한 반교문(頒教文)인데, 김일경이 지은 것이다.

주문에서는 먼저 목호룡의 공초를 통해서 사건의 개요를 제시하였다. 우선 삼수(三手), 즉 경종을 제거하려는 세 가지 방법을 제시했는데, 칼로 죽이는 대급수(大急手), 약으로 죽이는 소급수(小急手), 숙종의 유서를 위조하여 경종을 폐출하는 평지수(平地手)가 그것이었다. 김용택·이천기·이기지·이희지·정인중(鄭獜重)·심상길(沈尚吉) 등이 모의하여, 김용택이 백망에게 보검을 주어서 대급수를 시행하고, 백망이 궁녀 이영(二英)을 통해서 은화(銀貨)로 또 다른 궁녀를 매수하여 수라에 독약을 타는 것을 모의하였으며, 이희지가 숙종의 유서를 위조하여 장세상으로 하여금 공포하도록 하였다고 한다.

다음으로 정인중을 포함한 15인의 공초를 각각 간략하게 제시한 뒤, 이에 근거하여 의정부 대신이 이 사건을 처리한 전말을 정리한 내용을 덧붙였다. 여기서는 특히 김창집과 이이명을 이 음모의 괴수로 규정하고, 이건명과 조태채도 이들과 협조하였다고 하면서 김창집과 이이명 등을 법에 따라서 처분하고 그 나머지는 죄의 경중에 따라서 처리하였다고 하였다.

이들의 공초에서는 경종을 시해하려는 삼수 이외에도 이이명을 추대하려고 한 일, 은화를 모은 일 등이 나왔고, 여기에 덧붙여서 김창집이 궁성을 호위하려고 소론인 포도대장 이삼을 충청병사로 몰아내고 대신 노론인 유취장을 중군으로 삼았다는 내용이 김창도(金昌道)·정우관(鄭宇寬)의 공초에서 똑같이 나왔으며, 이것은 유취장도 공초에서 자백하였는데, 이 일은 1721년 10월경이었다고 하였다. 즉 경종 즉위 이후에도 이 음모가 계속되었음을 확인한 것이었다.

또한 이헌(李瀗)은 공초에서 정유독대 이후 이이명이 김창집과 더불어 동궁을 폐위할 일을 논의하였으며, 경자(庚子, 1720)년간에 김용택과 이천기의 무리들이 장세상과 더불어서 날마다 모의하였다고 인정하였다. 김창집과 이이명이 직접 모의에 가담했다는 사실은 김성절(金盛節)과 홍채(洪采) 등의 공초에서도 확인되었다.

김일경이 지은 반교문에서는 무진(戊辰, 1688)년 경종이 태어났을 때부터 이사명과 홍치상의 저주가 있었고, 신사(辛巳, 1701)년 장희빈이 사사되자 임창과 박규서가 나와서 경종을 부정하였다고 그 연원을 밝히고, 남구만·유상운·윤지완·최석정 등이 죽자 김창집·이이명·이건명·조태채가 제멋대로 사당(私黨)을 심고 관작을 팔아서 무사를 모집하였으며, 은화와 전재(錢財)로 궁녀를 매수하고 환관과 결탁하여 경종을 시해하려는 세 가지 음모가 고변서에서 분명하게 드러났다고 하였다.

여기서는 이들을 '사흉(四凶)'이라고 칭하고, 신축(辛丑, 1721)년에 있었던 세제 책봉 절차에 관한 이들의 연차(聯箚)는 바로 이 삼수(三手)의 음모에서 시작되었다고 하면서 임부와 이잠의 상소에 나온 말이 근거 없는 것이 아니었다고 하였다. 그리하여 전후로 승복한 사람이 20여 명이고, 수사 기간이 7~8개월이나 걸렸다고 하였으며, 사형에 처한 김창집을 포함한 27명의 이름을 나열하고, 16명을 귀양 보냈다고 하였다. 또한 이러한 모의가 모두 대가(大家)와 거실(巨室)에서 나오고 재물은 모두 병사와 수령에게서 조달하였다고 하면서, 자신은 고굉(股肱)의 구신(舊臣)이라고 믿었는데, 저들은 가장 가까운 곳에서 급변을 일으켰으니, 형장을 용서할 수 없어서 슬프다고 하였다.

이 반교문은 영조대 들어서 두고두고 논란이 되었는데, 특히 김창집이 이삼을 내쫓고 노론으로 중군을 임명하여 궁중을 호위하게 한 일을 두고 만약 이것이 실현되었다면 "어떻게 궁중 안에서 피를 밟는 일을 면하였겠는가?[抑何免禁庭之蹀血?]"라고 말한 구절은 영조가 경종을 시해할 가능성을 시사하는 것으로 해석되었다. '금정(禁庭)의 접혈(蹀血)'이란 당나라 고조의 장자 이건성(李建成)과 그의 아우 이세민(李世民)이 왕위를 다투다가 결국 이세민이 현무문(玄武門)으로 들어가 이건성을 죽이고 났을 때의 모습을 묘사하여 '금문(禁門)에 유혈이 낭자하여 이를 밟고 다닐 정도였다.'고 한 것을 인용한 것으로, 아우가 형을 잔인하게 죽이고 왕위를 차지했다는 의미로 쓴 말이었다고 본 것이다. 김일경은 이 구절과 그가 지은 다른 상소문의 여러 구절이 문제되어 결국 영조 즉위 직후 참형에 처해졌다.

○ 이때 목호룡이 고변한 정인중 등의 일은 모두 숙종 말년에 모의한 일이었으며, 김성절 등이 공초에서 유취장 등을 끌어들인 일은 또 주상이 즉위한 이후의 일을 말한 것이었다. 전후로 고변당한 사람들은 모

두 김창집·이이명 집안의 자질(子姪)과 빈객(賓客)들이었으므로 조정의 논의는 연차(聯箚)와 삼수(三手)를 연결된 하나의 사건으로 보았다. 그리하여 국문에서 나온 공초와 대간의 논의에서 공적인 일과 사적인 일, 오래된 일과 최근의 일이 뒤섞여서 증거가 매우 명백하지 못한 일이 많았다. 김용택·이천기·이희지·이기지·김성행 및 백망 등은 모두 자백하지 않고 죽어서 끌어다가 참수하였다. 서덕수 등은 정형(正刑: 사형)에 처하였는데, 승복한 공초도 또한 누차의 형신(刑訊)으로 다 죽게 되어 정신이 혼미한 가운데 나왔다.

김창집 등의 죽음에 대해서, 대간이 반수가검(盤水加劍)의 법을 시행하라고 청하니, 답하기를, "아뢴 대로 하라." 하였다. 또 아뢰기를 "그렇다면 가검(加劍)해도 되겠습니까?" 하니, 또 답하기를, "아뢴 대로 하라." 하였다. 이에 사신을 보내 참수하려고 하였다. 조태구가 상소하여 말하기를, "대신은 정형해서는 안 됩니다." 하여 가검하라는 하교를 환수하였지만 이건명만은 사신이 먼저 출발하였으므로 참형을 당하고, 나머지는 사사(賜死)되었다. 이 사건에 연루되어 죽거나 귀양 간 사람은 이루 다 셀 수 없다.

목호룡의 고변서에서 세제를 침범하는 말이 있자, 세제가 또 궁관을 불러서 울면서 세제 지위를 사직하려 하니, 최석항이 주상에게 말하여 국안(鞫案)에 동궁에 관련된 말은 모두 기록하지 않았다. 옥사가 이루어지자 부사공신(扶社功臣)을 책봉하였는데, 목호룡이 동성군(東城君)에 봉해졌다.

○ 時虎龍所告鄭麟重等事, 皆肅宗末年所謀議, 而金盛節招爾所引就章等事, 又指上卽位以後而言。前後被告, 皆昌集·頤命家子任賓客, 而朝議以聯箚爲三手一串。故鞫招臺論, 多相混公私久近, 證左不甚明白。龍澤·天紀·喜之·器之·省行及望等, 皆不服而死, 輒跪斬之。徐德修等正刑, 承服之招, 亦多出於累訊, 垂死迷亂之中。

昌集等之死, 臺諫請施盤水加劍之典, 答曰"依"。又啓"然則當加劍乎?"又答曰"依"。乃遣使斬之。趙泰耈疏言"大臣不可正刑", 命收加劍之敎, 而獨李健命, 以使者先發, 故被斬, 餘得賜死。其以株連, 死及流竄者, 不可勝數。

虎龍變書, 語侵世弟, 世弟又召宮官, 涕泣欲避位, 崔錫恒白上, 鞫案語及東宮者, 竝不載。獄成策扶社功, 以虎龍爲東城君。

❀

　　이건창은 임인옥사의 전말을 위에서 요약한 것과 같이 유봉휘가 작성한 주문(奏聞)과 김일경이 지은 반교문을 통해서 전하였으면서도 증거가 명백하지 않은 일이 많았다고 하였다. 또한 주문에서는 김용택 등의 공초를 인용했으면서도 이들이 자백하지 않고 죽었다고 하였으며, 서덕수 등이 승복한 공초 역시 고문으로 정신이 혼미한 상태에서 나왔다고 하여 그 신빙성을 의심할 수 있는 여지를 남겨놓았다. 이 책의 발문(跋文)에서 이건방(李建芳)이 공평을 잃었다고 비판한 이유 가운데 하나가 이것을 가리킨 것이 아닐까 한다.

　　김창집 등을 죽일 때 대간이 거론한 '반수가검(盤水加劍)'의 말뜻은 쟁반에 물을 가득 채우고 그 위에 칼을 얹는 것을 말한다. 물은 원래 수평을 유지하므로 쟁반에 물을 채운다는 것은 공평(公平)한 법으로 다스린다는 뜻이고, 칼을 얹는 것은 그 칼로 목을 찔러 죽이겠다는 뜻이다. 《공자가어(孔子家語)》에 보이는 말로서 죄가 있어도 예(禮)로 대우하여 처벌한다는 뜻이지만 여기서는 참형에 처할 것인가를 물은 것이었다. 이에 대해 경종이 따르자 대간이 재차 물은 것은 정승에게 참형을 시행하는 것이 얼마나 부담스러운 일이었는가를 보여준다. 그런데도 경종이 참형에 처하라고 명한 것은 노론에 대한 경종의 원한이 얼마나 큰지를 또한 보여준다. 결국 조태구의 상소로 사약을 내리는 것으로 바뀌었지만 이건명만은 사신이 먼저 출발하여 결국 참형에 처해지고 말았다.

목호룡의 고변서에서 세제, 즉 후일의 영조에 대해서 나온 말이 무엇인지는 최석항의 건의로 삭제하여 알 수 없다. 국안(鞫案)이란 국청에서 죄인을 심문한 기록을 말한다. 어쨌든 이 옥사에 영조가 전혀 관련이 없을 수는 없었을 것이다. 고변을 수사하여 역적을 처벌하고 나면 그에 따른 공신 책봉이 있기 마련이었다. 목호룡이 이 일로 부사공신 원훈에 책봉되었는데, 역시 영조 즉위 직후 김일경과 함께 친국을 받고 옥중에서 죽은 뒤, 당고개(唐古介)에서 효수되었다.

소론의 분열: 급진파와 온건파의 갈등

　○ 신축년 환국 초에 김일경이 남인 심단을 끌어들여 이조판서로 삼고 기사년 이후 폐고된 자들을 많이 기용하여 남인으로 하여금 노론을 공격하여 죽이게 한 후, 남인도 함께 모두 몰아내려 하였다. 조태구가 이것은 속임수를 쓰는 것[詭道]이므로 불가하다고 하였다. 김일경이 또 장희빈을 추숭하여 은혜를 갚을 것을 힘껏 청하였지만 이광좌가 불가하다고 고집하였다. 이조참의 서명균이 제일 먼저 탄핵하기를, "심단은 늙고 병들어서 등용할 수 없으며, 남인으로서 폐고된 사람들을 갑자기 등용하는 것은 불가합니다. 윤지술은 그 죄가 마땅이 죽여야 하지만 태학생은 죽일 수 없습니다." 하였다가 배척받았다.

　국문하는 일이 시작되자 김일경이 노론을 마구 죽이려 하였고, 대사간 이사상이 상소하여 징토(懲討)를 엄하게 하라고 청하면서 "종자를 옮기지 못하게 하라[無俾易種]."는 말까지 있었는데, 조태구·이광좌 및 최석항이 모두 너무 심하다고 말하였다. 조태채는 오직 연차에만 참여하고 지적할 만한 다른 일은 없었는데 김일경이 "사흉은 우두머리와 추종자를 구분할 수 없다." 하였다. 조태구는 조태채의 종형제였으므로 인피(引避)하고 그 논의에 참여하지 않았다.

삼사에서 징토의 논의가 드디어 완급(緩急)이 나뉘었는데, 온건론은 조태구가 대표하고, 급진론은 김일경이 대표하였다. 김일경이 정언 신필회를 사주하여 삼사를 모두 탄핵하고, 서명균을 변방에 귀양 보내라고 청하게 하였다. 지평 조최수가 상소하여 논하기를, "신필회는 기사년의 잔당이므로 김일경이 끌어들여 등용한 것은 잘못이니, 이조참판 김일경의 관직을 갈아버리십시오." 하였다. 이사상이 신필회와 조최수를 모두 체직하라고 청하니, 김일경이 상소하여 물러나겠다고 하였지만 허락하지 않았다.

윤순이 이전에 이진유와 함께 진신소(縉紳疏)를 모의하다가 김일경이 대표가 된다는 소식을 듣고 고향으로 내려가 회피하였는데, 김일경이 권력을 휘두르는 것을 보고 다른 사람들에게 "김일경은 인망(人望)이 없는 사람이다."고 많이 말하였다. 그래서 김일경이 분노하여 윤순을 완소(緩少)의 우두머리로 지목하였다.

○ 換局之初, 金一鏡引南人沈檀爲吏判, 多用己巳後廢錮者, 欲令南人攻殺老論, 然後幷逐南人。趙泰耉以爲此詭道不可。一鏡又力請禧嬪崇報而李光佐執不可. 吏議徐命均首劾: "檀老朽不可用, 南人廢枳者, 不當遞錄. 尹志述罪雖當死, 太學生不可殺." 遂被斥.

及鞫事之始, 一鏡欲屠殺老論, 大諫李師尙疏請嚴懲討, 有"無俾易種"之語, 泰耇 · 光佐及崔錫恒皆以爲過甚. 趙泰采惟參聯箚, 他無可指, 而一鏡以爲"四凶不可分首從". 泰耇與泰采爲從兄弟, 故引避, 不預其論.

三司懲討之論, 遂分緩急, 緩者主泰耇, 急者主一鏡. 一鏡嗾正言申弼誨, 盡劾三司, 并請命均邊竄. 持平趙最壽疏論: "弼誨己巳餘黨, 一鏡不宜引進, 請遞一鏡吏參." 師尙請并遞弼誨 · 最壽. 一鏡上疏乞退, 不許.

尹淳始與李眞儒謀爲搢紳疏, 及聞一鏡爲首, 下鄕避之. 一鏡用事, 淳多與人言"一鏡非人望", 一鏡恚目淳爲緩少之首.

ㅇ 김일경이 지은 토역 반교문이 나오자 처음에 '회인(懷刃)' · '종무(鍾巫)'라는 말이 있었는데, 이를 본 사람들이 크게 놀라서 바로 고치게 하였다. 그렇지만 '금도(禁塗) 접혈(蹀血)'이라는 구절은 어떤 사람이 말하기를, "다른 책에서도 많이 인용하고 있으니 고칠 필요가 없다." 하고, 어떤 사람은 그 출처를 알지 못하니 말할 수 없다고도 하였다. 이윽고 김일경이 다시 상소하여 '종무'의 일을 인용하니 사람들이 모두 그것이 고의라는 것을 알게 되었다.

윤순이 조용히 최석항에게 말하기를, "지금 김일경을 배척하지 않으면 뒷날 반드시 근심이 될 것이다." 하였는데, 최석항이 말하기를, "지금 김일경을 배척하면 사람들이 반드시 떼 지어 일어나 구원할 것이니, 이것은 모든 사람을 몰아서 김일경의 그물에 걸리게 하는 것이다. 또

한 우리들이 조정에 있는데, 일개 김일경이 어떻게 감히 근심이 되겠는
가?" 하였다.

○ 一鏡討逆敎文出, 初懷刃・鍾巫語, 見者大駭, 旋改之, 而禁塗蹀血句,
或謂"他書多引用, 不必改", 或又不知其出處而不能言。既而一鏡復上疏, 用
鍾巫事, 人皆知其故意然也。
淳從容語錫恒曰: "今不斥一鏡, 後必爲患。" 錫恒曰: "今斥一鏡, 人必群起而
救之, 是盡敺而納於一鏡之網也。且吾輩在朝, 一一鏡何敢爲患?"

❀

　신축년 환국 이후 소론 정권이 성립되자 주도권을 쥔 것은 강경파 김
일경이었다. 김일경은 앞서 본 바와 같이 궁중 안에서 환관·궁녀와 결
탁하여 세제를 핍박하였을 뿐만 아니라 임인년 옥사를 계기로 노론의
씨를 말리려 하였다. 이사상이 이에 동조하여 노론의 "종자를 옮기지
못하게 하라."는 말이 나올 정도였는데, 이것은 숙종대 이래 노론의 횡
포에 치를 떨었던 소론 일각의 분위기를 반영한 것이었다.

　남인인 심단이 이조판서가 된 것은 소론 탕평론을 반영한 것이었지
만, 남인들의 노론에 대한 원한을 이용하여 노론을 제거하려는 김일경
의 의도에 대해서는 조태구가 반대하였고, 윤지술이 죽을죄를 지었지만
태학생이니 죽일 수 없다고 서명균이 주장한 것 등에서 소론 탕평파의
입장을 살필 수 있다. 이들은 임인년 옥사에서 죽은 김창집 등 노론 정

승 네 명에 대해서도 그 죄의 경중을 나누어 처벌해야 한다는 입장이었다. 조태채를 둘러싼 논란은 그것을 보여준다. 영조대 완론 탕평론자들이 제시한 분등론(分等論)은 이미 경종대 그 뿌리가 있었던 것이다.

소론 내부의 이러한 입창 차이로 인해 삼사에서 갈등이 격화되었는데, 이건창은 김일경이 남인 신필회를 이용하여 완론, 즉 소론 탕평파를 제압하려고 시도하는 양상을 전하고 있다. 즉 김일경으로 대표되는 급진파는 소론 탕평론과는 그 지향을 달리하였다는 것을 알 수 있다.[1] 소론 탕평론은 국가의 위기를 해소하기 위해 당파를 떠나서 인재를 등용하자는 주장이었는데, 김일경은 오히려 이것을 이용하여 자파의 권력을 유지·확장하려 하였으므로 탕평파로 간주하기 어려울 것이다.

김일경의 상소 가운데 "한밤중에 칼을 품은 일이 노나라 때 종무의 변(變)과 같았다[夜半懷刃, 有若魯之鍾巫]."라고 한 구절 역시 두고두고 문제가 되었다. 한밤중에 칼을 품은 일[懷刃]이란, 삼수(三手)의 모의 가운데 칼로 왕을 시해하는 대급수(大急手)를 빗댄 말이다. 노나라 종무의 변은, 노나라의 공자 우보(羽父)가 환공(桓公)을 부추겨 허락을 받은 다음 종무를 모신 사당에 제사 지내러 가는 은공(隱公)을 자객을 시켜 시해한 일이다. 종무는 은공이 모시던 신(神)이고, 환공은 은공의 서제(庶弟)이다. 이역시 임금인 형을 시해하는 데 동생이 관련된 일로, 공자 우보는 노론 4대신을, 환공은 연잉군을, 은공은 경종을 빗댄 것으로 보인다. 이것은

---

1 김용흠, 2001, 「숙종대 후반 정치 쟁점과 소론의 내분—'기사 의리'와 관련하여」, 『동방학지』 111, 116~131쪽 참조.

결국 김일경 등 급진파가 연잉군의 존재를 부정하고 있다는 것을 드러낸 것이었다.

이어지는 윤순과 최석항의 대화는 소론 탕평파의 자신감을 표현한 것이었지만 이후 조정에서 일어난 일을 보면 그것이 근거 없는 자신감이라는 것이 드러났다. 김일경의 상소문에 대한 논란이 격화하여 김일경을 비판한 김동필이 결국 지방 관직으로 쫓겨난 것이 그것을 보여준다. 더욱이 조태구와 최석항이 죽고 난 이후에는 김일경의 세력이 더욱 팽창하였다고 이건창은 말하였다. 이광좌가 정승이 되어 힘써 조정(調停)하려 하고, 이진유도 또한 김일경을 배척하여 완소가 많이 따랐다고 하였지만 김일경의 세력을 견제하지는 못하였다. 탕평론을 주장했던 소론이 정국을 주도하였음에도 불구하고 강경론과 온건론으로 분열되어 요직의 인사를 두고 다투고 삼사가 그 쟁투의 장이 되는 것을 면하지 못하였다는 점에서 그 시대적 한계를 볼 수 있다.

경종의 질병과 세제 보호

○ 환국 이래로 윤선거 부자의 관작을 복구하고 윤증에게 시호를 내렸으며, 남구만·박세채·윤지완·최석정을 숙종 묘정(廟庭)에 배향하였다. 조정에서 논의하기를, "숙종 말년에 내린 정령(政令) 가운데는 숙종의 뜻이 아닌 것도 많다."고 하면서 심지어 부표(付標)하여 바로잡으라고 청하기까지 하였다. 임진(壬辰, 1712, 숙종 38)년 과거도 또한 복과되어 오수원·이헌장이 모두 삼사(三司)에 진출하였지만, 이진급(李眞伋)만은 홀로 굳게 사양하고 나가지 않았다.

○ 自換局以來, 復尹宣擧父子官, 贈尹拯諡, 南九萬·朴世采·尹趾完·崔錫鼎配享肅宗廟庭。朝議謂: "肅宗末年, 政令多非上意", 至請付標釐正。壬辰科亦復, 吳遂元 · 李獻章皆爲三司, 而李眞伋獨堅辭不出.

○ 주상이 일찍이 경연 도중에 갑자기 말하기를, "승지는 좌의정 최석항이 한 짓을 알고 있는가? 나라가 망했다면 그만이지만 만약 그렇지 않다면 좌의정이 어찌 감히 그럴 수가 있는가? 잡아다 국문하는 것이 옳다." 하고, 승지도 같이 파직하라고 명하였다. 우의정 이광좌가 입대(入對)하여 환수하라고 청하니, 주상이 말하기를, "최석항이 무엄하였는데, 우의정이 그를 구원하는 것은 잘못이다." 하였다. 이광좌가 말하기를, "최석항은 자신을 잊고 나라를 위해 몸을 바치는 충성심이 있습니다." 하니, 주상이 말하기를, "그렇다면 지나치니, 추고(推考)하는 것이 좋겠다." 하였다. 이광좌가 말하기를, "대신을 추고하는 관례는 없습니다." 하였지만 주상은 답하지 않았다. 수찬 권두경이 상소하여 말을 삼가라고 청하였는데, 그 가운데 "우리 임금께서 정신을 잃고 헛소리를 한다."는 말이 있자, 양사에서 배척하여 귀양 보냈다. 김일경이 상소하여 말하기를, "우리 임금께서 과연 병이 있습니까? 우리 임금께서는 40년 가까이 이러한 병이 없었는데, 지금 무슨 병입니까? 그것은 반드시 이유가 있을 것입니다." 하였다.

○ 上嘗於筵中, 忽曰: "承旨知左相崔錫恒所爲乎? 國亡則已, 如其不然, 左相何敢乃爾? 拿鞫可矣." 因命承旨并罷職. 右相李光佐入對請收, 上曰: "錫恒無嚴, 右相救之非矣." 光佐曰"錫恒有忘身殉國之忠矣". 上曰: "然則過矣, 推考可也." 光佐曰"大臣無推考之例". 上無答. 修撰權斗經疏請愼辭氣,有"吾君譫迷"語, 兩司斥, 竄之。一鏡疏曰: "吾君果有病乎? 吾君近四十年無此病, 今何病也? 其必有以也。"

○ 주상의 질병은 사실 어쩔 수 없는 상태였는데, 환국 이후 여러 신하들이 다투어 말하기를, "임금의 용안이 전보다 나아져서 분명한 판단이 비할 수 없을 정도이다." 하였다. 그러나 크고 작은 공사(公事)를 처분하지 못하는 일이 많아서, 혹은 "따른다[依]." 하거나, 혹은 "아뢴 대로 따른다[依允]." 하거나, 혹은 끝내 결정하지 못하였다. 혹은 갑자기 진노(震怒)하여 소리가 대들보를 울리니 경연에 참여한 신하들이 벌벌 떨기도 하였는데, 그 이유는 모두 예를 들면 승지의 걸음걸이가 너무 느릿느릿하다거나, 사관(史官)이 빈번히 바라본다는 것과 같은 사소한 일 때문이었다. 주상의 분노가 일어날 때마다 여러 신하들이 문득 말하기를, "주상이 오늘 화가 동하셨다." 하고 서로 더불어 물러나갔다가 조금 있다 다시 들어가면 즉시 청한 일을 허락받을 수 있어서 하교를 받고 나왔다.

하루는 하교하여 말하기를, "환관 최홍이 자기 임금을 배알(排軋)하였으니, 법에 따라서 처벌하는 것이 좋겠다." 하였다. 여러 신하들이 들어가서 최홍의 죄를 물으니, 주상이 말하기를, "어떤 형률을 적용하는 것이 마땅한가?" 하여, 여러 신하들이 대답할 수 없었다. 주상이 말하기를, "고신(告身)을 빼앗는 것이 좋겠다." 하였다. 그렇지만 끝내 무슨 이유로 배알하였는지 알지 못하였다.

주상이 우애가 돈독하여 늘 세제를 볼 때마다 반드시 웃는 얼굴을 하였으며, 틈만 나면 몸소 동궁전에 나아가 문밖에서 우두커니 서서 말하기를, "내 아우가 책 읽는 소리가 듣고 싶다." 하였다. 소론의 여러 신하들도 또한 모두 진심으로 보호하여 동궁이 그 때문에 편안하였다고 한다.

○ 蓋上疾實不可爲, 換局以後, 諸臣爭言: "天顔勝昔, 明斷無比." 然大小公事多不能處分, 或依, 或依允, 或無發落. 或暴加震怒, 聲震屋樑, 筵臣戰慄, 而皆以微細事, 如承旨行步緩緩, 史官瞻視頻頻等事也. 每上怒發, 諸臣輒言 "上今日動火", 相與退出, 少頃復入, 卽得准請, 稟旨而出.

一日下敎曰: "內官崔泓排軋其君, 照律可也." 諸臣入請泓罪, 上曰 "當用何律?" 諸臣不能對. 上曰 "奪告身可也". 然竟不知排軋何由也.

上篤友愛, 每見世弟, 必有笑容, 有時親詣東宮, 佇立門外曰: "欲聞吾弟讀書聲". 少論諸臣亦皆盡心保護, 儲位以安云.

❀

신축년 환국으로 소론이 정국을 주도하게 되자 병신처분이 뒤집혀서 윤선거 부자의 관작이 회복되고, 남구만 등 소론 탕평파 정승들이 문묘에서 숙종 묘정에 배향되었다. 이것은 탕평책의 향방이 회니시비와 긴밀하게 결합되어 있다는 것을 보여준다. 그리고 노론이 소론을 공격하는 수단으로 활용되었던 과거 관련 옥사도 뒤집혀서 임진년 취소된 과거 합격자들이 복과되었다. 그런데 이건창과 같은 전주 이씨였던 이진

급은 사양하고 청현직에 나가지 않았다고 특별히 기록하고 그의 상소
문을 인용해두었다.

즉위 직후 노론 정권 아래서 은인자중하던 경종은 세제 책봉에 성공
한 노론의 대리청정 주장을 유도하여 노론을 몰아내고 소론 정권을 세
웠으며, 이듬해 임인년 옥사로 노론의 4대신을 비롯한 많은 노론 인사
를 죽이거나 귀양 보냈다. 이로써 생모를 죽음으로 몰고 간 세력을 치
죄하여 원수를 갚았다고 말할 수 있는데, 문제는 경종의 질병이 실제로
심각하였다는 데 있었다. 이건창은 이와 관련된 일화를 상세하게 전하
여 경종이 병이 없었다고 믿고 있던 소론 일각의 주장을 일축하였다.

소론 탕평파의 핵심이었던 최석항을 추고하라고 한 것은 그의 질병
이 아니면 설명이 되지 않는다. 추고(推考)는 벼슬아치에 대한 가장 낮은
단계의 처벌이었지만 정1품 이상의 품계를 가진 정승들에게는 그 관례
가 없는 일이었으므로, 이광좌가 이것을 일깨우자 경종이 답하지 않았
다는 것은 불만을 갖고 있었다는 것을 의미하였다. 환관 최홍에 대해서
도 구체적인 죄의 내용을 말하지 않고 어떤 형률을 적용해야 하느냐고
물어서 신하들을 당황하게 하였다. 고신(告身)이란 직첩(職牒)을 말하는
데, 경종은 최홍의 죄는 말하지 않고 막무가내로 그의 고신을 박탈하라
고 명하였다.

이런 일들은 경종의 질병이 있다는 것을 말하는 분명한 증거였지만,
경종은 세제에게만은 각별한 애정을 갖고 대하였던 것도 사실이었다.
이것은 연잉군이 경종을 시해하였다는 후일의 주장을 이건창이 인정하
지 않았다는 것을 말한다. 여기에 소론 역시 세제를 보호하여 이로 인

해 연잉군이 편안하였다고 말한 것은 이건창이 소론 강경파를 비판하고 탕평파와 그 입장을 같이하였다는 것을 보여주는 대목이다.

연잉군을 못마땅하게 생각하고 그를 제거하는 방안을 백방으로 모색했던 소론 강경파와는 달리 탕평파는 세제에게 충성하는 것이 경종에게 충성하는 것이라고 주장하면서 연잉군 보호에 앞장섰다. 그리하여 연잉군이 비록 노론에 의해 경종의 후계자로 결정되었지만 영조가 즉위한 이후에도 이들이 탕평책을 주도할 수 있었던 것은 바로 이러한 소론 탕평파의 일관된 논리와 처신에서 나온 것이었다.

6. 영조조:
지배층의 탐욕과
탕평책의 굴절

경종이 후사가 없었으므로 연잉군이 세제로 책봉되는 것은 순리였지만 노론이 세제의 대리청정까지 시도하다가 숙청되었으므로, 세제 시절 연잉군은 숱한 난관에 부딪치지 않을 수 없었다. 그나마 경종이 세제에게 호의적이었고, 소론 탕평파가 세제에게 충성을 다하였으므로 소론 강경파의 제거 음모를 극복할 수 있었다.

영조는 숙종의 아들이기는 하지만 어머니 숙빈 최씨가 천민인 무수리 출신이었으므로 정상적인 상황이었다면 국왕이 되기 어려웠다. 그런데 장희빈과 경종을 원수처럼 보고 있던 노론이 그를 지지하여 후계자가 되었고, 소론 탕평파의 지원을 받으면서 우여곡절을 거쳐서 즉위할 수 있었다. 그렇지만 그가 무수리 아들이면서 노론의 지지를 받고 즉위하였다는 것은 이후 천형(踐形)처럼 따라다니면서 그를 괴롭혔다. 경종대 노론은 세제 책봉에서 나아가 대리청정까지 시도하였다가 숙청되었고, 이어진 옥사에서 경종 시해 음모가 밝혀져서 정승 네 명을 비롯한 수많은 사람들이 죽거나 귀양 갔다. 여기에 영조 역시 관련이 없을 수 없었는데, 영조대 내내 이 문제를 두고 노론과 소론 사이에 힘겨루기가 지루하게 지속될 수밖에 없었다.

영조는 노론의 지지로 즉위했다고 해서 노론만 등용할 수는 없었다. 그것은 국가가 망하는 길이라는 것이 누구의 눈에도 분명해 보였기 때문이다. 더구나 경종대 나온 삼종혈맥론은 자신의 정통성을 입증하는 분명한 근거였으므로 영조는 자신이 노론의 도움으로 즉위했다는 말을 제일 싫어했다. 그리하여 소론이 제시한 탕평론을 수용하여 탕평책을 추진하는 것은 필연적인 수순이었는데, 여기에 노론이 사사건건 제동을 걸고 나오면서 탕평책은 굴절될 수밖에 없었으므로, 영조대 정국은 하루도 조용할 날이 없었다.

그리하여 노론과 소론이 교대로 집권하는 환국이 반복될 수밖에 없었는데, 그 바로미터가 된 것이 바로 경종대 임인옥사로 죽은 정승 네 명과 주모자들에 대한 복관 여부였다. 이들에 대한 처리를 둘러싸고 노론과 소론의 갈등이 격화되면서, 을사환국(乙巳換局, 1725), 정미환국(丁未換局, 1727), 기유처분(己酉處分, 1729), 경신처분(庚申處分, 1740) 등에 의해 복관과 처벌이 반복되었으며, 이러한 처리에 반발한 소론 강경파와 남인이 주도하여 무신난(戊申亂, 1728)이 발생하고, 소론의 불만을 역이용해 노론이 소론을 제거한 을해옥사(乙亥獄事, 1755)가 일어났다. 특히 이 시기에는 이처럼 처분이 번복되는 것을 막으려고 『신유대훈(辛酉大訓)』·『천의소감(闡義昭鑑)』과 같이 이들 사건을 정리한 저술이 나왔으며, 을해옥사 이후에는 『신유대훈』이 수정된 『세보대훈(洗補大訓)』까지 나왔다.

『당의통략』에서의 영조대 서술은 『천의소감』과 『세보대훈』 반포까지만 다루고 있으며, 정조 즉위 직후 기사가 있기는 하지만 그것은 소론 대신을 처벌한 일만 기록했을 뿐이다. 여기서는 영조대 후반에 심각한 정치 문제가 되었던 사도세자를 둘러싼 갈등은 나오지 않는다. 그리고 균역법을 비롯한 각종 제도가 개혁되고, 『속대전』과 같은 굵직한 편찬 사업이 이루어진 과정에 대해서도 언급하지 않았다. 따라서 흔히 영조대 시작된 것으로 알려진 조선후기

르네상스와 같은 문화적 현상에 대한 언급도 볼 수 없다. 이것은 『당의통략』이 말 그대로 '당론'의 추이를 정리하는 것에 그 초점이 맞추어졌기 때문이며, 심지어 정치사 전체를 조망한 저술도 아니라는 점이 주의를 요한다.

그렇지만 이건창은 이 부분을 서술하기 위해 수많은 자료를 섭렵하였는데, 그 가운데 이석표(李錫杓)의 상소문이나 김재로(金在魯)가 작성한 『천의소감』「총론(總論)」과 같이 오늘날 전해지지 않아서 다른 곳에서는 볼 수 없는 자료도 수록되어 있다는 점 역시 주목할 만하다. 어쨌든 『당의통략』의 영조대 기록을 통해서 영조 탕평책이 얼마나 어려운 여건 속에서 추진되었으며, 그에 대한 반발로 인해 탕평책이 어떻게 굴절되어갔는지를 생생하게 볼 수 있을 것이다. 특히 당시 그러한 어려운 여건 속에서도 탕평책을 견지하려 했던 관인·유자들의 존재를 우리는 기억해야 할 것이다.

영조의 즉위와 노론의 집권

○ 경종이 승하하고 영조가 즉위하였으며, 이광좌가 원상(院相)이 되었다. 공제(公除) 이후 제일 먼저 유봉휘가 좌의정이 되었으며, 민진원은 선후(先后)의 동기라고 하여 특명으로 석방하였다. 그리고 누누이 하교하여 신하들에게 당을 짓지 말라고 엄하게 경계하고, 또한 천둥치는 이변을 계기로 구언(求言)하였다.

유학(幼學) 이의연(李義淵)이 상소하여 말하기를, "대행대왕(大行大王: 경종)이 병이 있었는데, 뭇 소인들이 가리고 막았습니다. 건저(建儲)를 추진한 여러 신하들을 신원할 것을 청합니다." 하였다. 대사간 권익관, 사직 이명언 등이 상소하여 변론하였는데, 대략 말하기를, "성상(聖上)께서는 숙종의 다음 적자였고 대행대왕께서는 후사(後嗣)가 없었으므로 대통(大統)이 저절로 전하께 돌아간 것입니다. 하물며 건저를 결정한 것은 바로 대행대왕께서 자전(慈殿: 인원왕후)의 뜻을 받들어 행한 일입니다. 흉한 무리들이 하늘을 탐한 것을 공으로 여기고 대리청정을 청하기까지 하였으니, 전하께서 이들 무리에 의해 옹립되었다고 한다면 천하후세에 무슨 말을 내보일 수 있겠습니까?" 하였다.

우의정 조태억이 주상에게 말하기를, "당나라에서 환관의 도움으로 즉위한 일이 있어서 정책국로(定策國老)니, 문생천자(門生天子)니 하는 호칭이 있었습니다. 지금 건저를 결정한 일을 자신들의 공이라고 하는 것이 이것과 무엇이 다릅니까?" 하였다. 또 『예경(禮經)』에서 '불부태자(不附太子)'라고 한 말 및 한나라 위관(衛綰)과 본조 이경여(李敬輿)의 일을 인용하여 유봉휘가 충신이라고 변론하였다. 또 이의연을 성토하여 '전하 부형의 원수'라고 말하였다. 주상이 처음에는 이의연에게 죄줄 뜻이 없었는데, 여러 신하들이 강요하니, 이에 섬으로 귀양 보내라고 명하였다.

이의연의 상소에 김일경이 말한 '접혈(蹀血)'이라는 말이 있었는데, 사직 송재후 등이 다시 말하기를, "김일경이 인용한 '종무(鍾巫)', '사구(沙丘)', '접혈(蹀血)' 등의 일은 모두 골육 간에 벌어진 망극(罔極)한 화를 말한 것입니다." 하였다. 주상이 김일경이 지은 반교문을 들이라고 명하고, 누누이 하교하였다. 그 가운데 "빈전(殯殿)에서 부르짖으니 차라리 죽어버리고 싶다."라는 말까지 있었는데도 삼사에서 그것을 다스리라고 청하는 사람이 한 사람도 없었다. 옥당의 이거원과 승지 이명의가 김일경을 매우 힘써 구원하고, 김동필도 또한 말하기를, "이것은 크게 망발한 것에 불과하고 대역(大逆)은 아닙니다."라고 하였다. 주상이 김일경을 섬으로 귀양 보내 위리안치하라고 명하였다. 뒤에 여러 신하들이 이의연을 국문하라고 청하니 마지못해 허락하고, 이에 김일경과 목호룡도 함께 국문하라고 명하였다.

유학(幼學) 홍득일 등이 상소하여 여러 신하들에게 맡겨두지 말고 친국(親鞫)할 것을 청하면서, 심지어 말하기를, "여러 김일경으로 한 김일경을 다스려서 어떻게 실정을 알아낼 수 있겠습니까?"라고까지 하였다. 주상도 또한 사관과 금예(禁隸)를 연이어 파견하여 국문하는 일을 살폈다. 조태억이 위관(委官)이었는데, 스스로 불안하게 여기고 친국을 청하니, 주상이 이에 친국하였다. 김일경이 주상을 향하여 혹은 '신하'라 칭하고, 혹은 '나[吾]'라고 칭하였다. 주상이 같이 모의한 자를 물으니, 김일경이 말하기를, "내가 백수(白首)의 나이로 어찌 친구를 팔아서 삶을 도모할 수 있겠습니까?" 하였다. 주상이 말하기를, "내가 장차 너를 참수하여 빈전에 고하겠다." 하니, 김일경이 말하기를, "나도 또한 대행대왕 곁에서 죽기를 원합니다." 하였다. 목호룡의 말도 또한 패만(悖慢)하였다. 김일경을 참수하라고 명하였다. 목호룡은 매 맞고 죽어서 그 시신을 참수하였는데, 이의연도 역시 매 맞고 죽었다.

○景宗昇遐, 英宗卽位, 李光佐爲院相。公除後, 首以柳鳳輝爲左相, 而以閔鎭遠先后同氣, 特命放釋。累下敎飭厲群臣無黨, 而且以雷異求言。幼學李義淵疏言: "大行有疾, 群小壅蔽。請伸策儲諸臣。"大諫權益寬, 司直李明彦等疏辨, 大略言: "聖上肅廟次嫡, 大行無嗣, 大統自歸殿下。況策儲, 乃大行奉慈旨而行者. 群凶貪天爲功, 至請代理, 殿下爲此輩所擁立, 何辭以示天下後世?"

右相趙泰億白上曰: "唐宦官援立, 有定策國老, 門生天子之號. 今以定策自功, 何以異此?" 又引禮經"不附太子", 及漢衛綰, 本朝李敬輿事, 以訟柳鳳輝之忠. 又討義淵以爲"殿下父兄之讐". 上始無罪義淵意, 諸臣强之, 乃命島配.

義淵疏有一鏡"蹀血"語, 司直宋載厚等復言: "一鏡所引鍾巫, 沙丘, 蹀血等事, 皆骨肉罔極之禍." 上命入一鏡敎文, 累下敎, 有"叫呼殯殿, 寧欲溘然"之諭, 而三司無一請討者. 玉堂李巨源, 承旨李明誼伸救一鏡甚力, 金東弼亦言: "此不過大妄發, 非大逆也." 上命一鏡島棘. 後因諸臣請鞫義淵, 不得已許之, 乃命并鞫一鏡及睦虎龍.

幼學洪得一等疏請親鞫, 勿委諸臣, 至謂: "以衆鏡治一鏡, 何以得情?" 上亦連遣史官, 禁隷, 詗鞫事. 趙泰億爲委官, 不自安, 請親鞫, 上乃親鞫. 一鏡向上或稱臣, 或稱吾, 上問同情者, 一鏡曰: "吾以白首之年, 寧可賣友圖生乎?" 上曰: "吾將斬汝, 以告殯殿." 一鏡曰"吾亦願死於大行之側". 虎龍語亦悖慢, 命斬一鏡, 虎龍杖斃, 斬其尸, 義淵亦杖斃.

　경종대 신임옥사로 소론이 집권한 상태에서 경종이 죽고 영조가 즉위하였다. 원상(院相)이란 왕이 죽은 뒤, 졸곡(卒哭)까지의 스무엿새 동안 정무(政務)를 행하는 임시 벼슬인데, 현직 정승이 맡는 것이 관례였다. 공제(公除)란 임금이나 왕비가 죽은 뒤 일반 공무를 중지하고 26일 동안

조의를 표하던 일을 말한다. 민진원은 인현왕후의 오라비로서 신임옥사로 인해 귀양 가 있었는데, 영조가 특명으로 석방하였다. 이것은 영조가 즉위한 뒤 노론을 등용하겠다는 신호를 보낸 것이었으므로, 이에 당국하고 있던 소론에 대한 노론의 공세가 파상적으로 전개되었다.

　노론을 대표하여 이의연은 경종이 질병이 있었으므로 건저를 주도한 노론 대신들은 죄가 없다고 상소하자 권익관 등 소론의 비판이 빗발쳐서 결국 섬으로 귀양 보내게 만들었다. 이때 우의정 조태억은 노론이 세제 책봉을 주도한 것을 당나라에서 환관들이 황제를 마음대로 갈아치운 일을 묘사한 정책국로(定策國老), 문생천자(門生天子)에 비유하였다. '정책국로'란 당(唐)나라 때 환관 양복공(楊復恭)이 황제를 책립한 공신으로 자처한 말이고, 문생천자(門生天子)는 당나라 중엽 이후로 황위(皇位)가 대부분 환관의 결정에 따라 정해져서 환관이 황제를 문생으로 여겼다는 말이다. 그가 인용하였다는 '불부태자(不附太子)'라는 말은 출전이 명확하지 않다. 위관(衛綰)은 한나라 신하로서 경제(景帝)가 태자였을 때 그를 불렀는데 위관이 가지 않았다고 한다. 그 일이 거만하고 불손한 듯하지만, 경제는 이 일을 계기로 그를 더욱 중하게 여겨서, 그는 결국 한나라의 명신이 되었다고 하면서 경종대 세제 책봉을 비판한 유봉휘가 영조에 대해 위관과 같은 충신이 될 수 있다고 주장한 것이었다. 이경여의 일이란 인조 때 소현세자가 죽은 뒤 그 아들을 제치고 봉림대군을 세자로 삼자 이경여가 반발했지만 효종이 즉위한 뒤 그를 영의정에 임명하여 그가 효종에게 충성을 다한 일을 가리킨다.

　또한 이의연이 상소에서 김일경이 지은 반교문에 있던 '접혈'이라는 말을 문제 삼자, 신후재 등이 김일경의 또 다른 상소에 보이는 '종무(鍾巫)', '사구(沙丘)' 등도 추가로 제기하였다. 앞서 살펴본 바와 같이 '접혈'은 당나라 이세민이 형인 이건성을 죽이고 황제가 되면서 사람을 하도 많이 죽여서 궁중 안에 유혈이 낭자했던 일을 묘사한 말이었다. '종무'란 춘추시대 노나라에서 은공이 모시던 신을 가리키는데, 환공이 형인 은공을 죽이고 왕이 된 일을 상기시키는 표현이다. '사구(沙丘)'란 진시황이 죽은 곳을 가리키는데, 환관 조고(趙高)가 시황제의 유언을 조작하여 장남 부소(扶蘇)를 죽게 하고 아우 호해(胡亥)를 황제로 세운 일을 표현하는 말이다. 따라서 이것들은 모두 왕위 교체 과정에서 일어난 골육 간에 피 흘리는 항쟁을 상징하는 표현이었는데, 노론 측에서는 김일경이 영조에게 경종 시해 음모에 가담했을 가능성을 추궁하는 표현으로 간주하였던 것이다.

이처럼 노론이 김일경을 탄핵하자 영조가 경종의 상중(喪中)에 그런 말을 듣느니 차라리 죽어버리고 싶다고까지 극단적으로 말했지만 소론이 장악하고 있던 삼사에서 아무 말이 없었다고 이건창은 꼬집어 말하였다. 오히려 소론 언관들은 물론 온건파인 김동필조차도 김일경을 구원하였는데, 영조는 김일경을 귀양 보냈다가 소론 당인들이 이의연을 처벌하라고 주장하자 그것을 허락하는 대신 김일경과 목호룡을 국문하라고 명하였다. 이에 노론 측에서 홍득일이 상소하여 김일경을 영조가 친히 국문할 것을 청하였지만 소론 측에서 무시하였는데, 위관이었던 조태억이 스스로 불안하게 여기고 영조에게 친국을 청하였다. 김일경과 목호룡은 결국 참수되고, 이의연 역시 고문받고 죽었다. 이것은 영조 즉위 이후 소론 강경파를 치죄하는 과정에서 빚어진 일들이었다.

이처럼 김일경이 죽자 노론이 점차 강화되고 소론이 점차 정치적 위기에 몰리는 형국이었지만 영조가 이광좌를 신임하여 소론이 그에게 의지하였다고 밝히고 나서 이건창은 소론 가운데 이광좌를 비판하는 두 사람의 상소문을 짧게 인용하였다. 수찬 이광덕(李匡德)과 대사헌 오명준(吳命峻)의 상소문이 그것이었는데, 두 사람 모두 이광좌가 영조의 비위를 맞추기에 급급하다고 비판하면서 그것은 영조가 신하들의 말을 경청하지 않고 자신의 뜻만을 강요하기 때문이라고 영조에게도 그 책임을 돌렸다. 이것은 영조 초기 소론을 대표하던 이광좌가 영조의 눈치를 보면서 소론 탕평론에 특유한 정치 노선을 견지하지 못한 것을 비판한 것이었으며, 영조 역시 겉으로는 탕평을 말하지만 실제로는 자신의 입장을 신하들에게 강요하고 있는 상황을 읽을 수 있다.

영조가 목호룡을 국문하는 과정에서 김일경이 지은 신축년 상소가 쟁점으로 떠올랐다. 소론 정석삼(鄭錫三)은 그것을 진신(搢紳) 상소라고 옹호하였는데, 노론 유응환(柳應煥)과 방만규(方萬規)는 김일경이 그 상소문에서 양기(梁冀)와 염현(閻顯)·곽현(霍顯)을 거론하여 인원왕후를 무함하였다고 주장하였다. 양기와 염현은 후한(後漢) 때 태후(太后)를 믿고 임금을 폐하거나 시해한 사람들이고, 곽현은 전한(前漢) 선제(宣帝)의 외척으로서 허후(許后)를 독살하고 자신의 딸이 대신하게 만든 사람이다. 즉 이 세 사람은 모두 태후와 내통하여 사군(嗣君)을 독살한 공통점이 있었다. 어쨌든 이로 인해 신축년 상소를 불만스럽게 생각하는 영조의 의중이 드러나면서 소론에게는 위기가 시시각각으로 다가오고 있었다.

○ 이보다 앞서 임인년(1722, 경종 2)에 김성절의 공초에서 "김씨 성을 가진 궁인(宮人)이 약을 써서 시해를 도모하였다."는 말이 있었고, 약원(藥院)의 일기 가운데에는 "주상이 일찍이 누런 물을 한 되나 토해낸 일이 있었다."라는 말이 있자 국청(鞠廳)에서 약을 쓴 단서로 간주하니, 여러 신하들이 조사하여 밝혀내라고 청하였다. 경종이 처음에는 허락하였다가 이윽고 그런 사람이 없다고 거부하여 대신과 삼사를 비롯한 모든 관료가 다투어 청한 것이 여러 해나 되었다. 교리 윤서교(尹恕敎)가 상소하여 말하기를, "혹시 이 비녀(婢女)가 선조(先朝: 숙종)를 섬겼기 때문에 전하(殿下: 경종)께서도 선조가 사랑하듯이 그녀를 사랑하여 차마 처벌하지 못하는 점이 있는 것은 아닙니까?" 하였다.

이때 이르러 방만규가 "윤서교의 뜻은 불측(不測)한 일을 가리킨 것입니다." 하니 주상이 미워하여 방만규를 참하라고 명하고 유응환도 또한 귀양 보냈다. 이때 이조참의 윤봉조(尹鳳朝)가 바야흐로 시론(時論)을 주도하다가 방만규를 국문할 때 그에게 연루되어 함께 귀양 갔다. 그렇지만 그 말을 믿는 사람들이 그치지 않자, 주상이 명하여 신축년 상소에 참여한 이진유(李眞儒) 등 6인을 귀양 보내고 이광좌를 파직하였으며, 노론을 모두 불러들이니, 민진원(閔鎭遠)·정호(鄭澔)를 비롯하여 이전에 처벌받고 폐고되었던 자들이 조정에 가득 늘어서게 되었다.

민진원이 조정에 들어와서 예조판서가 되자 맨 먼저 왕자 경의군(敬義君)을 세자로 책봉하라고 청하니, 주상이 좋다고 하였다. 이어서 민진원이 신축년에 건저를 추진했던 정승 네 명이 원통하다고 하면서 말하기를, "저들이 건저를 가지고 폐립이라 하고, 대리를 찬탈이라고 말한 것은 여러 신하들을 무함한 것이 아니라 바로 전하를 무함한 것입니다. 그러니 전하의 무함을 씻어버린 연후에야 여러 신하들이 원통하다는 것을 말할 수 있을 것입니다. 그렇지만 여러 신하들이 원통하다는 것을 말하지 않고는 전하께서 무함받은 것을 밝혀낼 수 없을 것입니다." 하였다.

○先是壬寅金盛節之招, 有"金姓宮人行藥謀弑"語, 藥院日記中"上嘗吐出黃水一升", 鞫廳引爲行藥所祟, 諸臣請査覈。始許之, 旣而以無其人拒之, 大臣·三司·百官爭請者數歲。校理尹恕敎疏言: "意或此婢經事先朝, 殿下以所愛亦愛之, 意有不忍乎?"

至是萬規言"恕敎意指不測", 上惡之, 命斬萬規, 應煥亦竄。時吏議尹鳳朝, 方主時論, 萬規之鞫, 詞連并竄。然持其說者不已, 上命竄辛丑參疏人李眞儒等六人, 罷李光佐, 悉召老論, 閔鎭遠·鄭澔及前謫廢者布滿朝廷。

鎭遠入朝爲禮判, 首請以王子敬義君册儲嗣, 上可之。鎭遠因白辛丑建儲四大臣之冤曰: "彼以建儲爲廢立, 代理爲簒奪者, 非誣諸臣也, 乃誣殿下也。殿下之誣雪, 然後諸臣之冤可白。然諸臣之冤不白, 則聖誣不可辨矣。"

영조의 즉위와 함께 소론에서 노론으로 정국 주도 세력이 바뀌는 것은 피할 수 없는 일이었지만 그 과정은 이처럼 극적인 데가 있었다. 앞서 방만규·유응환 등이 상소하여 김일경의 신축년 상소에서 인원왕후에게 혐의를 두었다고 폭로한 일을 언급하였는데, 이어서 방만규는 여기서 한 걸음 더 나아가 영조의 관련성을 시사하는 윤서교(尹恕敎)의 말을 거론하였다.

임인년 옥사에서 '김씨 성을 가진 궁인'이 거론된 이후 경종은 그녀가 누군지 밝히지 않아 경종대 내내 논란이 되었다. 이에 윤서교는 영빈(寧嬪) 김씨(1669~1735)를 염두에 두고 상소하여 숙종이 그녀를 아꼈기 때문에 아비에 대한 효성으로 그녀를 아껴서 말하지 못하는 것이냐고 힐난하였었다. 그런데 영조 즉위 이후 방만규가 이러한 윤서교의 말을 거론하면서 그 가리키는 것이 '불측(不測)'하다고 했는데, 이것은 영조를 지칭한 말이라고 꼬집어서 지적한 것이었다. 영빈 김씨는 숙종대 영의정을 지낸 김수항의 종손녀로서 당시 생존해 있었으며, 영조를 양자로 들일 만큼 영조와 긴밀한 관계에 있었기 때문이다.

그렇다면 영조가 윤서교 등 소론을 처벌하는 것이 당연한 일이었지만 오히려 방만규 등 노론을 처벌한 것이었다. 심지어 당시 떠오르는 노론을 대표하던 윤봉조마저도 방만규 상소문을 지어준 혐의를 받고 귀양 갈 정도였다. 아마도 이것은 노론의 공세가 걷잡을 수 없이 전개될 것을 우려한 영조 나름의 대응 방식이었는지도 모른다. 그렇지만 이미 기울어진 형세는 영조조차도 조절하지 못하여, 결국 신축년 상소에 연명한 6인을 귀양 보내고, 소론을 대표한 이광좌를 파직한 뒤, 민진원과 정호로 대표되는 노론을 불러들이는 것으로 소규모 환국이 이루어졌다. 이것이 영조 즉위 이듬해인 을사년(1725, 영조 1)에 일어나서 이것을 을사환국이라고 부르기도 한다.

을사환국으로 노론이 집권하였으므로 신임옥사 문제를 제기하는 것은 필연적인 수순이었다. 민진원이 예조판서로 출사하여 맨 먼저 청한 일은 경의군(敬義君, 1719~1728)을 세자로 책봉하는 일이었다. 경의군은 영조의 맏아들로서 정빈(靖嬪) 이씨(李氏)가 그 어머니였으며, 사도세자의 친형이었는데, 열 살에 죽었다. 시호(諡號)는 효장(孝章)이고, 정조 즉위 이후 진종(眞宗)으로 추존되었다. 이것은 민진원이 세자 책봉의 중요성을 환기시켜서 경종대 건저를 추진했던 노론 4대신이 원통하게 죽었다고 주장하기 위한 수순으로 볼 수 있다. 민진원은 이들이 원통하다는 것을 밝히지 못하면 영조에 대한 무함도 씻어버릴 수 없을 것이라고 말하며 영조를 압박하였다.

이어서 준비해온 차자(箚子)를 소매 속에서 꺼내서 바쳤다. 이른바 수차(袖箚)였다. 원래 모든 상소문이나 차자는 승정원에 제출되어 승지들이 먼저 그 내용을 검토하고 국왕에게 올리는 순서를 거쳐야 하는데, 수차는 이러한 정식 절차를 뛰어넘어서 국왕에게 직접 제출한 것을 의미한다. 이것은 앞서 숙종대에 박세채가 탕평론을 건의하는 차자를 제출한 형식이었는데, 유현(儒賢)으로 칭해지거나 그에 버금가는 명망이 없으면 불가능한 형식이기도 하였다. 이때 민진원이 수차를 제출하였다는 것은 노론의 대표자로서 조정 안팎의 인정을 받았다는 것을 의미한다.

이 차자에서 민진원은 연잉군을 후계자로 결정한 이후 경종이 질병 때문에 대리를 명령하였지만 며칠 동안 받들지 않았다는 것을 강조하고 나서, 경종에게서 "세제가 좋으냐? 좌우 신하가 좋으냐?"라고 묻는 하교가 있었기 때문에 그것을 수용한 것인데, 조태구 등이 불법적으로 대전에 들어가서[冒入蒙對], 경종에게 연잉군이 대리청정하게 되면 "종사가 장차 망할 것입니다."라고까지 하였다고 비판하였다. 민진원은 이것을 "좌우 신하가 정치를 담당하면 종사가 편안하고 전하께서 대리하면 종사가 망한다는 말이냐."라고 힐난하여, 소론이 영조를 부정한 것처럼 몰아간 것이었다. 이어서 소론이 숙종의 처분은 질병 때문에 나온 것이라고 하면서 번복하였으면서도 경종의 질병은 숨겼다고 비판하고, 이것을 분명히 밝혀서 의혹을 풀어달라고 요구하였다.

다음으로는 정호(鄭澔)가 우의정에 임명되고 나서 민진원과 상의하여 올린 상소문을 인용하였는데, 임인년 옥사의 허구성을 주장하는 내용이었다. 우선 목호룡의 고변서는 누군가의 유혹을 받아서 나온 것이고, 그 내용은 모두 허구였다고 주장하였다. 당시 죄인들의 공초는 옥사를 담당한 소론 당인들이 꾸민 것이거나 죽음의 공포 속에서 나온 헛소리[胡聲亂說]라고 하였다. 따라서 노론 정승 네 명이 죽은 것은 모두 건저와 대리에서 나온 것이고, 임인년 옥사에서 나온 별도의 사안들은 모두 허구라는 것이다. 그 예로서 '궁성호위'를 위해 이삼을 충청감사로 내쫓고 유취장을 중군에 임명하였다는 주장을 반박하고, 이이명을 왕으로 추대하기로 하였다는 말이 조금이라도 사실에 가까운 점이 있냐고 반문하였다.

이어서 이건명이 참수된 것은 다른 세 신하가 사약을 받은 것에 비해 가장 가혹했다고 말하고, 대리가 본래 찬역(簒逆)이 아닌데, 조태채는 무슨 죄를 지어서 죽었느냐고 반문했다. 정호는 이 네 정승은 다만 숙종의 구신(舊臣)으로서 '우리 임금의 아들', 즉 영조를 차마 버리지 못하여 죽었을 뿐이라고 주장하였다.

을사환국으로 노론이 집권하고 나서 이처럼 민진원과 정호의 문제제기가 이어졌으므로 이제 노론 4대신을 복관하는 것은 시간문제였을 뿐이었다.

○ 이리하여 김창집·이이명·이건명·조태채의 관작을 복구하고 시호를 내렸으며, 사당을 세우고 사충사(四忠祠)라고 불렀다. 임인년 옥사를 모두 번복하고, 비록 이미 승복한 사람도 모두 신원(伸寃)하였다. 전 훈련대장 윤취상과 내시 손형좌 등을 죽였으며, 이사상도 또한 전교(傳敎)로 정형(正刑)하였는데, 이들이 박상검과 김일경의 당이었기 때문이다.

이때 노론이 다시 크게 살육을 행하려 하니, 주상이 말하기를, "나도 역시 참혹하게 무함과 모욕을 당했으니, 어찌 분하고 미운 마음이 없겠는가? 그렇지만 무함을 가려내고 원한을 푸는 것은 좋지만 보복은 안 된다." 하였다. 정호·민진원이 또 임인년 옥사를 번복한 내용을 종묘에 고하고 교서를 반포한 뒤 사면령을 내려야 한다고 말하고, 차대(次對)에서 아뢴 항목에서는 "대행대왕이 질병이 있었는데 간당(奸黨)이 속이고 엄폐하였다."고 곧바로 써서 팔방에 반포하였는데, 이때 이것을 반질문(頒疾文)이라고 불렀다.

○ 於是悉復金昌集·李頤命·李健命·趙泰采官, 賜諡, 建祠曰四忠, 盡翻壬寅獄, 雖已承服者皆伸之。誅前訓將尹就商·內侍孫荊佐等, 李師尙亦以傳教正刑, 以尙儉·一鏡之黨也。

時老論復欲大行殺戮, 上曰: "子亦慘被誣衊, 豈無憤疾之心? 然辨誣雪冤可也, 報復不可." 澔 · 鎭遠又謂以壬寅飜案告廟頒赦, 次對擧條, 直書"大行大王有疾, 爲奸黨所欺蔽", 以示八方, 時號爲頒疾.

❋

을사환국 이후 민진원과 정호 등의 주장을 수용하여 김창집 등 4대신을 신원하고 관작을 복구해주었으며 심지어 사충사(四忠祠)라는 사당까지 세워주었다. 이어서 임인년 옥사를 번복한 뒤 윤취상과 손형좌, 이사상 등을 죽였는데, 이들은 모두 박상검 등과 함께 세제 시절 연잉군을 핍박하는 데 가담한 사람들이었다.

노론 측에서는 여기에 이어서 소론을 닥치는 대로 처벌하려 들었지만 영조가 보복은 안 된다고 하면서 저지하였다. 이에 민진원 등은 임인년 옥사를 번복한 내용을 종묘에 고하고 반교문과 사면령을 공포하라고 청하였다. 그 반교문에서는 경종에게 질병이 있었는데, 소론이 그것을 속였다고 명시하여 공포하게 하였는데, 세상에서는 그것을 '반질문'이라고 불렀다고 한다.

이에 소론 측에서 정석삼(鄭錫三)이 상소하여 경종에게 질병이 있다고 선포하는 것은 조종(祖宗)의 신령을 슬프게 하고 만세의 비웃음을 살 일이라고 비판하고 나서자 서명균 · 송인명 · 조문명 등이 서로 이어서 말하니, 주상이 정석삼을 귀양 보냈지만, 반질문을 반포하는 것은 중지하였다.

정미환국과 분등론

○ 태학생 정유(鄭楺) 등이 상소하여 말하기를, "선왕의 병세가 점점 나빠졌는데, 이광좌는 의약청(議藥廳)을 설치하지 않았으며, 조태억이 지은 교문에는 '어찌 한밤중에 (느닷없이 유언을 받들 줄을) 누가 알았겠는가?'라는 구절이 있었는데, 이는 선왕이 병 없이 죽었다는 것을 뜻하는 것이었습니다." 하였다. 주상이 정유를 귀양 보내라고 명하니, 정호 등이 격하게 반발하면서 들추어내기를 그치지 않았다. 주상이 이것을 매우 괴롭게 여기고 있는데, 조문명·조현명 형제와 송인명 등이 누차 상소하여 탕평(蕩平)에 대한 말을 하자 주상이 받아들였다.

이때 마침 여러 신하들이 다투어 유봉휘·이진유 등을 죽이라고 청하고, 정청(庭請)하여 아뢰기를 38차례나 하면서 3년 동안 쉬지 않고 이어졌다. 그런데 병조판서 홍치중이 그 정청에 참여하지 않자 주상이 드디어 그를 정승으로 삼았다. 이윽고 주상이 신축년 상소에서 소두 다음 사람에게 차율(次律)을 시행하라고 명하였는데, '소두 다음 사람[次一人]'이란 이진유를 가리키고, '차율'이란 교수형을 말한다. 당시 신축년 상소에 이름을 올렸던 정해는 이미 죽었고, 이진유를 비롯하여 박필몽·이명의·윤성시·서종하 등은 귀양 가 있었는데, 대간들이 다섯 사람을 모두 정형에 처해야 한다고 다투어 아뢰었다.

이에 삼사가 모두 같이 청대(請對)하여, 대사헌 이교악 등이 먼저 4인을 정형하라고 청하니, 주상이 말하기를, "5인이 어떻게 4인이 되었는가? 그중 한 사람은 차율을 써야 하는가?" 하니, 이교악 등이 말하기를, "그 한 사람도 차율을 써서는 안 되므로 장차 이것을 이어서 정형을 청하려고 합니다." 하였다. 주상이 갑자기 크게 노하여 말하기를, "4인을 모두 정형하지 않고 그 한 사람에게 먼저 차율을 쓰면 그 뒤에도 또 장차 4인을 (정형하라고) 주장하겠는가? 여러 신하들이 거짓으로 군부를 농락해도 되는가?" 하고, 삼사를 모두 삭출하라고 명하였다. 이에 민진원 이하 노론을 모두 파직하고, 이광좌와 조태억을 기용하여 정승으로 삼고 소론을 불러서 등용하였는데, 이것을 일러서 정미환국(1727)이라고 한다.

○ 太學生鄭楺等疏言: "先王大漸, 李光佐不設議藥廳, 趙泰億撰敎文, 有 '那知半夜之間'之句, 意以爲先王無疾而薨." 上命竄楺, 鄭澔等激討不已. 上頗病之, 而趙文命·顯命,宋寅明累疏言蕩平之說, 上納之.

會諸臣爭請殺柳鳳輝·李眞儒等, 庭啓至三十八次, 連三年不休。兵判洪致中
不預庭請, 上遂以爲相。旣而上命辛丑疏下次一人, 施次律, 次一人李眞儒也,
次律謂絞也。時辛丑疏下鄭楷已沒, 眞儒及朴弼夢·李明誼·尹聖時·徐宗廈
方在謫, 臺諫爭啓言五人當并正刑。

乃合三司請對, 大憲李喬岳等先請四人正刑, 上曰:"五何以爲四也? 其一當
用次律乎?"喬岳等曰:"其一亦不可用次律, 將繼此而請正刑。"上忽大怒曰:
"四人不并正刑, 則其一先用次律, 其後又將論四人乎? 諸臣以譎詐籠絡君父,
可乎?"命三司并削黜, 乃悉罷閔鎭遠以下諸老論, 而起李光佐·趙泰億爲相,
召用少論, 是謂丁未換局。

❖

　　반질문이 취소되자 노론 측에서 경종의 질병을 숨겼다고 소론에 대
한 공세를 멈추지 않으니 영조가 괴로워하고 있는 가운데 조문명 등이
탕평론을 건의하여 영조가 수용하였다고 이건창은 말하였다. 사실 탕
평책은 영조 즉위 초에 이미 천명했지만 실천하는 것은 이렇게 어려운
일이었던 것이다.

　　노론 측의 공세가 3년째 지속되자 영조는 신축년 상소에 김일경 다
음으로 이름을 올린 이진유에게 참형 바로 아래 형인 교수형에 처하라
고 명하였다. 그런데 노론 측에서는 살아 있는 다섯 명 가운데 이진유
를 제외한 네 명을 정형에 처하라고 청하여 틈을 보이자 영조는 이들이
임금을 농락하였다고 하면서 내치고 소론을 불러들였다. 이로 인해 영

조가 즉위한 이듬해 집권한 노론은 소론에 대한 보복에 집착하다가 3년을 채우지 못하고 소론에게 권력을 내주고 말았다. 이건창은 이것을 정미환국(丁未換局, 1727)이라고 불렀다.

이에 조현명이 상소하여 일진일퇴의 정국 운영을 비판하였다. 신임옥사에서는 소론이 사적인 분노로 인해 지나치게 징토하는 죄를 지었고, 을사년에는 노론이 오로지 보복에만 몰두하는 죄를 지었다고 양측을 모두 비판하였다. 이처럼 양쪽이 모두 잘못이 있다는 것을 알면서도 인사를 공평하게 하지 못하고 양쪽을 번갈아서 등용했다고 영조를 비판하니, 영조가 그 말을 받아들였다. 그렇다면 이제 소론이 다시 집권했으니, 실타래처럼 얽힌 정국을 풀 수 있는 해법을 모색해야만 했다.

○ 이광좌가 조정에 나와서 맨 먼저 국시(國是)를 정하라고 청하였다. 대사성 송인명이 경연 중에 큰소리로 말하였다. "청컨대 신이 전하를 위해서 정리해보겠습니다. 임인년 옥사는 3등으로 구분할 수 있습니다. 이희지·이천기·김용택·정인중의 무리는 숙종 말년부터 어지럽게 은화를 써서 환관·궁녀와 체결한 것이 낭자하여 가릴 수 없습니다. 손바닥에 글씨를 쓴 것이나 칼을 주었다는 죄안(罪案)은 비록 믿을 수 없지만 이미 부도(不道)한 말이 있었으니 역적이라고 말하지 않을 수 없습니다. 죄수가 국문을 받고 승복한 것은 거론할 수 없지만, 승복하지 않은 자들은 마땅히 별도로 말해야 할 것이 있습니다. 이만성 이하부터는 죄가 명백하지 않으니 관작을 그대로 두는 것이 좋겠습니다. 이이명·김창집의 경우는 혹은 다른 사람을 사주하여 상소하게 하고, 혹은 정청으

로 책임을 때우려 하였으며, 정청하다가 연차를 올리고, 연차를 올렸다가 다시 그것을 번복하라고 청하였으니 이것은 음으로 양으로 이랬다저랬다 한 것입니다. 대개 이러한 일은 순수하게 공적인 마음에서 나온 것이 아니라면 바로 역적입니다. 100에서 99분이 공적이라 해도 1분이라도 사적인 마음이 있다면 이것도 역시 역적입니다. 자취는 비록 증거가 있지만 반역할 마음은 없었으므로[無將] 노적(孥籍)의 형률을 시행하는 것은 지나치지만 관작과 시호를 내리는 것은 크게 불가합니다."

주상이 칭찬해 마지않으며 임인년 옥안을 송인명의 말과 같이 개정하라고 명하였다.

○ 李光佐造朝, 首以定國是爲請。大司成宋寅明於筵中大言曰: "臣請爲殿下定之。壬寅之獄, 可分三等。喜之 · 天紀 · 龍澤 · 麟重輩, 自肅廟末年, 爛用銀貨, 締結宦妾, 狼藉不可掩也。若書掌贈劍之案, 雖不可信, 而旣有不道之言, 不可不謂之逆。鞫囚之承服者無可論, 而其未承服者當有別白。自李晩成以下, 罪不明白, 仍其官爵可矣。若李頤命 · 金昌集, 或嗾人上疏, 或塞責庭請, 庭請而聯箚, 聯箚而復請反汗, 此陰陽押闔也。大抵此事, 若不純然一出於公, 便是逆; 九十九分有公而一分有私, 亦便是逆。跡雖有據, 心則無將, 孥籍過矣, 而爵諡大不可也。"上褒嘉不已, 命改定壬寅案, 略如寅明言。

○ 주상이 이이명 등의 관작을 그대로 두려고 하니 이광좌가 다투었다. 주상이 말하기를, "연차와 삼수는 본래부터 두 가지 일인데 연차를 국안(鞫案)에 섞어서 넣었으니 그것은 잘못이 아니냐?" 하니, 이광좌

가 말하기를, "선왕이 원년(元年)에 정무를 놓으시자 김창집 등이 인신 (人臣)으로서 두 마음을 품었으니 이것은 하늘 아래에서 용납될 수 없는 일이었습니다." 하니, 주상이 부득이하여 이이명·김창집·이건명의 관작을 삭탈하라고 명하였다. 그런데 조태채는 단지 그 시호만 환수하려고 하자 이광좌가 또 굳게 다투었다.

이조판서 오명항이 주상에게 말하기를, "조태구는 진정한 충신으로서 하자가 없는 순수한 신하이고, 이진유는 신축년 상소 이외에는 다른 죄가 없습니다." 하였다. 주상이 조태구 및 유봉휘를 복관(復官)하고 사제(賜祭)하라고 명하였다. 이때 유봉휘는 이미 유배지에서 죽었다. 이윽고 또 조태채의 관작을 삭탈하고, 신축년 상소의 소두 아래 5인은 모두 양이(量移)하라고 명하였다. 삼사에서 김호 등이 민진원·정호가 경종의 질병을 반포한 일을 거론하면서 귀양 보내라고 청하니, 주상이 매우 난처해 하다가 한참 있다가 비로소 허락하였다.

○ 上欲仍頤命等官, 光佐爭之. 上曰: "聯箚與三手, 自是兩件事, 乃以聯箚混入鞫案, 不其過乎?" 光佐曰: "先王元年釋務, 昌集等爲人臣懷二心, 此覆載所不容也." 上不得已命奪李頤命·金昌集·李健命官, 而趙泰采只收其諡, 光佐又固爭之.

吏判吳命恒白上曰: "趙泰耉精忠無瑕之純臣也, 李眞儒辛丑疏外, 無他罪矣." 上命泰耉及柳鳳輝復官賜祭. 時鳳輝沒於謫所矣. 尋又命奪泰采官, 辛丑疏下五人幷量移. 三司金浩等論閔鎭遠·鄭澔頒疾事, 請竄之, 上頗難之, 久而始許.

정미환국으로 다시 집권한 소론 탕평파는 노론과 소론이 교대로 집권하는 파행적인 정국을 수습하려면 국시(國是)를 정하라고 영조에게 요구하였다. '국시(國是)'란 국가가 공인한 충역의 기준 정도의 의미를 갖고 있지만 그것은 말처럼 쉬운 일이 아니어서 영조대 내내 노론과 소론은 물론 영조의 입장도 있어서 논란을 피할 수 없었다.

당시 소론이 제시한 해법은 송인명의 분등론(分等論)으로 집약해볼 수 있다. 임인년 옥사 관련자를 역적임이 분명하여 관작을 추탈하고 노적을 시행한 자, 역적으로서 노적은 지나치지만 관작은 추탈한 자, 역적으로 몰려서 죽은 자로서 관작을 복구한 자 등 세 가지로 등급을 나누어서 처벌하자는 것이었다. 노적(孥籍)이란 죄인의 처자를 관노로 삼고 그 재물까지 모두 몰수하는 것을 가리킨다. 이희지 등 경종 시해를 모의한 자들은 역적으로서 임인년 처분이 마땅하지만 이만성 등은 그들에게 동조한 것은 사실이되 주도한 것은 아니므로 관작을 복구해도 된다고 보았다. 이들을 구분하는 기준이 분명치 않으므로 송인명은 편의상 임인년 국문 당시의 승복 여부로 그것을 구분하자고 하였다. 그리고 김창집·이이명은 경종을 시해할 음모에 직접 가담한 것은 아니니 노적까지는 지나치지만 대리청정을 환수하라는 정청과 대리청정 시행 관련 절차를 건의한 연차로 이랬다저랬다 하여 경종을 부정하려는 개인적인 의도가 드러났으니, 관작은 복구할 수 없다고 주장하였다.

영조는 송인명의 분등설을 듣자마자 칭찬하면서 임인년 옥안을 개정하라고 명하였지만 그것을 구체적으로 적용하는 것에 대해서는 소론과 입장이 일치할 수 없었다. 영조가 이이명 등의 처벌과 관련하여 연차와 삼수를 구분하려고 한 것은 김창집 등을 이희지 등의 역적과 구분하려는 의도를 드러낸 것이었다. 이것을 이광좌가 거부하여 이들의 관작을 다시 삭탈하는 것으로 귀결되었다.

노론에 대한 처벌에 이어서 이광좌와 오명항의 주장을 수용하여 을사환국 이후 처벌했던 조태구와 유봉휘가 복관되었으며, 김일경 상소에 연명한 이진유 등은 양이(量移)하라고 명하였다. 양이(量移)란 유배된 사람의 죄를 감등하여 보다 가까운 곳으로 옮기는 것을 말하는데, 무신난 이후 이것을 가지고 노론이 이광좌와 오명항을 공격하는 빌미로 삼은 것에 대해서는 뒤에 나온다. 그리고 경종의 질병을 반포하자고 주장한 민진원과 정호도 처벌하였다. 이것은 을사환국 당시 노론의 공세가 불러온 반작용으로 볼 수 있지만, 이미 처벌받은 소론 강경파나 정권에서 소외된 다른 당색의 사람들에게는 매우 불만스러운 조치였다. 그리하여 소론 탕평파가 집권하였음에도 불구하고 반란이 일어나는 것을 피할 수 없었다.

무신난과 탕평책의 굴절

○ 앞서 경종이 승하하려 할 때, 바야흐로 병세가 악화되자 의관 이공윤이 나와서 사람들에게 말하기를, "어쩔 수 없다." 하면서, 경종이 재촉하여 불렀지만 기꺼이 들어가지 않고 거칠고 거만한 말을 많이 하였다. 대간이 논박하기에 이르자 여러 의관을 국문하였는데, 이공윤이 공초에서 말하기를, "장차 무너져가는 하늘을 외로운 이 한 몸으로[隻手] 어떻게 붙들 수 있겠습니까?" 하여, 이공윤을 귀양 보내라고 명하였다.

심유현이라는 자는 경종의 첫 번째 왕비인 단의왕후(端懿王后) 심씨의 동생이었다. 국상(國喪) 뒤에 그 친구 이유익과 이야기를 나누었는데, 이유익이 묻기를, "대행대왕께서 무슨 병으로 승하하셨는가?" 하니, 심유현이 말하기를, "내가 급한 부름을 받고 환취정(環翠亭)에 들어가니, 주상의 얼굴색은 평상시와 같았고, 한 내시가 옆에 있었는데, 대신이 들어와서 고복(皐復)을 청했다." 하였다. 심유현·이유익·박필현 등이 이에 이공윤의 말을 더욱 부풀려서 널리 퍼트리고, 이천해를 시켜서 주상이 능행하는 것을 노려 어가(御駕) 앞에서 흉언(凶言)을 발설하고 심지어 동조(東朝: 대왕대비)를 배척하기까지 하게 하니, 주상이 사관(史官)에게 쓰지 못하게 하고 이천해를 베어 죽였다.

이때 정호 등이 말하기를, "선왕이 질병이 있었다는 것을 밝힌 연후에야 흉언을 없앨 수 있다." 하면서, 반질(頒疾)의 논의를 제창하였다. 임징하가 대간으로서 상소하여 대놓고 말하기를, "전하께서는 일란(一亂) 이후의 시대를 맞았습니다." 하고, 또 배척하여 말하기를, "경종은 아는 것이 없었습니다." 하니, 이를 들은 자들 가운데 분격(憤激)해 하는 사람들이 많아서 말하기를, "노론이 선왕을 침해하고 꾸짖는데도 주상이 베어 죽이지 않는다." 하였다. 소론과 남인 가운데 성품이 사나운 자들이 흉언을 선동하는 것이 더욱 심해져서 호남과 호서 지방에는 해마다 연이어서 괘서(掛書)가 나붙었는데, 차마 들을 수 없는 말이 많았다. 세상에서 정미환국은 주상이 뜻을 잃은 자들을 위안하려고 행한 일이라고 말하였다. 그러나 괘서는 끝내 멈추지 않았고, 역적을 체포하려 하였지만 할 수 없었다.

○ 初景廟昇遐, 方大漸, 醫官李公胤出語人曰"不可爲也", 上促召, 不肯入, 語多悖慢. 及臺諫論, 鞫諸醫, 公胤供曰: "將傾之天, 隻手何以扶之?" 命竄公胤。

沈維賢者, 景宗前妃弟也。國恤後, 與其友李有翼語, 有翼問"大行何疾昇遐?"
維賢曰: "吾承急召, 入環翠亭, 上玉色如常, 一宦在側, 而大臣入請皇復矣."
維賢・有翼及朴弼顯等, 乃以公胤之言, 附益而宣播之, 使李天海候上陵幸,
駕前發凶言, 至斥東朝, 上命史官勿書而誅天海。

時鄭澔等以爲"明先王之有疾, 然後凶言可熄", 故創頒疾之論。任徵夏以臺諫
上疏, 直云"殿下當一亂之後", 又斥言"景廟無所知", 聞者多憤激, 以爲"老論
侵詆先王, 而上不誅"。少論·南人之桀驁者, 煽凶言益甚, 湖南湖西連年有掛
書, 多不忍聞。世謂丁未換局, 上欲慰安失志者而爲之也。然掛書終不止, 捕
賊不能得。

❁

　정미환국으로 소론 탕평파가 집권하여 영조와 함께 노론에 대한 처
벌을 완화하는 논의를 진행하고 있는데, 정권에서 소외된 소론 강경파
와 남인·소북 등이 주동하여 일어난 것이 무신난이었다. 이들이 영조
를 부정하기 위해 내세운 것이 경종 독살설이었는데, 이러한 소문은 영
조 즉위 직후부터 이미 나와서 퍼져나갔다. 이건창은 이것이 심유현 등
의 공작에서 나온 것이며 무신난을 추진하는 과정에서 나온 것으로 간
주하고 이처럼 전하였다.

　이건창이 기록한 이공윤과 심유현의 말은 경종의 임종 당시 상황을
전한 것이었다. 이공윤은 유의(儒醫)였고, 심유현은 경종의 첫 번째 왕비
인 단의왕후의 동생이었다. 환취정(環翠亭)은 창경궁 후원에 있는 정자로

서, 원래는 임금이 한가로이 휴식하고 후원의 풍경을 감상하는 곳인데, 경종이 임종한 장소였다. 고복(皐復)이란 사람이 죽은 뒤 지붕 위에 올라가서 죽은 사람의 영혼을 부르는 일을 가리킨다. 초혼(招魂)이라고도 하는데, 사망을 확인하는 절차였다. 이미 사망한 경종의 얼굴색이 평상시와 같았다는 것은 질병이 없었다는 말이었고, 독살의 가능성을 시사하는 말이었다. 이천해가 말한 흉언이란 영조가 경종을 독살하였다는 말이었는데, 이천해는 심유현 등의 사주를 받고 1725년에 영조의 능행을 노려서 영조 앞에서 이것을 발설하고 죽었다.

이것이 계기가 되어 정호 등이 경종의 질병을 공포하자[頒疾]고 주장한 것에 대해서는 앞서 나왔다. 임징하는 여기서 한 걸음 더 나아가 경종의 시대가 혼란한 시대였다고까지 말하여 경종을 부정하였는데도 영조가 이들을 처벌하지 않아서 호남과 호서 지방에서 오늘날의 대자보에 해당하는 괘서(掛書)가 해마나 나붙었으며, 그 주모자를 체포하지 못하였다고 전하였다. 이건창은 정미환국조차도 이러한 여론을 의식한 영조의 조치라는 소문도 기록으로 남겼다. 이 부분은 이건창이 파악한 무신난의 배경으로 볼 수 있다.

○ 봉조하(奉朝賀) 최규서(崔奎瑞)가 말을 달려와서 역변(逆變)이 일어났다고 고하였다. 며칠 있다가 역적 이인좌(李麟佐) 등이 청주를 함락하니 서울에 있는 군대에 계엄(戒嚴)하였다. 처음에 총융사 김중기에게 출정(出征)하라고 명하였는데, 김중기가 머뭇거리며 나아가지 않으니 병조판서 오명항이 출정을 자청하였다. 주상이 이광좌를 영병조사(領兵曹

事)로 삼았으며, 오명항을 도순무사(都巡撫使)로 삼고 상방검(尙方劍)을 하사하여 내외의 모든 군사 관련 사무를 통괄하게 하였다. 오명항이 출전한 지 10여 일 만에 이인좌를 사로잡았고, 또 그 종사관 박문수를 파견하여 영남의 역적을 쳐서 평정하였다.

훈련대장 이삼은 일찍이 포도대장으로서 임인년 옥사를 주관하였으므로 노론이 당국하였을 때 반드시 죽이려고 하여 수년간이나 남간(南間)의 옥사에 갇혀 있었는데, 주상이 아주 석방시키고 다시 끌어다가 대장에 임명하였었다. 이때 이르러 이삼이 하나같이 이광좌의 지휘에 따라 형찰(詗察)한 것이 맞아 떨어져서 내외의 여러 역적들을 많이 체포하였다. 역적의 공초에서 이삼을 끌어들인 자들이 많아서 이삼이 그때마다 대죄하였지만 주상이 그의 손을 부여잡고 위로하면서 이전처럼 중요한 부대의 지휘를 맡겼다.

역적을 평정하자 양무공신(揚武功臣)을 녹훈(錄勳)하였는데, 오명항을 해은부원군(海恩府院君)으로 삼았으며, 박문수·이삼 및 조문명·조현명 형제 등을 모두 참여시키라고 명하였다. 조문명은 다른 공이 없었지만 당시 세자빈을 책봉하였는데 그의 딸이 간택되었고, 송인명과 더불어 탕평론에 입각하여 국론을 주도하였으며 또한 어영대장을 겸하고 있었으므로 형제가 훈적에 참여하였다고 한다.

처음에 적당(賊黨)이 열읍(列邑)에 격문을 띄웠는데, 그 내용은 모두 이천해의 흉언과 같았다. 그리고 군중(軍中)에 경종의 위패를 설치하고 조석(朝夕)으로 곡하였다. 이들이 체포되어 공초할 때 부도한 말이 많이 나왔다.

임환(任環)이라는 자가 공초에서 말하였다. "심유현·박필현·이유익·이하 등이 이미 흉언을 제창하면서 더불어 모의한 것이 여러 해가 되었습니다. 작년에 환국이 이루어졌다는 소식을 듣고 말하기를, '일이 안 되게 생겼다. 노론이 선왕(先王)을 욕보여서 민심이 함께 분노하고 있을 때에는 일을 할 만했다. 그런데 지금 소론이 다시 들어갔으니, 들어간 자들은 비록 완소(緩少)이지만 준소(峻少)도 또한 모두 바라는 것이 있게 되었다. 무릇 인간이란 바라는 것이 있으면 악한 마음이 사라지는 법이다.' 하였습니다. 정희량·한세홍 등이 재촉하여 반란을 서두르게 하니, 평안병사 이사성이 관서의 군대가 서울로 진격하는 것을 허락하고 역적과 함께 거사(擧事)하였습니다. 서울에 들어가면 먼저 완소를 죽이고 준소와 남인을 등용한다고 하였습니다."

○ 奉朝賀崔奎瑞馳告逆變, 數日而逆賊李麟佐等陷淸州, 京師戒嚴。始命摠戎使金重器出征, 重器逗遛不進, 兵判吳命恒自請出征。上以李光佐領兵曹事, 命恒爲都巡撫使, 賜尙方釖, 統內外諸軍事。

命恒戰十餘日, 而擒麟佐, 又遣其從事朴文秀, 討平嶺南賊。而訓將李森, 嘗以捕將主壬寅獄, 老論當國必欲殺之, 幽南間獄數年, 上全釋之, 復援將任。至是森一聽李光佐指, 訶察得宜, 內外諸賊多就捕。賊招多引森者, 森每待罪, 上輒握手慰諭, 托重兵如故。

賊平, 錄揚武勳, 以命恒爲海恩府院君, 文秀·森及趙文命·顯命等, 命皆預焉。文命無他功, 時冊世子嬪, 文命女也。文命與宋寅明, 方以蕩平主國論, 且兼御將, 故兄弟參勳籍云。

初賊黨傳檄列邑, 皆如天海凶言, 而其軍中設景廟位牌, 朝夕哭。及就招, 多發不道語。任環者供云："維賢·弼顯·有翼·李河等, 旣倡凶言, 與謀有年。至昨年, 聞換局曰:'事不成矣。老論辱先王, 人心共憤, 時事可爲也。而今少論復入, 入者雖緩少, 而峻少亦皆有覬。凡人有覬則惡心消矣。'鄭希亮·韓世弘等促之, 使速反, 而平安兵使李思晟, 許以關西兵赴京, 與賊合擧事。入京, 先殺緩少, 而用峻少與南人云。"

　　무신난은 소론 강경파와 남인·소북 등이 주도하였는데, 그 변란을 처음 조정에 알린 최규서나 그것을 토벌한 이광좌·오명항 등은 모두 소론 탕평파였다. 병조판서 오명항이 출정을 자청하니, 영조는 영의정 이광좌에게 영병조사(領兵曹事)라는 임시 직책을 주어 병조의 일을 대신 관장하게 하고, 오명항 역시 임시직인 도순무사(都巡撫使)에 임명하여 출정시켰다. 상방검(尙方劍)이란 왕이 간악한 신하를 제거할 때 사용하는 날카로운 칼인데, 왕을 대신하여 역적을 직접 베어 죽일 수 있는 권한을 의미하였다. 이삼이 갇혀 있던 남간(南間)의 감옥이란 의금부의 감옥을 가리킨다. 영조는 이삼이 임인년 옥사를 주관하였음에도 불구하고 훈련대장에 임명하여 무신난을 토벌하게 하였다.

　　무신난을 평정하고 나서 공신을 책봉하여, 오명항이 1등 공신으로서 해은부원군이 되고, 박문수와 이삼이 2등 공신으로서 각각 영성군(靈城君)과 함은군(咸恩君)이 된 것은 명실이 상부했다고 볼 수 있지만 조문명이 2등 공신으로서 풍릉군(豐陵君)에, 조현명이 3등 공신으로서 풍원군(豐原君)에 책봉된 것은 의외였으므로, 이건창이 그 이유를 나열하였다. 조문명의 딸이 효장세자빈이 되고, 어영대장을 겸하였다는 것 외에도 이들 형제가 탕평론을 주장하였다는 것을 지적하여 조현명까지 포함된 이유를 나름대로 설명해주었다.

무신난의 경과에 대해서는 영조가 경종을 독살하였다는 이천해의 말을 격문으로 만들어 주변 지역에 띄웠다는 것, 경종의 위패를 설치하고 조석으로 곡하였다는 것 이외에는 임환의 공초를 제시하는 것으로 대신하였다. 아마도 이후 노론이 특히 임환의 공초를 꼬집어서 거론하였기 때문인 듯하다. 그의 공초에 의하면 영조 즉위 초부터 심유현 등이 반란을 모의하다가 정미환국으로 그 기세가 꺾였는데, 평안병사 이사성(李思晟)이 가담하면서 거사를 서두른 것이 밝혀졌다. 거사가 성공하면 완소를 죽이고 준소와 남인을 등용하겠다고 말한 것 역시 이후 정국과 관련하여 중요한 의미가 있었다.

○ 당시 노론이 죽이려고 한 사람은 이광좌·이삼 및 이진유에 다름 아니었다. 그런데 역적의 공초에서 모두 말하기를, "이광좌는 평소에 충절이 있고, 이삼은 주상이 다시 살려준 은혜에 감동하였으므로 반드시 모두 따르지 않을 것이다. 마땅히 이 두 사람을 먼저 죽여야 한다." 하였다 한다. 이진유의 이름은 처음부터 끝까지 국청에서 나오지 않았다.

박필현은 태인현감으로서 반란을 일으켰고, 그 종형 박필몽은 유배지인 무장에서 거짓으로 소명(召命)을 받았다고 칭하고 도망가버렸다.

박필몽의 문객이었던 박만정이 나주에 가서 박필몽이 소명을 받고 올라갔다고 이진유에게 고하니, 이진유가 귀양 가 있는 상태에서 즉시 박만정을 포박하고 관에 알려서, 박필몽이 박필현과 함께 바로 체포되었는데, 박필현이 먼저 복주(伏誅)되었다. 그리하여 주상이 김일경 상소에 연명한 사람으로서 박필몽이 다시 나왔다고 하면서 나머지 4인도 체포하라고 명하였다. 윤성시와 이명의는 또 다른 일로 국청의 초사에 연루되어 이명의는 장폐(杖斃)하였다. 이윽고 이진유와 서종하는 다시 유배지로 돌려 보내라고 명하였다.

○ 時老論所欲殺者, 無如光佐 · 森及李眞儒. 而賊招皆謂: "光佐素有忠節, 森感上再生恩, 必不從, 當先殺此兩人云." 而眞儒之名, 終始不出於鞫廳. 弼顯以泰仁縣監反, 其從兄弼夢, 自茂長謫所僞稱有召命逃去. 弼夢客朴萬廷往羅州, 以弼夢赴召狀告眞儒, 眞儒方在謫, 卽縛萬廷, 以聞於官, 弼夢卽就捕與弼顯, 彼先伏誅. 而上以一鏡疏下復出弼夢, 命逮其餘四人. 尹聖時 · 李明誼又以他事連鞫招, 明誼杖斃, 尋命眞儒及徐宗廈還配.

❋

반란 주모자 가운데 소론이 많았으므로 노론의 공격이 나오는 것은 피할 수 없는 일이었지만 그럼에도 불구하고 이광좌와 오명항 등이 반란을 진압할 수 있었던 것은 영조가 당론을 반란의 원인이라고 지목하여 노론을 견제하였기 때문이라고 이건창은 간주하였다.

이건창은 반란이 수습된 뒤 조문명과 송인명 등 완소가 노론 측에 경도되었다고 보았다. 조문명은 영조가 우유부단하여 반란이 일어났다고 말하였으며, 송인명은 이광좌를 놓아두고서는 국사를 처리할 수 없다고 영조에게 말하였다고 전했다.

당시 노론은 이광좌와 이삼 및 이진유를 반드시 죽이려 하였지만 반란에 연루된 자들 역시 이들을 죽이려 하였다는 사실을 제시하여 그것이 근거 없는 일임을 보인 뒤, 더구나 이진유는 이들의 공초에서 거론되지도 않았다고 지적하였다. 오히려 이진유는 유배 중인데도 박필몽이 반란을 일으킨 것을 알고 그것을 알려준 박만정을 포박하여 관에 넘겨서 박필몽을 체포하는 데 일조하였다고 밝혔다. 그런데 박필몽 때문에 김일경 상소에 연명한 사람들이 다시 체포되어 국문받다가 이진유와 서종하는 유배지로 돌아갔다고 말하여 무신난과 관련이 없었다는 것을 밝혔다. 이처럼 이광좌·이삼·이진유가 무신난과 관련이 없었다는 것을 밝힌 것은 단순한 사실의 나열이 아니라 무신난 이후 이들에 대한 노론의 공세가 당파적 입장에서 나온 것임을 드러낸 것이었다.

무신난은 노론 일당 전제(專制)가 국가의 위기로 직결된다는 것을 드러내서 탕평책이 필수 불가결하다는 것을 보여주었지만, 그 방향은 노론을 어디까지 등용하고 이에 반발하는 사람들을 어떻게 설득할 것인가로 모아졌다는 점이 역사의 역설(逆說)이었다.

○ 이때 송인명이 노론 가운데 폐고당한 자들을 모두 등용하자고 청하여 이들이 점차 삼사에 늘어섰다. 지평 정익하 등은 맨 먼저 이광좌

와 오명항이 이진유 등을 양이(量移)하고, 이사성과 남태징을 추천하고 끌어들여서 이런 반란이 일어났다고 논박하였다. 이광좌가 상소하여 변명하기를, "이사성과 남태징은 을사년 당시에도 일찍이 곤수(閫帥)에 의망(擬望)된 일이 있으므로 신이 홀로 추천하여 끌어들인 것이 아닙니다." 하였다.

○ 時宋寅明請悉敍老論被錮者, 稍列三司, 而持平鄭益河等首論光佐·命恒, 量移李眞儒等, 薦引思晟·泰徵以致亂。光佐疏辨言: "思晟·泰徵在乙巳時, 亦嘗擬閫帥之望, 非臣所獨薦引。"

○ 송인명이 다시 민진원을 석방하라고 청하고, 또 나와서 홍치중에게 말하기를, "내가 일찍이 다른 사람을 따라서 민 정승을 논박하였는데, 지금에야 그가 선견(先見)이 있다는 것을 알겠다." 하였다. 홍치중이 그 말을 주상에게 하면서 말하기를, "신이 신의 자질들에게 말하기를, '마음가짐은 마땅히 송인명을 본받아야 한다.' 하였습니다." 하고, 또 말하기를, "지금 전하께서 비록 탕평을 하고자 하시지만 조정의 반쪽에서 한 사람도 따르는 사람이 없으면 어찌하시겠습니까?" 하였다. 주상이 말하기를, "반드시 이진유를 죽이고, 유봉휘 등에게 역률(逆律)을 추가로 시행하고, 사충사를 다시 세워야만 여러 신하들이 들어올 수 있다는 것인가?" 하고 반발하자, 이에 홍치중이 김창집 등이 억울하다고 지극하게 말하니, 주상이 받아들였다.

○ 寅明復請釋閔鎭遠, 又出語洪致中曰:"吾嘗隨人論閔相, 今乃知其先見矣."致中以其言白上曰:"臣謂臣之子佺曰'持心當以宋寅明爲法矣'."又曰:"今殿下雖欲蕩平, 半朝無一從政者, 奈何?"上曰:"必殺李眞儒, 追施柳鳳輝逆律, 復建四忠祠, 則諸臣可入乎?"致中因極言金昌集等之冤, 上納之.

❋

　완소인 송인명이 무신난 이후 정국을 수습하기 위해 노론을 등용하자고 청하여 노론이 삼사에 들어가자 이광좌와 오명항을 공격하였다. 먼저 이광좌가 소론 무장인 이사성과 남태징을 추천한 것과 이진유의 유배지를 옮긴 일[量移]을 가지고 논박하였다. 이사성과 남태징은 모두 무신난의 우두머리로 지목되어 복주된 사람들이었다. 이광좌는 자신이 추천하기 전에 이들이 이미 곤수(閫帥), 즉 병사(兵使)·수사(水使)의 반열에 들어간 사람들이었다고 변명하였다.

　그리고 이진유에 대해서는 두 가지를 들어서 원통하다고 하소연하였다. 하나는 경종 때 이진유가 울면서 박상검을 죽이라고 청한 사실이고, 다른 하나는 임인년에 청나라 사신이 전한 세제 책봉 승인 문서에서 만약 경종이 왕자를 낳으면 반드시 청나라에 보고하라고 한 구절에 대한 해석을 두고 논의가 분분했는데, 이진유가 나서서 청나라에 보고할 필요가 없다고 부인한 사실이었다. 이광좌는 이 두 가지 모두 이진유가 후일의 영조에게도 충성심이 있었다는 것을 보여주는 사실이라고 강조한 것이었다. 그럼에도 불구하고 영조가 이광좌와 오명항에 대해서 이진유의 유배지를 옮긴 일을 거론하며 허물하니 노론의 공세가 갈수록 심각해져서 결국 오명항이 근심 끝에 죽었다고 전했다.

송인명이 또 민진원의 석방을 청하면서 홍치중에게 이전에 민진원을 논박한 일을 후회하고 그에게 선견지명이 있다는 것을 알게 되었다고까지 말하였다. 홍치중이 그 말을 영조에게 전하고 영조가 탕평을 하려면 노론을 다시 등용해야 한다고 말하자 영조는 이진유를 죽이고 김창집 등 노론 4대신을 배향했던 사당(祠堂)인 사충사를 다시 건립해야만 노론이 호응하겠느냐고 반발하였다. 사충사는 을사환국 이후 건립했다가 정미환국 이후 폐지된 것이었는데, 이것을 다시 건립한다는 것은 노론 일당 전권(專權)을 용인하는 것이었으므로 영조가 받아들일 수 없었던 것이다.

그런데 문제는 대부분의 노론이 조정에 나오려고 하지 않는다는 데 있었다. 그리고 노론이 이광좌를 탄핵하면서 김창집 등이 억울하다고 다투고, 조문명도 이광좌를 비판하여 이들에게 힘을 실어주었지만 영조가 이광좌를 비호하여 실효를 거두지는 못하였다. 그렇지만 이광좌 역시 애초부터 자신이 견지하던 입장에서 조금씩 후퇴하지 않을 수 없었다. 영조대 탕평책은 이처럼 굴절되는 것을 피할 수 없었던 것이다.

기유처분과 각 당의 탕평책 비판

○ 당시 노론 가운데 폐고된 상태에서 등용되어 부난(赴難)한 자들은 모두 서둘러 돌아가고 기꺼이 조정에 머물러 있으려 하지 않았는데, 홍치중만 홀로 잠깐 나와서 주상의 뜻을 엿보고 이윽고 또한 돌아갔다. 대사헌 이병상, 지평 조정순 등이 서로 이어서 김창집 등이 억울하다고 다투면서 이광좌를 공격하였다. 이때 효장세자가 죽으니, 조문명이 외척으로서 누리던 궁중 안의 후원을 잃어버렸다고 스스로 생각하고, 노론이 이로 인해 자기를 공격할 것을 염려하여 더욱 노론에게 붙어서 자주 주상 앞에서 이광좌의 단점과 장점에 대해 말하였다. 그렇지만 주상은 오히려 이광좌를 중시하고 논박하는 자가 있으면 바로 귀양 보냈다.

때마침 양사에서 연이어서 이진유를 섬으로 귀양 보내라고 청하였는데, 지평 임집이 홀로 말하기를, "이진유의 이름은 역적의 공초에서 나오지 않았으므로, 이전보다 죄를 추가할 일이 없으니 섬으로 귀양 보내는 것은 지나치게 무겁습니다." 하였다. 이로부터 소론으로서 대간이 된 자들이 인피(引避)한 사람이 7인에 이르자 주상이 이진유를 극변에 멀리 귀양 보내라고 명하면서 대간이 더 무거운 처벌을 청할 것이라고 생각하였는데, 지평 남위로가 정계(停啓)하고 다시 논하지 않았다. 임집과 남위로는 모두 소북이었다.

신축·임인년 이후 남인·소북 가운데서는 소론과 입장을 같이하는 자들이 많았는데, 주상은 임집과 남위로가 이광좌의 지시를 받았다고 더욱 의심하였다. 이때 수찬 이양신이 상소하여 이광좌의 열두 가지 죄를 논하면서 역적의 수괴라고 배척하였다. 주상이 불러서 힐난하니, 이양신이 말하기를, "송인명은 신의 인척의 아우인데 신을 위해 말하기를, '이광좌가 역적을 느슨하게 다스린 것이 많다.' 하여 알게 되었습니다." 하였다. 주상이 이양신을 귀양 보내라고 명하고 속으로는 송인명을 더욱 어질다고 생각하였다. 이윽고 엄한 하교를 내리고 임집과 남위로 등을 모두 파직하였다.

이로부터 이광좌도 또한 감히 다시 이진유가 억울하다고 다투지 못하고, 다만 상소하여 김창집 등을 신원할 수 없다고 하면서 말하기를, "대리청정하라는 명령을 내리자 저들의 무리도 처음에는 정청(庭請)했었습니다. 이미 정청하였다면 어찌하여 (대리청정을 수용하는) 연차(聯箚)를 올렸으며, 이미 연차로 대리청정을 거행하는 절목을 올리고 나서 또 어찌 다른 사람들을 따라서 들어가 번거롭게 사죄하면서 반한(反汗)을 청하였단 말입니까?" 하였는데, 대략 송인명 등이 정미년 초에 말한 것과 같았다. 이로부터 소론이 노론의 4정승을 치죄하면서 감히 건저와 대리의 일은 말하지 못하고, 다만 말하기를, "정청, 연차, 환수를 청하는 것으로 세 번 변했다."고 하였다 한다.

○時老論起廢赴難者, 皆徑歸不肯留, 致中獨乍出, 以覘上意, 尋亦引歸. 大憲李秉常, 持平趙正純等, 相繼訟金昌集等, 攻李光佐. 時孝章世子薨, 趙文命自以戚里失內援, 慮老論因以傾己, 乃益附老論, 數於上前言李光佐短長. 然上猶重光佐, 有論者輒窺之.

會兩司連啓, 請李眞儒島配, 而持平任珠獨言: "眞儒名不出於逆招, 罪無加於往日, 島配爲過重." 自此少論爲臺諫, 引避者七人, 上乃命眞儒極邊遠竄, 而猶意臺諫請重律, 持平南渭老停啓不復論, 珠·渭老皆小北也. 自辛壬後, 南人·小北皆多與少論同歸, 上益疑珠·渭老受李光佐指. 於是修撰李亮臣疏論光佐十二罪, 斥爲逆魁. 上召詰之, 亮臣言: "宋寅明臣之戚弟, 爲臣言'光佐治逆多緩', 以是知之." 上命竄亮臣, 而內愈賢寅明. 尋下嚴敎, 并罷珠·渭老等. 自是李光佐亦不敢復訟李眞儒, 而第疏言金昌集等不可伸曰: "代理命下, 渠輩初亦庭請. 旣庭請則何爲聯箚, 旣聯箚擧行節目, 則又何爲隨人而入, 僕僕謝罪, 而請反汗乎?" 大略如宋寅明等丁未初所言者. 自是少論之罪四相, 不敢復言建儲代理事, 而輒曰"庭請、聯箚、請收爲三變"云.

무신난 이후 영조가 탕평을 위해 노력하는 가운데 등용된 노론은 모두 이광좌와 이진유를 처벌하라고 집요하게 요구하면서 다수가 출사를 거부하였다. 따라서 탕평을 실현하려면 이들에 대한 처벌은 불가피한 측면이 있었다. 이것은 또한 노론 4대신에 대한 복권 여부와 긴밀하게 연관되어 있었다.

그리하여 조문명과 송인명 등 완론 탕평파 인사들조차도 이광좌의 처벌을 주장하였지만 영조가 쉽게 결단하지 못하고 있는 모습을 보여준다. 이건창은 조문명이 효장세자의 장인으로서 효장세자가 죽자 궁중 안에서의 후원을 잃어버려서 노론의 공격을 피하기 위해 이광좌를 공격하였다고 지적했지만 이것은 이건창의 노론에 대한 불만을 전한 것이었을 뿐 중요한 변수는 아니었다.

그런데 영조의 이광좌에 대한 신뢰에 금이 가는 요인을 이건창은 두 가지 제시하였다. 당시 남인과 소북 역시 이광좌를 지지하여 이진유를 추가로 처벌하는 것을 반대하자 영조는 이들이 이광좌의 조종을 받고 있다고 의심한 것이 그 하나이고, 다른 하나는 이양신의 말을 통해서 영조에게 전해진 송인명의 이광좌 비판이었다.

이로 인해 이광좌의 탕평 노선 역시 굴절되지 않을 수 없었다. 노론 4대신에 대해서 건저와 대리를 문제 삼는 것으로부터 후퇴하여 정청-연차-환수로 세 번 변했다[三變]는 것으로 공격의 초점이 변화되었다는 것이다. 삼변(三變)이란, 그들이 경종 당시 세제의 대리청정을 반대하는 정청을 하다가 그것을 수용하는 연차를 올리고, 다시 그것을 뒤집어서 대리청정 환수를 청하는 등 왔다갔다 한 행적이 경종에 대한 불충을 드러낸 것이라고 공격한 것을 가리킨다. 이광좌는 준론 탕평파로 분류되는데, 이건창은 이러한 삼변설이 정미환국 당시 송인명 등 완론 탕평파의 주장과 같아진 것이라고 지적하여 소론 탕평론이 굴절된 것이라고 보고 있었다. 이로써 노론 4대신에 대한 처벌이 완화되는 것은 기정사실이 되어갔다.

○ 조문명과 송인명이 물러나기를 청하니, 주상이 그 이유를 물었다. 조현명이 말하기를, "탕평을 이룰 수 없기 때문입니다." 하니, 송인명이 말하기를, "한쪽 길을 열어놓으면 탕평을 할 수 있습니다." 하였다. 주상이 말하기를, "무엇을 말하는 것인가?" 하자, 송인명이 말하기를, "건저와 대리는 역(逆)은 아니었지만, 소론은 경(經)을 내세운 것이고, 노론은 권(權)을 행하였을 뿐입니다. 김창집·이이명은 패륜한 자식[悖子]과 반역한 손자[逆孫]가 있으니, 마땅히 허적(許積)처럼 처벌해야겠지만 조태채·이건명은 진실로 억울합니다. 이 두 사람을 신원하면 이것은 한쪽 길을 여는 것이니, 노론이 같이 일할 수 있을 것입니다." 하였다. 주상이 말하기를, "김창집이 조정에 나와서 행한 일은 나도 잘 알고 있고, 또 청렴하고 검소하지는 못하였다. 김성행이 모의한 것은 그가 모를 수 없었을 것이므로 반드시 모함한 것은 아니다. 기타는 죄줄 수 있는 것이 없다." 하였지만, 그러나 주상이 끝까지 어려워하였다.

이때 마침 괘서(掛書)를 한 이석효(李錫孝)라는 사람이 있었는데, 그가 공초한 말이 이천해와 같았다. 주상이 놀라고 고통스러워하면서 대전 문을 걸어 잠그고[閉閤] 며칠간 일을 보지 않았으며, 대신과 삼사에서 청대(請對)하였지만 허락하지 않았다. 그리고 누차 하교하여 말하기를, "당쟁의 화가 역적의 변란에까지 이르렀다." 하였다. 한참 지나서 여러 신하들을 불러서 노론 4정승의 일을 의논하였다. 윤순이 '세 번 변한 것'이 4정승의 죄라고 하면서 말하기를, "이미 경종에게 불순(不純)했으니, 또 전하에게도 불순하였을 것입니다." 하였다. 송인명이 말하기를, "신은 삼층(三層)으로 구분하는 논의를 내놓았는데, 연차는 감히 말해서는 안 되었으므로 김창집과 이이명은 죄가 없을 수 없지만, 이건명과 조태재는 죄줄 것이 없습니다." 하였다.

주상이 말하기를, "4정승이 누구 보고 대리청정하라고 했는데, 역이라고 하는가? 경종이 하교하기를, '좌우가 좋은가? 세제가 좋은가?' 하였는데, 소론이 당국하였다면 장차 어떻게 했겠는가? 목호룡이 김일경의 사주를 받아서 나를 제거하려고 하였는데, 이런 자를 어떻게 봉군(封君)할 수 있단 말인가? 영중추부사 이광좌와 해은부원군 오명항은 어찌 연차는 엄하게 비판하면서 김일경 상소에 연명한 자들을 그렇게 심하게 비호하는가? 연차를 역이라고 하는 것은 어디를 핍박하려는 것인가? 설사 잘못이 있더라도 이미 베어 죽였는데 다시 관작을 추탈(追奪)하는 것은 심하지 않은가? 만약 그들을 충(忠)이라고 하는 것이 지나치다면 김창집·이이명과 그 자손들은 논할 수 없지만 이건명·조태채는 관작을 복구하는 것이 좋겠다." 하였다.

홍치중이 주상에게 말하기를, "연차가 역이 아니라면 김창집·이이명에게 무슨 죄가 있습니까?" 하니, 주상이 말하기를, "지금 만약 네 사람을 한꺼번에 신원한다면 지금 당국한 사람들[時人]이 반드시 답답해 할 것이니, 아직은 기다리는 것이 좋겠다." 하였다. 이때 이광좌가 정승에서 면직되고, 이태좌(李台佐)가 정승이 되어서 제법 탕평을 주장하였는데, 다른 소론이 감히 다시 다투지 못하였다. 이것을 일러서 기유처분(己酉處分, 1729)이라고 한다.

○ 趙文命 · 宋寅明乞退, 上問其故. 趙顯命曰"以蕩平之不可成也", 宋寅明曰: "開一線路, 則可以蕩平矣." 上曰"何謂也?" 宋寅明曰: "建儲代理非逆也, 少論爲經而老論爲權而已. 昌集 · 頤命有悖子逆孫, 當用許積例, 趙泰采 · 李健命則誠寃矣. 伸此兩人, 則此開一線路也, 老論可以同事矣." 上曰: "金昌集立朝行事, 予所稔知, 又不淸儉. 省行之謀, 不可曰不知, 必非誣也. 其他則無可罪矣." 然上終難之.

會有掛書人李錫孝, 其供辭又如天海. 上驚痛, 閉閤不視事數日, 大臣三司請對, 不許, 屢下敎, 言"黨禍致逆變". 久之, 乃引諸臣議四相事. 尹淳以三變罪四相曰: "旣不純於景廟, 又不純於殿下矣." 宋寅明曰: "臣則爲三層議論, 聯箚不敢言, 昌集 · 頤命不可無罪, 健命 · 泰采無可罪矣."

上曰: "大抵四相以誰請代理, 謂之逆乎? 景廟之敎曰: '左右可乎? 世弟可乎?' 少論當之, 將如之何? 虎龍受一鏡之嗾, 欲祛予, 是豈可封君者乎? 李領府 · 吳海恩, 何嚴於聯箚而庇疏下之甚乎? 聯箚爲逆, 則逼於何處乎? 設有非矣, 旣誅死而復追奪, 不已甚乎? 若謂之忠則過矣, 金昌集 · 李頤命及其子若孫不可論, 健命 · 泰采復其官可矣." 洪致中白上曰: "聯箚非逆, 則昌集 · 頤命

有何罪乎?"上曰: "今若并伸四人, 則時人必怫鬱, 姑俟之, 可也." 時李光佐
免相, 李台佐爲相, 頗主蕩平, 他少論無敢復爭者, 是謂己酉處分.

✿

　무신난 이후 노론을 등용하려고 노력하였지만 노론의 다수가 이것을
거부하였고, 조정에 진출한 자들은 이광좌의 처벌과 노론 4대신의 복관
을 주장하니 어떤 방식으로든 타협이 불가피한 상황에서 송인명이 다시
분등설을 꺼내들었다. 김창집 · 이이명은 패자(悖子) · 역손(逆孫)이 있어서
역적임이 분명하지만 조태채 · 이건명은 죄가 없으니 신원하자고 주장
한 것이 그것이다.

　영조가 이것을 수용하는 것을 망설이고 있는데, 이석효라는 자가 괘
서하여, 공초에서 이천해와 같은 말을 하니 영조가 또 두문불출하며[閉
閤] 정사를 거부하였다. 그리고 나서 다시 신하들을 불러서 노론 4대신
에 대해 논의하여 송인명의 분등설이 수용되기에 이르렀다. 그 사이에
서 완론 탕평파 윤순조차도 삼변설을 주장하자 영조가 작심하고 이것
을 비판하였다.

　이때 영조는 건저와 대리가 역이 아닐 뿐만 아니라 연차조차도 역이
아니라고 말하여 본심을 드러내면서도, 김창집 · 이이명은 놔두고 조태
채 · 이건명은 복관하라고 명하였다. 이건창은 이것을 기유처분이라고
불렀다. 이에 노론이지만 탕평론에 동조했던 홍치중이 연차가 역이 아
니라면 김창집과 이이명에게 무슨 죄가 있냐고 반발하자 영조는 소론의

반발을 무마하기 위해서 불가피한 일이라고 설득하는 것을 보면 김창집·이이명까지 복관되는 것은 시간문제였음을 알 수 있다. 그리고 이진유 등을 국문하라고 하교하여 김일경 상소에 연명한 사람 가운데 살아 있던 세 사람을 유배지에서 불러서 다시 형신하여, 이들이 모두 고문받고 죽었다.

1729년 기유처분은 신임옥사에 대하여 노론과 소론의 주장을 절충하여, 소론 정권하에서 노론이 참여할 수 있는 최소한의 명분을 제공한 것이었다. 신축년의 건저와 대리에 대해서는 노론 측 주장을, 임인년 삼수옥에 대해서는 소론 측 주장을 각기 옳다고 판정하고, 노론 4대신 가운데 김창집과 이이명은 그 자손들이 임인옥에 관련되어 있으므로 복관할 수 없다는 것이었다.[1] 이것은 표면적으로 보면 노론의 신임의리를 수용한 것 같지만, 사실은 건저와 대리의 정당성을 천명하여 영조의 정통성을 확인한 것이 더 중요하였다.

○ 앞서 주상이 민진원을 귀양 중에 등용하여 다시 정승에 임명하려 하였지만 그가 반드시 기꺼이 나오지 않으리라고 예상하였다. 이에 민진원과 이광좌를 불러서 왼쪽으로는 민진원의 손을 잡고, 오른쪽으로는 이광좌의 손을 잡고 감정을 풀게 하려 하였다. 또한 민진원에게 말하기를, "무신년 여러 역적들이 당시 영의정을 죽이려고 했다고 하니,

---

1   정만조, 1986, 「영조대 중반의 정국과 탕평책의 재정립―소론탕평에서 노론탕평으로의 전환」, 『역사학보』 111, 64~65쪽.

영중추부사 이광좌의 심사(心事)를 알 수 있다." 하니, 민진원이 말하기를, "신은 무신년 이후 이광좌를 더욱 의심하게 되었습니다." 하였다.

이광좌가 말하기를, "신이 일찍이 민진원을 논박하였는데, 그것은 부득이한 일이었습니다. 비록 송인명처럼 관대하고 온건한 논의를 주장하는 사람도 또한 일찍이 민진원을 처벌하라고 청한 일이 있었습니다." 하였다. 주상이 말하기를, "송인명은 무신년 이후 민진원의 고심(苦心)과 선견(先見)을 깨달았다고 말하였는데, 경은 끝내 판중추부사 민진원의 심사를 알지 못하는가?" 하니, 이광좌가 말하기를, "사람의 심장을 뚫어볼 수가 없으니, 신이 어찌 그것을 알겠습니까?" 하고, 주상에게 손을 놓아달라고 청하니, 주상이 끝내 그들의 유감을 풀어줄 수가 없었다.

뒤에 주상이 복상(卜相)할 때마다 문득 탄식하며 말하기를, "영중추부사 이광좌와 판중추부사 민진원은 오늘날의 영수인데, 한 사람은 사람들이 조정에 나오지 못하게 하고, 한 사람은 기꺼이 조정에 나오지 않으려 하니, 어쩔 것인가?" 하였다.

기유처분 이후 이광좌는 죄가 있다고 핑계대고 고향으로 돌아가니, 노론이 다투어 상소하여 "신원(伸冤)한 것이 고르지 않고, 처분이 분명치 못하다."고 말하였고, 그들 가운데 지조 있는 자[自好者]들은 모두 말하기를, "성상이 무함받은 것을 풀어주지 못하면 국시(國是)도 펼 수 없다." 하면서, 고향에서 기꺼이 나오려고 하지 않았다. 그 가운데 더욱 과격한 이재·김진상·윤심형·이태중 같은 자들은 혹 종신토록 출사하지 않았고, 그 가운데 홍치중·김재로에게 붙어서 때때로 출사한 자들에 대해서는 그 당 사람들이 서로 욕하고 꾸짖었다. 소론은 감히 출사하지 않을 수 없었지만 그 가운데 과격한 자들은 또한 조현명과 송인명에게 기꺼이 붙으려 하지 않았다. 그러나 이광좌가 떠나고 난 뒤부터는 위아래에서 더욱 이들에 대한 후원이 없었다. 주상이 바야흐로 탕평에 전념하여 반드시 노론과 소론을 일대일로 임명하고, 남인과 소북도 사이사이에 등용하였다.

○ 初上起閔鎭遠於謫中, 欲復相之, 而度其必不肯。乃召鎭遠及李光佐, 左執鎭遠手、右執光佐手, 使之釋憾。且謂鎭遠曰: "戊申諸賊, 欲殺領相云, 可知李領府心事矣。" 鎭遠曰: "臣則戊申以後, 益疑光佐矣。"

光佐曰: "臣嘗論鎭遠者, 不得已也。雖宋寅明主寬緩之論者, 亦嘗請罪閔鎭遠矣。" 上曰: "宋寅明, 戊申以後, 覺其苦心先見云, 而卿則終不知閔判府心事乎?" 光佐曰: "人之心腸非可穿而過也, 臣何以知彼哉?" 因請上放手, 上竟不能釋其憾。後上每卜相, 輒歎曰: "李領府、閔判府, 當今領袖也, 而一則人不使立於朝, 一則己不肯立於朝, 奈何?"

自己酉後, 李光佐引罪歸鄕, 而老論爭疏言"伸雪之不均、處分之不明", 其自好者皆謂: "聖誣未雪, 國是未伸。" 居鄕不肯來。其尤峻者, 如李縡 · 金鎭商 · 尹心衡 · 李台重, 則或終身不仕。其附洪致中 · 金在魯, 時時從仕者, 其黨相與詬病之。少論則不敢不仕, 然其峻者, 亦不肯附趙 · 宋。然自李光佐之去, 而益無援於上下矣。上方專意蕩平之法, 必以一老一少對擧差除, 而南人小北亦間之。

이건창은 이처럼 영조가 이광좌와 민진원을 같이 불러서 화해를 유도하였다가 실패한 장면을 묘사하였다. 이것은 아주 유명한 장면으로서, 당시 이광좌는 노론이 거부하여 출사하지 못하고, 민진원은 스스로 출사를 거부하여 탕평이 난관에 부딪친 것을 영조가 한탄하였다고 전하였다.

기유처분 이후 이광좌가 조정을 떠났지만 노론 가운데 노론의 의리를 고집하는 자[自好者]들도 출사를 거부하면서 노론 탕평파인 홍치중·김재로와 함께 출사한 자들을 비난하였다. 소론 내에서도 조현명·송인명의 노선에 대한 비판이 있었지만 이건창은 이들 세력이 점차로 약화되었다고 보았다. 이후 영조가 노론과 소론을 서로 대등하게 등용하고[雙擧互對], 또한 남인과 소북 등도 등용하여 탕평에 전념하였다고 전했다.

여기서 이건창은 기유처분에 대해 각 당의 입장을 대표하는 상소문을 인용해두었다. 노론 측에서는 조관빈(趙觀彬), 남인 측에서 오광운(吳光運), 소론 측에서 이석표(李錫杓)의 상소가 그것이다. 조관빈 상소는 영조의 탕평책이 당을 제거하려다가 당을 하나 더 만든 꼴이 되었다면서 출사한 사람들이 모두 군자가 아니고 물러난 사람들이 모두 소인이 아니라고 탕평 자체를 부정하는 구절을 짧게 인용하는 것에 그쳤다. 오광운 상소에서는 각 당에서 의리를 대표하는 사람들[諸色目中自好者]을 등용하여 화합하게 해야 진정한 탕평[眞蕩平]이라면서 기유처분을 가짜 탕평[假蕩平]이라고 비판하니, 박문수가 이광좌와 민진원을 같이 일하게 만들지 못하면 가짜 탕평이라고 거들었다.

다음으로 이석표가 구언에 응하여 만언소(萬言疏)를 올렸는데, 탕평에 대해 논한 대목은 친구들이 말려서 올리지 않았다고 하면서 상소의 그 부분을 길게 인용하였다. 그 요지는 기유처분과 이후의 정국 운영에서 시비를 분별하지 않고 노론과 소론을 형식적으로 대등하게 등용하는 것[雙擧而互對]을 비판한 것이었다. 그가 노론과 소론을 비교한 것은 앞서 숙종대 최석정이 아들 최창대에게 보낸 편지와 일맥상통하는 내용이었다. 즉 노론은 대대로 권력을 쥐어서 그 기반이 공고한 반면 소론은 내외의 도움이 없어서 뜨내기나 마찬가지 신세라는 것이다.

그런데 경종대 신임옥사 당시 김일경의 무리가 노론의 당습을 본받아서 자신들과 의견이 다른 자들을 공격하고 사적인 이익을 추구하였지만 소론 내부에서 이들을 제압하지 못하였다고 반성하였다. 그렇다고 해서 영조대 노론이 소론을 모두 김일경과 같은 역적으로 몰아가는 것은 용납할 수 없다면서 이것 때문에 소론 가운데 입장을 바꾸어 노론을 추종하는 것은 사대부의 수치라고 완론 탕평파를 비판하였다.

그는 지방에서 떠도는 두 가지 사례를 들어서 노·소론의 당시 형세를 묘사하였다. 하나는 소론 관찰사가 예하 노론 수령의 부탁을 들어주지 않는 것이 없으며, 노론 수령의 파면을 건의한 적이 없다는 것이다. 다른 하나는 이광좌와 민진원이 똑같이 봉조하로서 지방에 행차하면 지방 수령들이 민진원에 대해서는 공손하게 무릎을 꿇고 맞이하지만 이광좌는 병을 핑계 대고 회피한다는 것이 그것이다.

결국 각 당파는 모두 영조의 기유처분과 이후의 정국 운영을 비판하였는데, 노론 측에서는 탕평 자체를 부정하였고, 남인과 소론은 기유처분이 무원칙한 탕평이라고 비판하면서, 당론에 휘둘리지 말고 시비를 가려서 원칙을 세우라고 주장한 것이었다. 그렇지만 이것은 말처럼 그렇게 쉬운 일이 아니었는데, 국왕 영조가 그것을 모를 리가 없었다. 이하 기유처분(1729) 이후 경신처분(1740)에 이르는 과정은 탕평을 향한 영조의 원대한 계책이 착착 실천에 옮겨진 시기로 볼 수 있는데, 그 핵심은 소론의 주도하에 노론 4대신을 복관하고 임인년 옥사를 뒤집는 것이었다. 이를 통하여 경종 독살설에 대한 자신의 혐의를 씻어버리고, 노론과 소론은 물론 당색을 넘어서 남인·소북까지도 함께 협력하여 정국을 운영하게 만드는 것이었다. 이하에서 우리는 그 과정을 보게 된다.

영조의 노론 비판과 경신처분

○ 이때 노론과 소론의 강경파는 모두 조문명 등을 탐탁하게 여기지 않았지만 주상이 더욱 두텁게 대우하여 조문명 형제와 송인명 · 김재로가 서로 이어서 정승이 되자 세상에서 "조씨와 송씨의 세상을 김씨가 함께 만들었네[趙宋乾坤金鑄作]"라는 노래가 있었다. 이건명과 조태채의 신원은 비록 송인명 때문에 이루어졌지만, 기타의 모든 사람은 아직 번복되지 않았다고 노론이 날마다 말하였다. 그렇지만 주상이 겉으로는 이광좌를 꺼리고 속으로는 조문명과 송인명을 고려하여 지연시키며 허락하지 않았다. 주상이 더욱 김창집을 좋아하지 않아서 그의 충심을 드러내어 말하는 자가 있으면 문득 위엄으로 기를 꺾어버리거나, 혹은 그가 자신을 의심하는 말을 하였다고 하면서 그런 주장을 막아버렸다.

계축년(癸丑年, 1733, 영조 9)에 이르러 대간 권영·이흡 등이 상소하여 김창집·이이명 두 정승을 변론하자 주상이 갑자기 격노하여 민진원과 이광좌를 불러서 모두 치사(致仕)를 허락하였다. 그리고 손수 쓴 글을 사관에게 내리며 말하기를, "모든 당 가운데는 나라를 혼란에 빠트린 역적이 있었으니, 본래부터 삼종 혈맥을 위한 것이 아니었다. 그 근본은 또한 신축·임인년, 무신(戊申, 1728)·경술(庚戌, 1730)년에 나온 것이 아니라 실제로는 경자(庚子, 1720)년 국상(國喪)을 당한 날에 나온 것이니 이것이 이른바 신하가 군주를 선택한다는 것이다. 민진원이 내세우는 의리나 이광좌의 고집은 모두 깊은 밤에서 깨어나지 못한 것과 같으니 지금 모골이 송연(悚然)하다고 할 만하다." 하였다.

승지 조명익이 청대하여 변론하려고 하니, 주상이 차고 있던 주머니를 들어 보이며 말하기를, "김창집의 편지가 여기에 있는데, 이것이 과연 삼종 혈맥을 위한 것이냐?" 하니, 조명익이 말하기를, "당시 김창집이 당국하고 있을 때 어떤 사람이 망령되이 김창집의 편지라고 칭하고 전하게 전달한 것인데, 전하께서 어떻게 그것이 거짓이 아니라는 것을 알겠습니까?" 하였다.

주상이 민진원에게 말하였다. "건저의 일은 광명정대하였는데, 서덕수를 시켜서 나의 뜻을 탐지하게 한 이유가 무엇인가? 서덕수가 가져온 도목(都目)에는 정승 세 명의 이름이 들어 있지 않았다. 또한 서덕수가 나에게 말하기를, '당시에 만약 궁중에서 내응이 없었다면 「임금을 선택하자」[擇君]는 의논을 영의정[김창집]이 내놓았을 것입니다.' 하였다."

민진원이 말하였다. "경자년 국상 이후 성상(聖上: 경종)의 건강이 좋지 않아서 여러 신하들이 건저를 의논하였습니다. 그런데 신이 말하기를, '즉위하고 1년도 안 지났는데, 바로 건저를 결정하는 것은 세상에서 그 까닭을 알지 못하여 반드시 의혹이 있을 것이다. 있는 힘을 다해 보좌하여 3년이 지난 뒤에 논의하는 것이 좋겠다.' 하니, 김창집이 신의 의견에 동의하였는데, 이만성이 그것은 너무 늦다고 책망하니, 김창집이 말하기를, '왕자가 많다면 마땅히 일찍 건저를 의논해야겠지만 오늘날 우리 임금의 아들은 단지 한 분이 계실 뿐이니, 천명과 인심이 다시 어디로 돌아가겠는가?' 하였습니다. 그런데 대간의 상소가 갑자기 나와서 신이 매우 놀라 김창집을 찾아가서 보고 말하기를, '일개 대관(臺官)이 갑자기 이런 논의를 내놓았으니, 어떻게 합니까? 그러나 이런 논의가 이미 나왔으니, 오늘을 넘기는 것은 불가합니다.' 하고, 드디어 청대하여 건저를 결정한 것입니다. 무릇 삼종혈맥이란 단지 전하가 있을 뿐이었으므로, 위로 자전의 하교와 경종의 명이 있었으니 전하께서 비록 태백(泰伯)과 중옹(仲雍)의 뜻이 있었더라도 그것을 도피할 수 있었겠습니까? 무슨 탐지할 일이 있었겠습니까? 이것은 서덕수의 무리와 같은 은밀하고 불령한 무리가 조정에서 3년을 기다리자는 논의가 있었기 때문에 그것을 빨리 성사시켜 자신의 공으로 만들려고 김창집의 이름을 빙자한 것에 불과할 뿐입니다. 3년을 기다리자는 논의는 실로 신에게서 시작되었으니, 신은 같이 죄받을 것을 청합니다."

주상이 말하였다. "서덕수가 어떻게 스스로 결정하였겠는가? 김일경과 목호룡이 경종을 위한다는 명분을 내세웠기 때문에 경종을 위한다는 사람들이 속아서 들어갔다. 이와 똑같이 서덕수 무리는 나를 위한다는 명분을 내세웠기 때문에 나를 위한다는 사람들이 속아서 들어갔다. 단지 서덕수만을 말한 것이 아니라 탐지한 것은 바로 이욕(利欲) 때문이었으니, 만약 내가 그들에 대해서 그 욕망을 채워주지 못한다면 끝내는 반드시 두 마음을 품었을 것이다." 서덕수는 주상의 이전 왕비였던 정성왕후의 종자(從子)였는데, 임인년 옥사에서 승복하고 정형에 처해졌었다.

○時老少之峻者, 皆不屑趙文命等, 而上益厚遇之, 文命兄弟、宋寅明·金在魯相繼入相, 世有"趙宋乾坤金鑄作"謠。李健命·趙泰采之伸, 雖由於寅明, 而其他尙未盡翻, 老論日以爲言, 而上外憚李光佐, 內顧趙·宋, 輒遷延不許。上尤不喜金昌集, 有訟其忠者, 輒威氣折之, 或以疑讞沮其說。

至癸丑, 臺諫權瑩·李瀷等疏訟金·李兩相, 上忽激惱, 召閔鎭遠·李光佐, 并許致仕, 因下手書於史官曰: "諸黨之中, 俱有亂逆, 本非爲三宗血脉。其本亦非辛壬戊庚也, 實由乎庚子國恤之日, 此所謂臣擇君也。閔鎭遠之義理、李光佐之固執, 皆長夜之未悟者也, 今可以悚然矣。"

承旨趙明翼請對欲辨之, 上擧所佩囊示之曰: "金昌集書在此, 是果爲三宗血脉者耶?" 明翼曰: "當昌集時, 有人妄稱昌集書以達於殿下者, 殿下安知其非詐耶?" 上謂閔鎭遠曰: "建儲事光明正大, 而使徐德修探知予意, 何也? 德修都目中, 三大臣之名不入其中矣。德修且謂予曰: '其時若無內應, 則領相有擇君之議矣。'"

鎭遠曰: "庚子國恤後, 聖候不豫, 諸臣議建儲。臣言: '卽位未踰年, 卽爲建儲, 則中外不知, 必有疑惑。戮力夾輔, 過三年, 然後議之可也。'昌集與臣議同, 李

晚成責其緩, 則昌集曰: '王子衆多, 當早議建儲, 今日吾君之子, 只有一位,
天命人心, 更歸何處?' 及臺疏猝發, 臣甚驚, 往見昌集曰: '一臺官猝然發此
論, 何耶? 然此論旣發, 不可以過今日.' 遂至請對決策. 夫三宗血脉, 只有殿
下, 上有慈殿之敎, 景廟之命, 則殿下雖有泰伯·仲雍之志, 其可逃避乎? 有何
可探知者乎? 此不過德修輩陰祕不逞之徒, 以朝廷有遲待三年之議, 故欲其
速成, 作爲己功, 藉昌集之名而已. 遲待三年之議, 實由臣始, 臣請同罪."
上曰: "德修豈自辦耶? 鏡·虎名爲景廟, 故爲景廟者見欺而入; 德修輩名爲
子, 故爲子者亦見欺而入. 非但德修之謂也, 探知者乃利欲也, 若子待之, 未
充其欲, 則終必懷二心矣." 德修, 上前妃貞聖后從子, 壬寅獄承服正刑者也.

* * *

앞서 본 바와 같이 기유처분은 노론·소론·남인 모두 불만스러운 것
이었지만 영조가 노·소론 양측의 완론 탕평파와 함께 단행한 것이었
다. 이후 노론 4대신을 모두 신원하려는 노론 측의 공세가 강력하게 전
개되었지만 영조는 이것을 수용하지 않았다. 그렇지만 그것은 영조의
본심이 아니었다. 1733년 정월에 영조는 노론을 작심하고 비판하였는
데, 아래 자료에서 이것을 정월 19일에 있었다고 하여 '십구하교(十九下
敎)'라고 이름 붙였다.

그 내용은 노론이 서덕수를 통해서 세제 시절 영조의 의중을 탐색하
였는데, 만약 대비였던 인원왕후가 연잉군을 세제로 지목하지 않았다
면 당시 김창집 등 노론이 임금을 선택[擇君]했을 것이라고 서덕수가 영

조에게 전달하였다는 것이었다. 이에 대해 민진원은 서덕수가 김창집의 이름을 빙자한 것에 불과하다고 길게 변명하면서 부정하였지만 영조는 자신이 왕위에 오른 것이 노론의 공로라고 생각하는 노론 일각의 경향을 분명하게 비판하였다. 그리고 여기서는 소론 김일경과 남인 목호룡이 경종을 내세운 역적인 것처럼 노론 서덕수 등은 영조를 내세운 역적이라고 대비시킴으로써 노론·소론·남인 모두에 역적이 있었다는 삼당구역론(三黨俱逆論)을 펼쳤다.[2]

즉 십구하교의 핵심은 택군설(擇君說) 비판과 삼당구역론으로 볼 수 있는데, 이것은 이후 영조 탕평책이 의거하는 핵심 논리가 되었다. 신하가 임금을 선택할 수 있다는 가능성을 부정하고, 노론·소론·남인 모두에 역적이 있었으니, 붕당은 타파되어야 한다는 것이 영조 탕평책의 핵심이었다. 여기서 삼종혈맥론이 택군설을 부정하는 논리라는 것이 분명해진다. 영조가 임금이 된 것은 삼종(三宗), 즉 효종-현종-숙종을 잇는 유일한 혈통이기 때문이지 노론의 선택에 의한 것이 아니라는 것이다. 영조는 이를 통해서 노론의 신임의리조차도 영조를 빙자한 노론의 당파적 의리에 불과하다고 비판할 수 있는 논리적 근거를 마련한 것이었다.

그리고 이것이 표면상으로 보면 노론을 비판한 것 같지만 영조 입장에서는 노론 4대신을 신원하기 위한 수순이기도 하였다. 민진원과의 대화를 통해서 영조는, 택군설 자체가 김창집 등이 한 말이 아니더라도

---

2 정만조, 1986, 앞 논문, 70~71쪽.

서덕수를 통해서 세제 시절 자신의 의중을 탐지한 것 자체가 두 마음을 품을 수 있는 가능성을 내보인 것이라고 지적한 것은 영조가 노론에게 보낸 경고로 볼 수 있다. 즉 이후 노론 4대신을 신원하더라도 이러한 노론의 잘못된 경향까지 인정한 것은 아니라는 분명한 신호를 보낸 것이었다. 이와 함께 노론 측의 관직 진출은 오히려 현저해져서 소론과 대등한 세력을 형성하기에 이르렀다.

돌이켜보면 숙종대 기사환국 이후 왕위 계승 문제가 당쟁과 결부되면서 환국이 반복되어 정치가 극심한 혼란에 빠져 있었으므로 이것을 극복하기 위해서는 국왕 입장에서 반드시 짚고 넘어가야 할 논리이기도 하였다. 영조는 이처럼 노론의 신임의리에 제한을 가하는 것과 함께 노론에 대한 등용을 확대해나감으로써 군주 주도 탕평의 영역을 마련하고 있었다. 십구하교 이후 노론의 출사가 오히려 활발해진 것에서 영조의 의도가 효과를 발휘하고 있음을 확인할 수 있다.[3]

○ 을묘년(乙卯年, 1735, 영조 11)에 이르러 장헌세자가 탄생하자, 영의정 이의현 등이 경사가 난 것을 계기로 김창집·이이명 두 정승의 관작을 복구해달라고 청하였다. 주상이 밤에 여러 신하들을 불러서 다시 김창집이 말한 택군설(擇君說)을 가지고 하교하고, 또 말하기를, "김창집이 일찍이 시기(猜忌)하여 이이명을 죽이려고 하였다." 하였다. 이러한 하교는 노론이 알지 못한 일이었으므로, 이의현 등이 우러러 응대하기

3 정만조, 1986, 앞 논문, 71~73쪽.

어려워서 황급히 사퇴하였다.

주상이 말하기를, "경 등은 이제 환히 알았을[釋然] 것이다." 하고, 누누이 하교하여 김창집 등을 신원할 수 없다고 하면서 말하기를, "건저를 결정한다고 핑계 대고 그 공로를 차지하려고 한 것이 김창집이고, 그 사이에서 왔다 갔다 하면서 불측한 일을 꾸민 것이 목호룡이고, 별난 주장으로 임금을 속여서 역적의 반란을 양성(釀成)한 것이 김일경·박필몽이다. 김일경과 박필몽의 반역은 여지없이 탄로 났지만 김창집의 일은 겸손한 선비의 일 같아서 당시 사람들이 그 마음을 알지 못하였다. 김창집이나 김일경·박필몽이 그 행적은 비록 얼음과 숯처럼 다르지만 그 마음은 실로 서로 통하는 것이다." 하였다.

이의현 등이 상소하여 변론하니, 즉시 하교하여 말하기를, "경 등은 이미 환히 알았을[釋然] 것인데, 어찌하여 또 이런 말을 꺼내는가?" 하여 이의현 등이 또 말하기를, "석연(釋然)했던 적이 없습니다." 하니, 관작을 삭탈하라고 명하였다.

계축년의 하교는 정월 19일에 있어서 '십구하교(十九下敎)'라고 하였으며, 을묘년의 하교는 그때가 한밤중이었으므로 '반야하교(半夜下敎)'라고 하였다. 이로부터 늘 이 십구하교와 반야하교를 가지고 노론을 꺾어버리니, 노론이 원통하다고 호소하는 것이 끝내 그치지 않았다.

○ 至乙卯, 莊獻世子誕生, 領相李宜顯等請因慶會復金·李兩相官, 上夜召諸臣, 復以昌集擇君之說下敎, 又曰: "昌集嘗以猜忌, 欲殺李頤命." 此敎老論所莫知也, 宜顯等難於仰對, 遽辭退.

上曰"今則卿等釋然矣". 因累下敎言昌集等不可伸曰: "欲藉定策, 希望其功, 昌集也; 反復其間, 釀成回測, 虎龍也; 角立誣上, 釀成逆亂, 鏡·夢也. 鏡· 夢之逆, 綻露無餘, 昌集之事, 若謙恭下士, 時人不知其心. 昌集·鏡·夢跡雖 永炭, 心實貫通."

宜顯等疏辨, 則輒敎曰"卿等旣釋然, 而何又出此言?" 宜顯等又言"未嘗釋然", 命削奪. 癸丑之敎, 在正月十九日, 故謂之十九下敎; 乙卯之敎, 時値夜半, 故 謂之半夜下敎. 自此每以十九·半夜之敎, 折老論, 然老論訟冤者, 終不已.

※

십구하교 이후 노론의 진출이 현저해지자 1735년 사도세자 탄생을 계기로 김창집과 이이명의 신원을 요구하였다. 이에 대해 영조는 십구 하교의 택군설을 다시 거론하면서 김창집을 비판하였다. 김창집이 이이 명을 죽이려 했다고 영조가 한 말은 실록에 보이지 않는다. 다만 이때 영조의 의중은 김창집과 구별하여 이이명만을 신원할 마음이 있었는데, 영의정 이의현 등이 두 사람을 모두 신원하려 하여 모두 수포로 돌아갔 던 것으로 보인다.[4]

그런데 이때 영조는 십구하교에서 나온 삼당구역론에서 한 발 더 나 아가서 김창집을 목호룡, 김일경·박필몽 등과 똑같은 역적으로 간주하 였다. 십구하교에서는 서덕수만을 거론하였다면 반야하교에서는 노론

---

4 정만조, 1986, 앞 논문, 73쪽.

4대신 가운데 한 사람인 김창집까지도 역적으로 규정한 것이었다. 영조는 이것을 분명하게[釋然] 알지 못한다고 말한 이의현의 관작을 삭탈하였다. 이것은 노론에게 신임의리를 내세우면 안 된다는 분명한 신호를 보낸 것이었다. 이러한 하교가 한밤중에 나와서 이것을 '반야하교(半夜下敎)'라고 불렀다. 즉 십구하교와 반야하교는 노론의 신임의리가 당파적 의리라는 것을 분명히 한 것이었다.

○ 정사년(丁巳年, 1737, 영조 13)이 되자 남인 김성탁이 상소하여 자기 스승인 이현일이 억울하다고 다투었다. 이에 김성탁이 역적을 비호하였다[護逆]고 국문을 받으니, 수찬 정이검이 상소하여 말하기를, "천하의 역은 하나인데, 오늘날 조정 신하들은 그 이름이 단서(丹書)에 있는데도 감히 대신이라고 칭하면서 원한을 풀어달라고 힘써 청하니, 호역(護逆)을 처벌하는 법률에도 또한 저앙(低仰)과 경중(輕重)이 있습니까?"라고 하였는데, 노론이 김창집과 이이명의 원한을 가지고 다투는 것을 말한 것이었다.

노론이 크게 떠들면서 다투어 상소하여 말하기를, "정이검이 대리청정을 사사롭게 원수로 여긴 것입니다." 하였는데, 윤급과 한익모가 그러한 논의를 주도하였다. 소론 재상 조영국·윤동도 등 수십 명이 상소하여 변론하기를, "김창집의 죄를 논하는 것은 그가 세 번이나 입장을 바꾸어[三變] 신하로서의 절개가 없었기 때문인데, 저들은 대리청정을 원수로 여긴다고 얽어 무함하였습니다."라고 하였다.

이에 주상이 윤급과 한익모를 잡아다가 국문하라고 명하고, 잠시 뒤에는 각선(却膳)을 명하였다. 판중추부사 김흥경, 좌의정 김재로, 우의정 송인명 등이 백관을 거느리고 울면서 진선(進膳)을 청하였지만 허락하지 않았다. 경연(經筵)에 참여한 신하 가운데 심지어 맹세하겠다고 말하는 자도 있었으며, "신들이 지금부터 다시 당론을 하면 진실로 개자식입니다."라고까지 말하였지만, 주상이 비웃었다.

당시 이광좌는 몇 년째 두문불출하고 있다가 달려 들어와 노여움을 풀어달라고 힘써 청하니, 주상이 윤급과 한익모를 섬에 귀양 보내 위리안치하라고 명하였다. 그리고 이광좌를 기용하여 영의정으로 삼고, 탕평의 이름을 고쳐서 '혼돈개벽(混沌開闢)'이라고 칭하면서 어제 이전의 일을 선천(先天)에 붙이고, 감히 선천의 일을 말하는 자는 베어 죽이겠다고 선포하였다. 조현명이 들어와서 축하하며 말하기를, "오늘날 바야흐로 영웅적 수단을 보게 되었습니다." 하니, 주상이 술을 내려서, 이광좌로부터 그 이하 신하들과 같이 마시며 당심(黨心)을 씻어버리라고 타일렀다.

○ 至丁巳, 南人金聖鐸疏訟其師李玄逸。 於是聖鐸以護逆就鞫, 修撰鄭履儉疏言: "天下之逆一也, 今日廷臣乃以名在丹書者, 敢稱大臣, 力請伸雪, 護逆之律, 亦有低仰與輕重耶?" 謂老論訟金·李也。 老論大譁, 爭疏言"履儉以代理爲私讐", 尹汲·韓翼謩主其論。 少論卿宰趙榮國·尹東度等數十人疏辨: "罪昌集者, 以其三變之無臣節, 而彼乃以讐代理構陷云。"

上乃命汲·翼謩拿鞫, 旣而命却膳。判府事金興慶, 左相金在魯, 右相宋寅明等, 率百官泣請進膳, 不許。筵臣至有出矢言者: "臣等自今復爲黨論者, 誠狗子也。"上哂之。

時李光佐屛居有年矣, 馳入力請回怒, 上命汲·翼彗島棘, 起光佐爲領相, 改蕩平之名, 稱曰"混沌開闢", 昨日以前付之先天, 敢有言先天事者誅。趙顯命入賀曰"今日方見英雄手段矣"。上賜酒, 自李光佐以下同飮之, 諭以洗滌黨心。

❋

 십구하교와 반야하교에도 불구하고 1737년에 남인 김성탁의 상소를 계기로 노·소론 사이에서 신임의리를 둘러싸고 다시 논란이 일어나자 영조가 각선(却膳)까지 하면서 신료들을 비판하였다. 각선이란 임금이 수라를 거부하고 단식 투쟁에 들어간 것을 말한다. 이를 통해서 신하들이 당론을 하지 않겠다는 맹세를 받아낸 뒤, 세제의 대리청정을 원수처럼 여긴다고 소론 전체를 역적으로 몰아가려는 의도를 드러낸 노론 윤급과 한익모를 위리안치하고 이광좌를 다시 영의정으로 등용하고 나서, 탕평의 이름을 고쳐서 '혼돈개벽(混沌開闢)'이라고 하였다.

 '혼돈개벽'의 사전적 의미는 '혼란에 빠진 시대를 버리고 새로운 시대를 연다.'는 것인데, 여기서는 신임옥사에 대하여 신하들이 이전처럼 당론을 되풀이하지 말라는 의미로 사용되었다. 이것은 표면상 모든 당파를 대상으로 한 것 같지만 영조의 처벌이 노론에만 집중된 것에 유의해야 한다. 이것은 이들이 소론 전체를 역적으로 몰려는 시도가 십구하교에 어긋난다는 것을 분명히 한 것이었다. 이처럼 거듭 노론의 신임의리에 제동을 걸고 나서 노론 4대신 모두를 신원하고, 임인옥안을 번복하려 한 것이 영조의 의도였다.

○ 당시 민진원은 이미 죽었고, 노론 가운데 조정에 있던 다른 사람들은 네, 네 하고 굽실거리며 감히 다른 말을 하지 못하였다. 해를 넘겨서 달성부부인(達城府夫人: 정성왕후 서씨의 모친)이 죽었는데, 서덕수의 조모(祖母)였다. 주상이 늘 여러 역적들의 흉언이 모두 서덕수가 승복하였기 때문에 나왔다고 하면서 역안(逆案)에 그대로 두라고 명하였었다. 그런데 이때 이르러 주상이 서덕수를 신원하라고 명하여 부부인의 혼령을 위로하니, 노론이 이것을 계기로 다시 선천의 일을 제기하였다.

유척기가 우의정이 되자 김창집·이이명의 복관을 청하니, 주상이 여러 신하들을 불러서 말하기를, "삼당(三黨)에 모두 역적이 있어서 중하게 여긴 것이 종사에 있지 않고 자기 자신의 출세를 도모하는 것에 있었다. 그렇지만 선조(先朝)의 대신이 어찌 이런 일에 물들었겠는가? 처분에는 선후가 있는 것이니, 무슨 어려움이 있겠는가?" 하고, 김창집과 이이명의 관작을 모두 복구하였다. 그러자 좌의정 김재로가 이천기·김용택·김성행 등을 모두 복관하자고 청하였지만, 주상이 허락하지 않았다.

이광좌·조현명·조원명·김시형·서종옥 등이 차례로 상소하여 말하기를, "10년간 크게 정해진 국시를 하루아침에 바꾸었습니다." 하니, 주상이 답하기를, "오늘날 나에게 신하노릇[北面]하는 자들이 어떻게 감히 입을 놀리는가?" 하고, 누차 엄한 하교를 내리니, 이로부터 소론이 감히 다시 다투지 못하였으며, 이광좌가 근심으로 죽었다.

지평 이태중 등 삼사가 합사하여 유봉휘·조태억·이광좌의 관작을 추탈하라고 청하니, 주상이 노하여 이태중을 귀양 보냈다. 그리고 대소 공사를 물리치면서 "결단코 임금 자리에서 물러나겠다[釋負]."는 하교가 있자, 김재로 등이 울면서 청하여 이에 멈추었다. 임인년 '역안(逆案)'을 고쳐서 이름을 '국안(鞫案)'이라 하고, 계묘년(癸卯年, 1723, 경종 3)에 있었던 '토역과(討逆科)'를 고쳐서 '별시(別試)'라고 하였으며, 이것을 종묘에 고하고 사면령을 내렸는데, 이것을 '경신처분(庚申處分, 1740)'이라고 한다.

○ 時閔鎭遠已卒, 他老論在朝者, 唯唯不敢言。踰歲達城府夫人卒, 徐德修祖母也。上每以諸賊凶言, 由於德修之承服, 命仍置逆案。至是上命伸德修, 以慰府夫人之靈, 老論因此得復提先天事。

俞拓基爲右相請復金·李, 上召諸臣曰: "三黨皆有逆, 所重不在宗社而在謀身。若先朝大臣, 豈染於此哉? 處分之有先後, 何難之有?" 金昌集·李頤命并復其官。左相金在魯請并復李天紀·金龍澤·金省行等, 上不許。

李光佐·趙顯命·趙遠命·金始炯·徐宗玉等迭疏言: "十年大定之國是, 一朝變改。" 上答曰: "今日北面於子者, 何敢開喙?" 因累下嚴教, 自此少論不敢復爭, 而李光佐以憂卒。

持平李台重等三司合請柳鳳輝·趙泰億·李光佐追奪, 上怒竄台重。因却大小公事, 有"決意釋負"之教, 在魯等泣請乃止。命改壬寅"逆案", 名曰"鞫案", 癸卯"討逆科", 改名曰"別試", 因告廟頒赦, 是謂庚申處分。

김창집과 이이명의 복관에 앞서 영조는 먼저 1738년 12월에 왕비 정성왕후의 모친인 잠성부부인(岑城府夫人)[5]의 죽음을 계기로 그 손자인 서덕수를 신원하였는데, 이것은 임인년 옥사를 번복하겠다는 신호였다. 이것은 모친상을 당한 왕비를 위로한다는 명분으로 영조가 갑작스럽게 단행하여 소론은 반발하지 못하였다. 이것을 계기로 노론이 신축년과 임인년의 일을 다시 거론하는 것은 충분히 예상되는 일이었다. 이건창이 여기서 말한 '선천(先天)의 일'이란 이것을 가리킨다.

노론 측에서 1739년 11월, 김창집과 이이명의 복관을 청하자 영조는 해를 넘겨서 1740년 정월에 이것을 허락하고, 여기에 반발하는 소론에 대해서 자신을 임금으로 인정한다면 여기에 반대하면 안 된다고 하면서 임금의 권위로 꺾어버렸다. 이것이 계기가 되어 이광좌는 노론의 공격을 받고 죽기에 이른다. 이런 흐름을 타고 노론이 유봉휘 등의 관작을 추탈하라고까지 주장하여 소론에 대한 복수에 나서자 영조는 임금 자리에서 물러나겠다[釋負]고 하교하면서 버텨서 막아냈다.

임인년 옥사에 대해서는 1740년 3월부터 논의하여 6월에 잠정적으로 결론을 내렸다. '역안(逆案)'을 '국안(鞫案)'으로, '토역과(討逆科)'를 별시

---

5 잠성부부인(岑城府夫人): 정성왕후 모친 이씨를 이건창은 '달성부부인(達城府夫人)'이라고 하였으나 실록에 수록된 영조가 지은 왕비의 행장에 의하면 잠성부부인으로 되어 있다.

(別試)로 고쳐서 고묘하고 사면령을 내렸는데, 이것을 경신처분(庚申處分)이라고 하였다. 임인년 옥사를 '반안(反案)'하지는 못하고 노론과 소론이 타협한 것이었다.

돌이켜보면 1727년 정미환국 이후 신축년의 일과 임인년 옥사를 모두 역(逆)으로 단정하였었는데, 1729년 기유처분에서는 신축년의 일은 역이 아니지만 임인년 삼수옥은 역으로 타협하였었다. 그런데 1740년 경신처분에서 임인년 옥사 역시 역이 아니게 된 것이었다. 이것은 노론의 명분이 승리한 것처럼 보이지만 앞서 언급한 바와 같이 십구하교와 반야하교를 거치면서 노론의 신임의리에 일정한 제한을 가한 위에서 이루어진 일이라는 점을 기억할 필요가 있다.[6]

---

6 정만조는 이것을 소론 탕평이 종료하고 노론이 승리한 것이라고 평가하였다(1986, 앞 논문, 90쪽). 그런데 탕평책은 군주의 정통성 확립에 입각한 왕권론에 기초하고 있다는 점을 간과한 측면이 있다. 즉 영조의 탕평책 추진을 위해서는 이러한 과정이 불가피했다고 보아야 할 것이다.

이광덕의 탕평론과 『신유대훈』

　○이때 김재로 등이 교대로 임인년 옥안을 없애버리고, 그와 함께 이천기 등을 신원하라고 청하였지만 주상이 난처해 하였다. 조현명·송인명도 또한 말하기를, "선조(先朝: 경종)를 간범(干犯)하였으므로 가볍게 바꿀 수 없습니다." 하였다. 김재로가 말하기를, "간범했다는 것은 삼수(三手)를 말하는 것인데, 이제 삼수가 무함이라는 것이 밝혀졌는데도 오히려 간범이라고 말한다면 주상이 무함받은 것[聖誣]을 끝내 모두 분변하지 못할 것이다. 또한 이천기 등이 역적이라고 한 것은 실로 목호룡의 말이었다."고 하니, 조현명 등이 막지 못하였다.

　조현명이 일찍이 개인적으로 민형수에게 묻기를, "이천기·김용택 무리가 신축·임인년간에 스스로 '동궁을 보호하겠다.'고 말한 것은 오히려 말이 되지만, 경자년(1720) 이전에 나라에서 이미 말이 자자했던 것에 대해서는 과연 어떻게 말을 하겠는가?" 하니, 민형수가 말하기를, "그렇지 않다. 숙종이 이이명으로 하여금 이천기 등에게 뜻을 전하게 한 것은 마치 선조(宣祖)가 일곱 신하[七臣]에게 유교(遺敎)를 내려서 부탁한 것과 같다. 이천기 등이 비록 벼슬하지 않은 선비였지만 이미 비밀 하교를 받았으니, 어찌 마음을 다하지 않을 수 있겠는가?" 하였다. 조현명이 말하기를, "어떻게 입증하겠는가?" 하니, 민형수가 말하기를, "김용택의 집에 숙종이 내린 시(詩)가 있는데, 지금 주상의 친필로 씌어 있다. 내 종형인 민익수가 보았다." 하니, 조현명이 말하기를, "그렇다면 이천기·김용택은 신원할 수 있다." 하였다.

이에 주상에게 말하기를, "전하께서는 이 시를 쓴 일이 있습니까?" 하니, 주상이 말하기를, "없다." 하였다. 조현명이 머리를 조아리고 말하기를, "전하께서 일찍이 고죽청풍(孤竹淸風)이라고 스스로의 심사(心事)를 말하였으므로, 신들은 전하를 하자가 없는 경지에 두려고 하였는데, 어떻게 이런 말이 나올 수 있습니까?" 하였다. 이에 주상이 근심하는 얼굴로 일어나서 동조(東朝: 대비전)에 들어갔다가 한참 지나서 나와 말하였다.

"이이명이 (숙종과) 독대한 것이 바로 이곳이었는데, 지금 생각하니 가물가물하구나. 이른바 '일곱 신하'에 비유하여 말한 것은 진실로 옳다. 대비께서 나에게 하교하기를, '4대신은 어찌하여 스스로 세제를 세우라고 청하지 않고 이정소의 손을 빌리는가?' 하였다. 당시에 나의 기력(氣力)이 오늘날 같았다면 어찌 능히 건저(建儲)를 감당할 수 있었겠는가?

송나라에는 조여우(趙汝愚)가 있었는데, 내가 대신이었다면 마땅히 대비의 하교처럼 하였을 것이지만, 큰 역량이 없었다면 어찌 어렵지 않았겠는가? 안에는 박상검과 석렬이 있고 밖에는 도끼와 쇠몽둥이가 있었으니, 어찌 위태롭지 않았겠는가? 내가 서지 못했다면 삼종 혈맥이 끊어져서 조선은 망했을 것이다. 만약 경묘의 성덕(盛德)이 아니었으면 내가 어찌 오늘날이 있겠는가? 박상검의 일이 나와서, 내가 경묘에게 들어가서 아뢰니, 흔연히 따라서 환관을 내쫓으라는 명이 있었다. 내가 겨우 창밖으로 나왔는데, 궁녀가 하나 있어 바로 주상 앞으로 나아가 말하기를, '어찌하여 이러한 하교를 하십니까?' 하였다. 석렬이란 자는 나를 면전에서 배척하며 말하기를, '우선 기다리면 저절로 일을 할 날이 올 것이오.' 하였다. 내가 부득이해서 대비에게 울면서 고하니 대비가 하교하기를, '차라리 사저(私邸)로 돌아가서 연잉군이라는 작호를 보전하라.' 하였다. 내가 말하기를, '그렇다면 신은 다행입니다만 국사는 망극한 지경에 빠질 것입니다.' 하였다. 나의 이런 말이 어찌 내 한 몸을 위해서 나온 것이겠는가? 그런데 대비가 하교하자마자 조태구가 또 봉환하였다."

조현명이 주상의 말이 무슨 말인지 몰라서 감히 대답하지 못하였다. 주상이 한참 있다가 김용택의 아들 김원재를 국문하라고 명하고, 또한 민익수를 함께 국문하려 하였는데, 송인명이 민익수를 구원하여 그만두었다. 김원재가 국문을 받고 말하기를, "신이 어찌 그것이 가짜라는 것을 알겠습니까? 전하께서 가짜라고 하시니, 전하께서 스스로 아실 것입니다." 하였다. 주상이 말하기를, "이것은 너의 아비가 위조한 것이 아니라 반드시 목호룡이 한 일일 것이다." 하고, 주상 앞에서 그 시를 불태우라고 명하고, 김원재는 귀양 보냈다. 이때 민형수가 옆에 있었는데, 벌벌 떨면서 사람의 얼굴이 아니었다. 조현명이 말하기를, "민형수 때문에 시를 위조한 것이 탄로 났으니, 민형수의 공이 큽니다." 하였다.

○ 時在魯等迭請悉去壬寅案, 幷伸天紀等, 上難之。而趙顯命·宋寅明亦言: "干犯先朝, 不可輕變。"在魯曰: "干犯者謂三手也, 三手之誣旣白, 而猶曰'犯干', 則聖誣終未盡辨也。且以天紀等爲逆者, 是實虎龍之言也。"顯命等無以難。

顯命嘗以私問閔亨洙曰: "天紀·龍澤輩, 辛壬間自謂'保護東宮'則猶可也, 而庚子以前, 國言已藉藉, 果何爲乎?"亨洙曰: "不然。肅宗使李頤命致意天紀等, 如宣廟之遺敎七臣托王子事。天紀等雖布韋, 旣承密敎, 豈不盡心乎?"顯命曰"何以證之?"亨洙曰: "龍澤家有肅宗賜詩, 今上親筆也。吾從兄翼洙見之。"顯命曰"然則天紀·龍澤可伸也"。

乃白上曰"殿下書此詩否?"上曰"無之"。顯命頓首曰: "殿下嘗以孤竹淸風, 自言心事, 臣等欲置殿下於無瑕之地, 而乃有此言耶?"上愀然起, 入東朝, 良久出曰: "李頤命獨對, 卽此堂也, 至今想之優然矣。所謂七臣者誠是也。東朝敎予曰:'四大臣何不自爲建請, 而借李廷爐乎?'其時予之氣力如今日, 則豈能辦建儲乎? 盖宋有趙汝愚, 以予處大臣地, 則當如東朝之敎, 而苟無大力量, 豈不難乎? 內有儉·烈, 外有斧鑕, 豈不危乎? 予不立, 則三宗血脉墜矣, 朝鮮亡矣。若非景廟盛德, 予豈有今日乎? 向儉事出, 予入達于景廟, 欣然從之, 有放逐宦侍之命。予纔出窓外, 有紅袖直進上前曰'何爲此敎也?' 而石烈者面斥予曰:'姑待之, 自有爲之之日。'予不得已泣告東朝, 東朝敎曰:'寧以延礽君

384

保全還邸也.' 子曰: '然則於臣幸矣, 國事罔涯矣.' 子之此言豈徒爲身而發哉? 東朝甫下敎, 而趙泰耉又封還之矣."

顯命莫知上指, 不敢有所對. 上良久, 命鞫龍澤子遠材, 且欲幷鞫閔翼洙. 宋寅明救翼洙, 得已. 遠材就鞫曰: "臣何以知其僞也? 殿下以爲僞, 殿下自當知之." 上曰: "非汝父之僞也, 必虎龍所爲也." 命焚其詩於前, 而竄遠材. 時閔亨洙在側, 惶怖無人色. 顯命曰: "因亨洙而僞詩露, 亨洙之功大矣."

❀

경신처분 이후 신유대훈이 공포되기까지 세 가지 사건이 거론되는데, 첫째가 위시(僞詩) 소동이고, 둘째가 김복택(金福澤) 장살 사건이며, 셋째가 이광덕(李匡德) 형제 처벌 사건이다. 여기서는 위시 소동만 소개하였다. 노론 측에서 임인년 옥사를 번복하려 들자 조현명은 이들이 경종에게 불충하였다고 하면서 반대하였다. 그런데 김재로는 삼수가 이미 모함인 것으로 밝혀졌는데 이들이 경종을 시해하려 했다고 한다면 영조의 혐의가 벗겨지지 않을 것이라고 말하여 조현명이 난처해 하였다.

그럼에도 불구하고 조현명이 이천기·김용택 등을 문제 삼은 것은 이들이 경종 즉위 전부터 경종 이외의 후계자를 염두에 두고 있었으며, 이것은 경종에 대한 역이라고 간주하였기 때문이다. 이에 대해 민형수가 선조가 영창대군을 일곱 신하에게 부탁한 유교(遺敎)가 있듯이 숙종이 이이명을 통해서 왕자를 부탁한 비밀 하교가 있었다고 하면서 그 증거로서 숙종이 짓고 영조가 받아 쓴 시가 있다고 하였다.

조현명은 그것이 사실이라면 이들을 신원해도 된다고 생각하고 영조에게 물으니, 영조가 이것을 부인하였다. 그리고 조현명이 그런 말이 왜 나왔느냐고 다그치자 영조가 대비전에 들어갔다 나와서 경종대 건저가 결정될 당시의 일을 다시 한 번 길게 토로하였다. 이때 영조는 선조 때 유교칠신(遺敎七臣)이 있었던 것처럼 숙종의 비밀 하교가 있었다는 것을 인정하였다. 그렇지만 대비의 말을 인용하여 대신들이 직접 세제 책봉에 적극적으로 나서지 않고 이정소(李廷熽)에게 상소하게 하였다고 비판하였다. 이후에는 박상검과 석렬 등 환관과 궁녀의 방해 공작으로 자신이 세제 자리에서 물러나려고까지 하였다고 상세하게 말하였는데, 이것은 영조가 즉위한 것이 노론의 공로가 아니라 자신의 노력에 의해서 가능한 일이었음을 지적한 것이었다.

즉 영조는 위시의 존재 여부를 떠나서 숙종의 비밀 하교를 받고도 건저에 적극적으로 나서지 않았다고 오히려 당시 노론 정승들을 비판한 것이었다. 그런데도 이들이 존재하지도 않은 시를 가지고 자신들이 영조의 왕위 계승에 공로가 있다고 내세우는 것에 치를 떨면서, 영조는 김용택의 아들 김원재를 국문하고 처벌하였다.

그리고 나서 김용택의 종형제였던 김복택을 붙잡아다가 친히 국문하고 때려 죽였다. 이때 김복택이 자기가 무슨 죄를 지었느냐고 묻자, 영조는 그가 연잉군 시절 영조에게 개인적으로 찾아와서 서덕수가 한 것처럼 경종의 문제점을 나열한 것을 거론하였다. 위시 소동은 영조 입장에서 볼 때 이들이 자신의 왕위 계승을 그들의 공로인 것처럼 내세우는 것이 가증스러웠을 뿐만 아니라 이것이 소론의 정치 공세를 불러올 것이 뻔했기 때문에 김복택까지 죽여서 자신이 이들과 다르다는 것을 과시한 것이었다.

그리고 신하들에게 이 문제를 더 이상 거론하지 말라고 금지하였는데도 이광의(李匡誼)가 나서서 김복택에게 노적(孥籍)을 추가해야 한다고 주장하자 그 말의 출처를 캐물어서 형인 이광덕(李匡德)을 비롯하여 그와 혼인 관계에 있던 조현명·송인명 등 소론을 다수 조사하고 처벌하였다.[7]

ㅇ 이광덕은 판서 이진망의 아들이고 박세채의 외손자였다. 박세채가 탕평론을 처음 주장하였는데, 이광덕과 조문명 등이 모두 이것을 주관하였다. 신축·임인년 초에는 조문명 등이 준소에게 배척받아서 출사할 수 없었다. 이광덕은 족당(族黨) 가운데 출세한 사람들이 많았으므로 사람들이 추천하여 끌어들였지만 기꺼이 나가려 하지 않았다. 어떤 사람이 그 이유를 물으니, 답하기를, "나는 반드시 탕평이 이루어진 이후에야 나갈 것이다." 하였다.

그런데 조문명 등이 집권하여 탕평론이 크게 행해졌는데도 이광덕이 끝내 나가지 않았다. 사람들이 또 그 이유를 물으니, "내가 말한 탕평은 노론의 준론과 소론의 준론이 유감을 풀고 국사를 함께하도록 하는 것이다. 어찌 부귀를 즐기고 염치를 저버린 자와 함께하겠는가?" 하였다.

---

7 정만조, 1986, 앞 논문, 106쪽.

○匡德, 判書眞望子, 而朴世采外孫也。世采始爲蕩平之說, 匡德及趙文命等皆主之。辛壬初文命等多爲峻少所擯, 不得仕。匡德族黨貴盛, 人爭薦引而不肯出。或問之, 則答曰: "吾必蕩平之世, 然後出也。" 及文命等當國, 蕩平之論大行, 匡德終不進。人又問之, 匡德曰: "吾所謂蕩平者, 欲取老論之峻者與少論之峻者, 釋憾以共國事也。豈與嗜富貴捐廉恥者爲哉?"

이건창은 이처럼 이광덕의 탕평에 대한 입장을 문답 형식으로 요약하였는데, 이 앞에는 영조가 국문한 것에 대한 이광덕의 답변을 수록하였고, 이 뒤에는 이광덕이 자제(子弟)들에게 유시하는 글을 실었다. 영조가 어찌하여 동생인 이광의에게 김복택을 거론하지 말라는 금령을 어기게 만들었느냐고 묻자 이광덕이 다음과 같이 답변하였다.

영조는 숙종의 아들이고 경종의 동생이므로 세제가 되는 것은 당연한 일인데 노론 가운데 사사롭게 편드는[私奉] 무리가 있었고, 소론 가운데 자신에게 불리(不利)하게 여기는 무리가 있었다. 영조가 즉위한 뒤 소론 가운데 불리하게 여기는 무리가 복법(伏法)된 것은 당연하지만 사사롭게 편드는 무리들도 반드시 그 죄를 바로잡아야 했다. 그런데 이제 영조가 김복택이 사심(私心)을 품고 세제를 만났다고 처벌한 것은 이전 제왕들도 하지 못한 대단한 일[盛事]이므로 노래로 만들어 전파하고, 역사책에 기록으로 남겨야 한다고 생각했는데, 조정에서 이것을 금지하게 한 것은 대신들의 잘못이라고 주장하여, 김복택에 대한 금령의 부당성을 설파하였다.

영조는 이 말을 듣고 "너 같은 사람이 조정에 나오지 않은 것이 바로 너의 죄이다."라고 하면서, 이것이야말로 정문일침(頂門一鍼)이라고 칭찬하였다. 이것은 이광덕의 말이 영조 탕평책의 핵심을 지적했음을 말하는 것이었다.

자제들에게 유시하는 글에서는 '탕평의 골자'가 '임금이 무함당한 것을 분변하는 것[辨聖誣]'이라고 하였다. 영조가 연잉군으로서 세제가 된 것은 종사(宗社)에는 복이었지만 영조 개인으로서는 불행한 일이었는데, 노론 가운데 영조를 임금으로 만든다는 핑계로 근거 없는 말을 날조하는 자들이 있었기 때문에 김일경·목호룡의 무리와 이인좌·정희량의 무리가 이것을 핑계로 국가를 위기로 몰아넣었다는 것이다. 따라서 이희지·이기지의 무리가 영조를 무함한 것을 분명하게 밝혀서, '고죽청풍(孤竹淸風)'이라는 말로 표현한 영조의 사심(私心)이 없는 마음을 밝히면 김일경 등이 무함한 것은 저절로 사라질 것이라고 보았다. 그런데 노론은 이희지·이기지 무리의 죄를 씻어주어야 영조가 당한 무함을 분변할 수 있다고 말하여 마치 이들의 논의에 영조가 모두 참여한 것처럼 말하고 있다고 개탄하고, 소론조차도 이것을 분명히 하지 않아서 마치 영조에 대한 의심이 없을 수 없는 것 같은 태도를 보이고 있다고 비판하였다. 그는 영조에 대한 이러한 무함을 씻어버린다면 김일경 등의 무함은 언급할 가치도 없어지므로 이들을 모두 처벌한 이후 노론·소론·남인·북인 가운데 재능 있는 자들이 마음을 모아 같이 일하게 하는 것이 진정한 탕평이라고 말하면서, 자제들에게 이것이 이루어지지 않으면 조정에 나가지 않아도 된다고 유시하였다.

인조대 활약한 이경직(李景稷)과 숙종대 거론했던 이경석(李景奭)은 형제간이었는데, 앞서 언급한 이진유(李眞儒)와 이진검(李眞儉)은 이경직의 증손자였으며, 이들의 후손이 이건창이었다. 이광덕은 이진망(李眞望)의 아들인데, 이경석의 증손자였다.[8] 즉 이광덕은 넓게 보아 전주 이씨로서 이건창의 조상으로 볼 수 있다. 그렇지만 이건창이 『당의통략』에 이처럼 길게 이광덕의 탕평론을 기록한 것은 자기 조상의 말이기 때문만은 아닐 것이다. 이것이야말로 영조대 탕평책을 이해하는 관건이라고 보았기 때문으로 보는 것이 합당할 것이다. 즉 노·소론의 준론자들이 같이 출사하게 만드는 방법은 바로 신임옥사에서 영조가 안고 있는 혐의를 벗겨버리는 일이었던 것이다. 이러한 탕평 노선을 구현한 것이 바로 아래의 『신유대훈(辛酉大訓)』이었다.

○ 얼마 안 있어 주상이 특별히 하교하여 임인년 옥안(獄案)을 불태워버리라고 명하면서 말하기를, "김일경·목호룡은 나를 역적의 괴수로 간주하고 나를 반역자 명단에 두었는데, 이것을 어찌 그냥 둘 수 있겠는가? 홍계적 이하 9인은 복관하고 증직(贈職)할 것이며, 그 나머지 정신없이 공초하여 거짓을 고한 무리는 논하지 말라." 하였다. 이에 좌의정 송인명과 우의정 조현명이 주상에게 청하여 말하기를, "삼수에 대한 설은 신들도 역시 믿지 않습니다. 다만 김용택·이천기 무리가 으슥한

---

8 차장섭, 1997, 『조선후기벌열연구』, 일조각, 306쪽.

곳과 체결하여 저지른 일은 경종과 관련이 있습니다. 하물며 위시(僞詩)를 거론한 죄가 있는데, 이것도 또한 반역이니, 반드시 별도의 역안(逆案)에 두어야 합니다." 하니, 주상이 따르고, 김용택·이천기·이희지·심상길·정인중 등 5인은 논하지 말라고 명하였다. 김재로가 말하기를, "이와 같다면 임인년의 옥안은 비록 불태우더라도 오히려 남아 있는 것입니다." 하니, 주상이 이에 5인도 같이 신원하게 하고, 글을 지어서 『대훈(大訓)』이라 하고 장차 종묘에 고하려 하였다.

어영대장 박문수와 평안감사 이종성이 들어와서 청대하니 승정원에서 이종성은 번신(藩臣: 관찰사)이라 하여 허락하지 않았다. 박문수가 먼저 들어가서 이종성을 부르라고 청하여, 함께 5인은 역안(逆案)에 두지 않으면 안 된다고 아뢰면서 말하기를, "이와 같이 하지 않으면 전하의 고죽청풍과 같은 심사(心事)를 후세에 밝힐 방법이 없습니다." 하였다. 박문수가 붓을 가지고 와서, "포의(布衣)가 공을 바라서 두 임금에게 누를 끼쳤다."라고 쓰고, 이것으로 5인의 죄로 삼아서 『대훈』에 첨가해 넣으라고 청하였다. 또 이전에 3당에 모두 역적이 있었다는 하교를 같이 수록하라고 청하였다. 주상이 평소에 두 사람을 중요하게 여겼으므로 특별히 허락하였다.

양사에서 박문수와 이종성이 막무가내로 들어가서 제멋대로 결정한 것을 조태구에 비유하여 탄핵하였다. 김재로 등 여러 노론이 들어가서 말하기를, "지금 박문수 등이 감히 경자년 이후의 일로 5인의 죄를 삼지 못하자 경자년 이전의 일로 단안(斷案)을 삼았습니다. 그러나 그 주장대로라면 3당이 모두 역적이 되었으니, 죽음으로 섬긴 신하를 김일경·박필몽과 같이 취급하는 것입니다." 하였다. 주상이 이에 다시 "3당에 역적이 있었다."는 구절을 고치고, 박문수와 이종성을 모두 파직하였다.

이윽고 『대훈』을 고묘하고 나서, 송인명이 금석의 법전으로 정해서 이것을 의논하는 자가 있으면 반드시 베어 죽이라고 청하니, 주상이 좋다고 하였다. 이것을 일러서 『신유대훈(辛酉大訓)』이라고 한다.

○ 未幾上下特教, 命盡燒壬寅獄案曰: "鏡·虎以子爲逆魁, 置子逆案, 此豈可仍置哉? 洪啓迪以下九人, 復官贈職, 其餘亂招誣告之類, 勿論." 於是左相宋寅明, 右相趙顯命請於上曰: "三手之說, 臣等亦不信. 但金龍澤·李天紀輩締結幽陰, 事關景廟. 況有僞詩之罪, 是亦逆也, 宜別置一案." 上從之, 命龍澤·天紀·李喜之·沈尙吉·鄭麟重五人勿論. 金在魯曰: "若是則壬寅之案, 雖燒而猶行也." 上乃幷伸五人, 爲文曰"大訓", 將以告廟.

御將朴文秀·平安監司李宗城入, 請對, 政院以宗城藩臣不許, 文秀先入, 請召宗城, 幷力陳五人不可不置逆案曰: "不如是則殿下孤竹淸風之心事, 無以光昭於後世矣." 文秀引筆書曰"布衣希功, 玷累兩朝", 請以此爲五人罪, 添入大訓中. 又請以前日三黨皆有逆之敎, 幷載之. 上素重此兩臣, 特許之.

兩司劾文秀·宗城突入擅決, 比之趙泰耉. 金在魯等諸老論入言: "今文秀等更不敢以庚子後事罪五人, 而乃以庚子前爲斷案. 然苟如其說, 三黨皆逆, 則是死事之臣, 與鏡·夢爲對也." 上乃復改"三黨有逆"句, 而文秀·宗城俱罷職. 旣以大訓告廟, 宋寅明請定爲金石之典, 有議者必誅, 上可之. 是謂《辛酉大訓》.

경신처분에서 임인년 옥사에 대한 '반역자의 기록', 즉 역안(逆案)을 '국문한 기록', 즉 국안(鞫案)으로 바꾸어놓았지만 여기에 실린 관련자들의 공초에서는 연잉군 시절의 영조에 대한 언급이 나오지 않을 수 없었다. 그래서 신임옥사에 영조가 관련되었다는 의심이 나오는 근거가 되었다. 여기서는 경신처분 이후 위시 소동을 거쳐서 김복택이 장살되고 난 뒤, '영조의 무함을 분변한다.', 즉 '변성무(辨聖誣)'를 영조 탕평책의 핵심으로 간주한 이광덕의 탕평론을 제시함으로써 임인년 옥사에 대한 기록을 소각하는 것이 불가피하다고 본 이건창의 시각이 드러났다.[9]

그런데 이것을 단행하는 과정에서 노론과 소론 사이에 갈등이 재연되었으므로 국왕의 입장을 천명하여 더 이상의 논란을 막기 위해 대고(大誥)를 반포할 필요성이 대두되었다. 여기의 기록은 신유년(1741, 영조 17)에 그러한 『대훈(大訓)』이 나오기까지 노론과 소론의 입장을 영조가 절충하는 과정을 보여준다.

임인년 옥사 관련 기록을 소각하는 것에 대해서 송인명·조현명은 기본적으로 찬성하면서도 김용택 등 다섯 명의 선비, 즉 5포의(布衣)가 경종을 시해하려 하였고, 숙종의 시까지 위조하여 영조를 위한다고 핑계 대고 공을 내세우려고 했으니 별도의 기록으로 남겨야 한다, 즉 별안(別案)을 두자고 주장하였다. 이에 대해 김재로가 반발하여 다시 이들도 포

9 최성환, 2009, 「정조대 탕평정국의 군신의리 연구」, 서울대 박사논문, 40~41쪽.

함하여 신원하고 『대훈』을 반포하려 하였다.

그런데 박문수와 이종성이 5포의의 죄와 십구하교에서 제창한 삼당구역론을 『대훈』에 첨가하자고 하여 허락하였는데 노론이 반발하자 삼당구역론은 빼고 이 두 사람을 처벌한 뒤 『대훈』을 고묘하였다. 즉 5포의에 대한 별안을 두는 것은 수용한 것이었다.

이것은 영조가 줏대없이 이랬다저랬다 한 것처럼 보이지만 그만큼 신하들의 입장을 수렴하기 위해 노력한 것으로도 볼 수 있다. 즉 임인년 옥안을 제거한다는 자신의 입장에 대하여 노소론 모두의 동의를 얻어낸 뒤, 최종적으로 5포의에 대한 별안과 삼당구역론에서 각각 하나씩 취하여 노소론의 타협을 유도하고 반포한 것이 『신유대훈』이었던 것이다. 송인명이 이것을 금석의 법전으로 삼으라고 말한 것을 보면 이것은 노론의 승리라기보다는 영조 탕평책의 승리로 보는 것이 타당할 것이다.[10]

○ 뒤에 민형수가 죽자, 그 형 민창수가 상소하여 말하기를, "죽은 동생이 조현명에게 팔려서 경솔하게 위시(僞詩)를 발설하여 5인의 죄안을 이루었다." 하였다. 주상이 그 말이 『대훈』을 범했다는 이유로 각선(却膳)을 명하고, 왕위에서 물러나겠다[釋負]는 하교를 전하라고 명하였다.

---

10 정만조, 1986, 앞 논문, 106~109쪽. 영조 탕평책을 소론탕평과 노론탕평으로 구분하는 것은 영조의 입장을 간과하고 지나치게 당파적 시각에서만 탕평책을 본 것이라고 할 수 있다.

조현명이 들어와서 땅을 두드리며 외쳐 말하였다. "『대훈』이 이미 이루어져서 위로는 종묘의 신령에까지 고하였는데, 민창수가 감히 이런 말을 하다니, 이것은 전하를 무시하는 것이고 종묘를 무시하는 것입니다. 민창수를 죽이지 않으면 나라가 반드시 망할 것입니다. 전하께서 죽이지 않으면 신에게 여섯 아들이 있으니, 반드시 죽일 것입니다." 하였다. 주상이 민창수를 국문하고 귀양 보내라고 명하였는데, 얼마 안 있어 석방하였다.

이보다 앞서 노론 사류들은 모두 5인의 일을 말하는 것을 부끄럽게 여겼다. 민진원이 을사년(1725, 영조 1)에 제시한 번안(飜案)에서 비록 모두 신원하자고 하였지만 그가 지은 『일록(日錄)』에서는 이들의 죄를 밝혀놓았으며, 더욱 김성행이 개인적으로 연잉군을 알현한 것을 허물하였다. 그런데 위시(僞詩)의 일이 드러나기에 이르자 노론이 말하기를, "김용택 등이 모두 종사에 공이 있다."고 말하면서 심지어 환관·궁녀와 체결한 것을 스스로 더 이상 꺼리지 않아서, 민창수가 상소에서 곧바로 말하기를, "건저를 결정하기까지 거간(居間)의 도움을 받지 않을 수 없었다." 하였다. 이재·김원행 등 사람들이 유식(有識)하다고 하는 사람들까지도 도리어 고묘한 것을 끌어다가 글을 지어서 체결한 것이 죄가 될 수 없다는 것을 밝혔다. 조관빈만이 홀로 민창수에게 편지를 보내 책망하여 말하기를, "다른 사람은 내가 모르겠지만 우리 부친 같은 사람은 이 무리들이 어떤 사람인지 일찍부터 알았던 적이 없었다."고 하였다 한다. 조관빈은 조태채의 아들이었다.

○ 後閔亨洙卒, 其兄昌洙疏言:"亡弟爲趙顯命所賣, 輕發僞詩, 以成五人案." 上以語犯《大訓》, 命却膳, 又命釋負傳位。顯命入, 叩地呼曰:"《大訓》旣成, 上告陟降, 而昌洙敢爲此言, 是無殿下也, 無宗廟也。不殺昌洙, 國必亡。殿下不殺之, 臣有六子, 必殺之."上命鞫昌洙而竄之, 未幾釋之。

先是老論士類, 皆恥言五人事。閔鎭遠乙巳翻案, 雖幷伸之, 而其所著《日錄》, 皆著此等之罪, 尤以金省行私謁爲咎。及僞詩事露, 老論乃謂"龍澤等皆有功宗社", 甚至締結宦妾, 不復自諱, 而昌洙疏直曰:"建儲定策, 不能無賴於居間."李縡·金元行等號有識, 反引告爲文辭, 以明締結之無可罪。獨趙觀彬貽書昌洙責之曰:"他人則吾不知, 若吾父則未嘗知此輩之爲何狀人云"。觀彬, 泰釆子也。

❋

신임옥사에서 영조의 관련 혐의를 제거하는 것에 노·소론 탕평파가 합의하여 반포한 『신유대훈』에 대해서 노론 강경파가 반발하는 모습을 이 자료는 보여준다. 민형수가 위시(僞詩)를 발설한 것은 조현명에게 팔려서 일어난 일이라고 그 동생 민창수가 말한 것은 그러한 분위기의 일단을 반영한 것이었다. 이에 영조가 단식 투쟁을 하면서 임금 자리에서 물러나겠다고까지 말한 것에서 그 심각성을 느낄 수 있다. 조현명은 심지어 민창수를 죽이지 않으면 나라가 망할 것이라고까지 말하였다. 국왕이 단식 투쟁을 하고, 물러나겠다고 위협하기를 반복하는 것에서 이시기 탕평책이 얼마나 어려운 여건 속에서 추진되었는지를 볼 수 있다.

그 이전에는 노론 내에서도 5포의의 일을 부끄럽게 여기는 것이 일반적 분위기였다고 이건창은 전했다. 그가 언급한 민진원의『일록(日錄)』이란 현재 전하고 있는『단암만록(丹巖漫錄)』을 가리키는 것으로 보이는데, 오늘날에도 그러한 내용을 확인할 수 있다.[11] 그런데 위시 사건이 드러난 이후 노론 내에서 김용택 등이 연잉군의 세제 책봉에 공로가 있다고 주장하고, 그것을 결정하기까지 '거간'의 도움을 받지 않을 수 없었다고까지 말하였다는 것이다. 노론 내부에서는 호론(湖論)에 비해 유연한 학문을 추구했던 낙론(洛論) 계열의 이재(李縡) · 김원행(金元行)마저도 그러한 주장에 동조하였다고 이건창은 전하였다. 신임옥사에서 사망한 노론 4대신 가운데 하나였던 조태채의 아들 조관빈이 그것을 비판하였다는 점에서 그러한 견해가 노론 전체를 지배한 것은 아니었다는 점을 또한 알 수 있다.

『신유대훈』으로 임인년 옥안을 소각한 것은 영조의 입장을 받아들여 노 · 소론 탕평파가 타협한 산물이지만 결과적으로 노론 측의 주장을 받아들인 것이었으므로 노론의 소론에 대한 공세가 격화되어 소론이 수세에 몰리지 않을 수 없었다. 영조조차도 이러한 흐름을 제어하지 못하였으므로, 소론의 반발이 터져나오지 않을 수 없었다. 을해옥사의 기운은 이렇게 형성되어가고 있었다.

---

11 민진원 지음, 이희환 옮김, 1993,『단암만록』, 민창문화사, 147~149쪽.

을해옥사와『천의소감』, 그리고『세보대훈』

○ 병인(丙寅, 1746, 영조 22)년에 또 특별히 하교하여 김용택을 신원하였다. 이에 노론이 주상의 뜻을 엿보고 진신(搢紳)들이 함께 상소하였는데, 윤양래가 그 우두머리가 되었다. 그 상소에서 대략 말하였다.

"김일경·목호룡·이인좌·박필몽은 원래부터 그 뿌리가 있었으니, '혐의를 무릅썼다[冒嫌]'는 말을 제창하고 북문으로 돌입하는 계책을 실행한 자가 누구입니까? 건저의 논의에 대해서 유감을 품고 정호(定號)하는 날 이것을 흔들려고 한 자가 누구입니까? 대리청정하면 반드시 망한다느니, 역적 김일경을 권장할 만하다느니 하면서 경종의 질병을 숨겨서 심유현과 이인좌가 모의하는 길을 열고, 역적들을 위해서 남태징과 이사성을 발탁한 자가 누구입니까? 문생국로(門生國老)라는 말로 김일경을 배후에서 지원한 자가 누구입니까? 3년간 참혹하게 옥사를 다스려서 목호룡의 와주(窩主)가 된 자가 누구입니까?"

이에 삼사에서 합계하여 조태구·유봉휘·이광좌·조태억·최석항을 죄주라고 청하였다. 주상이 조현명에게 묻기를, "유봉휘에 대해서 경은 어떻게 생각하는가?" 하니, 조현명이 말하기를, "신의 형이 늘 스스로를 불충(不忠)이라고 칭하였는데, 그것은 유봉휘를 토죄하지 못했기 때문입니다. 유봉휘는 실로 무신난의 효시입니다." 하였다. 주상이 말하기를, "경의 형제는 진실로 진정에서 우러나온 정성이 있다." 하고, 드디어 조태구·유봉휘·최석항·권익관·정해 등을 모두 추탈(追奪)하라고 명하니, 양사에서 이광좌·조태억도 추탈하라고 청하였지만 허락하지 않았다.

대사헌 이종성이 상소하여 말하기를, "신에게 이광좌는 의리로 보면 단문(袒免)의 친척이지만 정(情)으로는 사표(師表)가 되는 사람입니다. 충성심은 해도 뚫을[貫日] 수 있고, 착하기로는 자손 대대로 죄를 용서해[宥世]줄 만합니다." 하였지만 주상이 답하지 않고, 그를 파직하였다.

○ 丙寅又以特教伸金福澤。於是老論覘上意, 搢紳合疏, 尹陽來爲首。疏略曰: "鏡·虎·麟·夢, 自有根本, 倡冒嫌之說, 售北門之計者, 誰也? 對憾於建儲之議,[12] 敲撼於定號之日者, 誰也? 以代理爲必亡, 以賊鏡爲可奬, 諱聖疾而啓賢·麟之謀, 爲逆地而擢徵·晟之凶者, 誰也? 門生國老之說, 爲一鏡之

---

12 議: 底本에는 "義"로 되어 있다. 實錄에 근거하여 수정하였다.

後殿者, 誰也? 三年按獄之慘, 作虎龍之窩主者, 誰也?"

於是三司合啓, 請趙泰耉·柳鳳輝·李光佐·趙泰億·崔錫恒之罪. 上問趙顯命曰: "柳鳳輝, 卿以爲何如?" 顯命曰: "臣兄每自稱不忠, 以不能討鳳輝也. 鳳輝實戊申之嚆矢." 上曰"卿兄弟眞血忱也". 遂命泰耉·鳳輝·錫恒·權益寬·鄭楷等, 并追奪, 兩司又請奪光佐·泰億, 不許. 大憲李宗城疏曰: "臣與光佐, 義則袒免, 情惟師表. 忠可以貫日, 善可以宥世." 上不答, 罷其職.

○ 기사(己巳, 1749, 영조 25)년에 좌의정 김약로가 김성행과 환관 장세상, 궁인 묵세(默世)를 가엾게 여겨 구제해달라고 청하니, 주상이 전교를 받아 적으라고 명하면서 말하기를, "묵세·김성행·백망이 원통하다는 것을 나라 사람들이 알고 있다. 묵세·백망에게는 가능한 후하게 휼전(恤典)을 지급하고 김성행은 증직(贈職)하라." 하였다. 그리고 거듭 하교하였다. "백망은 효장세자의 외가 쪽 친척이다. 그 당시 국청에서 '백망의 일가 이씨를 국문할 것을 청합니다.' 한 것에서 그런 뜻을 알 수 있다. 묵세는 갑자기 형신과 국문을 받게 되자 입을 다물고 죽었으니, 어찌 잔인하지 않겠는가? 먼저 묵세의 일을 적은 것에서 나의 마음을 알 수 있을 것이다." 또 박필몽 등이 흉악하게 무함하였다고 누누이 하교하였다.

여러 신하들이 말하기를, "이러한 하늘을 꾸짖고 욕하는[訴天罵日] 말들을 어찌 성상의 마음속에 담아두십니까?" 하니, 주상이 성이 나서 큰소리로 말하기를, "오늘날에도 이런 마음을 품은 사람이 없는지 어찌 알겠느냐?" 하였다. 또 하교하기를, "백망의 휼전에 대해서 혹 감히 사사롭다고 생각하는가?" 하니, 여러 신하들이 말하기를, "누가 감히 사사롭다고 하겠습니까?" 하였다. 주상이 또 큰소리로 말하기를, "경 등은 비록 사사롭다고 생각하지 않더라도 반드시 사사롭다고 여기는 자가 있을 것이다." 하고, 또 말하기를, "지금 국가의 체모는 원만하고 임금의 벼리는 바르다. 나는 해야 할 일을 모두 하였다." 하였다. 그러고 나서 세자에게 대리청정을 명하였다.

이로부터 말하는 자들이 연이어 이광좌와 조태억을 추탈하라고 청하였는데, 오찬·민백상·조명정 등이 모두 이광좌를 논하였다가 귀양 갔다. 주상이 이광좌를 추념하여 말하기를, "갑진(甲辰, 1724)년에 이 사람이 없었다면 오늘날이 없었을 것이고, 무신(戊申, 1728, 영조 4)년에 이 사람이 없었다면 오늘날이 없었을 것이다." 하였다. 또 말하기를, "갑진년에 시약청(侍藥廳)을 두지 않은 일에 대해 어찌 나를 책망하지 않고 이광좌에게 죄를 주려 하는가?" 하였다.

임신(壬申, 1752, 영조 28)년에 최석항을 추복(追復)하라고 명하면서, "조태구와는 차이가 있다."는 하교가 있었으며, 이어서 치제(致祭)하라고 명하였다. 당시 주상이 잠저(潛邸)에 행차하여 기유(己酉, 1729, 영조 5)년의 일처럼 두문불출하며[閉閣] 일을 보지 않으니, 여러 신하들이 감히 다투지 못하였다.

○ 己巳左相金若魯請愍恤金省行與宦者張世相,宮人墨世, 上命書傳敎曰: "墨世·金省行·白望之冤, 國人知之. 墨世·白望從厚恤給, 省行贈職." 仍累敎曰: "白望卽孝章世子外屬也. 其時鞫廳所謂'白望族李氏請鞫'者, 其意可知矣。墨世橫被訊鞫, 緘口而死, 寧不殘忍? 先書墨世, 可見予心矣。"又以彌夢等凶誣屢屢下敎。

諸臣曰: "此等訴天罵日之說, 豈可留之聖衷?"上厲聲曰"今日安知無懷此心者?"又敎曰: "白望恤典, 或敢以爲私乎?"諸臣曰"孰敢以爲私?"上又厲聲曰: "卿等雖不以爲私, 必有以爲私者。"又曰: "今則國體圓矣、君綱正矣。予當爲之事, 盡爲之矣。"因命世子聽政。

自此言者連請李光佐·趙泰億追奪, 吳瓚·閔百祥·趙明鼎等, 皆以論光佐被竄。上追念光佐曰: "甲辰無此人, 無今日; 戊申無此人, 無今日。"又曰: "甲辰不設侍藥廳, 何不責予, 而罪光佐乎?"

壬申, 命追復崔錫恒, 有"與泰耉有間"之敎, 仍命致祭。時上幸潛邸, 閉閤如己酉事, 諸臣不敢爭。

❋

　1746년 노론의 소론에 대한 토역론이 본격화하자,[13] 영조는 마지못해 5포의 가운데 김용택을 신원하였다. 이에 윤양래를 필두로 하여 노론 언관들이 나서서 조태구 등 소론 정승 5인을 처벌하라고 요구하자 영조는 조현명의 동의를 받아서 조태구 등의 관작을 추탈하였다. 조현명이 유봉휘 처벌에 동조하자 영조는 조문명·현명 형제의 충성심을 높이 평

---

13 정만조, 2015, 「혜경궁의 삶과 영조대 중·후반의 정국」, 『조선시대사학보』 74, 16쪽.

가하였다. 그렇지만 이광좌와 조태억만은 들어주지 않았다. 이것은 영조 나름대로 노론의 공세를 저지하려고 사력을 다하는 모습이었다.

단문(袒免)이란 상복 가운데 가장 낮은 시마(緦麻) 이하의 상복을 가리키는데, 방계 친척 가운데 가장 가까운 친족에 대해 입는 상복이다. 이종성은 이태좌(李台佐)의 아들인데, 이태좌와 이광좌는 모두 이항복(李恒福)의 현손(玄孫)이었으므로, 이종성이 이광좌에 대해서 단문의 친족에 해당한다.[14] 그리고 이종성은 이광좌에 대해 평소 스승의 예를 갖추었으므로 이처럼 변론한 것이었다. 그렇지만 영조는 이마저 지켜주지 못하고 이종성을 파직할 수밖에 없었다.

1749년에는 노론 측에서 김성행과 장세상·묵세 등을 구제해달라고 청하자 영조는 김성행을 증직하고, 장세상 대신 묵세와 함께 백망을 신원하면서 신하들에게 두 마음을 품지 말라고 경고하였다. 영조가 백망을 두고 효장세자의 외가 사람이라고 말한 것은 그가 정빈(靖嬪) 이씨 집안 사람이라는 뜻이다. 이들을 신원하고 나서 영조는 자신은 할 일을 다했다고 하면서 사도세자에게 대리청정을 명하였다. 이것은 신임옥사에 대한 노론의 공세를 회피하고 세자에게 떠넘긴 모양새였다.[15]

---

14 차장섭, 1997, 앞 책, 324쪽.
15 노론은 대리청정하는 사도세자에게 노론의 신임의리를 인정하라고 압박하였고, 영조가 이것을 암묵적으로 방관하여 세자의 비극적인 죽음을 초래했다고도 볼 수 있다. 최성환, 2009, 앞 논문, 27~29쪽 참조. 그런데 이건창은 사도세자에 대해서 전혀 언급하지 않았다.

그렇지만 노론이 이광좌·조태억을 공격하는 것에 대해서는 강하게 반발하면서, 이광좌가 없었다면 자신이 즉위할 수도 없었고, 무신난을 진압할 수도 없었을 것이라고 말하였다. 그리고 경종이 죽기 전에 시약청을 두지 않은 일에 대해 자신을 제치고 이광좌에게 죄를 묻는 것은 자신을 무시하는 처사로 간주하였다.

1752년에는 노론의 줄기찬 정치 공세에도 불구하고 최석항을 복관(復官)·사제(賜祭)하고 나서, 노론의 반발을 잠재우기 위해 연잉군 시절의 거처로 나가 두문불출하였다. 잠저(潛邸)란 세자가 되기 전 왕자의 거처를 가리키고, 폐합(閉閤)이란 문을 걸어 잠그고 신하들을 만나지 않는 것을 말한다. 1729년 기유처분을 내리기 전에도 영조가 폐합한 적이 있었던 것은 앞서 나온다. 이처럼 1741년 『신유대훈』 이후 영조는 노론의 지속적인 정치 공세에 시달리면서도 나름대로 저항하고 있었지만 국왕이 노론에게 끌려가는 양상이었으므로 소론으로서는 불만이 없을 수 없었다. 우리는 이것을 을해옥사의 배경으로 간주할 수 있다.

○ 을해(乙亥, 1755, 영조 31)년이 되자 전라감사 조운규가 역적 윤광철(尹光哲)이 괘서하였다고 비밀리에 장계를 올려서, 그를 국문하였다. 윤광철은 윤지(尹志)의 아들이고, 윤취상의 손자였는데, 윤지는 이때 나주에 귀양 가 있었다. 그 문서 가운데 전 목사(牧使) 이하징(李夏徵)의 편지가 많이 있어서 이하징을 체포하라고 명하여 친히 국문하기를, "어찌하여 역적 윤취상의 자손과 교류하였느냐?" 하니, 이하징이 말하기를, "윤취상이 어찌 역적입니까?" 하였다. 또 묻기를, "김일경은 어떠하

냐?" 하니, 대답하기를, "김일경도 또한 역적은 아닙니다. 김일경이 있은 후에야 신하의 절개가 있게 되었습니다." 하였다. 또 스스로 혼잣말로 말하기를, "어찌 내 마음만 그렇겠습니까? 소론의 마음은 모두 그렇습니다." 하였다. 드디어 참수되었다. 이하징은 이명언·이명의의 조카였다. 당시 조문명의 아들 조재호가 바야흐로 정승이 되었는데, 주상에게 대처분을 내리라고 권하고, 나와서 또 여러 소론을 협박하여 서둘러서 스스로 변명하게 하였다.

○ 至乙亥, 全羅監司趙雲逵密啓掛書賊尹光哲, 鞫之. 光哲, 志子, 就商孫也. 志時謫羅州. 其文書中, 多前牧使李夏徵書, 命逮夏徵, 親問"何以交逆商子孫?"夏徵曰"就商豈逆耶?"又問"一鏡何如?"對曰: "一鏡亦非逆也. 有一鏡然後有臣節." 又自語曰: "豈但吾心? 少論之心皆然." 遂斬之. 夏徵, 明彦·明誼之侄子也. 時趙文命子載浩方爲相, 旣勸上行大處分, 出又脅諸少論, 使早自辨.

❋

이것은 을해옥사의 출발이었던 나주 괘서(羅州掛書) 사건에 대한 기록이다. 윤취상은 무과 출신으로서 형조판서까지 현달하였지만, 김일경과 정치 노선을 같이하였다가 1725년 처형되었다. 그 아들 윤지는 문과 출신이었지만 아비 때문에 1724년 제주도에 안치되었다가 1743년에 나주로 감등(減等) 이배(移配)되고, 같은 해 전리(田里)로 방축되었다. 따라서

그 아들 윤광철이 괘서할 가능성은 충분하였다고 할 수 있다.[16]

윤지와 이하징 등은 나주의 서리들과 함께 계를 조직하여 나주 객사에 괘서를 붙이게 하였다가 체포되었다. 이들은 서울로 압송되어 친국을 받다가 물고(物故)되었다. 이하징이 공초에서 윤취상과 김일경이 역적이 아니며, 김일경이 신하의 절개가 있다고 하면서 모든 소론의 마음이 그렇다고 말한 것은 영조에게는 충격이었다. 이로 인해 조정에 있던 소론 당인들은 이종성과 박문수를 비롯하여 모두 스스로를 반성하는 상소문을 올리지 않을 수 없었는데, 이건창은 이것이 조문명의 아들 조재호의 정치 공작의 소산이라는 입장을 취하였다. 여기에는 소론 66명, 소북 19명, 총 85명의 상소자 명단이 수록되어 있는데, 이 명단은 다른 자료에서는 볼 수 없는 희귀한 것이다.

이 사건을 두고 노론 측에서 조태구와 유봉휘 등에게 역률(逆律)을 추가로 시행하고, 이광좌와 최석항도 처벌하라고 주장하자, 영조는 조태구·유봉휘와 윤취상 및 김일경 소하 6인에게 모두 역률을 추시(追施)하고, 이광좌는 그 직첩을 환수하였으며, 최석항의 복관을 취소하였다.[17]

○ 혹은 연명으로, 혹은 독자적으로 상소하였으며, 혹은 조태구와 유봉휘 등에게 처벌을 추가하라고 청하고, 혹은 이광좌와 조태억 등을 추

---

16 나주 괘서 사건에 대해서는 이상배, 1999, 『조선후기 정치와 괘서』, 국학자료원, 132~156쪽 참조.

17 이상배, 1999, 앞 책, 152쪽.

탈하라고 청하였다. 혹은 일찍이 이전부터 당습(黨習)에 빠져 있었다고 스스로 반성하고, 혹은 지방에 있거나 노병(老病)으로 그날로 징토(懲討)할 수 없었다고 스스로 잘못을 인정하였다. 혹은 말하기를, "꿈에서 비로소 깨어난 것 같다." 하고, 혹은 말하기를, "취했다가 방금 깨어난 것 같다." 하였다.

주상이 모두 좋은 말로 비답(批答)을 내리고, "우주의 한쪽 모퉁이 해동(海東)에서 세상[乾坤]이 다시 밝아졌다."라는 하교와 "여러 신하들이 이와 같으니, 내가 무엇을 다시 근심하겠는가?"라는 칭찬이 있었다. 이에 대전으로 나아가 축하를 받았는데, 상소하지 않은 사람과 축하에 참가하지 않은 사람들을 모두 예궐(詣闕)하라고 명하여 장차 모두 국문하려다가 이윽고 그만두라고 명하였다.

또 하교하기를, "사람마다 스스로 아뢰는 것은 도리어 진실을 훼손할 수 있으니, 이후로는 이러한 상소를 받지 말라. 처분이 이미 정해졌으니, 진실로 신하 노릇하려는 마음이 있는 자라면 그 무슨 이의가 있겠는가?" 하였다. 판중추부사 이종성이 상소하여 말하기를, "지난해 올린 한 상소는 스스로 죄인을 신구하는 죄에 빠졌으니, 신은 죄를 받은 뒤에야 신의 마음이 편안할 수 있겠습니다." 하니, 주상이 허락하고, 삭출(削黜)하여 부처(付處)하였다. 당시 사직(司直) 심확이 고향에 있다가 축하하는 반열에 참여하지 못하자 상소하였는데, 자신을 허물하는 다른 말은 없고, 단지 말하기를, "떳떳한 분수를 저버렸으니 죄가 죽어 마땅합니다."라고만 하였다.

○ 或聯或獨, 或請泰耈 · 鳳輝等加律, 或請光佐 · 泰億等迫奪。 或以曾前蔽於薰習自訟, 或以在外及老病, 不能卽日懲討自引。 或曰"如蒙始覺", 或曰"如醉方醒"。

上皆賜優批, 有"一隅海東乾坤復明"之敎, 有"諸臣如此, 予復何憂"之褒。 乃臨殿受賀, 命不呈疏不參賀之人, 幷令詣闕, 將盡鞫之, 尋命寢之。

且敎曰: "人人自陳, 反欠實意, 此後勿捧此等疏。 處分旣定, 苟有北面之心者, 其何有異哉?" 判府事李宗城上疏言: "頃年一疏, 自陷於伸救罪人之罪, 臣惟被罪然後, 臣心可安。" 上許之, 命削黜付處。 時惟司直沈錐, 以在鄕不能趁參賀班, 疏引無他語, 但曰: "廢闕常分, 罪合萬死。"

○ 전 승지 신치운이 최후로 상소하였는데, 승정원에서 금령을 이유로 받지 않았다. 달을 넘겨서 주상이 친림하여 선비를 시험하였는데, 시권(試券) 하나에 흉언이 가득하였다. 드디어 장내를 기찰하게 하여 심정연을 사로잡아서 죽였는데, 무신난을 일으킨 역적 심성연의 아우였다. 춘천 땅에서 또 군사를 모아서 반역을 도모한 자가 있었는데, 윤지의 아우 윤혜(尹惠), 김일경의 조카 김인제 · 김유제 · 김덕제 · 김홍제 및 그 당(黨)의 송수악 · 이준 · 여광학 등을 체포하여 국문하니, 이들이 공초한 말에 신치운이 연루되었다.

신치운이 승복하기를, "심정연이 작성한 흉서는 신과 박사집이 같이 한 일입니다." 하고, 또 흉언을 발설하였는데, 차마 들을 수 없는 말이어서, 이괄(李适)의 전례를 써서 사지를 찢어 죽였다. 박사집이 공초하여 말하기를, "박필몽은 바로 신의 숙부이고, 남태징은 바로 신의 외삼

촌이며, 신치운·이하징·이거원·심확·유수원·윤상백·김성 등이 모두 신의 당입니다. 서로 김일경의 충성과 이광좌의 절개를 칭송한 것이 오래되었습니다." 하였다. 유수원이 공초한 말도 박사집과 같았다.

심확이 최후로 체포되었는데, 주상이 친히 묻기를, "유수원은 어떤 사람이냐?" 하니, 심확이 대답하기를, "나라를 향한 정성이 있는 사람입니다." 하였다. 드디어 승복한 것으로 간주하여 모두 정형(正刑)하였다. 유수원과 심확이 죽자, 조재호가 들어와 축하하니, 주상이 말하기를, "지금 비로소 뿌리를 뽑았다." 하였는데, 이 두 사람을 가장 과격한 준소라고 여기고 한 말이었다.

이에 유봉휘·조태구·윤취상·이사상과 김일경 상소에 연명한 5인, 권익관·이명언·김호·권혜·권집·김홍석·윤상백 등에게 모두 역률(逆律)을 시행하여 참수하였다. 박찬신·이광좌·최석항·조태억은 모두 관작을 추탈하고 종묘에 고하고 사면령을 내렸으며, 『천의소감(闡義昭鑑)』을 편찬하라고 명하였다.

이전에 경종이 건강이 나빠져서 수라 들기를 싫어하였다. 마침 새로 담근 게장을 바치자 경종이 이것을 먹고 수라 드는 것이 조금 나아졌다. 이때 이르러 신치운이 공초한 말에 게장이란 말이 있었고, 또 이것을 가지고 대비를 핍박하였다. 주상이 울면서 들어와 대비에게 고하니, 대비가 하교하기를, "그 당시 게장을 올린 일이 있었는데, 그것은 임금의 수라를 만드는 주방에서 으레적으로 올린 것이고 또한 대비전에서 올린 것이 아니었다." 하였다. 주상이 이것을 『천의소감』에다 쓰라고 명하고, 또 이공윤에게 노륙(孥戮)을 추가로 시행하라고 명하였다.

○ 前承旨申致雲最後呈疏, 政院以禁令不納。踰月, 上親臨試士, 有一卷, 凶言滿紙。遂令譏詗場內, 獲沈鼎衍, 誅之, 戊申賊成衍之弟也。春川地又有聚軍謀逆者, 得志之弟惠、一鏡之侄子寅濟‧有濟‧德濟‧弘濟, 及其黨宋秀岳‧李垓‧呂光學等, 鞫之, 辭連致雲。

致雲承服曰﹕"鼎衍凶書, 臣與朴師緝同爲也。"又發凶言, 不忍聞, 命用李适例, 磔之。師緝供曰﹕"弼夢卽臣叔也, 泰徵卽臣舅也, 申致雲‧李夏徵‧李巨源‧沈鑨‧柳壽垣‧尹尚白‧金滯皆臣黨也, 相與稱一鏡之忠、李光佐之節者, 久矣。"壽垣供辭, 略如師緝。

鑨最後就逮, 上親問"壽垣何如人?" 鑨對曰"向國有誠者也。"遂以爲承服而并正刑。壽垣‧鑨之死, 趙載浩入賀, 上曰"今始拔核矣", 謂二人最峻少也。

於是命鳳輝‧泰耈‧就相‧師尚,疏下五人,權益寬‧李明彦‧金浩‧權噘‧權繰‧金弘錫‧尹尚白等, 并施逆律, 斬。朴纘新‧李光佐‧崔錫恒‧趙泰億并追奪, 告廟頒赦, 命撰《闡義昭鑑》。

初景廟違豫, 厭進食。會供新蟹, 景廟爲之加餐。至是致雲供辭, 有蟹醬語, 且逼東朝。上涕泣入告東朝, 東朝敎曰﹕"其時有進蟹, 而乃御廚例供, 亦非自東朝進也。"上命書《昭鑑》中, 又命李公胤追施孥戮。

1755년 을해옥사는 2월의 나주 괘서 사건에서 시작되어 5월 심정연 시권 사건과 춘천 지역을 중심으로 한 8월 거병 시도 등을 포함하고 있다. 나주의 윤지와 춘천의 윤혜는 친형제 사이로서 서로 긴밀하게 연락을 주고받으며 모의하였으므로 이것은 당초부터 계획된 것이었으나 이들의 약속과 달리 윤지가 먼저 괘서 사건을 일으켜서 계획에 차질을 빚고 좌절하기에 이르렀다.[18]

그해 5월 2일 나주 괘서 사건을 잘 매듭지은 것을 축하하기 위한 특별 과거 시험인 토역경과(討逆慶科)를 영조가 직접 참석하여 춘당대(春塘臺)에서 실시하였다. 이 자리에서 심정연이 제출한 답안지, 즉 시권(試券)과 익명의 투서가 나왔는데, 이것은 모두 심정연이 작성한 것이었다.[19] 앞서 있었던 나주 괘서의 자세한 내용은 전해지지 않고 단지 "간신이 조정에 가득하여 민생이 도탄에 빠졌다."는 내용만 『영조실록』에 보이는 것에 비해[20] 익명서에는 조정의 인물들을 구체적으로 지적하여 비판하고 있으며, 그 대상은 훈척(勳戚)과 영조의 총애를 받는 신하들[眷遇之臣]이었다. 여기에는 노론 유척기와 소론 이종성의 이름이 거명되었으며, 이 외에도 김상로(金尙魯)·조재호 등의 이름도 들어 있었던 것으로 보인다. 총애받는 신하들이란 당시 정국을 주도하고 있던 탕평파의 주류를 지칭하는 것이었으며, 척신이란 조문명·김흥경·정우량·신만·홍봉한 등을 지칭하고 있는 것으로 보인다.[21]

---

18 이상배, 1999, 앞 책, 165쪽.
19 심정연 시권 사건과 익명서 사건에 대해서는 이상배, 1999, 앞 책, 156~172쪽 참조.
20 이상배, 1999, 앞 책, 133쪽.
21 이상배, 1999, 앞 책, 160쪽.

여기에 신치운·박사집·심확·유수원 등이 연루되었는데, 이들이 공초한 것을 통해서 조정 내에서도 소론 가운데 당시의 정국 운영에 불만을 가진 세력이 상당한 규모로 형성되어 있었음을 짐작할 수 있다. 이들이 윤지·윤혜 등 윤취상의 아들들 및 김일경의 후손과 연결되어 나주와 춘천에서 각각 필계(筆契)를 조직하여 자금과 인력을 모으고, 거병에 필요한 군량과 군기(軍器) 및 병사 동원 계획을 마련하였으며, 춘천에서 서울로 진격하겠다는 구체적인 군사 행동 계획까지 세우고 있었다.[22] 이것은 이들에게 동조하는 세력이 만만치 않았다는 것을 보여준다.

심확은 영의정 심수현의 아들이었고, 유수원은 유봉휘의 조카로서 소론을 대표하는 저명한 실학자였다. 유수원이 박사집과 똑같이 김일경의 충성과 이광좌의 절개를 칭송하였다는 기록을 액면 그대로 믿기는 어렵지만 『신유대훈』이 공포된 이후 노론의 끈질긴 정치 공세에 밀려서 영조가 김용택 등을 신원하고 유봉휘 등을 처벌한 것에 대한 반발에서 나온 것이라는 점은 분명한 것 같다. 신치운이 공초에서 게장을 언급하여 영조의 경종 독살설을 상기시킨 것은 이들의 영조에 대한 불만의 정도를 드러낸다. 이건창은 영조와 조재호가 이 두 사람을 소론 준론의 핵심으로 간주하여 그들의 죽음을 서로 축하하였다고 전하였다.

이 사건으로 인해 유봉휘 등에게 다시 역률을 추가로 시행하고, 이광좌·최석항·조태억의 관작도 추탈한 뒤, 그 경과를 담은 『천의소감』을 편찬하였다. 『천의소감』은 1755년 5월에 발의하여 6월에 찬수청(纂修

---

22 이상배, 1999, 앞 책, 161~165쪽.

廳)의 도제조 이하 담당자를 인선하고 편찬에 착수하였는데, 9월에 찬수청을 혁파하였다가 다시 설치하는 우여곡절을 거쳐서 11월에 완성되었다.[23]

이건창은 여기서 김재로가 지은 총론을 기록으로 남겼다. 여기서 김재로는 을해옥사의 연원을 숙종대 갑술환국 이후 남구만과 최석정에까지 소급하여 정리하였는데, 원경하(元景夏)가 경종을 핍박하는 혐의가 있다고 반대하여 김재로의 반발에도 불구하고 영조가 쓰지 않았다고 하였다. 이것은 찬수청을 혁파하였다가 재설치한 것과 긴밀하게 연관되어 있다. 어쨌든 여기 제시된 김재로의 총론은 다른 곳에서는 볼 수 없는 기록이다.

그런데 최근의 연구에 의하면 이것은 조재호의 막후 주선의 결과였다. 조재호는 을해옥사의 연원을 경종대의 신임옥사까지만 소급해야 한다고 주장하여 소론과 남인의 존립 근거를 확보하였다고 한다. 이로써 소론 내에서 노론의 공격을 받는 준론을 제거하고 나머지 소론을 규합하여 남인과 연대해 노론을 견제하려 하였다는 것이다.[24] 이것은 을해옥사 이후 소론이 완전히 도태되었다고 보는 통설을 수정한 것이다.

○『천의소감(闡義昭鑑)』이 완성되자 여러 신하들이 사충사(四忠祠)를 복구하라고 청하니, 주상이 말하기를, "건저를 추진한 네 정승들은 나

---

23 이상배, 1999, 앞 책, 176~177쪽.
24 정만조, 2015, 앞 논문, 19쪽.

로 말미암아 죽었으니 어찌 슬프지 않겠는가? 그렇지만 사당(祠堂)을 세우는 것은 지나치다." 하였다. 지사(知事) 이성중이 말하기를, "천의 (闡義)한 뒤에는 포장(褒獎)하지 않을 수 없습니다." 하니, 이에 허락하였다. 오직 5인의 죄안만이 『대훈』에 수록되어 있었지만 사람들이 감히 말하지 못하였다.

병술(丙戌, 1766, 영조 42)년이 되자 주상이 5인의 일을 경연에 참석한 신하들과 상의하였다. 또한 하교하기를, "김용택은 나라와 휴척(休戚)을 같이한 사람이니, 정인중(鄭麟重)·심상길(沈尙吉)의 무리에 비교할 수 없다." 하니, 남태제가 대답하기를, "이희지만 홀로 나라와 휴척을 같이한 집안이 아니란 말입니까? 공과 상을 바란 것은 다만 그 나머지 일일 뿐, 나라를 위하는 마음은 5인이 하나같습니다." 하였다. 조운규와 정창순이 목소리를 함께하여 아뢰기를, "공과 상을 바란 것은 논할 것이 못 되고, 모두 나라를 위하는 마음에서 나온 것입니다." 하였고, 김상철은 말하기를, "공과 상을 바란 것은 작고, 나라를 위해 한 일은 많습니다." 하니, 좌의정 김치인이 나아가 말하기를, "이것을 통해서 온 나라의 공론을 볼 수 있습니다." 하였다. 이리하여 5인의 이름을 『대훈』에서 뽑아버리라고 명하고, 그것을 『세보대훈(洗補大訓)』이라고 하였다. 이어서 이천기·심상길·정인중의 관작을 복구하였다.

○《闡義昭鑑》成, 諸臣請復四忠祠, 上曰: "建儲四相, 由我而死, 豈不愴然? 然立祠過矣." 知事李成中曰: "闡義之後, 不可不褒獎." 乃許之. 惟五人案以載《大訓》, 故人不敢言.

至丙戌, 上以五人事, 詢筵臣。且教曰: "龍澤同休戚之人也, 不可以麟·吉輩
比。" 南泰齊對曰: "李喜之獨非同休戚家乎? 希功望賞, 特其餘事, 爲國之心,
五人一也。" 趙雲逵·鄭昌順同聲奏曰: "希望非可論, 專出爲國之心矣。" 金尚
喆曰: "希望少, 爲國多矣。" 左相金致仁進曰"可見擧國之公論矣"。於是命拔五
人之名於《大訓》, 謂之《洗補大訓》, 仍復李天紀·沈尙吉·鄭麟重官。

○ 임진(壬辰, 1772, 영조 48)년에 이르러 갑자기 하교하여 이광좌·최
석항·조태억의 관작을 복구하라고 명하고, 이름하여 '대탕평(大蕩平)'
이라고 하였다. 참판 조영순, 참의 김이소 및 기타 노론 가운데 관직
을 버리고 조정을 떠나는 자가 많자, 조영순을 국문하라고 명하고, 바
로 결안을 받았다. 조영순이 글로 써서 말하기를, "국가의 역적을 토죄
하지 않았고 개인적인 원수에게 복수를 못했으니, 불효(不孝)와 불충(不
忠)을 전교(傳敎)에 따라서 지만(遲晩)합니다." 하였다. 조영순은 조태채
의 손자였는데, 효수하라고 명하였다가 갑자기 사형을 감하여 안치(安
置)하라고 명하였다. 해를 넘겨서 다시 하교하기를, "조영순은 어질다."
하면서, 석방하라고 명하였다.

을미(乙未, 1775, 영조 51)년 정시(庭試)에서 최석항의 손자인 최수원(崔
守元), 조태억의 증손 조우규(趙羽逵)와 종손 조영의(趙榮毅)가 모두 등
제(登第)하였다. 대간이 아뢰어서, 여러 시권에 부화뇌동한 것이 많다고
말하자, 명관(命官) 김상철과 제학(提學) 이복원이 상소하여 세 사람의
합격을 취소하라고 청하니, 허락하였다.

정종(正宗)이 즉위하여, 공제(公除) 뒤, 승지 김약행 등의 상소로 인해

서 다시 윤선거·윤증·이광좌·최석항·조태억의 관작을 추탈하였다
가 다시 윤선거 부자의 관작을 복구하라고 명하였다.

○ 至壬辰忽下敎, 命復<u>李光佐</u>·<u>崔錫恒</u>·<u>趙泰億</u>官, 名曰大蕩平。參判<u>趙榮
順</u>,參議<u>金履素</u>及他老論, 多棄官去, 命鞫<u>榮順</u>, 直捧結案。<u>榮順</u>書曰:"國賊不
討, 私讐不復, 不孝不忠, 依傳敎遲晚。"<u>榮順</u>, <u>泰采</u>孫也, 命梟首, 旋命減死安
置。踰年復敎曰"<u>榮順</u>賢矣", 命宥之。

乙未庭試, <u>崔錫恒</u>遜<u>守元</u>,<u>趙泰億</u>曾孫<u>羽逵</u>·從孫<u>榮毅</u>, 俱登第。臺啓言諸券多
雷同, 命官<u>金尙喆</u>,提學<u>李福源</u>疏請三人削科, 可之。

正宗卽位, 公除後, 因承旨<u>金若行</u>等疏, 復奪<u>尹宣擧</u>·<u>尹拯</u>·<u>李光佐</u>·<u>崔錫
恒</u>·<u>趙泰億</u>官, 旋命<u>尹宣擧</u>父子復官。

✳

『천의소감』이 반포되어 신임옥사 당시 소론 대신들을 역적으로 규정
하였으므로, 노론 측 신임의리를 구현하려는 주장이 나오는 것은 피할
수 없는 일이었다. 우선 그해 12월에 노론 4대신의 충절을 기리는 사당
(祠堂)인 사충사(四忠祠)를 복구하였다. 사충사를 복구한 직후 송시열·송
준길이 문묘에 종사되었는데, 이 일은 기록하지 않았다. 이건창은 다음
으로 그 후 10년도 더 지나서 5포의의 이름을 『신유대훈』에서 제거하고,
『세보대훈(洗補大訓)』을 편찬한 일을 기록하였다.

1766(영조 42)년에 편찬한 『세보대훈』은 1762년 사도세자의 비극적 죽

음, 즉 임오화변(壬午禍變)에 대해 영조가 신하들과 논란하는 과정에서 나온 것이었다. 5포의를 죄안에 남겨두는 것은 결국 영조 정통성에 대해 논란이 일어날 수 있는 근거가 되었으므로 전제군주 국가에서 어떤 방식으로든 이것을 제거하는 것은 불가피한 과정이었다. 그런데 영조는 이것을 세자에게 기대했다가 세자를 못마땅하게 여겼던 세력에게 빌미를 주어 결국 세자에게 죽음을 강요하는 극단적 선택을 하게 되었다. 영조는 세손(世孫), 즉 후일의 정조에게까지 이 문제를 남겨둘 수 없다고 보고 자신이 결단하여 『신유대훈』에 별안으로 남아 있던 5포의의 이름을 제거하고 편찬한 것이 『세보대훈』이었다.[25] 그런데 무슨 이유인지는 모르겠으나 이건창은 세자 관련 내용을 일절 언급하지 않고 있다.

그리고 1772년에 영조가 이광좌·최석항·조태억의 관작을 복구하라고 명하고, 스스로 '대탕평(大蕩平)'이라고 이름 붙였다고 하였다. 1775년에는 최석항의 손자와 조태억의 후손이 과거에 합격하였다가 취소당한 일을 기록하였다. 마지막으로는 정조가 즉위 직후 이들과 함께 윤선거·윤증의 관작을 추탈하였다가 윤선거 부자의 관작은 다시 복구하였다고 밝혔다. 정조가 윤선거 부자의 관작에 대한 추탈과 복구를 반복할 수밖에 없었다는 점에 당시의 정치적 역학관계와 정조 탕평책의 향배가 압축되어 있다. 그렇지만 이광좌·최석항·조태억은 이때도 제외되었다가 1908년(순종 2)에야 관작이 복구되었다. 이것은 이건창 사후의 일이므로 여기서 언급할 수 없었을 것이다.

---

25 최성환, 2009, 앞 논문, 70~73쪽.

강화 양명학 연구팀, 2008, 『강화학파의 양명학』, 한국학술정보(주)

김기승, 1998, 「이건창의 생애에 나타난 척사와 개화의 갈등」, 『인문과학논총』 6, 순천향대 인문학연구소

김용흠, 1996, 「조선후기 노·소론 분당의 사상기반—박세당의 『사변록』 시비를 중심으로」, 『학림』 17, 연세대 사학연구회

김용흠, 2000, 「조선후기 숙종대 노·소론 대립의 논리—갑술환국 직후를 중심으로」, 하현강 교수정년기념논총, 『한국사의 구조와 전개』, 혜안

김용흠, 2001, 「숙종대 후반의 정치 쟁점과 소론의 내분—'기사 의리'와 관련하여」, 『동방학지』 111, 연세대 국학연구원

김용흠, 2001, 「포저 조익의 학문관과 경세론의 성격」, 한국사연구회 편, 『한국 실학의 새로운 모색』, 경인문화사

김용흠, 2005, 「17세기 정치적 갈등과 주자학 정치론의 분화」, 오영교 편, 『조선후기 체제변동과 속대전』, 혜안

김용흠, 2006, 『조선후기 정치사 연구 1―인조대 정치론의 분화와 변통론』, 혜안

김용흠, 2008, 「남계 박세채의 변통론과 황극탕평론」, 『동방학지』 143, 연세대 국학연구원

김용흠, 2009①, 「숙종대 소론 변통론의 계통과 탕평론―명곡 최석정을 중심으로」, 『한국사상사학』 32, 한국사상사학회

김용흠, 2009②, 「조선후기 정치와 실학」, 『다산과 현대』 2, 강진다산실학연구원

김용흠, 2009, 「조선후기의 왕권과 제도정비」, 이태진 교수 정년기념논총 간행위원회, 『문화로보는 한국사 4: 국왕, 의례, 정치』, 태학사

김용흠, 2010, 「숙종대 전반 회니시비와 탕평론」, 『한국사연구』 148, 한국사연구회

김용흠, 2011, 「조선후기 사상사에서 명재 윤증의 위상」, 『民族文化』 37, 한국고전번역원

김용흠, 2012, 「당론서(黨論書)를 통해서 본 회니시비(懷尼是非)―『갑을록(甲乙錄)』과 『사백록(俟百錄)』 비교」, 『역사와 현실』 85, 한국역사연구회

김용흠, 2014, 「전쟁의 기억과 정치―병자호란과 회니시비」, 『한국사상사학』 47, 한국사상사학회

김용흠, 2014, 「조선의 주류 지식인은 왜 사문난적이 되었나?―서계 박세당의 삶과 사상」, 『내일을 여는 역사』 57, 선인

김용흠, 2015, 「삼전도의 치욕, 복수는 어떻게?―미촌 윤선거의 북벌론과 붕당 타파론」, 『내일을 여는 역사』 61, 도서출판 선인

김용흠, 2016①, 「조선후기 노론 당론서와 당론의 특징―『형감(衡鑑)』을 중심으로」, 『한국사상사학』 53, 한국사상사학회

김용흠, 2016②, 「조선의 정치에서 무엇을 볼 것인가―탕평론 · 탕평책 · 탕평정치」, 『한국민족문화』 58, 부산대

김용흠, 2016③, 「스승을 비판한 백의정승―명재 윤증의 탕평론과 회니시비」, 『내일을 여는 역사』 62, 도서출판 선인

김용흠, 2017, 「소론 정승이 장희빈을 살리려고 한 이유는―명곡 최석정의 정치 노선과 탕평론」, 『내일을 여는 역사』 66, 민족문제연구소

김용흠, 2018, 「지천 최명길의 정치 활동과 유자의 책임의식」, 『백산학보』 111, 백산학회

김용흠, 2018, 「서계 박세당의 『대학사변록』에 보이는 '경세' 지향 학문관」, 『한국사연구』 182, 한국사연구회

김용흠, 2019, 「정암 조광조의 주자학 수용과 경세론의 변용」, 정암조광조선생 서거 500주년

기념문집, 『정암 조광조와 화순』, 심미안

김용흠 외 역, 2019, 『형감』, 혜안

김준석, 2003, 『조선후기 정치사상사 연구―국가재조론의 대두와 전개』, 지식산업사

민병수, 1972, 「이건창과 그 일문의 문학」, 『동아문화』 11, 서울대 동아문화연구소

민진원 지음, 이희환 옮김, 1993, 『단암만록』, 민창문화사

백승철, 2018, 「『명미당집』 해제」, 『명미당집』 1, 대한정보인쇄(주)

신복룡, 2006, 「조선조 당쟁의 거울―이건창(李建昌)의 『당의통략(黨議通略)』」, 『한국의 고전을
    읽는다』 4, 휴머니스트

오항녕, 1993, 「조선 효종조 정국의 변동과 그 성격」, 『태동고전연구』 9, 한림대 태동고전연구소

이상배, 1999, 『조선후기 정치와 괘서』, 국학자료원

이상식, 2001, 「이건창과 『당의통략』」, 『내일을 여는 역사』 4, 내일을여는역사재단

이성무, 1992, 「조선후기 당쟁 연구의 방향」, 『조선후기 당쟁의 종합적 검토』, 한국정신문화연구원

이영춘, 1998, 「붕당정치의 전개」, 『한국사』 30, 국사편찬위원회

이은순, 1990, 『조선후기당쟁사연구』, 일조각

이존희, 1986, 「이긍익과 『연려실기술』 편찬」, 『진단학보』 61, 진단학회

이태진 외, 1985, 『조선시대 정치사의 재조명』, 범조사

정만조, 1986, 「『연려실기술』 속집의 검토―정치사적 이해를 중심으로」, 『진단학보』 61, 진단학회

정만조, 1986, 「영조대 중반의 정국과 탕평책의 재정립―소론탕평에서 노론탕평으로의 전환」,
    『역사학보』 111, 역사학회

정만조, 2015, 「혜경궁의 삶과 영조대 중·후반의 정국」, 『조선시대사학보』 74, 조선시대사학회

정호훈, 2004, 『조선후기 정치사상 연구』, 혜안

조휘각, 2000, 「영재 이건창의 생애와 경세관」, 『국민윤리연구』 43, 한국국민윤리학회

차장섭, 1997, 『조선후기벌열연구』, 일조각

최성환, 2009, 「정조대 탕평정국의 군신의리 연구」, 서울대 박사논문

최성환, 2018, 「이건창 가문의 당론과 『당의통략』 서술」, 『대동문화연구』 104, 성균관대 대동문
    화연구원

홍순민, 1998, 「붕당정치의 동요와 환국의 빈발」, 『한국사 30, 조선 중기의 정치와 경제』, 국사
    편찬위원회

지은이

이건창(李建昌, 1852~1898)

19세기 후반 대내외적인 변혁의 시대에 관료이자 문장가로서 이름을 떨친 인물이다. 본관은 전주이고, 조선의 2대 왕 정종의 후손으로서 인조대 이경직(李景稷)은 판서, 이경석(李景奭)은 영의정까지 지낸 집안이었다. 그의 조상들은 숙종대 소론으로 좌정하여 경종·영조대까지 소론 탕평파로 활약하다가 노론의 공격을 받고 1755년 을해옥사 이후 조정에 진출하지 못하였다. 그는 학문적으로 양명학을 가학으로 물려받은 강화학파(江華學派)에 속하였다. 순조대 그의 조부 이시원(李是遠)이 문과에 급제하여 벼슬이 이조판서까지 이르렀지만, 1866년 병인양요 당시 그 형제가 자결하는 비극을 겪었다. 그는 15세에 조부의 순절(殉節)을 기리는 과거에 최연소로 합격하여 조정에 진출한 뒤 청현직을 두루 역임하였지만 현실 정치와 불화하여 세 번이나 유배당하는 곤경을 당했다. 조부 이시원의 작업을 이어서『당의통략』을 저술하여 그 집안의 정치적 입장을 정리하였다.

역해자

김용흠

서울대학교 국사학과를 마치고 연세대학교 대학원에서 석사, 박사학위를 취득하였다. 조선후기 정치사, 사상사 전공이다. 흔히 당쟁사로 알려진 조선후기 정치사에서 정치적 갈등이 당색뿐만 아니라 사상(思想)과 정책(政策)의 차이에 의해서도 일어났다는 것을 입증하려 하였다. 양란(兩亂) 이후 국가의 위기에 직면하여 양반 지배층 내부에서 제도 개혁을 통해서 위기를 극복하려는 흐름이 형성되어 실학(實學)과 탕평론(蕩平論)이 나왔다고 강조하는 입장이다. 그 과정에서 집권국가(集權國家)의 유구한 역사적 전통이 우리 역사의 특징임을 파악하고 국가 경영을 통해서 계급모순을 극복해온 역사에 주목하고 있다. 저서로 박사논문을 간행한『조선후기 정치사 연구 1 – 인조대 정치론의 분화와 변통론』(2006)이 있고, 역서로『목민고·목민대방』(2012)이 있으며, 공동번역서로서『사도세자의 죽음과 그 후의 기억 –『현고기(玄皐記)』번역(飜譯)과 주해(註解)』(2015),『충역의 시비를 정하다 –『정변록(定辨錄)』역주』(2016),『형감』(2019),『대백록(待百錄)』(2019) 등이 있다. 현재 연세대 국학연구원 연구교수로 있다.

당의통략

조선의 정치와 당쟁을 다시 읽는다

1판 1쇄 찍음 | 2020년 4월 20일
1판 1쇄 펴냄 | 2020년 5월 6일

지은이 | 이건창
역해자 | 김용흠
펴낸이 | 김정호
펴낸곳 | 아카넷

출판등록 2000년 1월 24일(제406-2000-000012호)
10881 경기도 파주시 회동길 445-3 2층
전화 031-955-9510(편집) · 031-955-9514(주문) | 팩시밀리 031-955-9519
책임편집 | 이하심
www.acanet.co.kr | www.phildam.net

ⓒ 김용흠, 2020

Printed in Paju, Korea.

ISBN 978-89-5733-674-8 94910
ISBN 978-89-5733-230-6 (세트)

이 도서의 국립중앙도서관 출판시도서목록(CIP)은
서지정보유통지원시스템 홈페이지(http://seoji.nl.go.kr)와
국가자료공동목록시스템(http://www.nl.go.kr/kolisnet)에서
이용하실 수 있습니다.(CIP제어번호: 2020013370)